编委会

主　编：许　伟

编　委：（按姓氏笔画排序）

丁永华　刘仲夏　刘　波
刘　瑜　杨　俊　邱　亮
何　平　张　彪　陈伟新
徐盐城　蒋琴芳　谢　韵
薛权开　姚惠民

给教师的101条
新建议丛书

从三维目标到核心素养 | 给历史教师的 101条新建议

许 伟 主编

南京师范大学出版社
NANJING NORMAL UNIVERSITY PRESS

图书在版编目(CIP)数据

从三维目标到核心素养：给历史教师的101条新建议/许伟编著. —— 南京：南京师范大学出版社，2019.8
（给教师的101条新建议丛书）
ISBN 978-7-5651-4005-1

Ⅰ.①从… Ⅱ.①许… Ⅲ.①中学历史课—教学研究 Ⅳ.①G633.512

中国版本图书馆CIP数据核字(2019)第065149号

书　　名	从三维目标到核心素养：给历史教师的101条新建议
丛　书　名	给教师的101条新建议丛书
主　　编	许　伟
责任编辑	马　笑
出版发行	南京师范大学出版社
地　　址	江苏省南京市玄武区后宰门西村9号（邮编：210016）
电　　话	(025)83598919（总编办）　83598412（营销部）　83373872（邮购部）
网　　址	http://press.njnu.edu.cn
电子信箱	nspzbb@njnu.edu.cn
照　　排	南京理工大学资产经营有限公司
印　　刷	扬州市文丰印刷制品有限公司
开　　本	787毫米×960毫米　1/16
印　　张	29.75
字　　数	491千
版　　次	2019年8月第1版　2019年8月第1次印刷
书　　号	ISBN 978-7-5651-4005-1
定　　价	75.00元

出 版 人　彭志斌

南京师大版图书若有印装问题请与销售商调换

版权所有　侵犯必究

目 录

第一篇 教学素养

1 什么是核心素养 …… 3
2 立足高中历史课堂,培养学生核心素养 …… 8
3 一堂好课的标准 …… 12
4 学会处理四种关系 …… 17
5 发现历史之美 感悟学科魅力 …… 22
6 一道习题引发的思考 …… 27
7 如何撰写高质量学术论文 …… 30
8 如何科学合理地处理教材 …… 34
9 教材存在的几点问题 …… 39
10 如何发挥教学大纲和课程标准的"指挥"作用 …… 42
11 一节好课的基本要素 …… 45
12 整体把握唯物史观的建构和发展 …… 48
13 学会突破单一的革命史观 …… 52
14 如何用全球史观引领教学 …… 55
15 社会史观在教学中的运用 …… 60
16 学会将三元思维理论运用于历史教学 …… 63
17 历史教学中"求真"的几种路径 …… 71
18 知识整合在高中历史教学中的运用 …… 76
19 核心价值在历史教学中的传导 …… 80
20 科学解读历史教材 培养学生发展核心素养 …… 85
21 如何高效达成"三维目标" …… 91

22　将心理学效应运用于历史教学 ……………………………… 95
23　如何培养批判性思维 …………………………………………… 99
24　教师需具备的语言素养 ………………………………………… 103
25　学会还原历史的复杂性 ………………………………………… 106
26　如何说好一节历史课 …………………………………………… 111
27　紧扣课魂，提升历史教学的价值 ……………………………… 115
28　优化主线，提升历史教学的品质 ……………………………… 119

第二篇　教学资源

29　人性，史料甄选的一个依据 …………………………………… 127
30　乡土历史资源在教学中的妙用 ………………………………… 131
31　如何合理选择和使用史料 ……………………………………… 135
32　诗词在历史教学中的妙用 ……………………………………… 141
33　一些值得珍惜的口述史 ………………………………………… 146
34　学会利用乡土资源 ……………………………………………… 150
35　历史图片的妙用 ………………………………………………… 153

第三篇　教学策略

36　如何进行学情分析 ……………………………………………… 161
37　如何培养学生的时空观念 ……………………………………… 165
38　如何运用合作教学策略 ………………………………………… 169
39　如何进行历史对话教学话题设计 ……………………………… 173
40　借鉴影视剧情设计，创新历史课堂情境 ……………………… 178
41　学会以情优教，提升高中历史教学有效性 …………………… 184
42　让历史课堂精彩结束回味无穷 ………………………………… 189
43　如何有效地实施学案教学 ……………………………………… 196
44　学会运用传统文化精神解决近代史教学的疑难问题 ………… 199
45　如何进行情境教学 ……………………………………………… 204
46　一节好课的提问应把握好"度" ……………………………… 210
47　用历史人物让课堂灵动起来 …………………………………… 213
48　如何用三元思维理论优化设问 ………………………………… 218

49	高三历史复习课问题与特点及"主题线索法"的实践运用	221
50	如何进行行动研究	227
51	利用自主学习优化历史课堂	232
52	如何促成"过程与方法"目标的实现	236
53	以人物为主线设计教学	241
54	如何上好一节公开课	246
55	"地图细节体现法"在历史教学中的运用	250
56	如何解决课堂重点难点	254
57	学会用故事"点睛"历史课堂	259
58	"逻辑结构推论法"在历史教学中的运用	265
59	如何进行"抛锚式教学"	269
60	如何培养学生的时序思维能力	273
61	一些必不可少的课堂小结	279
62	如何有效处理课堂突发事件	283
63	如何处理学术争议	287
64	学会"留白"	291
65	大胆重构教材　合理利用资源	295
66	妙用课堂导入	300
67	初中历史课堂求真意识培养策略	305
68	用立意凸显课魂	310
69	如何运用史料教学提高历史课堂的质量	315
70	如何通过"讨论式教学法"构建学生主体的"民主课堂"	320
71	历史教学如何运用比较研究	324
72	如何训练学生的思维能力	330
73	如何培养历史创新能力	333

第四篇　课堂实战

74	精心潜埋伏笔	339
75	贯通教材，理清脉络	343
76	充满爱国主义情感的示范课	347
77	在课堂中培养学生的思维能力	351

78 如何通过教学立意来提升课堂教学有效性 …………… 357
79 复原历史语境视域下的思想史教学 …………………… 363
80 倾听"历史审美"的另一种声音 ………………………… 370
81 "模拟法庭"的教学设计 ………………………………… 375
82 历史核心概念的教学策略 ……………………………… 379
83 历史课堂教学设计的构思与实践 ……………………… 383

第五篇　教学评价与反思

84 如何进行历史写作训练(1) …………………………… 391
85 如何进行历史写作训练(2) …………………………… 395
86 学会使用课堂观察量表 ………………………………… 400
87 学会对学生课堂回答精准点评 ………………………… 406
88 中学历史教学反思撰写的方法和技巧 ………………… 410
89 学会善待逆耳忠言 ……………………………………… 413
90 弹性预设,才能有效生成 ……………………………… 418
91 系统训练,技巧取胜 …………………………………… 422
92 备考科学　教学对路　训练有效 ……………………… 427
93 如何进行试卷设计 ……………………………………… 430

第六篇　现代技术

94 如何应对断电事故 ……………………………………… 439
95 多媒体的运用原则 ……………………………………… 442
96 如何有效整合信息技术和高中历史新课程 …………… 446
97 微课设计需注意的原则 ………………………………… 451
98 如何利用微课实施无边界教学 ………………………… 455
99 教师需掌握的新技术 …………………………………… 459
100 例谈基于数字化教学的高中历史个性化学习 ………… 463
101 如何基于微信平台进行历史翻转教学 ………………… 467

第一篇 教学素养

1

什么是核心素养

2010年7月,国务院颁布《国家中长期教育改革和发展规划纲要(2010—2020年)》(以下简称为《纲要》),明确提出未来教育发展的重大问题是"培养什么人、怎样培养人"。2014年3月,教育部颁发了《关于全面深化课程改革落实立德树人根本任务的意见》(以下简称为《意见》),提出"制定学生发展核心素养体系",深入回答了《纲要》提出的"培养什么人、怎样培养人"的重大问题。在此,我们需要解决一系列问题:什么是核心素养?什么是学科核心素养?什么是历史学科核心素养,历史学科的核心素养包含哪些内容?中学历史教学如何培养学生的历史学科核心素养?

一、什么是核心素养

核心素养研究始于20世纪90年代,已经形成比较系统完善的结构体系。1996年,联合国教科文组织提出21世纪公民必备的四大核心素养:学会求知、学会做事、学会共处、学会生存。2003年,联合国教科文组织又将"学会改变"作为终身学习和发展的第五大核心素养。2005年,联合国教科文组织明确了核心素养是"使个人过上理想的生活和实现社会良好运行所需要的基本素养"。此外,欧盟于2006年12月通过了8项核心素养提案,并成为欧盟成员国引领本国终身学习和教育与培训改革的参照体系。在美国,其核心素养研究主要是通过核心课程研究来体现的。从20世纪70年代到90年代,美国政府将核心素养课程增加至7门,包括英语、数学、科学、历史、地理、外语、艺术。在日本,20世纪80年代提出培养学生的"自我教育能力",90年代则提出培养学生"生存能力"的教育改革目标,至21世纪初,提出以"生存能力"为核心向"思考力"为核心的转变,强化语言力、数理力、信息力和实践力。在中国,经历了十多年以"素质教育"为核心的基础教育改革的基础上,教育部颁布了《意见》,明确提出将"发展学生核心素养体系"的研制与构建作为推进课程改革深化发展的关键环节,以此来推动教育发展。

国际经济合作与发展组织(OECD)发布的《核心素养的界定与遴选:行动纲要》提出,核心素养包含了认知和实践技能的应用,创新能力以及态度、动机和价值观,同时认为反思性思考和行动是核心素养的核心。欧盟则向各成员国推荐了包括母语、外语、数学与科学技术素养、信息素养、学习能力、公民与社会素养、创业精神以及艺术素养等八大核心素养体系。中国教育部颁布的《意见》认为学生应具备的核心素养是"适应终身发展和社会发展需要的必备品格和关键能力"。

二、什么是学科核心素养

学科核心素养是核心素养在特定学科(或学习领域)的具体化,是学生学习特定学科(或学习领域)之后所形成的,具有学科特点的关键成就,是学科育人价值的集中体现,带有鲜明的学科特色,依托于具体学科的知识体系,一般来说,它包括学科基础知识、基本技能、基本经验、基本品质、基本态度等若干方面。各学科素养的融合,构成学生今后生活、工作、学习所必需的基本素质。

三、什么是历史学科核心素养

吴伟教授在《历史学科能力与历史素养》一文中指出:"历史素养,是通过日常教化和自我积累而获得的历史知识、能力、意识以及情感态度价值观的有机构成与综合反映;其所表现出来的,是能够从历史和历史学的角度发现问题、思考问题及解决问题的富有个性的心理品质。"张华中老师给出的定义为:"中学生为适应现在生活及面对未来挑战,所应具备的核心历史知识、历史思维能力以及认同、尊重和融入历史的态度。"刘俊利老师则提出:中学历史素养具有现实意识、问题意识、融合意识和分层意识。张济锋老师认为高

1 什么是核心素养

中学生应具备的历史学科素养包括学科基础知识、学科思维、学科能力、多元科学史观、关注现实和学以致用的思维意识、广博的知识储备、较强的持久学习潜力。虽然,有关历史学科核心素养的认识在教育界仍处于"百家争鸣"的过程中,但2015年推出的《普通高中历史课程标准(初稿)》明确指出:历史学科核心素养是学生在学习历史过程中逐步形成的具有历史学科特征的思维品质和关键能力,是历史知识、能力和方法、情感态度和价值观等方面的综合表现,主要包括时空观念、史料实证、历史理解、历史解释和历史价值观。

1. 时空观念

时空观念是指对事物与特定时间及空间的联系进行观察、分析的观念。通过学习,学生能够知道特定的史事是与特定的时间和空间相联系的;能够知道分割历史时间与空间的多种方式,并能运用这些方式叙述过去;能够按照时间顺序和空间要素,建构历史事件、人物、现象之间的相互关联;能够在不同的时空框架下理解历史上的变化与延续、统一与多样、局部与整体,并据此对史事做出合理解释;在认识现实社会时,能够将认识的对象置于具体的时空条件下进行考察。

2. 史料实证

史料实证是指通过严格的检验获取可信史料,并据此努力重现历史真实的态度与方法。通过学习,学生能够知道史料是认识历史的唯一桥梁,了解史料的多种类型,掌握搜集史料的途径与方法;能够通过对史料的辨析和对史料作者意图的认知,判断史料的真伪和价值,并在此过程中体会实证精神;能够从史料中提取有效信息,作为重构历史的可靠证据,并据此提出自己的历史认识;能够以实证精神处理历史与现实问题。

3. 历史理解

历史理解是指将对史事的叙述提升为理解其意义的情感取向和理性认识。通过学习,学生能够努力理解各种历史叙述及其语境的含义;能够对历史具有同情理解的态度,即依据可靠史料设身处地认识具体的史事,对历史境况形成合理的想象,更好地感悟和理解历史上的各种事物;能够理解历史叙述与历史事实之间的差异;能够在同情理解的基础上尽可能实事求是地建构自己的历史叙述;在对历史和现实的认识中,能够体现出尊重和理解他人、客观处理问题的态度。

4. 历史解释

历史解释是指以史料为依据，以历史理解为基础，对历史事物进行理性分析和客观评判的能力。通过学习，学生能够区分历史叙述中的史实与解释，知道历史解释可以不同形式出现在历史叙述中，并能对各种历史解释加以理解和评析；能够客观论述历史事件、历史人物和历史现象，有理有据地表达自己的看法；能够认识历史解释的重要性，学会从历史表象中发现问题，对历史事物之间的因果关系做出解释；面对现实社会与生活中的问题，能够以全面、客观、辩证、发展的眼光加以看待和评判。

5. 历史价值观

历史价值观是对历史的事实判断与价值判断的辩证统一，是从人文研究的真、善、美追求中凝练出来的价值取向。通过学习，学生能够理解对历史的价值判断是以史实为基础的，但又是依据一定的价值观对史实做出的主观评判；能够认识到分辨历史上的真伪、善恶、进步与倒退，以及公平、正义与否，是学习历史的重要目的；能够将对历史的认识延伸到对自身成长和现实社会的认识上，能够从历史中获取有益的养料，从实践的层面体现历史的价值。

四、中学历史教学如何培养学生的历史学科核心素养

总体而言，目前国内对历史学科核心素养的研究还缺乏系统性，多从教学实践与应试等角度对培养历史学科核心素养进行思考。陈超教授围绕培养学生核心素养，分别从教学目标、问题情境、合作探究、情感教育、多元评价等角度强调了培养核心素养的出发点、切入点、着力点、立足点和支撑点。赵霞老师在中美历史教学进行对比的基础上提出历史教学中人文素养培养的原则，包括教学目标的多元化原则、教学内容的丰富性原则、教学方法的适配性原则、教学评价的发展性原则。刘俊利老师以"百家争鸣"一课为例，认为培养学生史学素养应做到：强化基础，准确分层以整体把握历史内容；立足现实，构建历史与未来的桥梁；重点突出在史料研读中多视角审视历史；解决问题，在探究和体验中强化认知；循环递进，在品悟历史中提升境界。严忠美老师则强调培养学科思维素养可以从多个方面入手：教师开发多样化课程资源，引导学生参与探究性学习，规范思维过程，对不同形态的史料做出合理的价值判断；引导学生运用历史唯物主义的评价标准对历史评价本身进行反思

和再评价;将各种"史观"融入中学历史教学内容中,以"史观"统领教学。蔡建生老师则从史学评价角度强调了以马克思主义历史观为指导的科学、准确、恰当、合理的史学评价,对于历史学科素养培养的重要作用。

  由此看来,对于如何在中学历史教学中培养学生的学科素养,很多专家和一线教师,或从教学设计、问题创设、合作学习、多元评价等角度,或从基础知识、史学评价、史观引领等角度,进行了整体上的思考和探讨,提出了一些培养策略。此外,如何在课堂教学的各个环节中培养学生的时空观念、史料实证、历史理解、历史解释和历史价值观等学科核心素养,本书的其他章节将结合教学实例进行详细的阐述。

2

立足高中历史课堂,培养学生核心素养

核心素养是当前世界范围内教育领域热议的话题,也是当前我国深化课程改革和学业质量标准制定的关键所在。基于对历史核心素养的深入学习和自身的教学实践,我们可以从如何培养学生的时空观念、史料实证意识和历史解释能力三个层面来培养学生的历史核心素养。

一、运用图示构建,培养学生时空观念

历史时空观念是指"科学使用与时空有关的概念术语、古今地图、大事年表等阐述中国及世界进程。有意识地在一定时间、空间下理解和解释重大历史事件、历史现象"。时空观念是历史核心素养中的"前提"素养,在不同的时空框架下理解历史的变化与延续,并且对这些做出解释,是近年来高考历史的重要目标。因此,在日常的教学中必须强化学生的时空观念,采用有效的手段检测学生对于时空观念的达成度。

例如,在讲述完"近代民族资本主义曲折发展"一课后,我们就可以采用图示构建法(见图1),来检测学生对历史时空概念的掌握程度。具体如下:

笔者在本节课的题目设计中,先让学生观察曲线走向,让学生概括近代民族资本主义发展的主要特征是什么,结合时代背景思考为什么会呈现这样的特征,然后进一步追问数轴中的重要时间点(1860年、1895年、1912年、1927年、1937年、1945年、1956年)分别属于中国民族资本主义发展的哪个

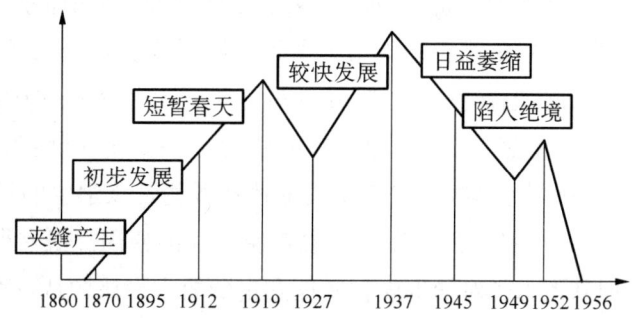

图1 近代中国民族资本主义的发展历程

阶段,并指导学生最终整理,即:19世纪六七十年代产生;1895—1912初步发展;1912—1919短暂春天;1927—1937较快发展;1937—1945日益萎缩;1945—1949陷于绝境;1956年底(三大改造、公私合营)光荣结束。最后,让学生结合提供的历史史料和书本,分别分析各个阶段呈现这些特征的原因。如果学生能够顺利回答问题,说明教学目标已经达成,如若不是,教师可以进一步强化。

二、创设相关情境,培养学生史料实证意识

所谓史料实证是指"知道史料是历史叙述的主要依据;知道搜集整理史料的基本方法;能够对史料的信度和效度做出分析判断;能够运用不同类型的史料对重大历史事件、历史现象做出解释和阐述"。史料实证既是历史学习与研究的重要方法,也是解释历史和评判历史的重要能力体现。在学习历史过程中,教师要及时了解学生运用史料进行实证的能力,教会学生如何搜集、辨别、选择和使用各种历史资料,在史料中发现线索和有效信息,并经过思辨与探究而判断史料是否可以作为实证的证据;引导学生根据学习与探究的问题自行进行史料的甄别,考察史料的可信度和使用价值;教会学生运用相关史料形成新的问题视野,构建属于自己的历史叙述,从而培养学生"史由证来,论从史出"的证据意识。

史料实证可以说是历史核心素养中的基石素养。如何培养学生的这种素养,以应对高考?笔者认为应该在平时的教学中搜集相应的题目进行强化训练。

例如,2016年上海高考的第36题:某学生学习"罗马法体系"一课后,产生了疑问:古罗马的奴隶是否确如书上所说,被"排斥在法律对象之外,不具有任何权利"?为此,他查找了资料,并撰写了如下读书笔记……然后设计了如下三个问题:① 上述"资料来源"中,哪些为一手史料,哪些为二手史料?② 在笔记的第一段中,哪些是对事实的陈述?哪些是该学生的评价?③ 请你帮助这名学生解释罗马帝国释奴现象普遍存在的原因。虽然题干和设问都比较简短,但却道出了对学生史料实证意识的要求。该题从三个层面考查了学生"区分史料的类型""认识不同史料的不同价值""对史料进行整理和辨析,以及对所探究的问题进行互证"的能力素养。

三、多角度切入,培养学生历史解释能力

历史解释是指以史料为依托,以历史理解为基础,对历史事物进行理性分析和客观评判的能力。历史是过去的历史,具有不可重复性和不可实验性,所有的历史叙述在本质上是一种对过去事情的解释,既包含了叙述者对史事描述的整理与组合,又体现了叙述者对历史的立场、观念等。历史解释一直是教学考试中的重点,因此笔者认为历史解释能力是核心素养中的主导素养。评价学生的历史解释能力,就是要引导学生在历史情境和当代背景下,思考历史事件、历史人物和历史现象的重要性;了解历史叙事与历史解释之间的关系;以公正的角度去理解历史叙述中不同的历史解释,以辩证的眼光评析历史事件、历史人物和历史现象之间的因果关系;以客观的态度评判人类社会的历史与现实问题,进一步揭示历史解释的意义和价值,从而培养学生叙述历史和形成历史认识的能力。实际上,在这方面对于学生掌握与否可以采用引入与书本结论相悖的史料来扩充学生的知识面,充分了解学生的历史解释能力的达成度。

例如,在教完"新文化运动"后,对于"新文化运动对传统文化的态度"可以引入两段截然不同的观点:

材料一 新文化运动的代表人物尖锐地批评了传统儒学的有关内容,但是他们并未全盘否定儒学。中国的文化、社会和历史,是一个较之传统儒家意义更为广大的传统。在对待这个大传统的态度问题上,新文化运动没有

"全部摒弃""彻底否定"的看法。陈独秀认为,中国文明,包括儒家学说中所包含的许多积极有益的内容,实际上与人类文化的普遍价值相联系相一致。上海某报批评北京大学设立"元曲"的课目,指元曲为"亡国之音",认为不当讲授。陈独秀反对这一看法。他还公开承认,钱玄同废除汉字的主张过于急切,是对传统语言文字用了"用石条压驼背的医法"。

——摘编自李良玉《思想启蒙与文化重建》

材料二 新文化运动的领袖们本身都是非常激烈的。他们不承认任何传统的权威和因袭的教条,礼教、自然观、社会、国家制度,乃至汉字、中医、京剧等传统文化,都遭到无情的批判。这个勇猛的、也是简单而绝对的批判运动,极大地解放了人们的思想,虽不可避免地具有一些形式主义的偏向。

——摘编自李新《中华民国史》

通过以上两段材料的对比,来考查学生对于新文化运动代表人物对传统文化的认识。如果学生已经具备了本课中对于新文化运动的历史解释的能力,相信能够很快得出"传统文化中存在积极有益成分,不能全盘否定;传统文化中存在封建落后因素,不能全盘肯定"这样的结论。这样的设计同时也是帮助学生避免因为书本的结论而出现对此知识的理解偏差。

当下,提升学生的核心素养已经成为历史课堂教学的共识,但是怎样才能有效提升学生历史核心素养,还需要不断的探索。"路漫漫其修远兮,吾将上下而求索",希望本文能在对培养学生的核心素养方面起到抛砖引玉的作用。

3

一堂好课的标准

什么样的课是好课？这个标准真的很难定。每个人站在不同的学科角度，站在不同的模式角度，会有各种不同的结论。就历史学科而言，笔者认为应该从两个方面考虑：第一是外显特征；第二是内涵特征。下面笔者就这两个方面具体来谈一谈。

一、一堂好课的三大外显特征

1. 科学性——历史力求真实、接近真实，言之有据，而非随意杜撰；更不能为了所谓情感价值观教育而伪造历史

刘军老师说历史教育的目标是为了真、善、美。在实际的教育中，我们的老师往往为了善和美，而忽视了"真"，甚至造"真"。

案例：一堂抗战史的历史课上，某教师放了某抗日题材电视剧的几个情节，我们的战士英勇如神人，敌人痴呆如小丑。最后总结出了伟大的"抗战精神"。历史教学的核心思想是"求真"。而"失真"的危害在于：一方面，历史教育的价值观教育被严重扭曲。学生会得出这样一个结论，我们的先辈太无能了，这样痴呆的日本我们还要抗战十四年？掩盖了我们抗战的艰难性，抹杀了我军民为取得抗战胜利付出的巨大的民族牺牲。另一方面，造成一种偏激的民族主义。网上有一些"愤青"动不动就要"核平日本"，不能正确地认识今天中日之间的力量对比。矮化丑化日本的结果就是当再一次战争来临的时

候，我们不会做好充分的准备。把一个伟大的精神建立在伪证之上，很可怕。把善、美建立在造"真"之上，可怕至极。它不会伤害敌人，只会伤害自己。

2. 和谐性——教与学的统一而不脱节；多媒体与传统板书相得益彰；讲述性学习与探究性学习有机统一

首先，教师的教与学生的学统一而不脱节。教师要从学生的立场出发，去了解学生希望学习到什么，希望了解到什么，并十分注意对学生"投其所好"，使教授的东西能被学生主动吸收和掌握，避免师生之间关系的僵化和教与学之间的脱节。在课堂上教师要关注到学生基础、智力和爱好特长的不同，使他们都能参与教学活动，因材施教，实行分层教学。这样，全体学生在不同基础上都可以取得不同程度的成功，这种成功可进一步激发学生的自信心和学习兴趣，并迁移到整个历史学习的过程中。

其次，现代信息技术与传统板书相得益彰，即现代信息技术与传统板书二者相结合。

案例：一位教师在教学人教版必修课"新民主主义革命的崛起"这一课时，按照教材顺序用多媒体播放课件，简单介绍了五四运动的原因、过程和意义，中共成立的条件、标志、意义等，之后让学生自读教材，完成课件上给出的讨论题。

一种情况是，有些教师忽视了多媒体的主要功能只能是辅助性的，要服务于内容。课件的制作缺乏实用性和实效性，使精美动画在课堂上喧宾夺主，导致学生对知识内容没有掌握，而对制作的动画津津有味，记忆犹新。另一种情况是，教师讲课过程中没有充分利用传统板书的作用，以讲代写。教师讲得天花乱坠，学生听得云里雾里，一节课结束，问问学生懂了多少掌握了多少，最后可能是啥也没有，因为没有板书，学生没有留下深刻的印象。所以如果课堂上没有传统板书，只是以讲代写或者以课件代替板书，这些都是不可取的。

最后，教师讲述性学习与学生探究性学习有机统一。但有三类问题值得警惕。

第一类，程序化、模式化错误。有些地方，对一堂课有明确的时间划定：导入2分钟，教师讲述性教学不能超过15分钟，学生探究性学习20分钟，还有课堂训练有8到10分钟。如果教师不按照这个模式教学,则评价为不合格,会受到学校行政部门批评。其实由于教师的思想和教学风格的差异,及每节课内容的差异,在具体的每节课的教学时间配置,课堂教学方法上应该是千变万化的。所以课堂教学本身是没有固定模式的。

第二类,问题化、神秘化倾向。一个简单的问题,偏要弄得很复杂,很纠结。一堂课,教师设计十多个问题,而且不给学生答案,要求学生思考,并在课后自己探究,找出答案。教师的意图在于问题化的设计会使学生理解深刻,加深学生的记忆。但是,要是人类的每一个知识都要这样学习的话,那么何谈文化的继承性呢?很多前人已经完成的知识难道还要我们再去探究一遍?课堂上不是每个知识点都要讨论和探究的。况且在现行的高考模式下,我们要充分考虑效率,所以目前我们不可能完全运用国外教学模式。

第三类,表面化、简单化趋势。有些所谓的专家有这样一种观点,即讲述性学习体现的是教师为教学的主体,探究性学习体现的是学生是教学的主体。按照新课程理念,学生应该是教学活动的主体。因此,他们尽可能地让教师少讲,极端的甚至不让教师讲。有一篇教学设计,其中有一句"通过老师的……,使学生……"的表述。"专家"认为这是教师主体思想的体现,还没有确立学生是教学活动的主体的正确思想。这篇文章被判定为不合格。其实每个教师都有自己的表达习惯,这样的表述并不能体现教师是否确立以学生为主体的教育思想。教育思想的改变并不能以一个表达来判定。

3. 新颖性(创新性)——透出教育新理念、反映史学新成果、展现设计新思路

"喜新厌旧"是人的本性。克服本性要处理好三大关系。

第一,继承与创新的关系。创新并不意味着全盘否定有生命的传统教法而"另起炉灶",并不是抛弃教师的拿手绝活,走马灯似的换方法,而是提倡新旧教法巧妙融合。第二,拿来与创新的关系。我们不要拿来主义,而是要学会嫁接,只有将好方法嫁接在自己的长处上,才能真正开新花,结新果。第三,教材定式与自我特色的关系。我们主张打破旧的教学模式,不囿于教参的束缚,敢于用自己的独特去演绎精彩,教师对所教学科知识要娴熟把握,有独到的见解,从而做到"使其言皆若出于吾之口,使其意皆若出于吾之心",达到"扬弃"教材、"超越"教材的境界,这样才可能在教学中随意挥洒、新颖别

致、皆成佳境，才可能围绕教学宗旨进行多彩多姿、千变万化的创新活动。

很多课，都具有了这些原则，但一堂课下来，我们仍然感觉它是无效的，问题何在呢？关键就在于课堂缺乏了生命，缺乏了内涵。所以好课还必须有以下内涵特征。

二、一堂好课的三个内涵特征

1. "众生平等"

和谐平等的师生关系要洋溢在整个课堂的氛围之中。只有这样的课堂才会生动活泼，充满生机。为什么现代课堂必须强调和谐平等的师生关系呢？古代社会，自然经济占绝对统治地位，社会分工还较少。三百六十行，行行出状元，做官是第一行。怎么做官？按照科举制度，读书—考试—做官的程式。首先是读书。而谁决定着学生的前途呢？当然是教师。因为教师是统治阶级的代表，垄断着知识及社会利益的分配权，可以决定学生的社会地位和未来命运。体现在师生关系上即主体是教师，学生处于绝对的弱势地位。"师道尊严"就由此而来。当今社会是建立在商品经济、法治、民权基础上的"现代社会"。其人与人的关系首先表现为民主、平等、自由。所以教与学的关系也就表现为民主性、平等性与人文性的统一。因此现代课堂如果没有和谐平等的师生关系，那它当然就谈不上是一堂好课。

2. 文化的品位，思维的启迪

即教师的知识魅力，思想深度。尊重知识，重视知识教学，并把它看作教学的最基本目标，这在教育界已经成为共识。但如何寻找到知识教学背后所隐含的价值与意义，反映了教师视野、思想的广度与深度。一堂好课，在传授知识的同时，能不能揭示知识的本质特征，能不能提炼这个知识内在的思想、价值、情感，不仅让学生长见识，而且在以后的人生中对他有推动作用，这才是一堂好课的核心所在。想一想，我们还记得多少语文、数学、外语的知识符号？让我们受益一生的不就是思维方式、价值观念和情感体验吗？

3. 精神的感召力

具体来说就是教师的"德性"。即情不自禁、自然而然流露出来的品性和智慧。对教师来说最大的感召力就是他的"善良"。孔子说，要"仁"。仁者爱人，己所不欲，勿施于人，和颜悦色，彬彬有礼，谦虚谨慎。教师在课堂上的一言一行都体现了其感召力,都潜移默化地改造着学生。可以这样说,教师对学生的善良,不仅直接影响着学生在校的学习状况,还间接影响着学生一生的情感价值观和个性品质。

  这三个内涵特征一堂好课并不需要都具备,只要具备了其中一个或者两个就是一堂好课。一堂好课其实就是给人一个好的感觉。总的来说,一堂好课要有比较完善的形式,但是更多是要有品位和内涵,只有内外兼修,和谐统一,才是一堂好课。

4

学会处理四种关系

理念是实践的先导和灵魂。面对新课程改革的大力推进,广大高中历史教师必须更新教学理念,积极探索,主动实践,处理好如下几个关系,使新课程改革的目标落在实处,取得实效。

一、课程标准与教材的关系

目前,正在进行高中新课程实验的许多教师面对多元化的历史新教材,往往感到"心中无数",不知道应当如何处理教材内容才是合适的。他们往往用"一纲一本"的观念处理"一标多本"的教材,由于生怕在高考等各种考试中"吃亏",因此就采取了事无巨细,只要是课本上的知识点便"滴水不漏"地加以讲授的处理方式,这完全是在做"费力不讨好"的事情,它严重降低了课堂教学效率,大大加重了学生的学习负担。这反映出,在一部分教师的心目中,"教材"仍然占据着至高无上的支配地位,追根溯源,教师心中没有课标意识,缺乏对课程标准的深入研究和深刻理解与把握,这才导致他们在处理教学内容时"心中无数"、无所适从。

课程标准是教学实施者进行学科教学设计与实施的唯一根据,各种版本的教材则只是具体体现课程标准的要求和内容的主要文本课程资源之一。正是从这个角度来讲,教师在进行历史教学设计时,要对"一标多本"下的教材,取"为我所用"的态度,树立"尊重教材,而不拘泥于教材"的理念,灵活、创造性地使用好教材,从"教教材"向"用教材教"转变。要以课程标准为依据,利用课程标准提供的弹性空间,围绕模块特定的内容,将学生已有的相关知识经验、相关社会生活的新变化、相关史学研究新成果等进行整合,即对教材内容进行有意识的开发、改造、丰富和完善,使之更好地体现课程标准的有关要求,真正成为学生赖以拓展思维并实现超越的坚实平台。

有必要指出的是,教师在避免"教教材"的同时,还要避免"去教材化"倾向。"去教材化"表现为一些教师认为教材是可有可无的教学资源,不认真研究教材,把过去的"以本为本"改为完全脱离教材,从一个极端走向另一个极端。历史课堂成了"故事会""资料展示厅""电影欣赏课",课堂上根本不用教材,一节课下来,学生的书本始终都没打开过。凡此种种,实际上是浪费了最主要的教学资源,只有依靠教材而不依赖教材,超越教材而不脱离教材,才能真正用好教材,历史课堂才能充满灵动和张力。

二、预设与生成的关系

预设与生成是伴随着基础教育课程改革而产生的一对新名词,课堂教学的预设与生成是很多教师迫切关注的话题。凡事预则立,不预则废。预设是课堂教学的基本特性,是保证教学质量的基本要求。"袖手于前,方能疾书于后",只有充分的预设,才能有生成的精彩。但是教学不只是单纯的"预设"操作,即原有教案的展开过程,而更是课程创生与开发的过程。再好的预设,也无法预知课堂教学中的全部细节。"课堂应是向未知方向挺进的旅程,随时都有可能发现意外的通道和美丽的风景,而不是一切都必须遵循固定线路而没有激情的行程。"(叶澜语)如果我们的教师一味按照"预设"的程序进行,无视课堂动态生成的"资源",那么就只能落入僵化、庸俗、沉闷的泥潭。

例如,有位教师在讲述抗日战争"日本无条件投降"时,播放了日本广岛、长崎遭受美国原子弹轰炸后惨烈状况的视频。部分学生观看后,表达了以下感想:美国原子弹炸得太及时了!日本得到这种结果真是活该!对于这一出乎意料的课堂"杂音",教师未予以倾听和互动,而是按照课前预设流程,继续下一环节的授课。

在这一教学案例中,学生们的课堂"杂音"其实是很好的生成性资源,教师应该加以充分利用而不是任其白白流失。课堂上学生认为日本被美国原子弹轰炸是咎由自取,罪有应得,这样的价值判断是不正确的。在这个问题上,教师不应当缺位,教师要引导学生认识到日本人民是无辜的,美国的原子弹轰炸给他们造成了伤害,他们也是战争的受害者。军国主义分子使日本走上了侵略战争的道路,战争是人类共同的灾难。我们要以史为鉴,增强国力,追求和平与发展。令人遗憾的是这位教师没有因势利导,及时抓住课堂动态生成资源,引导学生形成对战争与和平等相关问题的正确认识,殊为可惜。

我们在强调动态生成的情况下,也要防止随意生成的现象。动态生成并非盲目生成,它必须围绕课堂教学目标来进行,同时必须考虑生成时间的制约性。教学过程如果不顾及教学时间的有限性,远离原先设定的总体目标和教学任务,一味地追求动态生成,并将其视为一种教学"时尚",就既偏离了生成的本质,也难以取得好的教学效果。

"没有预设的课堂是不负责任的课堂,而没有生成的课堂是不精彩的课堂",预设和生成是对立统一体。预设体现了课堂教学的计划性和封闭性,生成体现了课堂教学的动态性与开放性,两者相互补充,相得益彰。教学预设对于教学生成,应像海绵一样虽具有定型,却富有弹性;教学生成对于教学预设,应像风筝一样虽随风飘扬,却心有牵挂。如是,历史课堂教学在师生互动思维碰撞中一定能生出智慧的火花,许多未曾预料的精彩也会不期而至。

三、探究学习与接受学习的关系

《普通高中历史课程标准(实验)》倡导学生在多样化、开放式的学习环境中,开展探究学习。作为历史课堂教学中的探究式学习,一般是在一定的问题情境的支持下,师生从提供背景、发现问题、解决问题、交流成果等几个方面来组织进行的。其实质是在课堂学习过程中充分发挥学生的主体作用,使学生参与并体验知识、技能由未知到已知或由不掌握到掌握的过程,并在这一过程中激发和培养学生的独立探究能力。在课堂上的这种学习过程,一般包括这样几个步骤:生成问题—激疑启思—合作探究—交流碰撞—引导深化。当然,它可以有多种具体的行动形式。如,可以是在正常教学进度下进行的含有问题探究的常规性学习,也可以从问题、立场、角色等分组探究;另外,它也可以根据需要而转化成课后更长时间的研究性学习等等。

运用探究学习方式并不意味着完全抛弃传统的接受学习方式,接受学习运用得好,也可以让学生学得主动有效,而探究学习运用不当也可能使课堂杂乱无章、离题万里。接受式学习作为人类认识世界的基本学习方式之一,有着其他学习方式所无法替代的独特性和存在的必要性。无数的教育教学实践已经一再证明,面对浩如烟海的人类文明、智慧的结晶(知识),在极为有限的学校教育的时间内,许多内容是不可能完全单凭着学生通过"发现""体验"等方式来系统掌握起来的;而接受式学习则因其在帮助学生系统地了解、把握基础知识和促进基本能力的发展方面所拥有的独到之处,而依然在传承人类文明方面具有不可替代的重要价值。在新课程历史教学中,教师要根据教学的实际需要和学生学习方式的多样性、差异性和选择性等特点,在接受学习中引入探究方法,在探究过程中融入接受方法,从而使两种学习方式有机、高效地结合起来,优势互补,取长补短,更好地促进学生的发展。

例如,在学习"当今世界政治格局的多极化趋势"这一专题时,学生首先可以通过接受学习的方式来进行课标"内容标准"中规定内容的学习,在此基础上再展开探究式学习活动。教师要注意引导学生从整体世界的宏大背景中认识并把握世界格局的形成、发展、演变及其影响,力避就事论事的学习方法,从而达到切入点具体、背景宏阔、含义深刻的学习效果。在探究和研讨中,教师要积极鼓励学生利用新闻媒体、报刊等媒介,搜集整理相关资料,并通过讨论会、历史板报等形式,发表对相关历史问题的看法,不断提高学生搜集和整理历史信息的能力,增强学生的历史观察力和历史理解力,树立为人类和平与进步事业做贡献的人生理想。

四、定量评价与定性评价的关系

"学生的学习评价是历史教学评价的重要组成部分,具有反馈、调控教学并促进学生全面发展的重要功能。"但是,原有的历史学习评价体系却存在着许多局限和不足,如:注重评价的甄别与选拔功能,忽视学生的潜能与发展;注重以考试作为评价的主要形式,方法单一,忽视其他的评价形式与方法;注重以分数为表现形式的定量评价,忽视以评语为表现形式的定性评价;注重学生学习结果的终结性评价,忽视学生学习过程的形成性评价;注重评价者的他评,忽视被评价者的自主评价,评价者与被评价者相隔离,双方缺乏交流与沟通。传统历史评价理念是建立在以选拔为主,以分数为主,以结果为主,以他评为主的基础上,从而导致应试教育成为传统历史教学的基本导向和价值取向。

新课程下的历史学习评价,倡导发展性评价,"遵循既注重结果,也注重过程的基本原则,灵活运用各种科学有效的评价手段,对学生的知识与能力、过程与方法、情感态度与价值观做出定量和定性相结合的评价"。因此,新课程的历史学习评价方法应结合具体的评价内容,体现出科学性、灵活性和实践性的特点,避免仅采用单一的量化评价方法的现象,从过分强调量化评价逐步转向关注质性评价。评价方法除了传统的纸笔卷面考试测试外,更多地倡导采用历史学习档案、历史习作、历史制作、历史调查等着眼于学生发展的评价方法,这样我们才能多维度、多层次地获得学生的评价信息,才能使我们的评价更真实、更符合学生的实际,更有助于他们的改进。

例如,建立历史学习档案就是一种不错的评价方法。历史学习档案一般由教师、学生及家长共同建设。主要做法是根据课程目标,有目的地将学生历史学习过程中的作品、学生参与的证据、学生的反思及其他资料收集起来,并进行合理的分析解释,以此来评价学生历史学习和进步的状况。学习档案强调的是形成性评价,关注学生在历史学习中的成长与进步,既注重学习结果也重视学习过程。在高中历史学习阶段,每一个学生都应建立起完整的学习档案,记录学生发展进步的过程与结果。历史学习档案是一种可以对学生的历史学习进行长期、稳定地综合考查的有效评价方法。它能够为历史教师提供其他评价方法无法提供的很多学生学习与发展的重要信息,并能充分发挥学生学习的主体性,鼓励学生对学习进行持续性反思,使每一个学生都能体验到成功的快乐,发现自己的不足,从而促进学生的发展。

5

发现历史之美　感悟学科魅力

孔子云:"知之者不如好之者,好之者不如乐之者",它阐释了学习的三个层次,其中以"乐之"为最高境界,也就是说,取得学习的最佳效果就是要热爱学习。爱"美"之心,人皆有之,作为一名历史教师,要让学生热爱学习历史,就要引导学生去发现感受历史学科之美,从而激发学生探索学习历史的兴趣。

一、叙事性　实证性——故事之美

历史首先美在它的叙事性。历史,指对人类社会过去的事件和行动以及对这些事件行为有系统的记录、诠释和研究。"历史"一词在英文中被翻译为"history",与"故事"一词的翻译"story"十分相近,讲述的就是人类社会发展过程中的故事。历史学科便是一门记载和解释这些人类活动进程中的历史事件的学科,具有丰富多彩的人物、事件,跌宕起伏的发展历程,故事性较强。而中学生处于特定的年龄层次,更容易被形象、生动、具体的内容所吸引。

但是历史的过去性特点,使得过去了的那些历史人物、事件和历史现象不能像其他学科知识那样通过观察、实验的方式重现与复原。历史的发展规律是由远及近,从高中生的认知特点来看,这与学生由近及远的认知规律是相悖的。加之现在的高中历史教材囿于篇幅,将丰富的历史言简意赅、提纲挈领式地展示给学生,一定程度上削弱了学生对历史学科的兴趣,遮盖了历史的真正魅力。

心理学告诉我们,感觉器官参加教学活动越多,教学过程就进行得越顺利,其教学效果就越好。因此,我们应当在历史教学中采用多种教学手段适当给学生提供一些感性资料,如在讲"新中国开国大典"时,教材中的描述十分简短,单纯的语言也很难再现当时庄严、激动人心的盛况与氛围,于是笔者便通过多媒体播放了经典视频《开国大典》的有关片段。视频中毛主席庄严宣布:"中华人民共和国、中央人民政府,今天,成立了!"这个洪亮的声音震撼了北京城,震撼了全国,震撼了全世界,也深深震撼了学生们,效果颇佳。通过对这些历史人物的特写、历史场景的再现、历史文献文物的展示,还原真实的历史面貌,拉近历史与学生之间的距离,增强直观形象,让历史打动学生,从而让学生融入历史,感受历史学科的魅力,达到"通过所熟悉的身边的事物进入历史世界"的目的,提高学习历史的兴趣,提高教学效果。

历史的故事性不代表历史可以随意捏造,相反,历史具有实证性,这也是它具有魅力的重要原因。尼采说:"历史最重要的是鼓励人诚实。"司汤达亦谓:"历史学家的第一先决条件就是没有发明能力。"世间万物,唯有真切,才动人,而历史学科恰恰以真实为崇高。"真"是历史学科的生命,也是历史的本质特点,只不过是发生在过去的真事。

历史学科反映的是客观的历史内容,所以我们应当在平时广泛阅读收集史学界可靠的、有考证的或是权威学术资料,用最真实的典型的历史故事震撼学生,引起他们的共鸣,激发他们对历史的兴趣,感受历史的故事之美。

二、思辨性　智慧性——理性之美

读史可以明智。历史之美还在于它本身蕴含着极大的思辨性和智慧性。历史是人类文明进步的历程,也是人类在各个领域不断创新和战胜挫折的奋斗史。"欲知大道,必先治史。"历史的经验教训是人类付出重大代价之后获得的思想财富,而将历史经验经过反思总结的历史知识便可以丰富学生的思想,开阔学生的视野,提升学生的智慧,增强他们通过鉴往而思来,认识现实的能力。

就历史学科而言,历史智慧是建立在历史知识基础上的历史感。历史教学不是仅仅给学生讲故事,更是要在对历史事件和历史现象了解的基础上培养学生用正确的观点和方法,引导学生透过纷繁复杂的历史现象去思考其背后的联系和实质,提高他们分析历史问题的能力。高中生的认知能力不断提高和完善,思维能力愈加成熟,正处于从形象思维向抽象理论思维发展的过程。根据这一特点,高中历史教学更强调学生在学习的过程中学会论从史出、史论结合的历史学习方法。在史实中加入自己的思辨过程,从而得出自己的结论。在这一过程中,学生的主动思维能力得到了锻炼和提高。在历史学习中,他们往往会对一些历史现象发生的原因、影响,历史人物举动的动机、对社会进程的影响等产生兴趣,并开始渴望通过自己的思考探究学习寻找到合适的答案。所以,我们应当提供一些课本以外的相关材料,创设思维探究的学习氛围,让学生将解决问题的兴趣持续下去,通过对课外材料的阅读理解和分析讨论,从感知历史到不断累积历史知识,进而加深对历史的理解和对现实的关注。

如在讲戊戌变法所取得的效果时,笔者给学生补充展示了梁启超《戊戌政变记》中的一段内容:"人人封章,得直达于上。举国鼓舞欢蹈,争求上书,民间疾苦,悉达天听。每日每署,封章皆数十,上鸡鸣而起,日晡乃罢,阅览奏章,犹不能尽。"然后设问:你对文章"举国欢蹈"如何理解?戊戌变法真的取得了"举国欢蹈"的效果吗?学生们通过自我思考与合作讨论,最终得出了结论:在当时情况下,上书言事不可能在全国范围内进行,只可能是那些资产阶级维新派,所谓的"举国欢蹈",自然也只是维新派对自己能参与到变法当中进行改制的一种喜悦,不会真正达到全国喜悦的效果。事实上,戊戌变法正是由于缺乏群众基础而以失败告终的。如果学生单从材料字面上理解,很容易对变法的效果产生误解。这样一来,通过"论从史出"的历史学习方法,培养了学生的历史思维,促进了学生历史智慧的发展,使学生感受了历史的理性之美。

三、借鉴性　价值性——人文之美

历史之美也在于它的借鉴性与价值性。以史为镜,可以知兴替。观今宜鉴古,无古不成今。历史是构成我们世界观的基石,我们对当前与未来的理解,很大程度上取决于我们对过去的认知。对现实的困惑,也往往是因为对历史的无知。

高中生的认知水平发展离不开情感、意志等心理因素,而历史学科中的情感色彩,对学生的世界观、人生观、价值观、德育观的形成都有着潜移默化的作用,它能激起学生情感上的波澜,在历史学习过程中获得心理体验和心理满足。正如李大钊曾说:"如读史读到古人当危急存亡之秋,能够激昂慷慨,不论他自己是文人武人,慨然出来,拯民救国。我们的感情,被他们激发鼓动了,不由地感奋兴起,把这种扶持国家民族危亡的大任都放在自己肩头。"历史学科具有其他学科无法比拟的浓厚的人文内涵,在素质教育中起着重要的人文教化作用。历史教材、历史故事中都蕴含着丰富的人文教育素材,所以,一个合格的历史教师应该不失时机地挖掘这些素材,把复杂的历史现象变为一种简单的做人道理。

如在讲工业革命时,可以通过归纳工业革命伟大成果让学生认识到"科学技术就是第一生产力";通过叙述伟大的科学家们不怕困难、艰苦钻研、百折不挠的精神鼓励学生锻炼自己努力学习、持之以恒、不断进取的意志;通过分析科学成果不仅给我们的生活带来方便,同时也带来诸如环境污染、危害和平等弊端让学生领悟到"科学是一把双刃剑"的道理……

再如在讲述近代中国人民反侵略求民主的过程中,通过一次次中国惨遭列强侵略的战争让学生意识到落后就要挨打,通过中国各阶级人民纷纷掀起爱国图存的浪潮,最终由中国共产党领导人民取得了新民主主义革命的伟大胜利引导学生充分认识近代中国不断探索、进取的时代精神,明白"前途是光明的,道路是曲折的"的道理,感受中国共产党的伟大之处,传承爱国爱党的优良传统。

事实证明,结合具体史实进行教学对树立学生正确的人生观、价值观,更具有说服力和实效性。借助历史这面大镜子让学生感受历史、借鉴历史,正确思考中华民族辉煌的古代文明,屈辱而又奋斗的近代文明以及复兴先进的现代文明,从而认识社会,关注社会,多一份人文关怀,多一份社会责任感,促使学生成为一名合格的社会公民。

以史为鉴,面向未来。通过对历史的学习,学生可以在潜移默化中在修养、品性、价值观、为人处事等方面得到借鉴,得到启示。这就是历史的人文之美。

四、丰富性 广博性——综合之美

历史是一门综合性极强,跨度极大,内涵十分丰富而广博的学科。马克思曾极端地讲:"世界上只有一门学科,就是历史。"的确,世界上每一门学科都有自己的发展史:文学史、科学史、艺术史、政治史、思想史……而所有这些发展史的总和构成了历史,包罗万象,无所不有。

浩瀚的历史吸引人,广博的史识倾倒人。在历史学科中,学生可以在历史学习中感受文学的浪漫,领略科学的严谨,欣赏艺术的美妙,探索政治的曲折,汲取思想的精髓。可以认识古往今来各行各业的大英雄与小人物,可以重现一场场硝烟,复原一次次变迁,感受各民族的精神历程……以上种种都能让学生开阔眼界,领略各地各行业的社会历史风情,从而吸引学生的关注。

叶圣陶曾说过:"教育的最后目标是使每个分离的课程所发生的影响纠结在一块儿,构成一个有机体似的境界,让学生的身心都沉浸在其中。"历史学科的特点决定了它与其他学科之间的相互联系与渗透,所以,在教学中,教师要充实自我,提高自我的知识含量,其次,不能把历史与其他学科知识割裂开来,努力让各学科之间相互衔接,让学生在此基础上对历史有更深的理解,领略更多的魅力,培养更多的兴趣。

历史是美的。历史的魅力在于传承文明,尽显千古名人风采、华夏风采;在于给人智慧,昭示历史变迁的原因,启迪人们牢记教训;在于展示人文风采,尽显人生魅力。作为历史教师,我们要利用好历史的这些魅力,精于设计历史教学,展示历史之美,让学生走进历史、理解历史、感悟历史,充分感受历史的魅力。

6

一道习题引发的思考

倘若被问及,哪一门学科涉及的面最广、综合性最强,那么笔者的回答一定是"历史"。于笔者看来,历史是最大的一门学科,甚至可以认为,没有孤立的历史可言,历史永远会与政治、经济、文化、军事等其他专业知识纠缠在一起,你中有我我中有你,无法全然割裂论之。哪怕依据现今纷繁庞杂的学科分类,我们依然能够看到不同领域的学者不遗余力在书写各自学科的发展史——哲学史、文学史、数学史、社会史、教育史、量子物理发展史、心理学发展史,等等,不一而足。

在日常的备课过程中,组里的教师经常会就一些问题相互探讨,每每此时同一办公室其他学科的教师经常发出类似如下的疑问——"你们历史老师还讲相对论?""怎么历史课也要教美术流派?"凡此种种,恰恰说明了历史课堂所涉领域之广、所教内容之庞杂,纵然各专门史的知识在中学历史课堂上或许仅仅触及皮毛,但对历史教师而言,却也构成了相当的挑战。

以"罗斯福新政"一课为例,如果教师单纯依照教材给出的文本进行教学,学生将难以理解反危机措施的系统性与配套性,在遇到实际的问题时,往往会感到无从下手。以下是2010年高考天津卷历史第6题:

1933年罗斯福实行新政后,美国商品获得了更大的海外市场,国内商品价格也有一定提高,债务人特别是农民的债务负担减轻了将近一半。对这些变化起直接作用的新政措施是 ( )

　　A. 整顿财政金融　　　　　　B. 调整农业结构

C. 复兴工业生产　　　　　　D. 实行社会救济

在随堂反馈中，此题的错误率虽不算太高，但讲解过程中，有学生提出"农民的债务负担减轻了将近一半"不好理解，并得到不少同学的附和，这使笔者意识到之前在讲解新政措施的过程中处理得过于简单化了，细细究之，把新政若干措施进行详解与整合，不仅有利于学生对具体知识点的把握，也有利于他们学会用经济思维解决一些简单的问题，故笔者决定重新对新政的金融措施进行解读并适当结合其他配套措施，帮助学生构建对新政的宏观认知。讲解思路大抵如下：

虽然供销矛盾构成了本次危机的主要原因，但在危机爆发之后，社会矛盾最集中最显性的所在却是金融领域。即使是失业，其带来的社会恐慌也远逊于股灾与银行倒闭，无论对于资本家还是普通劳动者，其积蓄的财富随着股市的崩盘或银行的倒闭而面临蒸发的危险，急于变现尽量挽回损失成为社会成员的普遍共识，这种心理带来的股票抛售和存款挤兑进一步加剧了金融领域的失血。另一方面越来越多企业破产却无法偿还贷款也使银行坏账日渐增加，短期内收支的严重失衡使银行倒闭呈现出"多米诺骨牌"效应……因此当时的美国最严峻的问题是盘活货币及挽回人们对于经济的信心。整顿金融的相关措施就在这样的背景下依次出台了，但不能忽视的是，罗斯福的就职演说与此后的"炉边谈话"作为恢复人们信心的举措同样功不可没。

具体言之，以国家名义命令所有银行暂时"休假"远远好过于银行自己宣布关门，赢得的时间可以使政府清算每一家银行的资产以核定其资质、估算并筹集用于恢复银行业兑现所需要的货币，同时制止抢兑风潮避免金融走向万劫不复的深渊。随后政府组织成立了联邦存款保险公司对银行信用进行一定的担保，规劝人民"团结起来消灭恐惧""把你们的钱存入重新开业的银行，比藏在床褥下面更为保险"，这才基本止住了银行业的持续失血，很大程度上稳定了民心。随后政府宣布放弃金本位，为增发货币、实现贬值免除了后顾之忧。大量印制的美钞用于弥补政府各项支出所造成的赤字，通货膨胀导致的物价上涨有利于增加生产者的实际销售额，支付给劳动者的报酬得以水涨船高，企业和个人的债务负担也因为货币的大幅贬值而减轻了偿还的难度。另一方面，超过40%的美元贬值幅度与相应构筑起来的贬值预期，使工农业产品主动寻求抢占海外市场以规避获利空间不断缩小的本国市场,缓解了商品存量的巨大压力,协调了产销之间的尖锐矛盾,有效地向世界转嫁了危机。在工业领域,罗斯福政府放弃了胡佛执政时期实行的向制造业输血的错误举措,而是软硬兼施,通过《全国工业复兴法》和"蓝鹰运动"令工业资本实现"自我限制",旨在缩减工业品产量并提高劳动者待遇,进一步弥合产销之间的鸿沟。农业方面,则是通过毁耕、提供减产补贴、促进农产品结构调整、对超量种植课以重税等一系列措施,以行政为主要手段试图达到减产增收的目的,同时又尽量保护了农民的积极性,避免大量弃耕带来产业不可逆转的衰退。另外,消费品市场供应的饱和使劳动力出现必然的剩余,如何安置这些劳动力?此时政府投资的各项公共工程就起到了一石三鸟的效果——促进就业以恢复购买力并维持社会稳定、避免更多劳动力进入消费品生产领域、消化市场上的生产资料存量并以基建用材的价格上涨拉动所有消费品的价格上涨……

以上述思路梳理完新政措施以后,笔者感觉学生大抵能够理解,而更重要的是他们对经济的兴趣明显提升了,这些内容其实教材上几乎都有涉及,但并未更多阐述其间的关系,倘若教师适当运用经济学中的一些基本原理进行讲解,则能有效填补学生认知的空洞,也为思维能力的训练拓展进一步的空间。

在本课的课后练习中,学生又遇到了下面一题:

罗斯福新政时期,美国政府大力兴办公共工程,其客观作用包括 (　　)
① 扩大生产资料市场　② 增加就业机会　③ 刺激消费需求　④ 抑制物价上涨

A. ②③　　　　B. ①②③　　　　C. ①②④　　　　D. ①③④

让笔者十分欣慰的是,绝大部分学生都将题肢①纳入了答案,改变了往届学生做此题错误率很高的局面。

以上的实例,旨在说明一个问题,对于历史教师而言,多学科的交叉是一个教学中无法回避的问题,既然无法回避,那便只有不断学习,我们或许终己一生无法成为真正的全才、通才,但这并不妨碍我们努力想成为一个全才与通才。

7

如何撰写高质量学术论文

以历史类论文为例,一篇好的论文,首先要有个明确的主题,也就是你想通过这几千字解决或阐述一个什么问题,而要解决这个问题,又首先必须解决另一个问题:一篇论文,其主题的来源可以有哪些?

顾颉刚教授在他的《顾颉刚古史论文集》中曾经说过,论文的主题要么来自纯粹的原创,要么就是对已有的主题进行修改。笔者认为,这两种方法没有优劣之别,但从操作层面上讲,可能第二种方法更加容易一点。

当然,这只是解决了一个问题:如何获得论文的主题。但是,怎样的主题才是合适的呢?笔者认为,一个合适的主题,必须符合以下几个特点:

首先,从范围上看,论文主题的选择必须符合"中庸"之道。也就是说既不能太大,也不能太小。

举个例子,有人选了这样一个主题:高中学生历史学科核心素养的养成。这个主题范围实在太大了,真要详尽地加以阐述,估计能写成一本书,用来做个国家级课题都绰绰有余,又岂是一篇几千字的论文所能阐述完整的?

而如果真要从核心素养的角度去写论文,我们不妨从中选取一个小点的角度,比如说批判性思维的养成,然后就可以将主题改成:基于史料教学的高中生历史课堂批判性思维的培养。与前面一个大而不当的主题相比,这里只是选取了核心素养中的一个方面:批判性思维,因此让人觉得针对性更强,也更具有操作性。而作者创作起来也会更加有的放矢。

反之,如果主题选得过小,也会增加写作的难度,甚至失去写作的意义。

比如说,有人选择的主题是:历史课堂如何利用核心问题和追问组成问题链。

实际上,这个主题讲的是设问的逻辑问题,但被限定得过死,作者必须从"如何利用核心问题"这一角度展开论述,而这,完全可以通过一个案例,用几百个字就解释清楚,完全没必要写成论文。如果真要写,那就得在"核心问题"的判断标准和"问题链"的创新上做文章,而这又必将大幅度增加文章的创作难度。

所以,如果真要就"如何设问"写成一篇论文,咱不妨扩大主题的内涵,将其改为:从课堂实践看历史教学设问的逻辑。我们都知道,"课堂实践"的范围远比"如何利用核心问题"要宽泛得多,作者也就有了更多的创作空间。

其次,从内容上看,一篇专业的论文,其主题必须是正确的。这一点尤其重要,不弄虚作假是每一位专业教师必须遵守的科学道德。

李剑鸣先生在他的大作《历史学家的修养和技艺》一书中曾就此举过一个例子:"论文好比一棵树,内容是它的主杆和分支,标题、引言、实验、文字等等,或许可以算是一部分叶片,这棵树植根于真才实学的沃土上。"这话说得很明白,优秀论文的养成,就像一棵树一样,其根基必须是实实在在的沃土。

第三,从内涵上看,一篇专业论文的养成,离不开创新二字。而创新又有"原始创新和集成创新两种"(何兆武语)。高中历史教师虽然处于教学工作的第一线,但由于工作繁重,不可能时时处于史学研究的最前沿。所以,这种原始创新的文章一般很难写成。他们能做的,往往是结合自己教育教学的实践,将专家、大神的观点加以改动、完善。创作能力强一点的历史教师,也许能提出一些新方法、新算法,或是以别人没有用过的方法对一个问题进行分析,而这些都属于集成创新。

但笔者想要强调的是,不管何种创新,作者的主题必须有新意。如有作者写文章主题是要为应试教育辩护。可是,现如今早已是互联网2.0时代,人们更多的已经在讨论如何提高学生的核心素养了,而作者却还在素质与应试的泥潭中纠结,这种文章,又能有何新意?

不管怎么说,一旦确定了主题,我们便可进入下一步,即选择适合这一主题的体裁。专业的历史论文,其体裁无非三类:记叙文、议论文、随笔。体裁有别,创作方法自然迥异。

先说记叙文,重点应放在"是什么"上。为了讲清楚这个问题,创作者又必须首先阐述清楚事件发生的背景。所谓孤证不立,历史专业论文最忌讳的便是就事论事,孤立地看问题。

当然,历史领域所谓的记叙文毕竟不同于语文当中的记叙文。所以,在重点介绍"是什么"时,我们依然要透过现象看本质,不光要谈是什么,还要把"是什么"的内涵和外延讲清楚,讲透。

举个例子,笔者曾上过一堂以"培养学生批判性思维"为主题的课,讲的是斯大林模式。当时为了激发学生的头脑风暴,笔者特意找了一些斯大林模式有助于改善百姓生活的资料。由于此材料与教科书上的观点不符,所以很快就引起了学生兴趣,一场讨论就此展开。

课后在写论文时,笔者就提到了这件事。但不是就事论事,而是由此次讨论的一些细节谈起,阐述在培养学生批判性思维时的几个误区。并提出,教师之所以会犯这些错误,其实质是对批判性思维的理解有误,或者对任教班级的学情把握不准。

由此可见,如何撰写高质量学术论文?在你确定了主题,并决定以记叙文的形式阐述这一主题后,你还应该继续研读、剖析这一主题,然后再按照背景、过程及影响的三段模式撰写论文。但切记一定要讲出这一主题的长度、宽度和厚度,切莫就事论事。

再谈议论文。原华东师范大学的朱大可教授在《古籀蒙求》一书中说过,撰写历史议论文,其最要紧之处在于解决"为什么"和"怎么做"的问题。由此可见,议论文的重心与记叙文不同。

北大专门研究魏晋南北朝史的荣新江教授就曾对学生说过,撰写历史类议论文时,一定要注意逻辑关系。因此笔者认为,不管是解决"为什么"还是"怎么做"的问题,最要紧的是要注意论点、论据之间的逻辑性。

举个例子,笔者曾看过一篇论文,阐述的是学案教学的弊端。创作者说,学案教学会让学生的知识变得支离破碎,并禁锢学生的思维。然后创作者拿出了论据,说中国的高中课堂讲甲午中日战争,让学生看学案,了解事件的前因后果。但日本的高中课堂讲中日甲午战争,是老师直接问,如果再发生一次战争,结局会怎样?创作者由此得出结论,学案教学弊端丛生。

暂且不谈此论据的真实性。光就逻辑性而言,笔者认为,创作者使用这段材料来论证学案教学的弊端,是不妥的。因为材料展示的其实是中日教师教学手段之不同,这与是否使用学案教学毫无关系,自然也就无法得知学案教学是否有弊端了。

最后说一下随笔。此类体裁一般适用于案例分析或观后感类的文章。也就是作者只对某些问题或现象发表自己的看法或观感,至于其观点是否正确,则留待他日讨论。随笔类历史论文应该主次分明,重点突出,切忌写成口水文、流水账。

总之,要想写好一篇专业的历史论文,必须脚踏实地,用心去写作。必须在平时多注意积累素材,随时注意课堂内外的"一花一木",处处留意,时时思考。只有这样才能达到"文章本天成"的最高境界。

8

如何科学合理地处理教材

一、立足课程标准,从多元史观角度审视教材

20世纪下半期,伴随着对"西欧中心论"或"欧洲中心论"的批判,学术界出现了一种强调以"全球眼光"审视人类历史的"全球历史观"。根据《普通高中历史课程标准(实验)》编写的高中历史教材吸取这一新的史学思想,打破传统高中历史教材的编写体系,将"古今贯通、中外关联"的内容融合起来,以专题的形式呈现出人类历史发展的全景图。而且高中历史必修课和选修课内容的选择,都集中反映了影响世界与中国历史进程的重大历史问题,反映了人类共同关心的重大历史问题,反映了21世纪人才的素质修养所必备的历史基础知识,从而将人类历史发展的宏伟画面逐一展示在学生面前,有利于培养学生的历史思维能力,避免思想的片面性和主观性,增强学生的全球意识和国际主义精神。

新课程摒弃传统的五种社会形态理论呈现历史知识的范式,以世界文明演进线索来叙述历史的发展。从纵向来看,人类文明的发展经历了从农业文明到工业文明再到现代文明(知识文明)发展的基本历程,我们可以用这种眼光来重新审视历史发展的进程。从横向来看,人类文明分为物质文明、政治文明和精神文明,相应的人类文明史就可以分为物质文明史、政治文明史和精神文明史。

二、研读课程标准，凸显历史主干知识

编写者依据《普通高中历史课程标准（实验）》，根据自己的理解，在编写体例、史实运用和教材风格等方面有独特的设计。高中历史教材只是课程专家和历史学科专家根据新课程要求编制的一种教学材料，相对于教师来说，是教本；相对于学生来说，是学本。

教师备课时要适当参考其他版本教材中的新观点、新材料、新提法，从更高、更广阔的视角去审视历史。如战时共产主义政策、新经济政策、斯大林时代的体制、罗斯福新政、二战后资本主义国家的经济改革、苏联社会主义改革、中国的改革开放等，这些问题要从20世纪以来各国经济体制的创新和调整的角度去思考，通过分析、比较、综合，最终得出的认识是，经济体制必须适应生产力的发展水平，突破传统的束缚是经济体制调整和创新的前提，只有不断调整和创新才能保持经济发展的活力。这样的教学才能起到融会贯通的效果。

所以对"一标多本"下的教材，我们应要认真研究课程标准，要从教材的角度理解编写者对课程标准的理解，从课程标准的角度评价高中历史教材的特色；在使用的时候，要注意吸纳其他版本教材的优点，采取"为我所用"的态度，以优化教学内容，否则会举步维艰，问题越来越多，越理越乱。

三、立足课程标准，要合理取舍教材

《普通高中历史课程标准（实验）》在"课程的基本理念"中明确指出："在内容的选择上，应坚持基础性、时代性，应密切与现实生活和社会发展的联系，关注学生生活，关注学生全面发展。"研究教材要用课程标准的内容来衡量，要从专题考虑，搞清楚基本问题是什么，抓住这些线索选择史实，对教材有取有舍，多用精力设计一些适于学生思考的问题更重要。

以人教版高中历史必修一第1课为例，根据课程标准的要求，本课所要掌握的核心内容是分封制和宗法制，一是对夏商时期政治制度发展情况，因为不是内容标准的基本要求，不必重点展开，可根据学生的知识储备和能力基础，由教师以概括性的语言简单说明，夏商的早期政治制度对西周时期分封制、宗法制有直接影响，为阐述分封制和宗法制作好铺垫。二是重点把握分

封制和宗法制基本内容。师生通过阅读教材的图文信息,概括、分析分封制和宗法制产生的背景、主要内容、基本特点和影响,进而认识中国早期政治制度的特点——宗法血缘关系与国家政权紧密结合,家国一体。三是在此过程中创设情境,使学生体会到历史发展的基本进程及其内涵的情感价值判断。例如,可以设置以下文问题:① 从商朝的方国联盟到周朝的天下共主反映了历史发展的怎样的趋势?② 如何理解嫡长子继承制?嫡长子就是大老婆所生的儿子吗?能否通过历史故事或历史影视剧有关情节说明嫡长子继承制在中国古代社会的影响?这种影响在今天现代社会是否还有残留?③ 能否举些例子,说明宗法血缘关系在当代社会的影响?④ 商朝以神化王权来维护统治,西周则以完美制度(分封制、宗法制)的设计来开疆拓土、巩固统治,对这些你有何感想与体会?这些问题学生会比较感兴趣,利于对本课重难点的理解。

四、立足课程标准,重视历史问题的新论断

历史学科的很多问题也不存在绝对的真理。新课标强调历史课程要关注学术发展,这也是新课程的亮点之一。新教材在论述一些重要历史问题时,也呈现了很多新提法、新论断,我们要认真学习、理解和整理,从而更新相关的历史认识。

如岳麓版教材中有许多问题与表述值得我们思考和借鉴:① 在论述中国古代中央集权制度演变趋势时说:"自宋以来,中央在与地方分权的斗争中已处于绝对上风,政治制度上体现新的特点——皇权与相权的矛盾变得突出起来。""皇权不断加强,相权不断遭到压制"。② 对五四运动的意义进行了充分阐释,认为"爱国主义是五四精神的主旋律",五四运动"是一次广泛的新文化运动,又是一场伟大的思想解放运动"。③ 对近代民主政治有充分反映,肯定了民主政治在人类文明历史中的重要地位和作用,认为美国在1868年通过的有关叛国罪的修正案,对维护国家统一、反对国家分裂有重要保障作用。④ 在论述洋务运动时,明确指出安庆军械所制造的实用蒸汽机问世,"标志着中国近代工业的起步",洋务运动对"中国早期现代化起到了不小的推动作用"。⑤ 提出中国三大改造的完成,"是社会主义计划经济在中国基本确立的标志,并为中国社会主义工业化开辟了道路"。

还比如明清的资本主义萌芽问题,很多学者认为是伪命题,因为资本主义不仅仅是雇佣关系,它是包括整个经济基础与上层建筑在内的一种社会形态,不纯粹是一种经济现象。马克思也反对把西欧资本主义产生发展的道路,看成是一切民族必然要经历的"历史必然性"。如果了解有关的学术成果,讲或不讲这个问题,都可以实现课程目标,讲也要留有余地。

因此,教师有了学术视野,才能引领学生进行有益的探究。

五、立足课程标准,大胆整合教材重难点

整合是新一轮基础教育课程改革针对传统课程结构而提出来的一个理念。历史教材是以模块为架构,以专题为基本单元,以中外史合编为体系,其特点是内容精炼、跳跃性强,思维层次高,适合探究性教学的开展。但同时也存在时序性和整体性较差,知识系统破碎的缺点,给教学带来了一定困难。因此,在教学过程中,教师要对照新课程标准,理顺知识的内部联系,对教材进行灵活整合,重新构建起相对完整的历史教学体系。

1. 重视按照时序的通史体系的小专题整合

注意模块间,中外的联系与比较,多视角解读重点、热点问题。比如"农耕文明时代的中国"专题部分,我们着重从政治、经济、思想等角度进行整合:古代中国政治文明的特点、古代中国农耕文明的演进、古代中国传统文化和科技的辉煌。

2. 重视模块内的专题整合

教师要建构起整体教学设计观,将教学设计置于课程模块的整体之中来考虑。就人教版历史必修一而言,教师在教学过程中,可以根据教学活动的需要对教材进行整合:中西古代政治制度的不同特点(第一、二单元)、17世纪至19世纪上半期明清时期政治制度与欧美资产阶级代议制(第一单元第四课、第三单元),世界背景与中国历史的整合:战后世界形势的发展与新中国外交(第七、八单元)等。通过整合,使历史专题的头绪更集中、主题更突出,不仅能更好地体现历史发展的时序性,同时也能横向反映人类文明发展的步伐、不同文明的相互交流与碰撞。

3. 重视单元内部的教材内容的整合

例如"新中国外交"这一历史概念中,包含着中华人民共和国这一主权国

家围绕"国家利益"这一外交最高准则,行使主权、开展外交活动的内容。新中国成立70年以来,在风云变幻的国内外环境下,其"国家利益"经历了由存亡到安全到发展的变化,新中国外交方针也经历了"一边倒""一条线""与各国都友好"三个时期,坚持独立自主的外交政策,在和平共处五项原则的基础上,逐步形成了全方位、宽领域、多层次的外交格局。

例如"新文化运动"教学中,20世纪八九十年代的典型观点是"新文化运动过于激进、全盘西化,造成中国文化的断裂",而当今史学界已经改变看法:新文化运动喊出的激进反传统口号实际上并不反儒,反对的是封建礼教和对儒学的利用和独尊,而不是儒学的基本价值。由此我们可以"批判性思维的培养"为教学落脚点,把"近代思想解放中的变革与传承"作为教学立意来整合教材,开展教学。

只有在课标的指导下,抓住学习的重难点,理顺学习内容自身的逻辑关系,本着有利于学生理解、有利于教师讲授、有利于师生互动的原则,才能研制出好的教学设计。

总之,当前的中学历史课程改革,既是机遇,也是挑战。知易行难,需要我们高中历史教师以积极的心态,饱满的热情在教学实践中继续努力、探索、改进!

9

教材存在的几点问题

教材是最重要的课程资源,其在教学中的重要性不言而喻。求真、求实,还原历史的复杂性应是编写教材的底线,然而,受各类因素制约,编写教材也是"遗憾的艺术",新课程高中历史教材跟大纲时代的教材相比,虽说已有很大进步,但从还原历史复杂性的视域来看,"权威"教材依然存在各种问题。下面试以新课程高中人教版教材之中国近代史部分的某些章节编写存在的问题为例,从还原历史复杂性的视角加以评说,并谈谈相关思考。

一、教材编写存在的问题

1. 结论抽象化

例如,人教版高中历史必修一教材第52页,关于鸦片战争的影响,是这样论述的:"鸦片战争给中国带来巨大的屈辱和深重的灾难。从此,中国的大门被迫打开,外患接踵而至,主权和领土完整不断遭到破坏。中国由一个独立自主的封建国家开始沦为半殖民地半封建国家。"这段论述虽然只有短短83个字,但教师至少要解释半天。"半殖民地半封建"是什么意思?"半殖民地半封建国家"又是什么意思?一个"封建"概念就已经让学生感到十分纠结(比如什么是封建?西周"封邦建国"是一种"封建",中世纪西欧的庄园制也是"封建",这两种封建有何不同?),现在又出现了一个"半封建",还有"半殖民地"等概念,真是令学生头痛不已。面对如此抽象的教材结论,教师的教学难度可想而知。

2. 叙事简单化

例如,人教版高中历史必修一教材第52页关于第二次鸦片战争中"火烧圆明园"一事,有这样的文字表述:"英法联军接连攻陷天津、北京,火烧圆明园,咸丰帝逃往热河。"英法联军为什么要火烧圆明园?仅仅是为了掩盖其抢劫行为吗?教材对此不置一词。历史的事实是,英法联军之所以火烧圆明园,很大一部分起因是由于清政府不懂国际法,外交处置失当(如拘禁英法谈判代表,部分致死)造成的,于是圆明园成了侵略者"报复"的对象。对于强盗的行径固然应该批判,但教材不可由此掩盖清政府的责任。复杂的历史被如此简单化处理,很难让教师和学生信服。

再比如,人教版高中历史必修一教材第60页在"八国联军侵华"一目中介绍了义和团运动兴起的原因:"甲午中日战争后,列强掀起瓜分中国的狂潮。随着民族危机的加深,中国人民反抗帝国主义侵略的斗争日益高涨。由民间组织义和团发动的反帝爱国运动,打着'扶清灭洋'的旗号,到1900年春夏间在京津地区形成高潮。"这段介绍其实并不全面,介绍义和团运动的起因,应当首先从教民和非教民的民教矛盾说起(其实,"教民"中占绝大多数的是中国人),继而论及民族危机,才能讲清义和团运动兴起的复杂缘由。教材如此叙事,丰满的历史被裁剪得过于单薄了。

3. 人物脸谱化

例如,人教版历史必修一教材第58、59页在论述甲午战争失败的原因中,有这样一段话:"在黄海大战中,中方损失虽比日方略大,但主力尚存。李鸿章为保船避战,命令北洋舰队退守威海卫港,不许出海迎敌……甲午中日战争以清军惨败告终。"教材在这里批评了李鸿章在甲午战争中的战术选择,暗含的意思是如果李鸿章采取正确的战术,甲午战争就不一定失败,李鸿章应对甲午战争的失败负主要责任。而人教版历史必修二教材第41页在介绍李鸿章参与洋务运动的史实后,有这样一段文字:"清军在甲午中日战争中惨败,北洋水师全军覆没,宣告了洋务运动的失败。"依此逻辑,时间整整延续达三十年之久的洋务运动的成败竟然全系于甲午战争的输赢?!既然李鸿章应对甲午战争的失败负主要责任,他同样须对洋务运动的失败负主要责任。在这里,李鸿章的负面作用被无限放大,人物形象被严重脸谱化,历史与逻辑的统一却无处可见!

二、几点思考

1. 树立正确的教材观

在课程改革不断深化的背景下,我们历史教师要树立正确的教材观,教材是"学材",教材不是"圣经",要从"教教材"向"用教材教"转变。"用教材教"是教师依据课程标准,根据自身的研究状况、学生学情,把教材作为一种重要的资源加以利用的教学行为。"用教材教"需要教师对教材进一步批判、质疑、整合和完善,从而让学生了解更全面、更真实的历史;需要教师进一步培养学生的学习、探究能力,以提高学生思维的深度和广度,从而有助于还原历史的复杂性。

2. 加强专业阅读

教材存在的问题,一时半会是解决不了的。这就要求我们历史教师要加强专业阅读,熟悉更丰富的史学成果,保证在教学中尽量讲出历史的原汁原味,帮助学生了解真实、复杂的历史。例如,在中国古代史方面,可以阅读钱穆的《国史新论》《中国历代政治得失》、樊树志的《国史十六讲》等。在中国近代史方面,可以阅读陈旭麓的《近代中国社会的新陈代谢》、郭廷以的《近代中国史纲》、茅海建的《天朝的崩溃》、徐中约的《中国近代史》、蒋廷黻的《中国近代史》、费正清的《剑桥中国晚清史》等。在世界史方面,可以阅读斯塔夫里阿诺斯的《全球通史》、马克垚的《世界文明史》、吴于廑和齐世荣主编的《世界史》(六卷本)、董正华的《世界现代化进程十五讲》、陈乐明的《欧洲文明十五讲》、资中筠的《冷眼向洋:百年风云启示录》、齐世荣等主编的《15世纪以来世界九强兴衰史》等。在史学理论方面,可以阅读张耕华的《历史哲学引论》、科林伍德的《历史的观念》、王加丰的《史学理论与中学历史教学》等。

总之,面对不尽如人意的新课程教材,历史教师要想在课堂教学实践中还原历史可谓任重而道远。令人欣慰的是,随着思想解放和越来越多的史料解禁,历史教师在教学中还原历史的外部条件将会越来越好。我们有理由相信,只要大家不断努力,勇于实践,就一定能还原历史的厚重与丰实,从而提高课堂教学的有效性!

10

如何发挥教学大纲和课程标准的"指挥"作用

教学大纲与课程标准皆为教师备课的参照和依托。教学大纲是"细致的硬性的知识点梳理",具体详尽地解读了知识点的具体要求、难度,在教学顺序、课时安排上给予建议,促使教学过程具有可操作性。课程标准是"基本的富有弹性的指导",关注学生学习的过程、方法、情感和价值观,肩负着培养和提升国民基本素养的职责。历史教学如若离开知识的梳理就成了无源之水、无本之木,如若离开了学科素养的培养和提升,历史教学就会失去灵魂;教学大纲规范、掌控着知识的深度,而课程标准却"允许"拓展知识的广度。如何发挥二者对教学的真实、切实的"指挥"作用呢?

一、确立主题意识,详略得当,构筑完整的知识体系

教学大纲以时间为顺序简述了历史的脉络,这对了解历史事件的先后有一定帮助,然而对于以模块为编撰方式的教材,课程标准是以专题形式进行呈现的,同时在内容方面又不够详细。基于此,教师需要对课程标准和教学大纲进行整合。在处理时要详略得当,有所侧重。例如对于"雅典民主政治"这一内容,教学大纲是这样表述的:① 希腊奴隶制城市国家(城邦)的产生;② 斯巴达和雅典(梭伦改革);③ 希波战争;④ 希腊奴隶制经济的繁荣;⑤ 希腊的衰落;⑥ 古代希腊的文化。很显然,教学大纲对古雅典历史进行了较全面论述。但教学时不可能胡子眉毛一把抓,需要秉持主题意识,紧紧围绕"雅典的民主政治",对内容进行大胆取舍,将教学大纲糅合于课程标准中,将教

学目标确定为:说明雅典民主政治与城邦(特点)的关系;比较斯巴达与雅典的体制;比较、记忆梭伦改革、克里斯提尼改革和伯里克利改革的内容,认知古雅典政治民主化过程;知道古希腊民主政治对文化产生的作用;认识民主政治对人类文明发展的重要意义;了解古希腊衰落的史实,探究古希腊民主政治的局限性。通过教学大纲和课程标准的杂糅,丰盈了教学目标,有助于学生既全面又有所侧重地掌握基础历史知识,有利于深化对教学核心概念的认识,以达构筑知识体系的目的。

二、依据教学实际"改造"课程标准、教学大纲,呈现有血有肉的历史

教学大纲和课程标准是满足于全国教学的需要,但并一定能够适应每个省市,每个学校、班级的需要。发挥其指挥作用需要在课程标准(教学大纲)与教学实践之间建立联系,做到"心中有标目中有人"。微知识点是复习教学中容易被忽视的细节,与课程标准和大纲有关系但联系不紧密,作为学科知识的一部分,对知识点之间的联系和补充说明教学知识内容具有重要价值;微知识点能够有效刺激学生探究的动力、提高学生历史理解能力,为其历史解释提供支撑。例如在讲新民主主义革命时,如果按照课程标准和大纲中的要求就会忽略国民党在推进国民革命和中国社会经济发展中所起的独特作用。教育部制定的《历史课程标准》的相关要求是:了解民族工业曲折发展的史实,探讨影响中国资本主义发展的主要因素。容易导致教师全面考察中国近代视角的缺失。而从中国整体发展的视角出发,我们可以发现,国民党在国民大革命期间创办黄埔军校,建立国民革命军,开展北伐战争,基本上推翻北洋军阀的统治;国共对峙的十年间,国民党进行"币制改革",推行"国民经济建设运动",为抗日战争胜利奠定物质基础。如果照搬课程标准和教学大纲的内容,仅停留在细化的层面,不但不能窥历史之全貌,而且不利于提高学生历史理解的能力,更不用说让学生对历史进行解释了。

三、以核心素养紧密联结课程标准、教学大纲和考试大纲的关系

考纲的制定会考虑以下几个影响因素,诸如本省的教学要求和实际情况、高等学校对高中生文化素质的要求,除此之外,必然也会参照课程标准和教学大纲。脱离了教学大纲的试题,偏离了课程标准要求的试题都不能称之

为科学的成功的题目。在教学过程中，要以考纲为基准，然而同样也要以课程标准和教学大纲为指向。怎样有效地处置三者关系呢？夏辉辉老师指出，"核心素养的提出，就是希望在宏观教育目标与教育教学实践之间架起一座桥梁，建构可理解把握、可操作实施、可观察评估的培养目标，避免培养目标过于宏大而没有边界，过于庞杂而结构不明。"

新研制的《普通高中历史课程标准》将学科核心素养具体阐释为时空观念、史料实证、历史理解、历史解释和历史价值观。2016年教育部考试中心编写的考试说明对学生历史学科能力提出了四个方面要求：获取和解读能力、调动和运用知识的能力、描述和阐释事物的能力、论证和探讨问题的能力。四个方面的能力要求是对学生综合素养的考查，每种能力的达成不是一种素养的呈现，而是多种素养共同作用的结果；历史学科素养是以基本完成课程标准和教学大纲的内容和要求为前提的。例如"获取和解读能力"包含对图文材料、文献史料的阅读，对史料的整理等两个方面。题目如果是地图史料，需要学生根据空间观念进行时间定位，需要将地图转化为文字，并进行表述，假使学生不具备时空观念、史料理解能力的话，对材料是不能全面而准确地理解的。如果是文献史料，则需要把握时空要素，对史料的多样性进行辨析，根据所学知识对材料解读通透。如果学生对教学大纲和课程标准中相关内容不能融会贯通，无法完成解读（读透）史料的任务，也不可能准确、全面地获取信息。例如：2016年江苏高考历史卷中的第5题考查李贽的思想主张，读懂材料不是难点，可是如果仅从字面层面去理解的话就容易得到错误的答案。如果紧扣课程标准和教学大纲关于李贽思想内容的规定，解题时就不会受材料的误导，出现审题偏差。

学生知识体系的构建、鲜活历史的呈现、历史学科能力的提升都与课程标准和教学大纲有着紧密的联系，这就要求历史教师不断挖掘课程标准和教学大纲"含而不发"的内容，不断丰富教学内容，以帮助学生提升学科素养。

11

一节好课的基本要素

能上出一节好课是广大历史教师"心向往之"的目标,那么,一节历史好课应具备哪些基本要素呢?笔者认为要注意以下几个方面。

一、好课要有好的教学立意

教学立意是教学内容所蕴含的教学价值和教学主题。教学立意是一节课的灵魂,它决定了课的品质,也决定了教材整合的思路。当前,随着课堂教学研究的深入,教学立意被视为一节好课的第一标志。教学立意必须对教学内容及其为之服务的整个教学过程具有宏观导向作用。那么,好的教学立意该如何确定呢?结合课标内容标准的相关表述进行挖掘不失为一个好的选择。因为课标的内容标准中有些表述实际上已经显示了对相关内容的史学观点和主观意向,隐含着教学立意的提示。

例如,"祖国统一大业"一课的课标内容要求是:"简述'一国两制'的理论和实践,认识实现祖国完全统一对中华民族复兴的重大历史意义。"据此,教学立意可以围绕"一国两制"理论指导下的香港澳门回归、海峡两岸关系发展对祖国统一、中华民族复兴的意义来确定。如可以把本课立意为"一国两制与祖国统一",用"但悲不见九州同""众里寻他千百度""紫荆花开香满园""缺月重圆会有时"的诗句把整堂课串联起来;也可把本课立意为"中国梦 统一梦",以"圆梦之由、圆梦之道、圆梦之路、圆梦之盼"为线索展开教学。使课堂教学呈现出严谨的逻辑性和清晰的条理性的统一，给人以耳目一新之感。

二、好课要有好的历史细节

随着课改以来历史教学的不断深化，历史细节的价值与作用得到了进一步发掘。叶小兵教授曾说："在讲授历史事件的过程或历史人物的活动时，要讲得真实鲜活，不仅要线索清晰，层次完整，而且离不开细节的支撑。"的确，细节运用好了，就能够在一定程度上避免教学的抽象、枯燥和乏味，还能够在教学中解决一些难以处理的问题。没有了历史的细节，许多历史无法说清，许多道理无法阐明，历史的大道往往蕴藏于历史的细节中。一节历史好课离不开对历史细节的雕凿。

例如，在"祖国统一大业"一课讲解"台湾问题的由来"环节，某教师提供了台湾陈爱珠女士的新婚照片，让学生寻找结婚照中的日本元素，提醒学生勿忘台湾被日本殖民的苦难历史；在讲解"炮击金门"环节，介绍了中共"时打时停、打而不登、封而不死、攻而不取"的极具想象力的奇特战法，让学生理解中共领导人通过有限的军事行动，争取到了台湾国民党当局的配合，巧妙地达成"一个中国"的默契，以挫败美国制造"两个中国"图谋的战略远见。教师根据教学需要选取历史细节的教学设计，有利于学生穿透历史，以小见大，于细微处见精神，更真切地了解和认识所学的史事。

三、好课要有好的问题设计

一节好课，必须有好的问题设计。好的问题能拨动学生思想的琴弦，成为开启学生智慧之门的钥匙。教师要根据教学内容和学生学情有目的、有计划、有步骤地设计问题，利用问题引导学生课堂探究，培养其学科思维能力。问题设计得好，课堂教学就能"步入正轨，渐入佳境"。

例如，某教师在"祖国统一大业"一课讲完港澳台问题的由来之后，设问如下："假如你是新中国的领导人，要解决港澳台问题，先后顺序该如何抉择？"这一问题要求学生"神入"历史去思考对策，引起了学生极大的讨论兴趣。在讨论过程中，大部分学生认为首先应当解决港澳问题，因其涉及主权问题，不可拖延；只有少部分学生认为首先应当解决台湾问题，内政问题解决了，才有利于解决外部主权问题。两派意见争执不下，形成僵局。教师适时出示相关材料:中国大陆基本解放后,毛泽东即开始谋划解决台湾问题,对于港澳问题则并不急于解决。面对大部分学生的困惑不解,教师结合当时的国内外局势,对这一抉择进行理性分析与当堂点拨,学生豁然开朗,懂得历史"何以如此"的真正原因,在还原历史中汲取智慧,拓宽视野。

四、好课要有好的情感渗透

一节好课,不仅要求教师注重对学生知识与能力、过程与方法的教育与引领,更要注重对学生情感态度与价值观的渗透。教师要进一步挖掘蕴藏在历史过程和历史知识中的巨大精神财富,要采取有效手段,使其变成有效的教育资源。教师特别要注意学生的心理体验、内心选择、精神升华,适时、适度地发挥示范、熏陶、启发作用,启迪学生的心灵,引导学生自觉走向人类神圣的精神殿堂。

例如,某教师在"祖国统一大业"一课讲述海峡两岸关系的发展历程时,设置了这么一个教学情境:通过PPT呈现1988年1月21日第一个台湾返乡探亲团抵达北京,他们在八达岭长城上激动地高呼"到家了"的一幅令人动容的照片。教师接着和学生一起置身于情感的场域,师生共情,展开教学。"老师通过这张照片看出了……,不知同学们在照片中看出了什么?"在学生们纷纷议论与发言后,教师并没有就此止步,而是继续追问学生:"你们在照片中还看出了什么?""还能看出什么?"引生入情,深度阅读历史照片。学生们"同情之理解"下的发言显然能更深一层,学生在这张照片中,除了看出他们回家的喜悦之情外,还能看出他们满满的心酸——从1949年离开大陆,到1988年返乡探亲,这期间已经过去了整整39年,探亲团中的一些人当初还是意气风发的少年,这次回来时已是两鬓白发,能不心酸?"家是最小国,国是千万家",祖国是两岸同胞共同的家,不知不觉中师生都会被浓浓的家国情怀所感染,"少小离家老大回,乡音无改鬓毛衰。儿童相见不相识,笑问客从何处来",感情的共鸣引发师生齐声背诵这首贺知章的《回乡偶书》,将课堂气氛推向了高潮,情感教育目标的实现自然也就水到渠成。

12

整体把握唯物史观的建构和发展

所谓历史观是指人们对历史发展进程的总的观点或看法,是史学家从史观上把握历史发展脉络的基本框架。史观具有多元化,高中历史课程中经常涉及的史观有近代化史观(现代化史观)、全球史观、文明史观、社会史观、革命史观、唯物史观。笔者认为唯物史观是高中历史知识中最为根本、最为基础、最为核心的史观。

一、唯物史观综述

所谓唯物史观即历史唯物主义,由马克思、恩格斯于19世纪四五十年代创立,揭示了关于人类社会发展的普遍规律的科学,当然我们也可以把科学的社会史观、认识和改造社会的一般方法论统称为唯物史观。如:物质生活的生产方式决定社会生活、政治生活和精神生活的一般过程;社会存在决定社会意识,社会意识又反作用于社会存在;生产力和生产关系之间的矛盾、经济基础与上层建筑之间的矛盾,是推动一切社会发展的基本矛盾;在阶级社会中,社会基本矛盾表现为阶级斗争,阶级斗争是阶级社会发展的直接动力;阶级斗争的最高形式是进行社会革命,夺取国家政权;社会发展的历史是人民群众的实践活动的历史,人民群众是历史的创造者,但人民群众创造历史的活动和作用总是受到一定历史阶段的经济、政治和思想文化条件的制约等等。

在高中历史课程中，经常涉及的则是唯物史观中的三对核心原理：生产力与生产关系的关系；经济基础与上层建筑的关系；社会存在与社会意识的关系。

二、唯物史观与高中历史教学

《普通高中历史课程标准》中指出："普通高中历史课程，是用唯物史观观点阐释人类历史发展进程和规律，进一步培养和提高学生的历史意识，文化素质和人文素养，促进学生全面发展的一门基础课程。"课程目标是"通过普通高中历史课程学习，……对历史唯物主义的基本理论和方法有所了解，……逐步形成科学的世界观和历史观"。由此可见，唯物史观应是我们高中历史教学遵循的基本原则与学生学习历史的基本方法与目标之一。

对于唯物史观与高中历史教学的关系，无锡市历史特级教师尤克光老师精辟地指出："一是以唯物史观的基本原理指导教学，以论导教；二是引导学生运用唯物史观的立场、观点和方法分析、说明、评价历史事件、现象和人物，培养能力；三是在历史教学的全过程中，对学生进行唯物史观的教育，寓论于教。这三者不是截然分开的，而是相互相联系，互相渗透的。"以高中历史必修一"英国君主立宪制的确立"一课为例：英国为什么会爆发资产阶级革命，然后确立起君主立宪制？根本原因是由于英国资本主义经济的发展，当一种新型经济发展模式出现的时候，与其密切相联系的阶级力量必然希望取得相应的政治权力，建立起相应的政治制度，保障其经济的运行与发展，这就是经济基础决定上层建筑的原理体现。英国君主立宪制确立后，随着工业革命的开展，英国的民主政治又掀起了改革序幕——1832年议会改革，工业资产阶级在改革中获得了更多的政治权力，而这次改革又进一步推动了英国工业革命的继续进行，这典型地呈现了经济基础与上层建筑的相互作用关系。以理论原理指导教学，有高屋建瓴之效，不仅让自己能够有效把握教学，也能让学生更好地读懂历史，理解历史的发生。

三、唯物史观教学的几点建议

1. 避免唯物史观的误用、滥用

新课标中明确指出"普通高中历史课程，是用历史唯物主义观点阐释人类历史发展进程和规律……",但我们在历史教学中不能随意以唯物史观冠之解释,这肯定也不符合历史唯物主义中的实事求是原则。对于任何一种历史现象与事件,我们都需要结合当时的时代实际情况,来进行分析解释。如"近代中国社会生活变迁"中的婚姻习俗变化的根源问题,有人得出结论是"由于生产力的发展";西方文艺复兴、启蒙运动的发生原因,有人说也是"由于生产力的发展";美国独立战争、法国大革命的发生,有人还是说"由于生产力的发展"。的确生产力是推动人类历史发展的根本动力,但对于任意历史的发展、变化的原因,都冠以"由于生产力的发展",那么活生生的历史将被扼杀,也会变得无味与无趣!

2. 与时俱进,巧妙运用唯物史观

马克思主义的创始人从来没有把他们的学说看成一成不变的教条,而总是根据时代社会的发展,重新审视自己的理论,并不断加以修改、丰富和发展。苏俄的战时共产主义政策到新经济政策,这是列宁对马克思主义的丰富与发展;中国新民主主义革命中,从城市中心道路到农村包围城市,武装夺取政权,这是毛泽东将马克思主义与中国国情相结合并用于实践。邓小平说过:"真正的马克思列宁主义者必须根据现在的情况,认识、继承和发展马克思列宁主义。"所以我们的历史教学也应着眼于实际,一切从实际,从学情出发,着眼于新的实践和时代的发展,摒弃教条式、机械式的史观理念,才能正确、科学地运用唯物史观。

3. 坚持唯物史观,整合多元史观

在坚持唯物史观的前提下,借鉴、吸收和整合其他史观理念。不同的史观,是从不同角度对历史的研究与解读,通过多元史观对专题历史的概述与学习,有利于培养学生从不同的角度认识、发现历史,辩证地认识历史与现实,中国与世界的内在的联系,培养学生从不同视角分析问题、解决问题的能力。如"新航路开辟",我们除了认识到新航路的开辟给西欧带来了政治、经济的变化外,更应看到世界各地结束了相对孤立的状态,开始有了联系与交融,这是真正世界历史的开始,多样文明的交流、冲突开始展现,这就是全球史观下,我们更应关注的角度。再如"工业革命",毫无疑问工业革命是生产力的极大飞跃,极大地推动了社会的发展,但同样也需要看到工业革命的发生,让世界从农业文明时代逐渐过渡到了工业文明时代,促进了各地区的近代化的进程，这是文明史观与近代化史观对工业革命的不同理解。

坚持唯物史观，整合多元史观，建构不同史观下的历史线索，充分挖掘多元史观的共同价值，这需要我们充分消化理解史观的多元化，并巧妙实践、运用于教学，以论导教，以教促论。

总的来说，唯物史观在高中历史多元史观中占据着主导地位，如何更好地运用唯物史观，服务于教学，除了要求学生在历史课堂中发挥主体性、积极性和参与性外，更需要的是我们教师对唯物史观的理解和消化，融合为自身的知识积淀。只有这样才能引导学生、帮助学生逐步地掌握唯物史观的基本理念与运用，从而提高课堂实效，实现新课程目标。

13

学会突破单一的革命史观

　　源于特定的历史环境,革命史观一直统御着中国近代史的叙述体系,成为研究近代中国史的主要理论框架,认识近代中国历史的主体逻辑脉络。革命史观,是从革命者的视角和立场来叙说、研究和认识历史事件与历史人物的历史观。它以现实斗争的需要为生发点和落脚点,把革命斗争作为历史运动和历史演变的核心动能,以革命斗争为线索串联历史发生发展的基本过程。在中国近代史领域,毛泽东同志建构了革命史观的主体解释框架,革命史观成为他运用历史唯物主义考究中国历史的一个重要理论组成部分。不可否认,革命史观为考察、阐释近代中国历史提供了重要的思维视角和方法牵引,为探寻和认知百年中国历史风云发挥了巨大作用。但随着时代的变革,历史研究实践和理念的深化,单纯运用革命史观诠释近代中国全部历史的弊端和局限也逐步显现出来。所以在坚持革命史观的基础之上,我们也可以适当做些突破。

　　例如,关于新文化运动这一教材中的重要内容。作为一个重大的历史事件,新文化运动受到不同政治派别、政党势力的持久纪念,历时而不衰。它具有极其重要和突出的一般符号意义和共同符号价值,以至于各种阶层力量必须谈论这一话题,并给予解释以表明立场和态度。符号性和象征性特征异常明显的新文化运动,越纪念其意义越深远巨大,然而这场运动的本相,却是在不断的纪念中越来越模糊。由于各种主客观的原因,经由时间的累积和话语诠释的发酵,新文化运动的诸多真相离我们渐行渐远,其庐山真面目已被历史和现实的尘埃遮蔽不少。在革命史观的体系规约之下,新文化运动的本貌发掘受到了一些阻隔。笔者在和学生一起学习这一内容时,尝试着在学习革命史观系谱叙述中的新文化运动以外,试图进行一点突破,以期对它的本真有所逼近。

新文化运动的主要内容,教材做了这样的叙述:"第一,提倡民主,反对专制独裁。第二,提倡科学,反对迷信盲从。第三,提倡新道德,反对旧道德。第四,提倡新文学,反对旧文学。"笔者在分析讲授完这段叙述之后,随即抛出一个问题:"这场运动有没有其他内容?"学生一脸茫然。笔者于是在幻灯片上打出杜亚泉于新文化运动时期发表的文章《战后东西文明之调和》,要求学生读完之后概括此文的核心内涵。一位学生总结到,在这篇文章中,杜亚泉高度颂扬了中国传统文化,认为讲求中庸、热爱和平、重视民本、推崇仁义、关注平等等思想资源是宝贵的思想财富,对这些传统文化资源国人必须要有自信。同时,他认为,西方文化也有其局限性,不可一味强调引进西方文化来抨击传统文化,中国传统文化可以补救西方文化的弊端。当这位同学总结完之后,全体学生观察新文化运动的视野豁然打开。新文化运动不仅仅有胡适、李大钊、陈独秀、鲁迅、蔡元培、刘半农、钱玄同等猛烈批判旧文化的骁将,也有梁漱溟、杜亚泉、吴宓、胡先骕、刘伯明、柳诒徵等守护传统文化的勇士。新文化运动不仅仅有《新青年》《新潮》《每周评论》等文化激进主义的舆论传布天地,也有《东方杂志》《学衡》等文化民族主义和文化保守主义的摇旗呐喊。新文化运动不单单有西方文化学说的采择引入,也有中国固有之文化的统整阐扬,它在探寻西方新知的同时,亦在研求国故旧理,"统新故而视其通,苞中外而计其全"。学生逐步认识到,文化民族主义和文化保守主义同样是这场伟大思想解放运动的重要内容。新文化运动是多层次、多领域、多样化、多结构的立体式运动,其面相多歧,内容多极,精彩纷呈。新文化运动的底面绝对不是一种色彩,而是五彩斑斓。新文化运动的路径也绝对不是单一平行,而是交错作用。

从新文化运动的主要内容延展到这场运动的其他方面,笔者发现学生在诸多问题的认识上明显地受到了革命史观叙述架构所造成的认识阻隔和观察限制。在方法论思维上,导源于革命史观一贯的"革命—反革命""进步—落后""正面—反面"的现象分析路径,学生对新文化运动中的人物和群体有着根深蒂固的固定化、单一化、僵硬化的倾向。从长远看,这种严格而纯粹的"两分法"思路对他们进行近代史其他问题的感知和考究必然造成不利影响。于是,笔者试图以新文化运动人物分析为契机,对这种状况予以匡正。首先,笔者在课堂上印发了张君劢的写于新文化运动时期的两篇文章《国民政治品格之提高》《大思想家的人生观》。在学生读完第一篇文章以后,笔者抛出问题:"张君劢在政治主张上持什么观点?"有学生回答道:"张君劢高度推崇宪政民主,是位政治自由主义者。"在学生读完这两篇文章以后,笔者提出问题:"张君劢在文化主张上持什么观点?"有学生回答:"张君劢认为东方文化可以拯救世事,极其重视中国旧传统旧文化,是位文化保守主义者。"分析完这两篇文章以后,立即有学生表示惊讶:"政治思想这么前卫的人,文化主张也会这么保守?!"笔者总结道:"通过张君劢的例子,在近代历史学习中,我们要学会逐步摒弃僵化的思维认知模式。政治思想上持自由主义,经济思想和文化思想未必持自由主义,可以是民族主义,可以是保守主义,反之,亦是如此。"

然后,笔者又给学生们印发了胡适部分文章中的段落,叫他们通过这些材料思考胡适对传统文化的具体态度。聪慧的学生很快发现,胡适并非一味地对传统文化大张挞伐,他与旧思想旧文化有着千丝万缕的联系。所以,即使是《新青年》杂志的同人们,对传统文化的态度也不是毫无肯定与赞同之处,他们中的很多人与旧学说旧学理可谓"剪不断,理还乱"。就思想而言,新文化运动新中有旧,旧中有新,亦旧亦新,亦中亦西,不中不西,中西荟杂。

通过新文化运动教学的研习可以发现,单一革命史观的应用往往使我们不能全面而完整地探寻近代史诸多问题。我们需要通过尝试,有所延拓,以精细历史认识,还原历史原貌。

14

如何用全球史观引领教学

所谓史观，一般是指看待历史的基本原则和方法。历史记载不同于真实的历史，它只是历史学家对过去的选择、阐释与建构，而指导这种建构的就是史观。

史观教学是现在高中历史教学中经常会涉及的内容，通过不同史观的解读能让学生从不同视角、用不同方法去认识丰富多彩的历史现象，有助于学生拓展视野，并形成全面的思维能力。

对于多元史观在历史教学中的运用，有不少专家及老师持质疑的态度。比如黄牧航教授认为，如果把各种五花八门的史观用来分析具体的历史问题，立马就陷入了庸俗的辩证法——公也有理，婆也有理，各打五十大板，糊涂结案了事。像史观这样高大上的内容，对于历史学来讲是重中之重，但对于历史教育来说却并非首要的问题。朱可老师认为，如果教师机械照搬各种史观，学生会产生这样的困惑：历史原是可以随意解读的，历史是没有对错的。束鹏芳老师对"史观"这一概念进行了学理分析，认为"文明史观""现代化史观""全球史观"等所谓的史观，并未能达至完整意义的真正的史观，真正意义上的史观目前只能是唯一的，那就是历史唯物主义。当前中学历史教学中所运用的，与其说是"多元史观"，不如说是一个史观，多个分析框架，或称"基于唯物史观的多层审视"。

以上专家及老师共同的着眼点是多元史观教学的滥用，这容易使学生对历史的理解陷入简单化、模式化，如果教师不进行严整的逻辑引领，反而会阻碍学生思维能力的发展和对历史真相的探寻。但这并不意味着多元史观不能用于中学历史课堂。史观本身就是构建历史的一种方式,而我们的历史课堂同样需要建构。如何进行教学立意,如何选取史料,这些都需要史观来引领。下面笔者就以一个教学片段为例,谈谈全球史观的运用。

全球史观是英国历史学家巴勒克拉夫提出来的。他在二战后提出:"认识到需要建立全球的历史观——超越民族和地区的界限,理解整个世界的历史观——是当前的主要特征之一。"他看到进入20世纪以后,世界各地之间的联系越来越紧密,且美苏的地位在上升,亚非的力量在崛起,传统西方史学界的欧洲中心主义已经难以适应时代的变化,因此提出历史研究要突破单一地区视角,具备全球性的视野。全球史观的积极践行者,《全球通史》的作者斯塔夫里阿诺斯更进一步阐释道:"研究世界历史就如栖身月球的观察者从整体上对我们所在的星球进行考察时形成的观点,因而与居住在伦敦或巴黎、北京和新德里的观察者的观点迥然不同。"全球史观还认为,世界各地区的历史相互联系和影响,是不可分割的整体,"若将其分割再分割,就会改变其性质,正如水一旦分解成它的化学成分,便不再成其为水,而成了氢和氧"。

在中学历史教学实践中,我们不太可能去突破课标的要求,将内容扩展到教材以外的世界史,但可以在教材内容之内,引导学生观察、分析和评论中外历史的联系,尤其是引导学生在全球史的视野下看中国,培养其历史思维的能力。

在高中历史必修二的复习阶段,有学生提出这样一个问题:"1929年爆发的经济大危机使资本主义世界陷入萧条,而1927—1936年间中国民族工业得到较快发展,中国当时难道未受大萧条的影响吗?"

这一下笔者还真被他问住了。教材在讲到南京国民政府前十年的经济发展时,只涉及了国内政策因素而未涉及国际因素。但本单元"近代中国经济结构的变动与资本主义的曲折发展"实际上颇强调外因的作用,在"近代经济结构的变动"这根明线后面还有"中国逐渐卷入资本主义世界市场"这根暗线。如何来弥补这里的缺口呢?正好"世界资本主义经济政策的调整"这一单元中涉及了相应时段的世界经济状况。那么这里正好可以运用全球史观,补充一些材料来打通课本各单元内容,也能达到更好的复习效果。在查询了资料,做了一番功课后,笔者在后面的复习课中设计了一段教学内容,引导学生从更广阔的视角来观察南京国民政府前期经济的发展状况。

首先展示了下面两段材料:

材料一 在20年代世界经济舞台上无足轻重的中国,却安然度过了那场全球性的经济萧条的灾难。作为一个农业占压倒优势和以白银作为法定货币经济的国家,中国起初没有受到工业国家间危机的影响。物价的极速波动、长期的失业以及低增长率在中国并不新鲜;然而像挤兑黄金、汇兑不稳定以及数以百万计的工厂工人失业之类的资本主义困难所造成的具有破坏性的冲击,并没有在中国出现。

——《剑桥中华民国史》

材料二 中国领导者躲过了一场全球危机——大萧条。中国大的农业经济和小的工业部门几乎没有和世界经济联系起来。茶叶和丝绸等领域的对外贸易确实在衰落,但它只占中国经济很小的一部分,中国经济在很大程度上受庞大的国内市场的支配。

——《新全球史》

师:中国有没有经历大萧条?为什么?

生:没有经历像美国那样的大萧条。因为中国在世界经济舞台上无足轻重,而且中国自然经济占主导,又以白银作为法定货币。

师:的确,中国没有经历像美国那样的大萧条。与现在中国强大的经济实力不同,当时的中国在经济上,尤其是现代工业上,与西方发达国家有很大的差距。1933年,中国工业产值只有英国的1/50,德国的1/64,美国的1/162,人均国民收入仅为12美元,是美国的1/26。自然经济仍占主导地位,资本主义发展尚不充分,自然受到资本主义经济危机的冲击比较小。但难道中国就和世界市场没有联系吗?

生:有联系的。材料中也提到了茶叶和丝绸等领域的对外贸易,在大萧条期间,对外贸易就下降了。中国已逐渐卷入资本主义世界市场,成为资本主义国家的商品倾销地和原料产地。

到这里,学生已经能够认识到当时中国经济的国际地位。接下来,笔者又展示了下面两段材料:

材料三 1931年9月,英国放弃金本位制并将其货币贬值,其他国家随后跟进,日本于1931年12月、美国于1933年3月相继放弃金本位。根据这些国家的货币衡量的白银价格上涨,中国对这些国家的汇率也就随之上涨。中国工业丧失了从前低汇率的优势:中国在国外市场销售的产品价格低廉,进口到中国的国外商品则价格高昂。中国的贸易停滞不前,资本输入减少。中国不得不向外出口白银弥补逆差。……原材料和最终产品价格下降,纺织业发现越来越难从银行取得贷款。由于国内外市场的萧条,纺织企业已经不可能再承受先前贷款的负担。……中国经济陷入严重的萧条之中。

——《大萧条时期的中国》

材料四 1934年中国的对外贸易额比上一年下降了80%,1935年又下降了76%,与此同时,中国国内的经济和生产也受到了严重的影响,1935年,上海就倒闭了1 065家工商企业,全国银行倒闭或者停业20家,当时中国最大的产业——纺纱业,开工量减少60%,农业产值也下降了46%。

——《80年前的货币战争:〈霍利-斯穆特关税法〉》

师:中国有没有出现经济萧条? 有哪些表现?

生:出现了。表现为对外贸易停滞,产品价格下降,银行和企业破产停业等。

师:与美国的大萧条在表现上有类似的地方吗?

生:有的,比如产品价格下降,银行破产。

师:中国出现的萧条与美国的大萧条在成因上相同吗? 美国为什么会出现大萧条?

生:因为经济危机,资本主义的内在矛盾导致生产相对过剩引发了经济危机。

师:那么中国呢? 萧条的原因是什么?

生:应该是外部因素。英美等国放弃金本位,导致白银价格上涨。

师:没错。中国经济在20世纪30年代中叶受到国际经济形势的影响,出现了萧条的局面,这主要是外因造成的。我们的课本上提到:"各主要资本主义国家为摆脱危机……进一步加紧对殖民地和半殖民地的掠夺,及其当地人民更为强烈的反抗,加剧了世界的紧张局势。"我们刚才看的材料,正好能为其做个注脚。

师：中国在南京国民政府前十年的经济发展主要是内因在起作用。形式上完成统一，收回关税主权，币制改革以及对民族工业的政策扶持，都为经济发展提供了一个良好的国内环境。但既然已经被纳入世界市场，就不可避免地受到国际经济大环境的影响。我们的课本在两个不同的单元里涉及这个问题的两个侧面，有同学提出来了，这是非常敏锐的历史通感。希望大家在学习的过程中也能多思考，多联系，尽可能从全球的视野去看待历史发展。

正如前面提到的专家及教师的观点，多元史观不宜滥用。但在一些具体的教学内容的处理过程中，用某一种史观来进行引领，可能会为课堂找到一个好的切入口和突破口，也有助于学生开阔视野，提高思维能力。

15

社会史观在教学中的运用

当前,在国内国际史学界,社会史研究方兴未艾。其研究领域众多,比如人口迁移史、社会整体变迁史、社会日常生活史、社会风俗史、家庭史、婚姻史、社会保障史、社会福利史、社会环境史、社会医疗史、社会卫生史、社会人群关系史、城市史等等。可以说,社会史具有整体性、综合性、广泛性、多面性等特征。社会史观主要从社会的视域考察历史。它注重从历史演化的进程和结构切入,研究和分析包括社会政治变革、社会经济发展、社会文化更替、社会生活变迁、社会组织运行、社会整体治理、社会阶层升降、社会群体交往、社会秩序变化等等在内的各种问题。生活化、日常化、平民化、大众化是社会史观的基本表征,它倡导关注所有人的历史,洞察社会历史一切的细微之处。社会史观是我们考究和透视历史问题的重要方法,是我们认识人类历史的重要工具,也是我们解释和解决社会问题的重要指南。

在历史教学中,适当地以社会史观的视域启发和引导学生认知并思考一些历史问题,无论是对学生历史学科素养的提升,还是对历史教学创新改革,都颇具意义。笔者在教授"苏联的建设和改革"一课时,就进行了一点尝试。

社会史观真切重视社会下等阶层尤其是弱势群体的生存与生活的历史。对于社会下等阶层尤其是弱势群体而言,他们中的每一个人要实现阶层逆袭是异常艰难的,而如果作为一个整体,在历史推进的短时段内他们的社会地位整体跃升更是天方夜谭。同时,社会结构的稳固和社会环境的和谐,又依赖社会下等阶层的内部稳定。所以,整个社会的文明程度需要从观察社会底层入手,整个社会的秩序实态,需要重估社会底层的内部实况。围绕着这一点,笔者精心选择了1930年到1950年苏联农民生产生活的资料,这些资料包括农民的基本收入来源和收入情况、农民的日常生活安排、农户的物质条件、农户的婚姻状况、农户的社会交往、农户的消费支出、政府对农民的政策及政策执行、农民与官员的关系等等。通过这些材料,让学生们更加直观而感性地理解斯大林模式在农业农村方面的内容,更深刻地理解这些内容所表现出的特点,更理性地认识这些内容所带来的正面和负面影响。从百姓日常生活生存的细微处管窥历史,使历史认知生活化、场景化,学生对此表现出浓厚的兴趣。于是,笔者趁热打铁,给学生们布置了一项别样的课外作业,要求大家搜集苏联开展社会保障和社会救济的资料。这是教材中从来没有提及的内容,很多同学表现出强烈的求知欲。第二节课上,笔者又将新中国成立之初社会救助情况的相关资料印发给他们。然后对他们说:"你们在搜集到苏联的材料之后不妨做一下比较,看看中苏在同时段社会救济政策和施行效果上有何异同?"立即有同学喊到:"老师,问题越来越有意思了!"此刻,学生的积极性已经完全被调动起来,引入社会史观的目的已经初步达到了。

社会史观高度重视社会运行和社会治理的论题。近代以来,社会运行和社会治理不断走向现代化,现代性的增量特征持续赋予社会运行和社会治理的各个层面。从发展的总趋向看,以人治为核心的社会运行机制和社会治理模式逐步退出历史舞台,而以法治为核心的社会运行体系和社会治理架构逐渐扎根生长。笔者在课堂上打出了苏联斯大林时期、赫鲁晓夫时期、勃列日涅夫时期苏联社会事务决策和政策推行的几组材料,然后请学生总结苏联社会运行和社会治理的特点。学生在材料阅读的基础之上,进行了一些概括。学生认为,苏联的社会治理模式存在着明显的人治特征,社会治理以行政命令甚至领导人的个人意志为标尺,背离了现代社会治理法治化的潮流。随后,笔者顺势提出一个开放式的讨论题:"比较中国的历史和现实,苏联的社会运行和治理特征及由此带来的影响对我们有什么启示?"学生在问题的导引下,迸发思维的火花,以社会治理为视角,纵论古今,甚是精彩。有学生谈到,苏联的人治化社会管控机制导致社会阶层升降功能弱化、社会群体流动不畅、社会矛盾不断积累,从而导致社会生态混乱、社会秩序失范、社会价值混乱,社会最终走向崩溃的边缘。有学生谈到,中国传统集权制社会的社会控制模式以人治为基础,以专制为特征,以暴力为后盾,这种社会控制体制深深地扎根于封建"吃人"社会制度的土壤之中。这种社会控制机制一贯使用人治思维处理社会问题,阻隔了政府管理和社会调节的良性互促,切断了官员与居民的流畅互动,导致社会矛盾愈演愈烈;使用人治方式进行社会约束,强化了专制程度,搅乱了社会行为,混乱了利益关系,失调了社会群体关系,带来各种社会问题的持续发酵。有学生谈到,近代以来,以法治为核心的社会治理方式逐步在中国兴起,虽因各种因素的侵蚀遭遇重重困难甚至挫折,但社会治理现代化、法治化的趋势已不可逆转,随着中国国家体系的现代化和大规模社会治理实践的展开,中国社会治理理念将不断革新,社会治理方式不断进步,青春中国之现代法治化社会治理体系必将建立。还有学生结合政治学科的内容谈到当下中国社会治理的现状,他认为,当前中国社会治理方式的变革与创新,需要在积极发挥政府主导作用的同时,不断拓宽有效渠道,完善各类平台,支持和鼓励社会各方面广泛参与,以大众化服务为标尺,以社会化回应为方向,及时反馈人民群众的切实利益诉求,及时化解人民群众各方面的实际利益冲突,及时协调人民群众各层次的真实利益关系,坚持法治思维,强化法治保障,廓清人治残毒,从源头上夯实社会治理的法治化、系统化、综合化基础。他的见解丰富,概括精当,表现出了较好的文科素养,赢得了其他同学的掌声。

  教师在教学中运用社会史观,增强了学生历史探究的积极趣味,拓宽了他们历史学习的视野,使学生不断收获着历史教益的累累果实,不断品尝着生命感悟的琼浆玉液。

16

学会将三元思维理论运用于历史教学

一、三元思维理论对历史教学的启发

三元思维理论是美国认知心理学家罗伯特·斯腾伯格在其三元智力理论的基础上提出来的。斯腾伯格从三个维度来分析和描述智力,他认为成功智力包括分析性智力、创造性智力和实践性智力三个方面:分析性智力用来解决问题和判定思维成果的质量;创造性智力用来形成好的问题和想法;实践性智力可将思想及其分析结果以一种行之有效的方式加以实施。在《思维教学》(Teaching for Thinking)一书中,他和教育专家路易斯·斯皮尔-史渥林一起,提出了三元思维的教学理论。根据这一理论,思维可以划分为三个层面:分析—批判性思维(critical-analytic thinking,简称分析性思维)、创造—综合性思维(creative-synthetic thinking,简称创造性思维)和实用—情境性思维(practical-contextual thinking,简称实用性思维)。其中分析性思维包含分析、判断、评价、比较、对比和检验等能力;创造性思维包含创造、发现、生成、想象和假设等能力;实用性思维包括实践、实用、运用和实现等能力。

斯腾伯格认为,这三种思维模式是同等重要的,并无优劣之分。每个人都有自己偏爱的思维模式,在学校中,我们可以看到这三种不同偏向的学生。

偏向分析性思维的学生一般成绩比较好,逻辑清晰,能够适应学校的规章制度,偏爱接受指示,是老师喜欢的学生;偏向创造性思维的学生一般成绩中等,不喜欢遵守指令或规则,不适应学校的管理,喜欢提出自己的观点,擅长想出好点子,在老师眼里往往是问题学生;偏向实用性思维的学生一般成绩中等或较差,对学校感到厌倦,但天生有常识,喜欢将理论在现实中加以应用,在老师眼里往往是思维混乱的学生。这三种学生可能都很聪明,但他们擅长运用的智力类型不同,导致他们在学校教育中得到的评价不同。这主要是因为我们的教育模式是偏向于分析性思维的,考试也主要考查分析性思维,而忽视创造性和实用性的思维模式。

斯腾伯格和斯皮尔-史渥林认为,正因为三元思维模式的存在,我们的教学和评价也应当多元化,不仅培养和考查分析性思维能力,也应当重视创造性和实用性思维。他们在书中举例说明了三元思维理论在课堂中的应用,这里摘录历史课堂提问的例子。① 一战以后的德国有哪些事件导致纳粹主义的出现?这需要学生运用逻辑思维去分析和概括,强调了分析性思维。② 如果杜鲁门不用原子弹,还有没有别的方式促使日本投降?这需要学生去想象和假设,强调了创造性思维。③ 纳粹主义的哪些教训适用于今天的波黑战局?这需要学生将历史经验运用于现实问题,强调了实用性思维。

这种三元思维理论对我们的历史教学是极富启发性的。在展开历史教学的过程中,我们通常会分析历史事件的背景、影响、意义,对不同的历史事件、概念、制度进行比较,这训练的是分析、比较、概括、综合等能力。普通高中历史课程标准中涉及的课程目标,如运用唯物史观分析问题,建构历史事件、历史人物、历史现象之间的相互关联,辨析史料、提取有效信息,对历史事物的因果关系作出解释等,体现的都是分析性思维的能力。这也是我们通过历史学习要培养学生的核心能力之一。

但其他两种思维方式是否也有其价值呢?答案当然是肯定的。任何历史事物都是在特定的、具体的时间和空间条件下发生的,只有在特定的时空框架中,才可能对史事有准确的理解,这就要求学生去"神入"历史,去想象和感受。从历史表象中发现问题,从各种史料中去探索历史的真实,这需要好奇心和创造力。这些都是创造性思维的体现。而实用性思维更是历史学科的题中之义，从古人的读史鉴世到历史课程标准中反复提到的认识和解决现实社会生活中的问题，都是实用性思维的体现。

在《义务教育历史课程标准》（2011版）建议的教学活动中，我们也可以看到三种思维模式的运用。比如"设计表格，列出秦始皇、汉武帝与唐太宗的历史功过"，"制作表格，分类整理《南京条约》《马关条约》和《辛丑条约》的有关内容，填入表格，了解中国逐步沦为半殖民地半封建社会的基本线索""学习运用比较的方法，列出中国戊戌变法和日本明治维新的异同"，这些都属于分析性思维的运用。"根据教学用图，想象原始人的一天是怎样度过的""观察丝绸之路的路线图、图片和绘画，诵读相关诗作，想象商旅的艰辛"，这些属于创造性思维的运用。"查阅某一国际问题的相关资料，并就此问题模拟联合国安理会的讨论""考察抗日战争的历史遗址、遗迹，或访问亲历抗战的老人，采访日军侵华罪行的受害者或见证人"，这些则属于实用性思维的运用。

二、三元思维理论的运用案例

在历史课堂教学中如何具体运用这三种思维模式呢？他山之石，可以攻玉。笔者通过研读一些国外历史教学的案例，以期拓展思路，对三元思维模式在历史课堂中的运用有进一步的认识。

1. 分析性思维案例

一个有效运用了分析性思维的案例来自英国普通中等教育证书（GCSE）现代史课程参考网站，课程主题是"1900年以来英国妇女地位的变化"。这一课程主要探究了英国妇女在1900至1914年间无法获得选举权以及1918年正式获得选举权的原因。

在这一案例中，教师对于课堂问题的设计是非常简单明了、直切要害的。问题1：列举妇女在1914年以前没有获得选举权的原因。问题2：列举妇女在1918年获得选举权的原因。针对这两个问题，教师选取了大量一手史料，包括一些政治人物的发言、报纸的报道、法律文本等，配合以教师对背景知识的介绍。学生能够通过听课以及史料阅读,运用分析、归纳的能力,给出问题的答案。问题 3:阅读 1912 年 3 月 28 日的"调解"议案的内容,思考部分发言者反对 1912 年"调解"议案的理由是什么。问题 4:阅读"人民代表议案的辩论",特别是那些支持者的陈述,思考他们支持议案的理由是什么。针对这两个问题,教师给出了 19 段当时议会辩论的文本,其呈现的观点是多样化的。比如议案的提出者加德纳说:"对给予妇女选举权的争议是不合适。如果在两三个世纪以前,那是正常的,因为当时的妇女仅限于编织挂毯和照顾孩子。多年来,她们在公共事务中发挥积极的作用,并成为监护人委员会、地方议会等的成员。她们经常在公共场所发表演说,并成为政治社团的永久成员。还有一些女性已经获得了文学、科学和艺术领域的最高荣誉。但是,她们都没有选举的权利……"而哈罗德反对到:"在公共部门服务的女性是很少的。……在监护人委员会中她们仅仅占总数 24 824 人中的 1 327 人;在镇议会中她们仅仅占总数 11 140 人中的 24 人;在市议会中她们仅仅占总数 10 561 人中的 6 人;而在县议会中她们仅仅占总数 4 615 人中的 4 人……这说明,给她们提供的机会相当多,但她们利用得很不好。"卡托尔也提出反对意见:"这个议案将对保守党有好处,那么另一方将永不消停,直到扩大参政权,囊括这个国家的所有成人选民……正是因为相信这个议案绝不能保持限度,我担心它是十分危险和错误的。"这些相互冲突的观点能使学生认识到,历史是错综复杂的,面对同一个问题,不同的人会从不同的立场和角度加以阐述和解释。如果某种观点和现在的主流观点不符合,那其存在的历史原因是什么?教师通过这样的问题设置,充分调动起学生的思维,使学生通过概括、比较、判断、评价等方式,也就是运用分析性思维,来处理错综复杂的史料,以形成对历史事物的丰满的理解。

这个案例中的问题设计并不复杂,其亮点在于教师选择了多角度的、具有冲突性的史料。我们在进行史料教学的过程中,应当有意识地从培养学生思维能力的角度出发选择史料,避免教师太强的主观预设和因片面采择导致的断章取义,使学生真正能通过史料教学,提升分析性思维能力。

2. 创造性思维案例

斯密斯·金老师的"你了解海盗吗?"是一个充分运用了创造性思维的

案例。

海盗是一个充满趣味的话题,大量的文学和影视作品描绘了海盗和他们所生活的时代。在这节课上,金老师主要谈到了两位著名的海盗:威廉·基德船长和臭名昭著的"黑胡子",并选取了一些非常有趣的史料:两位海盗的生平、女海盗的故事、海盗间关于收益和赔偿的协定、海盗的武器与旗帜等。在史料的基础上,他设计了这样一些任务:

① 查明基德船长是否有罪,给出你的裁决及理由。
② 选取你认为的最佳方式来呈现基德船长的故事,可以是新闻报道、法庭戏剧或历史片。
③ 海盗间的协定公平吗,你是否会在上面签字?
④ 海盗何时使用、怎样使用他们的武器?
⑤ 写一篇抓捕"黑胡子"的新闻报道。
⑥ 做一张海盗通缉令。

这些设计都指向一个中心:引导学生"神入"历史。"所谓历史的神入,是指要尽量进入古人的心中,尽量理解古人看事情、想问题的方式,尽量体会古人的感受,也就是不要用现代的观念、想法去看古人,去理解古代"。如果从三元思维的角度来看,这种"神入"就是创造性思维在历史中的运用。历史虽然是已经发生的过去的事实,看似没有发挥想象力的余地,但我们要从纷繁复杂的史料中去认识历史,理解古人的行为和观念,就难免不运用想象的方法。以金老师的课为例,我们知道海盗的存在,知道一些著名海盗的名字,甚至能够分析出17—18世纪出现海盗活跃的历史原因及其影响;但我们了解海盗的生活吗?知道人们为什么会成为海盗吗?他们如何战斗,如何分赃?当时的普通人又如何看待海盗?如果我们不了解这些,甚至不去思考这些,那么就这段历史而言,我们的认识就只停留在纸面上而非生动鲜活的。

运用创造性思维模式来设计教学,引导学生去创造历史情境,发现历史细节,假设人物的对话和心理活动,对中学课堂来说是一个很值得尝试的策略。因为学生不是专业的历史研究者,无论是由教师提供还是由学生自己查找,其掌握的史料必然是极为有限的。如何通过有限的史料来尽可能地感知历史呢?"神入"就是一个很好的方式。借助有限的史料所提供的信息,使学生回到历史情境中去,尽可能以当时的环境和当时人的思维方式来"预演"事情的发展经过,再将这一"预演"与我们所了解的真实历史进行对比,从而加深对历史的认识。这样就借助基于人类同理心的想象,来弥补了史料的不足。"这一过程有时难免会稍稍逸出历史的界限,跨入文学的领域,带有文学的想象。对此,我们不应否定或批评,而要给予适度的鼓励与赞美。"

3. 实用性思维案例

"罗斯福新政"是我们在初中和高中的历史教学中都会涉及到的内容。美国康涅狄格州"美国史教学计划"(the Teaching American History Program)中的"罗斯福新政"一课从实用性思维的角度立意,给人颇多启发。在这个案例中,马里萨·伯德塞尔老师把"政府在经济危机中应该扮演什么角色?"作为核心问题来进行探究。

在学习新政措施这一环节中,伯德塞尔老师列出了六项与新政相关的机构和法案,包括:公民保护队(CCC,1933),农业调整署(AAA,1933),国家工业复兴法(NRA,1933),联邦储蓄保险公司(FDIC,1934),公共事业振兴署(WPA,1935)和社会保障法案(SSA,1935)。每个项目仅使用了两张图片和一小段介绍文字来作为背景资料。然后他要求学生分成小组,每个小组选择其中的一项来进行学习并回答以下问题:① 该项目想帮助哪些人?② 该项目想要做什么?③ 该项目是属于罗斯福新政中的救济、复兴还是改革呢?请解释。④ 该项目在克服经济危机方面所取得的效果如何?⑤ 该项目是如何加深你对大萧条的理解的?⑥ 该项目今天仍然存在吗?它应该存在吗?伯德塞尔老师教学设计的依据是康涅狄格州的历史课程标准。该标准规定,学生需理解"美国历史的重要时间和主题",能"描绘公民和政府在制定和实施法律过程中的相互作用"。因此,罗斯福新政不仅是美国历史的重要主题,而且是公民教育的重要内容。使学生熟记新政措施并非主要教学目标,经济危机爆发和新政缓解危机背后的经济学原理对该课的受众——八至十年级的学生来说也略显艰深。在公民教育的目标指引下,使学生通过了解政府在非常时期所采取的应对措施,以及那些措施对当时和后世的影响,以增加学生对政府和国家的信任热爱,这才是教师希望通过课堂教学实现的。

在这一案例中,实现公民教育的目标不是通过空洞的说教,而是通过一系列从学生自身出发的设问,调动学生的实用性思维。比起考查分析性思维的设问,如"该项目的主要措施是什么?""为什么要采取这样的措施?",伯德塞尔老师问"该项目想帮助哪些人?""该项目想要做什么?""该项目今天仍然存在吗?"这些问题调动了学生的实用性思维,学生不仅从课堂知识出发,而且更多地从自身对社会的经验性认识出发进行思考。比如对于社会保障法案(SSA,1935),学生可能会回答:"它想帮助穷人,那些失业者和丧失劳动能力的人。我们今天仍然有社会保障的方案,我认识的某人就在领取政府的救助……"这一思维过程并没有运用太多的历史知识,如果其中出现了一些史实性的错误,其他同学或教师可以纠正。但这样的思维可以使学生很自然地在历史和现实社会之间建立起联系,而不仅仅将历史视作存在于史料中的僵化的过去。这不正是历史教学所要实现的目标之一吗?

斯腾伯格的三元思维理论是极具启发性的,它给我们的课堂教学和课后评价提供了一个除知识掌握和能力培养之外的新的角度,即思维模式的角度。以上三个教学案例表明,在课堂设问中运用三元思维的理论是可行且有效的。三元思维理论也同样能用于课后评价,笔者试着在"三国鼎立"这一课后设计了这样一项作业:

请在魏、蜀、吴三国中任选一国,并在以下三项任务中任择其一。

① 该国主要实行了哪些政策?你认为其中哪一政策是最具有地区特点的?为什么?哪一政策最具有深远的影响?为什么?

② 给你在另一国的亲戚写一封信,说说你的生活。请尽可能把一些该国的重要事件作为背景放进去。

③ 给你的君主上一封奏折。他可能想实现统一,劝说他不要这样做,说

明理由。他也可能不想统一而是安于现状，劝说他积极进取，告诉他该怎样做。

　　三项任务分别体现了分析性、创造性和实用性思维。学生对这样开放性的作业的反馈也很积极，基本所有人都在完成作业的过程中进行了积极的思考。这让笔者相信，三元思维理论在历史教学中还有着更广阔的空间。

17

历史教学中"求真"的几种路径

追求历史的真实,是历史课程的基本理念。求真也是历史学区别于文学、哲学等其他人文学科的根本所在。历史教学在探求历史真实面貌的过程中,可以促使学生学到真实的历史知识,认识历史发展的本质规律,培养独立思考的精神,陶冶情操,健全人格。

本文试从史料的"活化"、历史的"神入"、历史的批判和范式的选择等四个方面谈一谈在历史教学中,如何指导学生尽量求得历史的"真实"。

一、求真的依据——史料的"活化"

历史具有过去性和不可逆性,所以,历史的"求真"不可能像自然科学那样依靠实验、分析数据得出结论。历史的"求真"必须依据史料。史学家周谷城先生说:"史料是历史的片段,从片段的史料中可以发现完整历史。"梁启超先生也说:"凡史迹皆人类过去活动之僵迹也。史家能事,即在将僵迹变成活化。"目前中学历史学科核心素养也提出要培养学生的史料实证能力。历史教师通过引导学生辨别史料,并进行合理的解释,从而重现历史真相。这一切,都依靠梁启超先生所说的"僵迹(史料)的活化"。

比如,一位历史教师为了探讨唐太宗的治国用人思想,引入很有争议性的话题:裴矩到底是佞臣还是诤臣?

展示材料并设问:

材料一 《旧唐书·裴矩传》载:帝(隋炀帝)称矩至诚,曰:"裴矩大识朕意,凡所陈奏,皆朕之成算,朕未发顷,矩辄以闻。自非奉国用心,孰能若是?"……

材料二 太宗(李世民)……因召百僚谓曰:"裴矩遂能廷折,不肯面从。每事如此,天下何忧不治!"

设问:① 裴矩何以前佞而后诤? ② 这反映了中国古代政治的何种特点? 有何缺陷? ③ 为弥补这种政治的缺陷,唐太宗做了何种努力? 结果如何? ④ 如何才能克服君主专制的弊端? ⑤ 有了先进制度,就一定可以确保社会的长治久安吗?

通过对史料的选用、辨析、实证、解释,不仅较好地还原了唐太宗治国用人的策略,也更好地了解了中国古代政治制度的得失之处。显然,这位教师凭借对史料的"活化",较好地实现了还原历史真相的目的。

二、求真的温度——历史的"神入"

求真需要历史的温度和历史的同情心。章学诚在《文史通义》中强调"论古必恕"的重要,他解释说,"恕非宽容之道",而是指"能为古人设身处地"。美国教育学家斯图尔特·福斯特也曾提出:"在历史教学过程中,教师要引导学生置身于历史发展的环境中去观察历史,站在历史人物的立场上去研究历史,从而把握历史人物的思想、情感、信仰、动机和意图等,并理解他们思想的发展变化,从而更好地感悟历史。"中学历史学科核心素养也要求培养学生历史时空观,即把历史事件和人物至于特定的时空框架中,从而对史实有更准确的理解。

这就是被西方历史教学界所广为采用的研判历史的方法——"神入"(Empathy)历史。其核心思想就是要引导学生站在历史人物的角度思考问题。在以"神入"历史的方法教学时,经常用到的设问语是:如果你是生活在那个时代的某某人物,你会有怎样的思考和举措?

比如,一位历史教师在讲授"俄国十月革命时老百姓最欢迎的是《和平法令》还是《土地法令》?"这一问题时,很多学生一时无法做出判断。为此,这位教师就采用了如下"神入"历史的方法,学生很容易就能做出正确的判断。

"假如你是一位生活在十月革命时期的俄国普通农民,家里四个儿子,两个儿子已经战死在沙皇时期的一战前线,另外两个儿子正在临时政府领导下的前线部队浴血作战,生死未卜。当时你最渴望获得和平还是土地?"

"神入"历史,要求历史教师引导学生运用历史的想象力、历史的同情心(历史的温度),接近历史的真相。

三、求真的冷眼——历史的批判

求真需要冷静的眼光和批判性思维。台湾史家韦政通说:"所谓历史,不过是要借过去了解现在,借现在去考问过去。"所谓"考问过去",在某种意义上正体现了历史教学中的批判性思维和质疑精神。中学历史课程标准提出了"增强历史洞察力""培养探究历史问题的能力和实事求是的科学态度""论从史出,史论结合""注重探究学习,善于从不同角度发现问题"等要求,这些提法均与发展批判性思维相联系。历史教学中培养学生批判性思维能力,需引导学生对历史问题进行冷静的思考和质疑,从而获得真知。

在历史教学中历史教师应引导学生对史料和结论提出一些质疑性的问题。如:作者什么时候写的和为什么而写?作者处于什么社会阶层?作者所讲的话表达了什么样的利益诉求?哪些人的观点被忽略了?叙述可信吗?有其他材料支持该叙述吗?作者为何会对历史人物或事件形成那样的印象?

曾有一位历史教师这样处理对洋务运动评价这一问题。

展示材料:

材料一 郑观应认为:中国遗其体而求其用,无论竭蹶趋步,常不相及;就令铁舰成行,铁路四达,果足恃欤?

材料二 刘大年认为:洋务运动所办的工业……没有改变和减轻人民所遭受的封建剥削和压迫,相反地,维持和加强了压迫、剥削的力量。

材料三 李时岳认为:洋务运动顺应世界潮流,为缩小中外差距做了最彻底的努力,实现了从手工业制造转入机器生产的起步,……向近代化迈出了第一步。

设问:① 上述三人对洋务运动分别持什么态度?各自的理由?② 出现分歧的原因?他们的所处时代背景、政治立场、学术素养有何不同?③ 我们如何正确评价洋务运动?

显然,该执教者通过展示不同人对洋务运动的评价和层层设问,引发了学生对该问题进行理性思考,从而获得对洋务运动较为接近历史真实的评价。

四、求真的视角——范式的选择

唯物史观是历史"求真"的方向性保证,也是历史教学的科学性所在。在唯物史观的统领下,当今史学界还流行一些新的史学研究范式,如现代化范式、全球史范式、文明史范式、社会史范式、生态史范式等。它们是对传统唯物史观的补充和发展完善,它们是在唯物史观统领下提出的研究历史的新视角和新方法。

中国现代化研究范式的开拓者罗荣渠先生在《现代化新论》中说:"广义的现代化主要是指工业革命以来现代生产力导致社会生产方式的大变革,引起世界经济加速发展和社会适应性变化的大趋势;具体地说,这是以现代工业、科学和技术革命为推动力,实现传统的农业社会向现代工业社会的大转变,使工业文明渗透到经济、政治、文化、思想各个领域并引起社会组织和社会行为深刻变化的过程。"

近年来,越来越多的学者注重从现代化的角度审视中国近现代史的诸多问题,主张用现代化范式来把握中外近现代史。以中国近现代史前半期为例,洋务运动是中国工业化的起步,属于现代化过程中的器物变革;维新变法、辛亥革命是中国政治民主化的起步,属于现代化过程的制度变革;新文化运动,是现代化进程中思想文化领域的变革。在现代化范式下,洋务运动、维新变法、辛亥革命、新文化运动的进步性无疑占据主导地位。

而在改革开放前,阶级斗争史范式(又称革命史范式)长期主导着中国的历史研究方向。阶级斗争史范式认为,阶级斗争是阶级社会发展的动力和主线。这种观点夸大了阶级斗争在人类历史发展中的作用,弱化了历史发展中生产力和经济基础的作用。在阶级斗争的视野下,洋务运动、维新变法运动、辛亥革命的进步性被弱化,局限性被强调。

可见,对于同一事件的评价,现代化范式和阶级斗争史范式得出的结论会有很大差别甚至截然相反。在当前,历史教师如果还单纯地以阶级斗争史范式把握中国近现代史,就越发显得不合时宜,也会让历史课堂离历史真相越来越远。

总之,历史教师可以引导学生通过史料的"活化"、历史的"神入"、历史的批判和范式的选择等路径,追寻历史的真相,探寻历史表象背后的原因、规律,寻求历史的真谛。

18

知识整合在高中历史教学中的运用

当前人教版高中历史教材是以历史课程标准为依据而编写的,其专题式的编排方式,体现了一定的创新性,也为教师教学留下了一定的自由调整空间,体现了较大的灵活性,但与此同时也带来了诸多问题。因为历史学本身是一个长时段、多领域、综合性与联系性较强的综合学科,而专题式的编排方式,将其拆分成政治、经济、文化三个必修模块以及"中外人物评说""历史上重大改革回眸""探索历史的奥秘""世界文化遗产荟萃"等四个选修模块共计七个部分,这人为地割裂了历史本身,大大增加了教学的难度。如政治史部分内容,在编写中大部分内容侧重于政治史本身,忽略了经济及文化背景,但历史从来不是单一面的,为更全面地、深刻地解析政治制度或政治活动产生的背景,又不得不额外补充经济、文化等其他内容,在进行经济史或文化史讲授时同样要进行类似操作,从而造成不必要的内容重复,不但影响教学进度,还增加了学生的学习负担。因此,对教材内容进行整合与重构,势在必行。本文即力图谈一谈笔者在教学中关于教材内容整合与重构的一些思考与尝试,以期抛砖引玉。

一、整合政治、经济、文化,还原历史发展全貌

这一需求在整套高中历史教材中都很强烈,但考虑到高一学生对高中历史教学模式尚不熟悉、对高中历史教学内容尚不能有效把握的基本学情,个人觉得这样大容量、高难度的工作从高二开始更合适,这一点从人教版高中

历史必修三的编排上就可以得到明确的体现。如在"'百家争鸣'和儒家思想的形成"一节的教学中,教材编写上也已经开始呈现出综合性特征。教材在介绍百家争鸣出现背景时用了这样一句话:"春秋战国时期,中国社会发生重大变革。"基于此,教学内容进行整合就显得颇为重要,否则学生根本无法理解这句话的含义,更难理解这句话与百家争鸣现象产生之间的关系。在教学中笔者引导学生分析这一时期经济、政治、阶级上的变化:经济上,必修二讲述了井田制的瓦解以及封建地主土地所有制的确立。经济基础的变动,引发了一连串的连锁反应。阶级关系上,奴隶主贵族日渐没落,新兴地主阶级产生并不断壮大,从而引发对于政治权益的诉求,政权变更的要求日益强烈。这种情况下,新兴地主阶级对能够指引自身不断变强的思想理论的需求不断增强,于是各种各样的思想主张不断涌现,彼此之间为了获取政治支持而不断相互攻讦、相互辩难,从而形成百家争鸣的历史现象。经过这样的整合,学生一方面能够从整体上把握历史发展的轨迹与全貌,另一方面,这种整合也有利于提升学生历史思维能力,提升其遇到历史问题时分析问题、解决问题的能力,有利于历史学科核心素养的养成。

二、化零为整,实现专题内部整合

当前历史教材的编排除存在政治、经济、文化等割裂的问题之外,在分册中,甚至在同一专题中也存在着内在割裂、体系不明确等问题。如果按照教材编排进行讲授,其本身的零散性,增加了学生进行知识体系构建的难度,如果由教师另做整理,费时费力,影响课程进度,也容易对学生记忆形成干扰,这种情况下,对教材内容进行重组与整合,就显得较为必要。如必修一第一单元中对专制主义中央集权制度演变的讲授分布于三课之中,时间跨度千余年,又是专制主义与中央集权制度两条线,又包含服务于专制主义中央集权制度的选官制度的内容,容量较大,线索时常交叉,学生常常将专制主义与中央集权制度相混淆,在这种情况下,打散三个课时的内容,按照专制主义、中央集权、选官制度三条线分别演进,思路更为清晰,区分度也较为明确,学生记忆与理解也更为容易。再比如人教版必修三第八单元"19世纪以来的世界文学艺术",分三个课时讲述19世纪初、19世纪中叶、19世纪末20世纪初、20世纪中叶前后四个时期世界文学、美术、音乐、影视艺术的发展变化,是最让学生头疼的一个单元。这一单元时间跨度大、内容繁杂零散,又是学生相对陌生的领域,因此如果教师讲解不清很容易让学生混淆。有鉴于此,笔者认为将整个单元以四个时间段为线索,进行知识整合,既增强了条理性、区分度,又能够化繁为简,提高教学效率。

三、巧妙利用知识整合与重组,提升学生的时空观念与历史解释能力

最新的《高中历史课程标准》明确提出对时空观念和历史解释的要求,要求培育学生在特定的时间联系和空间联系中对事物进行观察、分析的意识和思维方式,培养学生以史料为依据,对历史事物进行例行分析和客观评判的态度、能力与方法。但教材的编写方式在这方面存在一定局限,东西方历史演进历程割裂明显,这就导致学生时空观念及国际视野的缺失,部分教师虽然会在高三教学计划中单独设置相应教学环节,但笔者认为在日常教学中,通过对教材的整合同样可以完成这一目标。如在"鸦片战争"一课教学中笔者以表格对比的形式展示了中国与欧洲1600—1840年间在政治、经济、思想文化、对外交往方面的大事记,一目了然地展现出东西方历史走向,学生很容易从中概括出东西方在政治、经济、思想文化、对外政策上的差异,以及由此引发的矛盾冲突,既有效地进行了时空观念的教育,又培养了学生自主分析问题、解决问题的能力。又如,在"历史上重大改革回眸"部分内容教学中,原本教材设置了"梭伦改革"与"商鞅变法"两章节内容,这两场改革在某种程度上奠定了东西方政治文明走向上的巨大差异,也是必修部分的重要考点,更关键的是不弄清楚这两场改革为何发生,为何奠定了东西方社会发展轨迹的分离等问题,学生就无法最终理解为何中国无法复制西方式的民主制度与民主模式。在这种情况下,笔者选择将两课内容进行整合与重组,以一一对应的方式进行比较,从而帮助学生更清晰地了解其内在差异及其原因。通过分析,学生可以知道梭伦改革是雅典社会经济力量变动引发各阶层对政治权益的争夺,从而激化社会矛盾后的产物,其主要任务是调节内部矛盾,维持社会和谐稳定,因此注定了这场改革折中主义、妥协的基调。与梭伦改革不同,商鞅变法所面对的是一个群雄逐鹿的大争之世,是你死我活的兼并战争,这时的秦国由于奴隶制度、落后的社会风俗、内耗严重等因素的阻碍,国力开发不足,在与东方六国的竞争中居于弱势。面对日益激烈的兼并战争,秦国不想

亡国就必须快速地解决国内阻碍因素，全方位提升国家实力，而这一切都需要进行一场全方位的改革，必须坚决而彻底，所以容不得"妥协""中庸""折中"，这就决定了商鞅变法与梭伦改革不同的基调。基调上的差异，改革任务的不同，也导致了双方在措施上的不同，也造就了两场改革最终命运上的差异，最终影响了东西方历史的走向。这样，学生对两场改革的背景、指导思想、具体举措的异同、差异原因、历史影响都能够有更深刻的认知，其最终达成的教学目标也早已超过这两节课本身，对于整个历史思维的培养都可以起到很大作用。

综上所述，由于现有教材编排的局限，教师对知识进行整合与重组显得十分必要，整合的方式与方法也有很多种，限于篇幅，本文只能就其中几种进行简单介绍，希望能够抛砖引玉。不过，知识的整合与重组对教师与学生的要求均较高，不仅需要教师充分研究教材，还需要有扎实的专业知识的积累，更需要深入地思考与不断尝试。此外，知识整合与重组后，教学容量增大，教学难度也有所提升，因此师生都应做好准备，教师也要用足时间，这样才能确保最终效果。

19

核心价值在历史教学中的传导

  高中历史课程是一门促进学生全面发展的基础性课程,它承担着历史学的教育功能,又是衔接历史与现实的桥梁,在日常授课过程中,我们不仅要实现具体历史知识、历史研究方法的传授,还有一个不容忽视的内容,那就是传导核心价值。而这一点在当前历史教学中常常被弱化甚至忽视,这样的历史教学或许有利于提升知识传授效率,能够帮助学生获取较好的考试分数,但从历史教育整体来看,这是一种残缺的、短视的甚至是有害的教育。关于这一点,最新的课程标准明确提出了相应要求,如在课程目标中明确要求高中历史教学要引导学生形成中华民族认同感,认识中华民族的历史价值和现实意义,理解并尊重世界文明与文化的多样性,培养广阔的国际视野,认同社会主义核心价值观等。那么在日常教学中如何体现核心价值?又有哪些需要注意的地方呢?

  首先,核心价值的传导是高中历史教学义不容辞的责任。我们必须明确地认识到,为现实提供借鉴是历史学长期以来的重要职能与责任,历史学从诞生之初就与现实政治水乳交融,密不可分,因此大可不必刻意地去推行所谓的"史学去政治化"行动。相反,在史学研究与历史教学中,积极主动地与现实相结合,发挥"以史为鉴"的功能,反而更有利于社会进步。因此,笔者认为在高中历史教学中,核心价值的传导不但应该成为新课程改革的内容,更应该重点强化。

  其次,课堂教学中的核心价值传导要具有明确的靶向性与一贯性。我们经常发现有些历史课堂花样百出,或是教学手段层出不穷,或是新技术眼花缭乱,或是教学方式多样化,或是教学语言幽默风趣,一节课听下来很开心也很轻松,但课后细细品味时却总觉得缺少灵魂引领,即使有也往往只是在某些环节蜻蜓点水,这使得核心价值传导成为课堂教学的装饰品或是配角,学生容易被形式所吸引却往往忽视了内容本身,特别是蜻蜓点水式的核心价值传导,教学效果自然大打折扣。所以在教学中价值传导的靶向性与一贯性,是把握一堂课核心价值的关键所在。如在讲授高中历史人教版必修一"鸦片战争"一课时,笔者将这节课的核心价值确立为全球化时代应理性、积极主动地应对中外利益冲突,从而以这一主线贯穿始终,靶向性与一贯性明确,学生在学习过程中一目了然,不仅收获了教材知识,也能够学会以更加广阔的视野去看待历史与当前中外交往中的一些问题,一箭数雕。

再次,核心价值的传导要尊重学情。高中阶段学生的生理、心理较之初中阶段更加成熟,其认知能力也有较大提升,日益提升的阅读量也使他们的知识储备越发丰厚,对社会生活中的诸多事务均已有自己的分析与判断,也乐于利用自己的认知能力去分析与判断。因此历史教学,特别是核心价值的传导必须建立在尊重这种学情的基础上,生搬硬套、宣讲硬灌的传导方式不但不能达到教育目的,反而可能引起学生的反感,进而导致整个教学行为的失败。如在"鸦片战争"一课教学中,某老师得出"落后就要挨打""帝国主义亡我之心不死"的启示,鼓励学生自强不息,为实现中华民族伟大复兴而奋斗的核心价值。粗看起来,既有核心价值观的传导,又与现实相结合,与课程结合得也很好,可以说是很优秀的案例。但在观摩课后,笔者清晰地听到两个学生在交流中对老师的观点提出质疑。这种情况将是我们未来教学中的常见现象,信息时代,学生的学习方式已经发生较大改变,他们可以借助网络获取大量信息以及图书资源,很多学生的阅读量大大增加,阅读深度、专业程度大幅提升,因此教师备课时的不细致逃不过学生的"法眼"并会被放大,影响课堂短期甚至长期教学效果。事实上,鸦片战争中中国挨打不能仅仅归结于落后。鸦片战争的内在根源在于中西方的内在冲突与矛盾——政治上的封建专制与资本主义代议制、经济上的自给自足的小农经济与自由经营的资本主义市场经济、思想文化上的等级专制与资本主义的自由民主、对外政策上的闭关锁国与开放扩张——而这些矛盾早于近代社会开端就已经呈现。西方资本主义出于经济利润的考虑,不断寻求解决之道:外交协商—和平贸易—鸦片走私,但外交协商先后失败,和平贸易遭受巨额贸易逆差,鸦片走私扭转了贸易逆差,但遭到清政府的强烈抵制,此后英国发动鸦片战争才打开了中国大门。这其中自然有资本主义侵略扩张的因素,但清政府对世界规则缺乏明确认知,在应对中时常举措失宜、应对失当,不断加剧双方矛盾也是无法否定的事实,所以在这样的事实面前讲"落后就要挨打"就显得不那么客观理性了。在这一节课的教学中,笔者恰恰是从这一个角度出发,探讨鸦片战争前后清政府在应对全球化时的利弊得失,并与当前中美贸易战相结合,引导学生去讨论在全球化的今天,中国在面对利益冲突与摩擦时如何应对。这样的设置,立足学情,联系现实,容易引起学生的讨论与思考,在潜移默化中实现了核心价值的传导。

最后,在核心价值传导过程中,要注重方法与技巧——春风化雨、抽丝剥茧、步步为营等方式效果更佳。课程标准中提出了认同社会主义核心价值观,认同中国特色社会主义道路是历史的必然,树立中国特色社会主义道路自信、理论自信、制度自信和文化自信等课程目标,这些目标的达成不能依靠宣讲式、漫灌式的教学方式。如在"新中国民主政治建设"的讲授中,笔者就选取了抽丝剥茧式的教学方法。本课的核心价值传导在于制度自信,而要想实现这一目标就必须回答另外两个问题:我们的制度好在哪里?如何看待我们制度在现实施行中遇到的问题?如果这两个问题解释不清楚,这个目标也就根本不可能完成。

针对前者,笔者在导入部分引导学生分析古今中外国家权力分配三大模式的利弊得失,从而得出我国当前民主政治——人民民主专政及其三大民主制度是既吸收了雅典民主政治(民主意识、民主精神、参政意识等——小国寡民、直接民主、少数人民主)、资本主义代议制(间接民主、分权制衡、政党制度、法律至上等——资产阶级民主、内耗严重、效率低下、政策变动较大)、苏联社会主义民主(无产阶级专政——民主主体仍有局限)的积极因素又克服了各自缺陷基础上的优化选择,又有利于调动全国各阶层、各团体、各党派、各民族、各阶级的智慧与力量,群策群力,全国人民一盘棋地服务于国家建设。通过这样的分析,学生可以更深刻地理解新中国民主政治确立的内在深因,有利于培养对于当前民主政治的高度认同感,也能够在一定程度上理解习近平总书记为何一再强调坚持道路自信、理论自信、制度自信、文化自信了。

针对后一问题,笔者在教学中选择主动面对。我国民主政治在现实实践中确实暴露出了种种问题,如有的人大代表多年无提案,或者"奇葩"提案不断,有的选民根本不认识被选举人,稀里糊涂地投了票,有的选民根本不关心选举,如果问题根源弄不清楚,那么问题根本无解。在教学中笔者引导学生分析雅典民主政治与资本主义代议制两大民主模式的产生过程,探究这两种模式确立完善的内在根源从而得出:制度的确立,必然有其相应的经济、思想、阶级等基础,其发展与完善也是如此。反观,新中国成立之初,对民主政治的认识存在一定局限,如过于注重政治制度的构建,忽略了民主政治诸多基础的培育与扩展。如经济上,高度集中的计划经济体制、单一的公有制的确立,限制了经济基础的扩展;思想上,虽然近代以来经历了历次思想解放运动,但大多社会基础薄弱,广大民众对于天赋人权、人民主权等学说欠缺理解,因而在执行中一旦遇到阻力就自动退缩,正是这种民主权利、民主精神、民主意识的薄弱,导致民主政治的思想基础也有限,可以说新中国成立初所确立起的民主政治"形"大于"实",也正因如此,原本较为优越的社会主义民主政治才会在执行过程中走了样。

知道了问题所在,下一步该怎么办?是停留于对历史的苛责,还是立足历史、放眼未来,寻求完善的方法?自然而然学生的思维被领入如何完善我国民主政治上来。通过前面的分析,学生已经明确问题所在,那么接下来所要做的就是"补课",补齐短板。事实上,党和政府早已开始行动。针对经济基础单一,改革开放以来我们逐步探索出一条以公有制为主体,多种所有制共同发展的经济模式,如今民营企业蓬勃发展,人民收入不断增长,大大拓展了我国民主政治经济基础;针对阶级基础单一,我国积极吸收和扩大新兴群体数量。如伴随着改革开放,尤其是社会主义市场经济发展而迅速崛起的企业家群体,已经成为社会主义现代化建设不可或缺的重要力量,吸收他们参与我国民主政治,既可以发挥他们在经济建设中的积极作用,又可以扩充民主政治主体范围,扩大民主政治的阶级基础;针对民主制度的优化问题,党和政府进一步健全民主制度,丰富民主形式,在强化基层民主政治的同时,积极采取新形式、新手段,如电视问政、网络问政等新形式不断涌现并推广,丰富了人民群众参政议政,参与民主管理与民主监督的方式与途径;针对思想基础薄弱的问题,党和政府掀起了一场全民学习、弘扬社会主义核心价值观的运动,其中所倡导的民主、自由、平等、法治等原则,恰恰是构建与完善民主政治不可或缺的组成部分。经过上述剖析,学生重新审视党的十八大报告与社会主义核心价值观时,就会有更深刻的理解与认同,激发出对我国民主制度的自信感、自豪感。

总而言之,历史课堂教学中核心价值传导应当成为课堂教学的重要内容,更要尊重学情,注意方法与技巧,切忌生搬硬套、生硬说教、大水漫灌,唯有如此才能更好地发挥好历史学的教育功能。

20

科学解读历史教材　培养学生发展核心素养

陶行知先生说过:"人生办一件大事来,做一件大事去。""一件大事"就是办教育。陶行知先生还说过:"千教万教,教人求真;千学万学,学做真人。"教育的对象就是儿童,就是学生。那么,教给学生什么呢? 当前就是要培养学生发展核心素养。

"核心素养落地"是当前课程改革的一个十分重要的课题。课堂作为教学的主阵地,无疑将成为培养和发展学生核心素养的前沿和主战场。学生发展核心素养不是虚空的,它必须落实在课程开发与设计中,更要落实在课堂教学中。我们必须借助设计思维创新重组课堂组织方式,千方百计找出并实施有助于学生更愉悦、更投入、更有成效地进行学习的解决方案。

长期以来,我们依据学科逻辑来确定课程内容和编撰教材,路径相对明确,但内容选择的困难程度日益加大,内容越选越多,所选内容对学生发展的价值却没有保障。核心素养的提出,迫使我们更新教育理念,进一步思考"教育应培养什么样的人"的问题。在核心素养的立场下,课程内容的确定与教材编撰,将从单纯以学科知识体系为依据的路径,转向兼顾以促进学生核心素养的形成为依据的路径,这对学生发展的价值更大、更明确、更有保障。核心素养成为课程内容选择的重要依据,基于核心素养来组织课程内容、编写教材,这是课程理论与实践的重大进步。

参照国际组织的表述,核心素养是所有公民都不可或缺的,最关键、最必要,也是最基础、最具生长性的素养。"核心素养是学生在接受相应学段的教育过程中,逐步形成的适应个人终身发展和社会发展需要的必备品格和关键能力。"为此,教师要站在学生终身发展的立场,发挥所教学科的专业优势,在教学中体现学科魅力,培养学科核心素养。历史学科核心素养是指学生在学习历史过程中所养成的相对稳定的、必备的、具有历史学科特征的思维品质和关键能力,是历史知识、能力、方法以及情感价值观的有机构成与综合反映,主要包括唯物史观、时空观念、史料实证、历史解释和家国情怀五大方面。

教材,是"教师和学生据以进行教学活动的材料,教学的主要媒体。通常按照课程标准(或教学大纲)的规定,分学科门类和年级顺序编辑"。也就是说,教材是课堂教学的主体内容,但绝不是"圣经"。不管怎样优秀的教材,其内容都不可能包含本学科所有的已知知识,不可能反映该学科领域最新的研究成果,也不一定适合所有地区、所有学校、所有教师和所有学生的教与学活动。因此,教师必须树立正确的教材观,尊重教材、研究教材,掌握其特点和内涵,根据具体的教学情境,实施课堂教学,从而走出"教死书、死教书"的怪圈,实现从"教教材"到"用教材教"的转变。

在中学历史课堂教学设计和教学中,必须以培养学生发展核心素养为出发点和立足点,科学合理地解读和处理教材。

一、科学把握核心素养的跨学科"综合性"

"依据核心素养确定学科素养,依据核心素养修订课标与重组教材",是顶层设计中十分重要的一个环节。只有将核心素养的框架融入学校各学科、各学段的课程目标中,形成指向同一素养框架的课程目标体系,才能实现对学生核心素养的培养和发展。

如果说,核心素养是作为新时期期许的新人形象所勾勒的一幅"蓝图",那么,各门学科则是支撑这幅蓝图得以实现的"构件",它们各自拥有其固有的本质特征及其基本概念与技能,以及各自学科所体现出来的认知方式、思维方式与表征方式。"核心素养和学科素养之间的关系是全局与局部、共性与特性、抽象与具象的关系。这是因为在学校课程的学科之间拥有共性、个性与多样性的特征。"

从以上两者的关系可以看出,学科核心素养具有聚合性,就是要注意横向联系、纵向贯通。横向联系强调核心素养是跨学科的,它高于学科知识;横向联系也指核心素养具有综合性,它是对于知识、能力、态度的综合与超越。任何核心素养都不是一门单独的学科可以完成的。任何学科都有其对于核心素养发展的共性贡献与个性贡献。纵向贯通强调核心素养在学科中的整体性要求,要研究每一课在教材中的地位,从整体上加以把握和处理。虽然从形式上看,各个学科都有各自的目标、内容、方法体系,但是,从本质上看,所有的学科都是为了培养和提高学生的核心素养。学科核心素养在不同学科之间、同一学科的不同学段之间,都存在着内在的一致性。不同学科和不同学段的学科核心素养都是中国学生发展核心素养的有机组成部分,都服从和服务于培养学生的"必备品格"和"关键能力"的需要。

比如在教授中国历史"盛唐气象"这一课时,教师首先介绍,"唐朝是中国历史上诗歌创作的黄金时期。唐朝诗坛气象万千,名家辈出,最为著名的有李白、杜甫、白居易等"。接着展示三人的作品和特点。然后提出三个问题:① 从文学角度赏析李白的诗,如何理解他被誉为"诗仙"?② 杜甫被后人称为"诗圣",如何理解"三吏""三别"被称为"诗史"?③ 如何从时政角度评价白居易的诗的社会价值?教师引导学生从文学、史学、时政等角度欣赏黄金时期的诗歌,多角度体会盛唐文化的艺术魅力,培养学生发现、感知、欣赏、评价美的意识和能力,使学生充满人文情怀和关注现实问题的家国情怀。

二、高度关注学科知识蕴含的双层意义

解读教材就是要通过文本的语言文字深入文本内核,准确理解文本的深层意蕴。任何学科知识就其结构而言都可以分为表层结构和深层结构,其含义包括表层意义和深层意义。表层意义主要指知识所直接体现的学科内容,深层意义是蕴含在学科知识内容和意义之中的精神、价值、方法论以及现实意义。表层意义存在的方式是显性的,深层意义存在的方式是隐性的,但却是学生素养形成和发展的根本。以核心素养立场解读和处理教材,要求教师更加关注学科知识的双层意义,尤其要关注知识的深层意义,教学设计和活动要彰显文化意义、思维意义、价值意义,即"人的意义"。

例如在讲授"文艺复兴运动"时,可以设计三个问题:①《神曲》中"走兽的生活"反映了什么样的社会现状?②"美德和知识"是指什么?③ 如何从现

实和理想两个角度理解"自己的路"？教师在解读教材时,不仅关注到学科知识内容的表层意义,还通过问题设计挖掘蕴含在学科知识内容之中的精神、价值及现实意义,从而彰显文化意义、思维意义、价值意义等深层意义。这样,学生就可以在教师的引导下,通过对史料的搜集、整理和辨析,辩证、客观地理解历史事物,不仅将其描述出来,还揭示其表象背后的深层次因果关系,逐步养成科学严谨的历史解释的学科核心素养。

三、密切联系学生的知识体系和生活实际

在学校,学生是教育的对象,也是学习的主体。课堂教学是否有效和高效,是否能够培养和发展学生的核心素养,必须从学生的角度去判断和评定。著名教育家陶行知先生在武汉大学演讲时演示的公鸡吃米的情形,告诉我们在设计教学内容时一定要进行科学的学情分析,要考虑智力因素、非智力因素、师生关系、班级学习氛围等,要依据学生的已有水平和身心特点做好详备的整体筹划。培养和发展学生的核心素养,不仅要尊重和充分发挥学生学习的主体性,更要让学生自己观察、自己思考、自己体验,最终成为自主发展的主人。正如叶澜先生所说,"学生主动性发展的最高水平是能动、自觉地规划自身的发展,成为自己发展的主人,这是我们教育成功的重要标志"。

"学生的发展水平是教学的出发点。所以必须在开始教学以前就确定这个出发点。"以核心素养视角解读和处理教材,必须提前做好学情分析,真正了解学生、解读学生。在设计课堂教学环节时,要清楚学生原有知识体系和结构、学习兴趣和学习能力,同时要链接学生的生活实际,科学而客观地确定教学的起点、深度、广度和速度等,靠近学生的最近发展区,从而增强教学设计的针对性和预见性,使学生的核心素养得到有效培养和发展。教育史上,孔子的"因材施教"、苏格拉底的"精神助产术"、亚里士多德的"自然教育论"、培根的"尊重天性"等教育思想均是从学生出发,依据对学生学习特点的分析而施教的光辉典范。所以,苏霍姆林斯基说:"教育者要去发现每一位学生的禀赋、兴趣、爱好和特长,为他们的表现和发展提供充分的条件和正确引导。"

比如在教授"三大改造"时,考虑到学生对"社会主义制度的建立与社会

主义建设的探索"这一历史时期的知识了解较少,也不容易理解,所以教师在解读和处理教材及内容时,根据学生思维的一般规律,可以设计"什么是'三大改造'?""为什么改""怎么改""改得怎么样"等四个问题,由表及里、逐渐深化,引导学生透过历史的表象认识历史的本质,得出"三大改造是我国改变生产资料私有制的深刻社会变革,其实质是变革生产关系的社会主义革命"的结论,从而让学生以唯物史观的科学历史观和方法论去学习和探究历史,培养他们的学科核心素养。

四、采用学术研究的眼光解读和处理教材

教育部副部长郑富芝曾撰文指出:核心素养是学生应具备的适应终身发展和社会发展需要的必备品格和关键能力,突出强调个人修养、社会关爱、家国情怀,更加注重自主发展、合作参与、创新实践。学生生活随时代的发展而变化,学生的学习过程也是动态开放的。同样,站在培养学生的核心素养角度来看,教材的解读和处理也必须是发展的、开放的、可持续的。所以教师不能机械生硬地"教教材",而应该灵活有效地"用教材教",这样的教材解读才能真正为学生的核心素养培养服务。

以前教材的编写有一个不成文的规定:教材必须采用有"定论"或得到史学界广泛认可的成果,不能把有学术争论的问题编进教材,以免造成学生思想的混乱和带来教学的处理难题。这就使历史教材的基本观点相对滞后于历史界学术研究的最新进展,从而影响了知识的及时更新和学生的视野拓展。以核心素养立场解读和处理教材,就要求我们具有批判质疑、勇于探究的科学精神,以史料实证的态度与方法,向学生介绍学术界相关研究的最新成果,包括各种学术争论。教师要引导学生在发现问题、研究问题、解决问题的过程中,以史料为依据,通过对史料的辨析,将符合史实的材料作为证据,进而形成对历史的正确、客观的认识,以探究历史的真相。当然,用学术眼光处理教材,要科学恰当地引用学术研究成果。一是要准确理解教科书的基本史实和基本观点,做出自己的学术评判;二是引用材料、补充史实要注意对一般和个别、主流和支流、本质和现象加以严格的区分,从事实的联系中把握真相;三是要树立重证据的教风,讲什么都要做到以史实为依据,不能随意推测。

例如在讲授"古代中国的农业经济"时,教师不仅要向学生介绍学术界关于"我国使用牛耕的起始时间"的不同观点,包括新石器时代说、商代说和春秋普及说,让学生了解相关学术争论,同时要引导学生用学术的眼光来研读"至迟在春秋末年,人们已使用牛来耕地"所给出的信息提示,从而培养学生批判探究的科学精神和史料实证的学科核心素养。

21

如何高效达成"三维目标"

中学历史课程的三维目标包括"知识与技能""过程与方法"和"情感态度与价值观"。这三维目标是相互依存、相互促进的,三者有机地统一于学生的历史学习和个人成长过程中。在历史教学过程中,如何智慧地组织教学活动、激发学生的学习兴趣和思维,从而高效达成三维目标,已成为广大历史教师最为关心的话题之一。

本文试以"孔子"一课为例,并从"引入典故""史料导读""方法指导""情境熏陶"等四个方面,谈一谈如何在历史教学中高效达成三维目标。

一、引入典故,获取知识

目前中学历史课程标准的内容体系以学习主题的形式构建。其主要由三方面组成:具体的历史史实、基本的历史概念以及基本的历史线索和规律。这使得依据课标所编写的现行中学历史教材往往采用专题模式,以宏大叙述为主,缺少对细节的描述,有骨架而少血肉。这自然会让中学生读起来感觉枯燥乏味。历史教师应增加对历史细节内容和历史典故的补充教学,从而增强历史本身的立体感和学生学习历史的兴趣。这对于落实三维目标中的"知识目标"大有益处。

比如,为了让学生对孔子周游列国的境遇以及孔子的个性特征有所具体了解,笔者以如下的历史典故来说明:

孔子适郑,与弟子相失,孔子独立郭东门。郑人或谓子贡曰:"东门有人,其颡似尧,其项类皋陶,其肩类子产,然自要以下不及禹三寸。累累若丧家之犬。"子贡以实告孔子。孔子欣然笑曰:"形状,未也。而谓似丧家之犬,然哉!然哉!"

——《史记·孔子世家》

教师设问:该典故说明孔子周游列国,境遇如何?体现孔子的何种性格?

学生回答:境遇落魄;性格豁达乐观。

通过引入这则历史典故,使得孔子周游列国时若丧家之犬的落魄形象和孔子豁达的个性,在学生的脑海中跃然呈现。

二、史料导读,提升能力

中学历史课程"三维目标"中的技能目标特别注重对学生史料阅读能力的培养。中学历史学科核心素养也强调培养学生的史料实证能力。中学历史教学在很大程度上就是帮助学生通过对史料的阅读、实证、解释来了解历史。然而,中学历史教学的实践表明,造成学生历史学习困难的重要因素就是史料阅读能力的欠缺。因此,选取典型的史料进行教学,从而培养学生的史料阅读能力,具有很大的必要性。

在关于孔子思想中"礼"的具体表现和核心价值的教学过程中,笔者选取两段史料,即"君君臣臣、父父子子"和"非礼勿视、非礼勿听、非礼勿言,非礼勿动"。然后,引导学生从中概括出"礼"的具体表现,即政治上的"君臣有别,长幼有序"和个人方面的"克己复礼"。在此基础上可以自然得出"礼"的核心价值追求是"等级、秩序"。

在分别讨论了"礼、仁、中庸"的各自内涵和表现后,如何把三者内在逻辑关系梳理清晰并建立起一个整体联系,则需要历史教师的智慧点拨。笔者以为,既然孔子的儒学思想本质上是治国之理论,那么就可以以此将三者串起来。"礼"即周礼,强调下级对上级的服从;"仁"即爱人,强调上级关爱下级;而"中庸"是说下级对上级的服从和上级的对下级的关爱的程度要恰到好处。做到"礼中有仁,仁中有礼",从而形成一个完整的体系。

可见,历史教师选择典型史料,指导学生阅读,可以激发学生的历史学习兴趣,提高学生的历史学习能力。

三、方法指导，体验过程

"三维目标"中的"过程与方法"目标是在"知识与能力"目标基础上对教学目标的进一步开发，它倡导对学与教的过程体验、方法选择。"过程与方法"的具体表述是：通过什么样的教学过程来学习什么知识，让学生学会怎么样的方法。在历史教学实施过程中要具体落实"过程"目标。教师应重视给学生创设情境，这种情境可以是问题式的讨论，可以是模拟式的表演，也可以是实践式的活动，总之要尽量使学生有机会亲自去经历、体验、探索、反思知识的形成过程，而不是急不可耐地直奔知识本身。要特别强调对学生的自主学习和合作探究能力的培养，强调学生的学习主体地位。然而，这并不意味着教师在课堂上是完全的无为。教师应扮演好课堂组织者、引导者、点拨者的角色。

比如，笔者在讲授完孔子的生平、思想和后世影响后，为了引导学生以唯物史观评价孔子，笔者进行了如下教学设计：

展示材料：千变万化的孔子形象（图片略）

设问1：孔子的形象为何会有这么大的差异？

师生共同得出：时代背景；政治立场；个人学术素养。

设问2：如何才能还原历史上真实的孔子形象？

师生共同得出：学会历史地分析，辩证地分析；关注原始史料；运用多重史料的互证等。

设问3：通过如上之方法，我们获得的孔子形象就一定是真实的吗？

师生共同讨论得出：史料是片断的历史，即是说史料的有限性；史家的研究结论也带有史家的主观色彩。所以，要获取真实的历史是很难的，但我们通过一系列的方法，可以无限接近真实的历史。"虽不能至，实心向往之"，这也许就是历史的魅力所在。

以上三个问题环环相扣，不断激发学生进行深入的思考。在这一过程中，学生的历史研究能力和对历史本质的认识能力得到自然生成。当三个问题讨论完毕，学生的思维已被高度激发，甚至到了某种欲说还休的地步。

四、情境熏陶，情感升华

历史教学中情感态度与价值观的教育是教学中的重中之重，它和学生良好品德和健全人格的形成有着密切的关联。中学历史的情感态度价值观目标主要包括以下几个方面：培育民族精神和爱国主义情感，培养对人文主义精神的理解，树立开放的世界意识等。

中华民族在几千年的历史长河中，既创造了璀璨夺目的优秀历史文化，也涌现了众多具有个人气节和民族精神的伟大历史人物。在历史课堂教学中，高层次的教学目标是让学生对这些伟大的历史人物产生历史的同情和实现情感品质的内化，从而构建高尚的情感态度与价值观。历史教师应抓住教学中的每一个契机，通过创设情境等方式挖掘情感价值观因素。

在"孔子"一课的课堂教学实践中，笔者进行了如下教学设计：

教师：事实上，关于历史研究的方法与态度，孔子早有表述，即"述而不作"。这体现了孔子的什么精神？

学生：求真精神。

教师：这种求真精神也体现在其对理想信念的追求上。子曰：三军可夺帅也，匹夫不可夺志也。子曰：知其不可为而为之。这些句子体现了孔子的什么精神？

学生：这体现了孔子气节高洁，志气高远。

教师：接下来，我们一起聆听电影《孔子》主题曲《幽兰操》。让我们在歌声中，体会孔子的精神。

笔者以孔子在历史著述中"述而不作"的研究方法和态度引出孔子的求真精神。接着，再通过对孔子的其他诗句的品读以及对《幽兰操》歌曲的欣赏，把学生的心灵导入到对孔子高洁品行和高尚情操的敬仰当中，从而实现学生情感态度价值观的升华。

总之，在历史课堂教学过程中，历史教师可以通过"引入典故""史料导读""方法指导""情境熏陶"等智慧的方式，激发学生的历史学习兴趣、提高课堂效率，促进学生的全面发展，最终高效达成三维目标。

22

将心理学效应运用于历史教学

随着新课程改革的进一步深入与现代教育技术的发展,我们不难发现心理学效应在教育教学领域起到越来越重要的作用。"心理学效应"指的社会生活当中较常见的心理现象和规律;是某种人物或事物的行为或作用,引起其他人物或事物产生相应变化的因果反应或连锁反应。同任何事一样,它具有积极与消极两方面的意义。因此,作为新时代的"筑梦人",如何正确地认识、了解、掌握并合理利用心理学效应,在日常历史课堂教学中具有非常重要的作用和意义。

一、激发历史学习兴趣,避免"边际效应",巧用"比马龙效应"

"边际效应"是经济学中的一种现象,也称为边际贡献,是指消费者在逐次增加一个单位消费品的时候,带来的单位效用是逐渐递减的,尽管总效用仍然是增加的。运用到教学中,就是教师在激发学生历史学习的兴趣,通过学生回答问题进行表扬时,学生第一次受到表扬时情感体验最为强烈,但是,第二次被以同一形式表扬时,情感体验会淡一些,第三次则会更淡……由此发展,随着学生受到同类型表扬的次数增多,他们的情感体验也越为淡漠,一步步趋向乏味,变得可有可无。因此,当学生在历史课堂中有优质表现时,教师应善用"比马龙效应",即"皮格玛利翁效应",这一心理学效应指出,赞美、信任和期待具有一种能量,它能改变人的行为,当一个人获得另一个人的信任、赞美时,他便感觉获得了支持,从而增强了自我价值,变得自信、自尊,获得一种积极向上的动力,并尽力达到对方的期待,以避免对方失望,从而维持这种社会支持的连续性。鉴于此,在导言课时,教师就应该表达出对学生学习历史的支持与帮助,实时采用积极暗示的方式,鼓励学生的进步与成长,通过多种手段激发学生学习历史的兴趣。在日常教学中,当学生表现出学习历史的困难,如历史时间记忆的困难,或历史概念容易混淆,教师应以鼓励为主,方法引导,而不能是不管不顾,或者粗暴对待,同时切忌避免"边际效应",表扬学生的方法与内容应有针对性,不能一概而论,应以激发学生学习的内驱力为要。

二、加强历史教学有效性,避免"超限效应",巧用"等待效应"

历史课堂的内容灿若繁星、浩如烟海,历史教师兴致一来,往往一发而不可收拾,讲授内容变得漫无边际,此时务必牢记"超限效应"的教训。超限效应是指刺激过多、过强或作用时间过久,从而引起心理极不耐烦或逆反的心理现象。历史教师务必针对学情,制订教学计划,切不可一时兴起,"满堂灌",从而引发学生的逆反心理。如"秦朝创立了大一统的中央集权制度"这一子目,教学内容繁多,制度复杂而精妙,涉及内容广泛且相对专业性强,如果教师照本宣科,仅仅利用史料研读剖析,初一学生刚刚接触历史,其专注度和学习能力有限,反而容易产生抵触心理。因此,聪明的教师可以利用"等待心理",即人们由于对某事的等待而产生态度、行为等方面变化的心理效应。在教学中利用该效应,使学生产生一种对新课文或新学单元的等待心理,以促进学生去自学。这就有助于上下课文或前后单元的连续,更为重要的是它能使学生的学习兴趣、态度和行为发生积极的变化。针对秦朝制度,教师可以创设情境,在简单有重点的历史解释后,让学生结合具体的问题进行分析,从而理解专制主义中央集权制度的组织架构与运作方式,提升学生的参与度,加深学生对知识要点的理解与认识,有效地避免"超限效应"所引发的副作用。

三、引导学生合作探究,避免"旁观者效应",巧用"登门槛效应"

针对小组探究与合作探究的历史教学方法,教师务必在分小组的时候明确"旁观者效应"的不良影响,尽早避免。"旁观者效应"是一个社会心理学术语,也称为责任分散效应,是指对某一件事来说,如果是单一个体被要求单独完成任务,责任感就会很强,会做出积极的反应。但如果是要求一个群体共同完成任务,群体中的每个个体的责任感就会很弱,面对困难或遇到需要担当责任时往往会退缩。因为前者独立承担责任,后者期望别人多承担点儿责任。"责任分散"的实质就是人多不负责,责任不落实。当历史课堂需要进行观点争锋或分小组解决问题时,教师会发现出现"假合作"的状况,即一个小组仅有一或两人承担了大部分的责任,甚至于没有人行动,浪费了宝贵的课堂时间,而且未达到预期的效果。毕竟人与人的合作不是简单的"1+1",而是存在复杂得多的人际关系与责任分散的问题。鉴于此,教师务必在分小组时确定好人数,不能过多,同时让小组内部成员明确分工,设定目标,从而起到事半功倍的效果。在分小组合作时,教师可以利用"登门槛效应",即人只要一开始接受了一个小小的要求,接下来便有可能接受更大的要求。当小组合作成功完成了一个较为简单的问题时,教师应进一步提出更有挑战性的问题,提升学生解决历史问题的能力,同时也能进一步激发学生历史学习的兴趣,使得合作探究发挥出其应有的作用。

四、多元评价与反思,避免"刻板效应",巧用"近因效应"

对于历史人物的客观评价一直是历史教学的重点与难点,学生长期习惯于"非黑即白"的判断,往往缺少了马克思主义唯物史观的基本理论知识。基于此,教师应在历史课堂中尽量避免让学生习惯形成"刻板效应"。所谓刻板效应,又称刻板印象、社会定型、社会定性效应,是指对某人或某一类人产生的一种比较固定的、类化的看法,即还没有进行实质性的研究,就对某一类人产生了一种不易改变的、笼统而简单的评价。如对于秦始皇只记得他是暴君,而否定了他的贡献。基于此,教师应在历史课堂上尝试提供多元史料,可以是第一手资料,也可以是他人评价等,提醒学生通过调查研究,形成自己的观点。这一观点的形成与"近因效应"是分不开的。"近因效应"是指最新出现的刺激物促使印象形成的心理效果。在有两个或两个以上意义不同的刺激物依次出现的场合,印象形成的决定因素是后来新出现的刺激物。这一心理学效应同时也给历史教师本身提供了一定的启发,学情并不是一成不变的,教师需要适时调整自己,了解并适应发展中的学生,从而达到更好的教学效果。

总之,心理学效应的内涵与外延在历史课堂上有不少用武之地,利用"角色效应",教师设置角色扮演,让学生体验历史人物的心理;利用"木桶效应",教师让学生"取长补短",下狠功夫补上自己的薄弱环节,构建完整的历史学习的框架体系;利用"南风效应",教师清风徐徐,抓住学生的内在需要,变学习历史为自觉自发的行为,启发学生自我反省与自我满足,从而达到"润物细无声"的效果。作为新时代的历史教师,应始终不忘提升自我,充实自我,将跨学科知识应用于历史课堂,使之更为精彩!

23

如何培养批判性思维

何为批判性思维,到目前为止还没有一个统一的定义,但批判性思维却有着普遍认同的核心特征,"质疑,问为什么,以及勇敢且公正地去寻找每个可能问题的最佳答案,这种一贯的态度正是批判性思维的核心","求真,公正和反思是批判性思维的轴心理念"。

批判性思维的主要原则是"大胆质疑,谨慎断言"。这要求思考者用怀疑和批判的眼光去看待已知的观点或论证,对其进行积极主动的思考,去发现理由、解释、推理中的不合理性因素。在质疑并谨慎推理已知的观点或论证后,结果完全可能是同意和接受现有观点或论证的合理性。尤其值得注意的是否定并不等同于批判性思维,批判性思维也不一定包含否定。

就学科特征而言,历史学也是最容易培养未来公民批判性思维的学科之一。这是因为我们所熟知的"历史"有着双重含义:"客观事实"以及"被叙述的客观事实",前者指客观发生的过去,后者是对客观发生过去的记载和叙述。然而,"被叙述的客观事实"终究不等同于"客观事实",两者之间总是存在着或多或少的差距。这就要求中学历史教学应具备批判性思维,辨别各种"被叙述的客观事实"的真伪,对各种历史观点做出合理的评判,从而接近真实的历史。

当然,培养批判性思维的方式很多,就历史学科而言,基于史料分析的方式恰是其重要手段。这"主要因为批判性思维不同于其他的思维类型,它强调对信息的处理,尤其是对原始资料或未经解释的信息加以处理"。在此,笔者就以初中历史八年级上册"难忘九一八"一课为例做一简要说明。

一、呈现不同结论,在思维冲突中培育批判性思维

作为教学的主导者,教师首先要有怀疑精神,对任何权威都不能随意盲从,其中就包括教科书上的史料和结论。"教师如果没有疑惑,没有批判性思维的品质,那么就会臣服于教材,视教材为不容逾越的规范而画地为牢",对学生的批判性思维的培养自然是流于形式。

"难忘九一八"是初中阶段非常重要的一课,教材中的一系列观点早为人们所熟知。但在对相关资料的阅读后便可发现教科书上的结论与学术界的结论有着较大差异。为引导学生质疑教材,理性思考,笔者在教学中把不同的观点对比呈现:

教材结论:九一八事变爆发时,驻守沈阳的东北军要求抵抗日本侵略者,但是,蒋介石下令不抵抗。第二天清晨,日军占领了沈阳城。

部分学者结论:九一八事变发生后,蒋介石没有给张学良下不抵抗令,不抵抗令出自张学良之口。

设问:九一八事变后沈阳沦陷是谁的责任?是张学良还是蒋介石?到底历史的真相是什么?

学生虽有不同的答案,但并未有合理的理由。这时笔者引导学生:我们在探寻历史真相时要坚持论从史出的原则,不能盲目相信任何一个结论,要看得出结论的证据是否充足,论证是否严密,这个证据就是史料。

二、增补相关史料,在史料分析中强化批判性思维

中学历史教材的编写具有高度的浓缩性,仅仅依靠教材上的史料难以培养学生的批判性思维。因此在教学中必须增补相关史料,深入挖掘历史,在史料分析中培育学生的批判性思维。为此,笔者在教学中呈现了如下史料:

材料一 无论日本军队此后如何在东北寻衅,我方应予不抵抗,力避冲突。

——蒋介石给张学良密电

材料二 我要郑重地说明的就是关于不抵抗的事情。九一八事变不抵抗,不但书里这样说,现在很多人都这样说,替我洗刷,说不抵抗是中央的命令,不是的,不是的,绝对不是的。

——张学良晚年接受历史学家唐德刚采访的口述史料

为培养学生的批判性思维,笔者设置了如下教学环节:

师:根据材料一能否得出"因蒋介石下令不抵抗。第二天清晨,日军占领了沈阳城"这一结论?

生1:能。因为蒋介石给了张学良密电。

生2:不一定。因为我们不知道蒋介石给张学良密电的时间。

师:假如密电时间是九一八事变前,能否得出上述结论?

生3:也不一定。因为蒋介石并不能提前知道日本有多少举动。给张学良密电,不代表九一八事变爆发后张学良就会不请示中央。也不代表九一八事变后蒋介石会坚持不抵抗。因为人的思想和行动是会随着环境而变的。

师:分析得很全面。那么看来,如果只有材料一是很难得出确切的结论的。实际上,通过对相关材料的阅读,老师发现材料一来自于1960年张学良机要秘书洪钫的回忆录而非张学良本人的回忆。洪钫回忆到这段电文是1931年8月16日蒋介石致张学良的"铣电",按民国电报日期代码,凡16日这一天发出的电文都称之为"铣电"。这则电报是否存在,在史学界长期存在争议。假使这份电报真的存在,并且时间就为1931年8月16日,那么一个多月前的一份"密电"就能代表九一八事变之后蒋介石的正式的命令吗?就能以此说明是蒋介石下令不抵抗导致沈阳沦陷吗?这确实是一个值得商榷的问题。因此用这样的史料来得出教科书中的结论,不严密性是显而易见的。

师:根据材料二能否得出九一八事变是张学良下令的不抵抗?

生4:应该可以。

师:材料二本身有没有可能是假的?

生5:应该是真的。因为推脱责任的人很多,但主动承担责任的人很少。

师:从这个角度讲,材料本身是真的可能性很大。那就意味着沈阳沦陷是张学良的责任。

这样的教学过程使学生明白并不是所有的历史史料都能反映真实的历

史,尤其是单一化、片面的历史史料。而且史料本身也要判断真假。在对历史事件的分析中,一定要结合历史背景和史料来源对历史事件进行全面、辩证的分析。这一分析过程也就是学生批判性思维的强化过程。

三、设置典型问题,在独立思考中发展批判性思维

历史学既是对客观世界的描述,也是对客观世界的解释。解释要基于史料,但又不能囿于史料,对历史解释还要结合历史背景加入一定的"合理想象",从而鼓励学生独立思考,发展批判性思维。

思维的培育,需要问题的引领。为此,笔者在教学中向学生提出了如下问题:张学良面对国土遭受侵略和父亲被日本人炸死的国难家仇,按人之常情理应会抵抗,但为什么又不抵抗呢?这是一个极具思维冲突的问题,也是一个开放性的问题。针对这一问题可以有多种解释:依赖国联的思想尚未完全幻灭;依靠中央,寄希望于全国抗战;畏惧日本军力,低估国民力量;保存东北军的实力以及对国内外形势的错误判断等等。这里既有对现实的考量,也有对形势的错误估计。实际上是综合因素的结果。这种综合思维也正是培育批判性思维的重要途径。

总之,史料分析是批判性思维培养的有效途径。在史料分析中,诸如质疑、反思等批判性思维诸要素都融汇到了具体的教学过程之中,从而使批判性教学实实在在地落实下来。

24

教师需具备的语言素养

教师作为课堂的主角,要凭借课堂这个舞台来演绎生动的历史。因此,课上得成功与否,语言是至关重要的。语言是人类交流思想、沟通感情、传授知识的工具,也是教师从事教学活动最基本的手段,即所谓"言传身教"。历史教学的基本任务之一就是栩栩如生地再现丰富多彩的历史人物,具体逼真地展示曲折变化的历史事件,使学生把握历史的真实面貌。这就要求历史教师具有较强的语言表达能力。苏霍姆林斯基指出:"如果你想使知识不变成僵死的、静止的学问,就要把语言变成一个最主要的创造工具。"历史教师良好的语言素质,能使学生清晰地了解和掌握史实,获得科学的历史知识和真情实感。

那么,历史课堂教学的语言有何特点呢?

一、历史教学语言要有科学性

首先,历史教学语言不同于文学语言,我们常说"文史不分家",但文与史还是有区别的。文学可以发挥丰富的想象来塑造人物、构思情节,而历史则视塑造、想象为大忌。历史教学语言追求的是历史的真实,谈古论今、叙事议人都必须引经据典,言之有实,经得起推敲。在课堂教学过程中,教师可以大胆引用史学名著《史记》《资治通鉴》,而决不能随意引用《三国演义》《水浒传》中的故事。如果以小说、演义来代替历史,就容易造成对学生的误导。作为历史教师还应该向学生指出,当前流行的一些历史剧、历史小说,都运用了文学上的虚构、创造手段,与史实有着很大的区别。

此外,教学语言要准确规范。语言不准确,会直接影响学生的接收,使学生听不明白;语言的不规范,还会影响到内容的表达。这些都会导致学生对知识的难以理解和不能掌握。所以历史教师的语言表达必须清楚、明白,讲述史实、结论和概念时,要有逻辑性,真正做到言简意赅、层次分明,克服模棱两可、自相矛盾。这就要求我们教师不断学习、充实自己,掌握大量丰富而又准确的史实,才能在备课中见微知著,在讲课时深入浅出。

二、历史教学语言要通俗易懂

我们说,教师语言要符合科学性,并不等于照本宣读,背诵课文,而是要深入浅出,运用浅显、贴切的语言来解释难懂的概念。书面语言虽然严谨完整,但不如口语生动活泼。所以教师应尽量避免书面语言,更不能用生僻的词汇及深奥的古语来显示自己的博学。因为教学的目的,是要让学生理解与掌握,而不是让学生听不懂。

其次,还可以用一些恰当的比喻来阐明历史现象。当然,语言的通俗不能流于庸俗,不能为追求通俗化、口语化,而失去语言的科学性、正确性。在这方面,历史教师可以借鉴一下相声、评弹艺术。比如相声中的"包袱"和评弹中的"嘘",都是具有很高的艺术水平的。虽然历史史实是严肃的,但如果历史教师善于使用幽默、诙谐、轻松的语言,仍不失为调节学习气氛的"润滑剂"。

三、历史教学语言要有历史特色

历史是具体的、有感情的个人及群体,在一定的时间、一定的空间和社会环境中进行的活动。历史教师在教学中一定要借助丰富的史料、生动的语言,再造历史形象、重塑历史人物。为了使学生真正感受到历史的真实,教师要运用最能够反映历史时代特征的语言,要善于根据不同历史时期的政治、经济、民族、文化等不同的特点,使教学语言带有历史特点。所以必须准确使用历史概念,不要把历史上的一些具体概念与现代所使用的名称相混淆,并且要及时纠正学生经常发生的错误。如:"手工场"不能称作"工厂";"俄国"不等同于"苏联"等等。此外,教师还要适当地引用原始材料,如史书上的记载、历史人物的原话、历史上的诗词歌谣等,以加强历史的形象性和真实感,而不要试图运用现代术语去讲解历史。

教师的语言具有历史的时代感,能使学生更好地认识历史表象和理解历史概念,这就需要历史教师具有深厚的专业知识。教育家马卡连柯说:"学生可以原谅教师的严厉、刻板,甚至吹毛求疵,但不能原谅她的不学无术。"作为教师只有不断钻研教材,更新知识,拓宽知识面,才能在讲课过程中旁征博引、厚积薄发、深入浅出。

四、历史教学语言的生动形象性

历史教学虽然严谨,但并不等于枯燥。一个优秀的历史教师绝不会把一堂课变成一杯淡而无味的白开水,而会把它变成一杯酽酽的茶。如果教师在讲台上一味背讲稿,把丰富多彩的历史长卷变成年代、数字、概念和规律的堆砌,必定使学生感到十分乏味。教师只有用生动形象的语言、丰富充沛的感情,绘声绘色地描述、创造特定的历史意境,把学生一步步引入历史殿堂,使学生如临其境,如见其人,如闻其声,产生难忘的印象,才能提高教学效果。例如,讲德意志宗教改革时,为了揭露天主教会出卖"免罪符"的欺骗性和僧侣阶层的愚蠢,可补充罗马教皇特使和一个强盗相遇的故事:一天,教皇的特使铁哲尔在路上和一个强盗相遇,强盗虔诚地问他,"如果抢了僧侣,是否可以得到原谅?"铁哲尔答应他"可以得到原谅"。于是他也买了一张免罪符,而把铁哲尔本人抢得精光。

当然,凡事都有个度,不能片面地为追求生动形象而大谈奇闻怪录,把上课变成了说评书。作为教师在讲述具体史实时还要注意培养学生观察、分析问题的能力。

所以我们说,历史学科有自身的具体特点。这就要求我们历史教师:讲述历史人物要有血有肉,形象鲜明;讲述历史事件要有头有尾,脉络清楚。由此,让学生形成明确而牢固的概念和观点,激发学生的学习兴趣,使教学任务顺利完成。

实践证明,好的教学效果往往来自教学语言的最佳表达,语言艺术修养的内涵是极为丰富的、多层次的。教师要锐意进取、博采众长,刻苦锤炼教学语言,正确地把握教学各个环节中的语言特点,不断提高自己驾驭教学语言的能力。

25

学会还原历史的复杂性

历史纷繁复杂，具有复杂性。相关专家指出，历史复杂性大致有以下几个层面的含义：从本体论层面讲，它指的是历史本身的复杂性，而且这种复杂性并不以人们认识到与否为转移；从认识论层面讲，它指的是历史认识的复杂性，历史认识既以人类当下的知识状况和认识能力为基础，又受时代精神和社会思潮及个人心理的影响和制约，最终也只能是历史性的；从方法论层面讲，它指的是历史思维方式的复杂性，是对于历史本身和历史认识的复杂性的自觉性。然而，目前的高中历史教学中，部分教师忽视历史的复杂性，把主要精力花在总结所谓的"规律性认识和方法"，让学生机械模仿、死记硬背上，存在着教学简单化的倾向。历史新课程有效教学呼唤将历史复杂性的理念贯穿于课堂教学中，亦即要求教师还原历史的复杂性。

一、反思：简单化的高中历史教学

1. 总结教条化的"规律性认识"

例如：

(1)"落后就要挨打"。鸦片战争中国的失败是最好的例证。（其实，古今中外历史上落后一方打败先进一方的战例，屡见不鲜）

(2) 西方古代是民主和法治的，而中国古代则是专制和集权的。（这显然不符合史实，专制是东西方古代社会的共同特征，民主与法治在西方古代仅仅是昙花一现，在漫长的西方古代社会，民主与法治因不符合当时的实际，才

被专制所取代;在长达一千多年的中世纪,西方社会的专制程度远远高于东方,特权阶级广泛存在,思想专制更为明显)

一些教师在总结好"规律"、贴好标签的情况下,再让学生按图索骥,照猫画虎去分析其他类似历史事件,以此节省教学成本,提高课堂教学的"有效性"。这种做法无疑给学生的思维戴上了枷锁,束缚了学生独立思考的自由,这种直线的、浅表的思维,显然无法帮助学生还原历史复杂性。

2. 灌输绝对化的"××决定论"

例如:

(1) 阶级决定论。

教学中,部分教师常常是有意识地将阶级分析法灌输给学生:一切都是由阶级性决定的。林则徐为什么只"师夷长技"? 阶级性决定的;康有为为什么依靠无权的皇帝变法? 阶级性决定的;英国资产阶级和新贵族为什么发动"光荣革命"? 阶级性决定的;罗斯福为什么实施新政? 阶级性决定的。只要是同一个阶级,那就是同一张脸。

这样的阶级分析法,太过绝对化了,也将历史简单化了。在这种简单的阶级分析法里,阶级斗争无处不在,阶级斗争无孔不入。历史的复杂性告诉我们,历史人物是具体的,虽然是同一个阶级,也有不同的时代背景,不同的个人经历。"只有把阶级分析和历史分析结合起来,才能看清历史发展的脉络。因为同一个阶级的代表人物在不同的时期,不同问题上,还会有不同的表现,即使同一时期,同一阶级的人物,由于个性的差别,知识、经历、思想修养、认识方法、判断能力、政治倾向等方面的差别,他们的历史活动必然具有各自的特点。如果仅从阶级属性这一点就简单作结论,就难免形成千人一面,把生动的人物变成了概念化的人物,从而无法接近历史的真实。"

(2) 经济决定论。

由"经济基础决定上层建筑"而衍生出的经济决定论,同样是无处不在,甚至可以解决阶级问题。如:农民运动失败的根本原因在于农民阶级的局限性,而这个经济决定论则告诉学生"更深层次"的原因——农民阶级的经济基础是小农经济,是小农经济决定了农民阶级的局限性。中国资产阶级各种活动兴起的基本条件就是民族资本主义的发展,而失败的最根本原因则是资本主义发展不充分。《资政新篇》为什么不能实施? 当时的经济状况决定的,因为不具备资本主义的经济基础。

经济基础决定上层建筑,固然是准确的。但是如果我们将所有问题都不假思索地总结到了经济上,那还怎么分析历史问题呢?这样的思维是僵化的、简单的。"如果不把唯物主义当作行动的指南,而把它当作现成的公式,按照它来剪裁各种历史事实,那么它就会转化为自己的对立物。"

这样的历史课,有魅力吗?历史是活生生的,是有趣味的、深沉的、丰厚的,是复杂的,而当我们教师给学生所谓的"规律""定论"时,我们给学生的是"风干"的历史,干瘪,无味,犹如被咀嚼过吐出的残渣,甚至谈不上是历史。如果学生受到的思维培养,不是从众多史实中分析出结论的复杂思维,只是记住一些规律和结论的简单思维,学生历史思维能力的成长将是空谈。

二、重构:还原历史复杂性视域下高中历史教学的基本策略

1. 更新教育理念

《普通高中历史课程标准(实验)》指出:普通高中历史课程"是用历史唯物主义观点阐释人类历史发展进程和规律,进一步培养和提高学生的历史意识、文化素质和人文素养,促进学生全面发展的一门基础课程"。因此,历史教师在教学中一定要更新教育理念,树立"提高学生的历史意识、文化素质和人文素养,促进学生全面发展"的教学观,还原历史的复杂性,不急功近利,用肤浅的简单化教学来替代"人"的教育、学科能力的培养。如果学生拥有了教师熏陶出来的历史责任感,学生会受益终身。

2. 优化教学方法

我们可以采用历史移情法、史料教学法、问题探究法等来优化课堂教学,还原历史复杂性。

(1)历史移情法。

什么是历史移情?正如国学大师陈寅恪所说,是"神游冥想,与立说之古人处于同一境界,而对其持论所以不得不如是之苦心孤诣,表一种之同情"。即是将感情移入历史,回到历史现场,以历史人物的立场设身处地理解历史人物的情感意图。因为历史人物在创造自己的历史时,"并不是随心所欲地创造,并不是在他们自己选定的条件下创造,而是在直接碰到的、既定的、从过去承继下来的条件下创造"。"在发展历史移情的教学实践中,学生必须拥

有足够的历史背景和结果知识,仅依靠教科书是远远不够的,教师应为学生提供各种真实的材料,在检验证据时要鼓励学生思考公共舆论、真实性、语言、立场和偏见等问题"。

历史移情的教学方式,可以调动学生的思维和情感参与历史,体会历史人物和事件的复杂性。移情要客观全面,不要主观臆断。移情不是凭空想象,移情的过程是重建历史的过程。例如,探究李鸿章为什么会签订《马关条约》,教师必须引导学生结合当时的时代背景来还原历史的复杂性——李鸿章受到的政治压力是什么?清政府与日本以及列强的态度对他做决定起什么作用?当时他有没有其他什么考虑?

(2)史料教学法。

傅斯年先生说"史料即史学",即是将史料作为探究历史的依据。史料教学的方法就是在教师的指导下,学生研读史料,获取有效信息,形成对历史问题认识的一种教学方法。学生的知识不是教师直接传授的,而是学生主动探究问题,在探究过程中通过读书、上网、社会调查等多种方式,并借助教师和学习伙伴的帮助,获得个性化的结论。

在史料教学中要注意的问题就是关于教师的作用,学生研究史料的过程包括搜集、考证、判别、分析、讨论、发现、重建、揭示等等,这些是离不开教师的指导和帮助的。所以在这个过程中学生是主体,教师是主导。特别是在开始阶段,也就是史料的收集、考证和辨别阶段,教师应该指导学生尽量多地收集不同层次不同角度的材料,占有的史料越丰富,研究的成果就越客观;其次要指导学生甄别史料,从确凿的史料出发,才有利于还原历史的真实。

3. 提升专业素养

重构高中历史教学,提升教师专业素养是关键。20世纪80年代以来,随着思想解放和越来越多的史料解禁,史学研究取得了令人瞩目的成就。由于受篇幅的限制以及传统思想观念的束缚,高中历史教材虽经多次修订,但始终无法跟上学术发展的步伐,史学研究新成果未能在中学历史教学中得到充分的体现和应用。而我们一些高中历史教师由于没有及时补充与更新专业知识,课堂教学只会"教教材",而无法"用教材教"。因此,历史教师要勤于学习,多读书、充电,经常阅读史学著作和专业研究期刊,及时了解新的科研信息和成果,不断接受新知识、新观点,增加知识量,扩大知识面。另外,还要多参加各类学科专业培训,从名家、名师身上汲取养分,取长补短。如是,历史教师才能丰富和更新自己原有的知识结构,真正提升学科专业素养,在教学中做到去简单化,还原历史的复杂性!

26

如何说好一节历史课

说课是教学改革中涌现出来的新生事物,是具有"中国特色"的教学行为,国外鲜有类似的介绍或相近的做法。它是教师在备课的基础上、在授课之前,面对领导、同行或评委,用口头语言讲解具体授课的教学设想及其依据的一种教研活动,它是教师将教材理解、教法及学法设计转化为"教学活动"的一种课前预演。它能集中而简明地反映教师的教育理念、教学技能与教学风格,能较好地反映教师的教学智慧,架通了备课与上课之间的有机联系,使教师的教学实践上升到一定的理性层面,有利于解决教学与研究、实践与理论脱节的矛盾,因而受到教师与教育研究者的广泛重视。那么,如何说好一节历史课呢?

一、要有统摄教学内容的好主题

主题是教学内容的核心体现。新课程历史教学特别强调好的教学要有充分体现教学内容的好主题,同样,作为"课前预演"的历史说课,要想出彩,也要有统摄教学内容的好主题。历史说课好的主题应摄精统要,凝练深刻,不仅能统摄本课,将本课所涉及的历史事件前后联系起来,且能超越本课,贯通历史发展的前后阶段。说课者抓住了这样的主题,整个教学设计才能有好的"切入点"。历史说课主题的确立有赖于教师对课程标准与教材的深入分析。如果教师对课标和教材不能吃透,说课就失去了方向与依据,看似头头是道,实则盲目随意。基于课标分析教材,教师方能更加准确地把握本课的教学内容在本单元、本册教材乃至整个高中历史学习阶段所处的位置,挖掘出教材中隐含的教学价值,相对容易地确立说课主题。

例如,人教版必修三"毛泽东思想"一课,教材内容主要介绍的是毛泽东思想形成的大致过程以及结论性评价。课程标准则要求学生"概述毛泽东思想的主要内容,认识其对近现代中国的深远影响",课标中"概述""认识"的目标指向就是要求学生能够"理解"毛泽东思想。由此,教师应结合课标与教材,确立"如何理解毛泽东思想"为本课的说课主题。围绕该主题,教师可选取"中国传统文化与毛泽东思想""中华民族复兴与毛泽东思想""近现代中国与毛泽东思想"等角度进行说课设计,从而揭示教学主旨,达成课标要求。

又如,人民版选修四"中外历史人物评说"之"'军事天才'拿破仑·波拿巴"一课,教材内容大体包括"法国大革命的波涛、法国宝剑、雾月政变、法兰西人的皇帝、远征俄国、兵败滑铁卢、流放孤岛"等,如依照教材的叙事逻辑说课,显然缺乏"意境"与"神韵"。有一位教师则基于课标要求,另辟蹊径,整合拿破仑不同时期的奋斗历程,确立了"一代雄狮拿破仑"的说课主题,以"军校学习时期的雄狮—军事战场上的雄狮—政治舞台上的雄狮—巅峰时期的雄狮—流亡时期的雄狮"为主线说课。这样的设计,条理清晰,别具一格,充分展现了说课者对教学内容的提炼能力与教材处理能力。

二、要有先进的理论支撑

说理是说课的灵魂。要想说好历史课,教师说课设计的各个环节都需要一定的理论支撑,需要相关的理念、理论做指导。要把说理论与说教学实践有机结合起来,使听者既知其然,又知其所以然。这就需要说课者必须认真学习当代先进的教育理论、教育思想、课程理论,了解当今国内外教育改革动态,以便从中获得各种最新的教育信息,通过学习,形成知识积淀。只有这样,教师在说课时才能从实践的源头找到相应的理论依据,从而提高说课的科学性和可行性。

例如,在我校"青蓝工程"的一次说课比赛中,有一位青年教师说了人教版必修二"中国民族资本主义的曲折发展"一课,对于课堂导入设计,他这样诠释:"在本课开头,我创设了'在无锡寻访荣氏家族的印记'的历史情境,通过PPT呈现无锡梅园、江南大学、无锡中国工业博物馆、荣氏故里一系列印记着荣氏家族发展历程的图片,以引起学生的注意和兴趣。这一导入设计是基于美国著名教育学家杜威'教学必须从学习者已有的经验开始'的教育理念,考虑到我校学生已有的无锡乡土史知识,如从学生身边的无锡'荣氏家族印记'这一课程资源入手,就可以拉近历史与学生的距离,学生肯定会感到亲切、自然、有趣。在教学伊始也就能抓住学生的心理,让学生轻松地参与到本课学习中来,为下一步教学营造良好氛围。"

该教师接下来这样展示他的教学程序设计:"在具体的教学环节,我计划按民族资本主义曲折发展的不同时期,将民族资本家荣氏兄弟的艰难创业之路及民族资本家的实业救国之梦以四个片段展示出来,小中见大,由此透视整个中国民族资本主义发展的曲折性。同时,在每个片段我将设计合作探究的讨论环节,引导学生探究中国民族资本主义不同时期曲折发展的原因。我这样做主要是基于合作学习、探究学习是新课程倡导的一种有效学习方法,它能够调动学生学习的自主性、积极性,帮助学生通过课堂学习,自主建构起对历史的认识,这对学生的表述能力、与他人的合作能力、历史思维能力的培养都大有益处。"应该说,这样的说课避免了为说教理而说教理的"贴标签"以及教理与教例相脱节的"两张皮"现象,教理与教例有机地融为了一体,顺理成章,令人信服。

三、要能凸显个性与创新

说课贵在创新。教师要说好历史课,还要有创新的勇气、创新的意识。要心中时时有"新"意,要善于激发自己的创新潜能,在说课的语言、方法、结构、设计上力求新颖、独特,除了共性要素的呈现,更应凸显与众不同的个性,否则大家千人一面,千人一说,索然无味。在说课研究中要养成探索思维的态势和创新的精神境界,要积极反思,注意将自己的教学经验总结提高,并消化吸收历史新课程研究成果,化为己有,从而创新自己的说课风格。

例如,在一次市级说课活动中,有一位骨干教师在说人教版必修三"新文化运动"一课时,设计了这样的课堂导入:"检视历史的年轮,总有那么一些年份会呈现出特别的轨迹,在历史的横断面上,1915年无疑就是这样一圈蕴含特殊信息的年轮。1915年的世界,第一次世界大战激战正酣,巴拿马运河开通,当然这不是中国人所关注的重点。1915年的中国,是中华民国四年,这一年,袁世凯不顾一切,准备登基大典;这一年,日本人居心叵测地拿出了'二十一条'强迫袁世凯签订;还是这一年,36岁本命年的安徽怀宁青年陈独秀在上海创刊《青年杂志》,新文化运动兴起。新文化运动自兴起,受到的批评与攻击就一直未曾间断。在有些人看来,新文化运动打乱了中国文化的进程,将中国文化发展的路径带向歧途。这样的看法有没有道理?今天,老师将带领大家走入历史现场,还原真实的新文化运动。"这一段导入将新文化运动兴起蕴含的"特殊信息"定位在特定的时间和空间框架下审读,渗透了培养学生"时空观念"历史学科核心素养的要求,而从中国文化的"大历史"视角对新文化运动的回溯与置疑,则显得意蕴悠长。如此"史味"浓郁的导入设计,可谓不落俗套,极富个性。

又如,人教版必修一"资本主义政治制度在欧洲大陆的扩展"一课是第三单元"近代西方资本主义政治制度的确立与发展"的最后一课,教材内容涉及法德两国走上代议制之路的曲折历程。很多教师在设计本课结尾部分的说课时,往往止步于德国君主立宪制与英国君主立宪制的比较,缺少在价值观方面对学生的引领。有一位历史教师则精心设计了这一环节,用如下结语,收尾说课:"欧美资产阶级代议制是人类历史上的优秀文化遗产,多党制、议会制、内阁制、总统制……这一连串创新深深地印刻在宪政的天空,令人敬仰与沉思!它们也许不是包治百病的良药,但绝不会如彗星划过夜空,飘逝无痕。文明不会断续,历史没有终结。我们坚信,在传统与变革间,人类的宪政之路终将越走越宽!"寥寥数语,却精彩深刻,它启迪学生在学习历史时,要有世界意识与国际视野,要理解和尊重世界各国的优秀文化传统,要依据正确的价值观,全面、客观地评判历史。这样的言说还能引起听者的共鸣与思索,增强说课现场的感染力,创意之新颖,足可称道。

总之,说好历史课并不是一件轻而易举的事情,我们历史教师要善于学习、勤于思考,不断总结说课的规律和技巧,经过刻苦锤炼,说好历史课方能举重若轻、游刃有余!

27

紧扣课魂，提升历史教学的价值

目前，学术界尚无对"课魂"的严格定义。广义理解，"课魂"就是蕴含在教学目标、教学过程和教学延展等各个环节的灵魂。历史课之魂，源于教师对史学正确的认识和独特的感悟，是对历史学科核心素养的高度凝练，是历史教学的一种境界。然而长期受应试教育影响，我们日常教学似乎已经习惯于对人对事的教条分析和对史料的枯燥解读及对陈词滥调的复述，课堂缺乏灵魂的注入，即使公开研讨课之类，也大都图个"热闹"，教学俨然变成了无趣的知识堆砌和方法的翻新，却丢失了最珍贵的情感价值与导向功能。对此，教师除需进一步提升自身专业素养、活化教学策略、转变教学理念外，在课魂的把握上应特别注意哪些细节才能切实做到"紧扣课魂"呢？

一、课标是依据，情感目标为核心

课程标准是国家对基础教育课程的基本规范和质量要求。课魂定位，必须以课标的设置理念、内容标准为依据。如"美国联邦政府的建立"一课，课程内容标准为"说出美国1787年宪法的主要内容和联邦制的权力结构，比较美国总统制与英国君主立宪制的异同"。课魂的定位可以是"民主"，也可以是"创新"，甚至可以是"妥协与包容"，但若以"美国国父华盛顿"为魂，则完全背离了课标主旨，不伦不类。

课魂定位不背离课标，就是要以三维目标为核心，特别是情感目标。因为历史课之魂，核心是主题情感的正取向，是能铭刻进学生心灵的印记，是对学生终身发展有用的历史启迪。

以"抗日战争"一课为例,不少教师执着于对日军侵华罪行的深刻揭露,却不自觉演变成大量图文的悲情演绎,并充斥着血腥和复仇情节,大有不发动一场诸如"东京大屠杀"誓不罢休的决心,直到学生"恨之入骨",迅速展开"雪我国耻,振兴中华"的爱国宣誓。"仇恨""爱国",这难道就是本课的课魂吗?这种"恨"和"爱国"令人感到恐惧和羞耻。这样的课堂,不仅没有达成三维目标,更混淆了课堂的情感态度和价值取向;这样的课堂,即使口号嘹亮,也不能给学生心灵的震撼与启迪;这样的课堂,怎能对学生产生终身受益的影响?

课堂不是教师任意宣泄情感的舞台,情感目标才是历史教学的归宿。教学中,课魂深层定位不以情感目标为核心,就等于扼杀课堂精华,等于思想谋杀。作为教师,我们明知又何故犯呢?

二、立意应准确,主题鲜明是关键

课魂,可以狭义理解为统摄一节课的立意、主题。立意是否准确、主题是否鲜明是课堂评价的重要标准。立意不准,教学的思想性、科学性和情感价值就会偏失;主题模棱两可,教学的倾向性、目标性和价值观就会混乱。在课魂把握上,当以"立意准确、主题鲜明"为要务。

以"从'师夷长技'到维新变法"一课为例,江苏省金陵中学周文书老师大胆地将近代中国拟作病态老人,用"探寻救亡图存的药方"这一主题贯穿,包含主任医生介绍、历次药方的不同背景描述、治疗方案和意图说明、治疗实践和疗效反馈等,将课文看似松散的三个环节和近半个世纪国人的思路历程抽象为寻医问诊的过程,立意准确新颖,主题鲜明形象,巧妙地建立起课堂之"魂",激发了学生探寻病根的兴趣,使原本单调的教学活泼又不失深度,形象更具内涵,令人印象深刻。再如"辛亥革命"一课,不少教师提炼出"民主共和的丰碑"这一课魂;"国共十年对峙"一课,有教师挖掘出"寻路"这一课魂;"中国民族资本主义的曲折发展"一课,有教师琢磨出"时代与担当"这一课魂,这些都切合了史实,切合了三维目标,准确鲜明,立足高远。

相反,如"开辟新航路"一课,有教师设计的主题竟然是"远航的财富",教学立意侧重于通过哥伦布四次航海活动探寻其留下的精神财富,与模块主题

"走向世界的资本主义市场"及本节课题精神相违背;又如"追寻生命的起源"一课,有些教师会在"探索的精神"与"进步的力量"这两个主题上摇摆不定。实际上,他们要么立意不准,要么主题不明,飘忽模棱,势必导致学生在听课过程中心存犹疑,无法实现课堂教学的效益最大化。

三、课魂可多元,系统立体呈特色

历史知识的丰富性、教学目标的灵活性和教学主体的差异性,决定了课魂既不是单一的,也不是唯一的,而是多元的。多元课魂是优质课堂的特色,但因其内在的层次、体系要求高,也是给教学实践带来最大冲击的不定性因素。发挥多元优势,规避内在体系冲突,形成立体课魂是打造教学特色的关键,是把握课魂的高层次境界。

还是以"抗日战争"一课为例,有些教师提炼出了"伟大的胜利""战争与和平""血与火中的觉醒"等情感饱满的课魂,但教学中多有"一把抓"现象,反而削弱了主题;有些教师则喜欢在多个课魂间频繁切换,时断时续,显得紊乱错杂。笔者则以"兽性、血性"为基,以"人性"为面,以"理性"为体,构建起了多元、立体课魂。

兽性——本目主要通过近代史上日本侵华的史实,揭露其勃勃野心和滔天罪行,以及灭绝人性的一面。但"兽性"的勾勒仅是点到即止,毕竟血腥的渲染并非本课的主题,任何意图用悲情唤起学生爱国心的设计都将迷失课堂的意义。同时,"兽性"的揭露,也将渐进地引发学生血性的高涨和对人性的呼唤,激起内心"善"的共鸣。

血性——该目从淞沪会战、血战台儿庄、平型关战役、百团大战等经典战役背后的英勇事迹入手,以及对张自忠、戴安澜等名将的多方评议,形成对全民族众志成城、一致抗日的高度认识,进而展开两条战线、两个战场和远征缅甸的基础介绍,以点带面,小中见大,让学生自然感受到中国军民抗战的伟大力量与世界意义。

人性——一方面,日军的暴行是其人性泯灭的实证,我们反窥其兽性,正是要唤起对生命的敬畏和对人性应有的尊重;另一方面,同样是日本人,也不失人性义举之例,再如聂荣臻善待日本遗孤的事迹,则展现了人性光辉的一面。一目三层,层层而进,课堂也由开篇的"血腥悲痛"转化为"豪情万丈"再上升到"人性光芒"。如果没有本目对"人性"的升华,课魂就显得平面干瘪,就不免落入传统思维和情感低俗的窠臼,也就缺乏了教学的高度与境界,自然就没有真正挖掘出课之魂。

理性——理性是反思战争应有的态度。我们既要理性分析日军反人性背后隐藏的历史原因,又要理性看待国共两党在两个战场的作用,还要理性看待抗战胜利的意义和这段令人悲痛的历史,更要警钟长鸣,反思我们能做些什么。这一目,由观到思,由叙到议,从历史回归现实,是知识聚焦、认知升华和情感递进的最佳体现,令建立在"人性"与"理性"基础上的课魂更上一个层次。

有教师说:"只有拥有灵魂的课堂,才能引爆以思促思的智力,奔涌起以情生情的激情。"的确,课堂只有有了灵魂,才能拥有生命。

28

优化主线,提升历史教学的品质

主线,即教师依据教学目标、教材内容和教学实际等要素有序组合形成的清晰的教学结构或思路,是判断教师 PCK(学科教学知识,Pedagogical Content Knowledge 的简称)水平差异的重点指标。它体现着教学的内在层次、逻辑关系,决定着教学活动的性质和方向。主线之于教学,是其品质的体现。没有主线的课堂,教学内容再好,也如缺乏内核的洋葱剥剥就散;主线不明的课堂,课堂氛围再浓,亦如雕工拙劣的钻石暗淡无光。

那么,教师充分调用自身 PCK 资源优化教学主线,应特别注重哪些原则才能使课堂更具品质呢?

一、遵循基础性原则,让课堂更具渗透力

基础性是历史教学各环节都要遵循的基本原则,《普通高中历史课程标准》在其基本理念、设计思路、内容标准和实施建议四个部分均特别强调了基础性原则。教学实践中,主线设计尤应以该原则为基础。

例如有教师在讲授"从计划经济到市场经济"一课时,围绕"要市长还是要市场",以"唐宋市场的繁荣—清末市场的封闭—新中国成立后市长的权力—当今的市场与市长"为主线,将历史沿革讲解得还算清晰,但背离了新授课的基础性要求,与教学重心和三维目标相差太远;还有教师讲授"古希腊民主政治"一课时,以"雅典民主政治的奠基石—民主政治的确立者—民主政治的黄金阶段"为主线,硬将高二年级文科选修教材的知识点塞入高一年级课

堂,生涩繁杂,既忽视了教学设计的整体性,又缺乏对学情的合理认识。这样的课堂,要么成为教师一人的独角戏,死气沉沉,要么如同茶馆店的《山海经》,东扯西谈。

遵循教学主线基础性原则是对历史学科历史性、科学性的尊重,是对教学目标、教材内容和教学实际的高度认知和对教学原则的合理把握,是课堂教学渗透的关键。脱离了基础,教学就会偏离方向,背离史实,远离实际。这岂不是历史教学的悲哀?

二、遵循逻辑性原则,让课堂更具说服力

逻辑性是理顺教学思路的前提和确立教学主线的核心原则,它是对教师PCK调用的高层次要求。若教学主线缺乏逻辑,极易导致知识的割裂和宏观体系的错乱,给学生思维带来障碍,教学效果往往事倍功半。

例如"英国君主立宪制的建立"一课,有些教师疏于知识整合,单纯地将光荣革命、《权利法案》的颁布、责任内阁制的形成、1832年议会改革、政党制度的发展等相关知识按目讲解,缺乏逻辑主线的贯穿,常令学生一头雾水:《权利法案》颁布后,英国为什么还要确立责任内阁制?它与君主立宪制是什么关系?议会改革和君主立宪又有何关联?这就需要教师内在逻辑和主线逻辑的梳理。

我们不妨确定这样一条主线:争取民主—建立民主—完善民主—感悟民主。第一层次,从长期议会斗争到资产阶级革命,再到"光荣革命"的胜利,奠定英国君主立宪制的政治基础,这是英国争取民主的努力与成果,学生也认识到民主是在与专制不断斗争中赢得的。第二层次,1689年《权利法案》的颁布,君主立宪制确立起来,但当时的国王依然保持许多权力,支撑议会存在的民主选举制度还不完善。怎样进一步削弱国王权力,加强议会权力?怎样扩大民主选举范围,保障民主权利?完善民主成为历史发展必然趋势。责任内阁制的形成、议会改革、政党制度的发展正是其在不同层面不断完善的具体表现。学生也逐步认识到:制度的完善是一个渐进的历史过程。最后一个层次,是对君主立宪制特点、影响的感悟和学习启示,回归到对历史、对现实的冷静思考。

除以上顺序性逻辑外,发散性逻辑也是主线设计中高超的艺术。如"鸦

片战争"一课,山东省济钢高中边海长老师用"偶然与必然—侵略与碰撞—毁灭与新生"的线索引起学生对战争的综合感悟;"俄国十月革命"一课,西安市第八十九中李树全老师的课堂思路是用"必然还是偶然—理想还是现实—和平还是战争—伟大还是灾难"这样一组逻辑线索,逐一探究革命背后的真相,感受革命阶段的跨越,权衡革命方式的转变,思辨革命成败的意义。这样的主线设计,既有内在的逻辑细分和渗透,又有整体的逻辑拓展,更具教学说服力,也有利于避免课堂教学碎片化、单一化现象。

三、遵循灵活性原则,让课堂更具感染力

灵活性是课堂教学的个性体现和动态生成的关键,但凡落入俗套的教学只会让课堂沉闷、无趣。教学灵活,课堂才会灵动,学生才有灵性。灵活的教学,首先从宏观主线的把握做起。正如舞龙灯,再好的细节舞动都不如整体的灵动更能显得气势磅礴。

江苏省江阴市山观中学薛权开老师就"解放战争"一课,设计了这样一条主线:

一、战场较量

有一种尴尬叫全面进攻、有一种失败叫重点进攻、有一种力量叫刘邓大军、有一种神话叫"三大战役"

二、战将风采

有一些名言浩气长存、有一批同志名叫"余则成"、有一对"战友"分道扬镳

三、战友斗智

有一个世界欢庆胜利、有一个世界暗流涌动、有一个态度日益明朗、有一批电报呼唤和平、有一次斗争在会场之外

四、战胜解放

有一年元旦不同寻常、有一些感叹发自败军之将

五、战后余思

有一块伤口不忍再提、有一个梦想我们共同追逐、有一次握手横跨了海峡

该主线设计新颖,视野开阔,以"国之殇、中国梦"为课魂,抽象出多个"一",由点到面,艺术化地勾勒出历史脉络的跌宕起伏。这样的主线设计,一

改传统机械、单调的风格,使课堂既不失历史本核,又饱含时代新意;既充满活泼趣味,又散发文化气息。不少现场观摩的教师惊叹:"原来历史课可以这样上!"

教无定法,课无定式。教师在主线设计时只有特别注重灵活性原则,才能使教学活起来,才能使课堂更具感染力。这不仅是新课程的走向与要求,更是教师PCK提升和教学品质提升的需求。

四、遵循时代性原则,让课堂更具生命力

时代性是构建历史课程内容的基本原则,有学者甚至提出:真正的历史只关心时代性。笔者尽管不完全苟同,但毫无疑问,时代性与历史性共同构成了历史学科教育的生命。脱离时代性的历史教学是浅见的产物。历史教学的时代性,主要体现在其"新陈代谢"功能和与社会生活、时代主题的联系及统一上。特别是在教学主线定位上,切不可忽视时代性原则。

以"工业革命"一课为例,传统教学大都按照工业革命开展的背景、成就、影响三个定式结构展开,少有突破教材束缚,如同翻阅老皇历一般枯燥。笔者则以"工业革命与中国"为课魂,以"走进历史,工业革命的呼声与辉煌—直面现实,工业文明的惊喜与挑战—回归当代,工业时代的反思与理智"为主线,对工业革命进行深入挖掘,收到了明显效果。

第一篇章细述历史,即"呼唤工业革命、迎接工业文明、博览工业辉煌",分别解决"为什么要工业革命、工业的先声为什么在英国、工业革命的成就"三大问题,既能较好调动学生兴趣,又对学生逻辑性思维、发散性思维提出了要求。

第二篇章由史转论,既高度概括其历史作用,又冷静思考其带来的冲击,如人与自然的矛盾、社会矛盾的加剧和对农业文明的冲击等,用辩证的、全面的眼光,深入洞察工业革命对当时东西方世界的影响。

第三篇章把脉时代,既感受到我们追赶世界工业浪潮实现中国梦的紧迫感,又有发展中的困惑,如雾霾问题、水污染等社会热点;既有对工业文明的抵制,如"拯救地球"运动,又有随之而来的企业迁移与污染转移的无奈。反顾当下我们该如何理智参与工业文明的建设,积极应对全球浪潮下工业文明的新挑战。

时代性主线的构建，使历史与社会交融，直观与深邃交替，给学生以无限的思维空间，充分培养学生对历史的洞察和对社会的透视能力，使课堂更具生命力。

课堂因为有了主线独具魅力，课堂因为有了灵魂更有意义。这是我们在课改潮流的摸爬滚打中建立起的高度认知。在当前 PCK 研究如火如荼进行之时，我们着力提升教学的价值与品质，还需回到"紧抓课魂、优化主线"的实践中去，开创出历史教学一片新的天地。

第二篇 教学资源

29

人性，史料甄选的一个依据

笔者曾经赴某校观摩"抗日战争"的公开课，该课结构可谓完美，气氛堪称激越，然而教者却有意无意地渲染了仇日的情感，学生在表达中更是使用了"小日本""鬼子"等词汇甚至有些喊出诸如"占领日本"的口号。听课同时，联想到钓鱼岛危机后部分国人打砸日系车甚至致人伤残的行径，不由得对如是的课堂生出一丝寒意，难道历史教育的效果应该是这样的吗？

《全日制普通高级中学历史教学大纲》指出，历史教育应该"使学生继承人类的传统美德，初步形成正确的道德观、人生观和价值观，形成健全的人格，具有符合社会发展需要的公民意识和人文素养"。倘以此作为评判依据，不得不说这堂课上某些言论具有强大的"负能量"，作为历史教师，当切切戒之。

历史相较于其他许多学科，更能在涵养心性、树立道德、培育人文意识等方面取得独特的优势，善加利用此优势，在课堂上彰显人性，并服务于学生公民修养的塑造，乃历史教师不可推卸的责任。而具体到课堂上，个人认为，通过对精选史料的剖析解读使学生从中主动生成积极正向的情感和价值观，远比纯粹的说教来得有效和持久。本文试以笔者执教的"抗日战争"一课中两个实例论之。

两封遗书的选择

在进行"抗日战争"一课的备课时，笔者曾接触到两位国民党抗日将领的

遗书,一封出自抗日名将张自忠:

……国家到了如此地步,除我等为其死,毫无其他办法。更相信,只要我等能本此决心,我们国家及我五千年历史之民族,决不至亡于区区三岛倭奴之手。为国家民族死之决心,海不清,石不烂,决不半点改变。

另两封为时任国民革命军十八军第十一师师长胡琏在守卫重庆时最重要的一战——石牌镇保卫战之前,分别书予其妻其父的:

材料一 我今奉命担任石牌要塞守备,原属本分,故我毫无牵挂。仅亲老家贫,妻少子幼,乡关万里,孤寡无依,稍感戚戚,然亦无可奈何,只好付之命运。诸子长大成人,仍以当军人为父报仇,为国效忠为宜。……十余年戎马生涯,负你之处良多,今当诀别,感念至深。兹留金表一只,自来水笔一支,日记本一册,聊作纪念。接读此信,毋悲亦毋痛,人生百年,终有一死,死得其所,正宜欢乐。匆匆谨祝珍重。

材料二 父亲大人:儿今奉令担任石牌要塞防守,孤军奋斗,前途莫测,然成功成仁之外,并无他途……有子能死国,大人情亦足慰……恳大人依时加衣强饭,即所以超拔顽儿灵魂也……

限于教学篇幅,只能选取一人之史料予以呈现,论抗战史上的地位,胡琏自不比张自忠高,但笔者毫不犹豫选择了前者。在课前笔者稍事铺陈了关于石牌镇保卫战的延展阅读,而课堂之上则展示了这两份遗书的内容。细细品读之后,在座学生多有动容甚至一些还湿了眼眶,当时的氛围可以用"此时无声胜有声"来形容。

胡琏的两封遗书,既不失一名国军将领在面临民族大义时的果决与担当,又不失一个丈夫、一个儿子在生死关头对亲人的愧疚与不舍。战争将中国无数的家庭裹挟其中甚而支离破碎,在家与国终无法两全的情况下,作者的选择显得那么沉重而又自然,读来让人唏嘘不已,较之张将军气壮山河与敌死战的战前遗书,它更体现了人性在战争背景下的光辉,更贴近我们的心灵,更能达成后人对这场战争胜利之不易的深切认同,亦更能振奋当代中国人之民族精神。可以说,在课堂上学生跟随胡琏的一字一句也做了一次选择,而且体会到了选择的痛苦与内心的不舍,这种"共情"恰恰也是笔者最希望转赠给学生的礼物。从实际课堂效果而言,必须承认,选择胡琏的遗书更有助于学生情感的"自然生成",不失为用于"抗日战争"一课中达成情感态度价值观教学目标的绝佳史料。

两种"反战"、两种"背叛"——汪精卫和绿川英子

通常在讲述抗日战争时,许多老师会挑选日本军国主义种种惨无人道的行径和中国军民英勇作战的史实呈现给学生,通过对比的方式来烘托敌人之凶残与中国抗战之艰辛,并借此达成情感态度价值观的教育目标。然笔者在备课中,则采用了另外一组对比——汪精卫和绿川英子作为材料,试图从另一个维度使学生受到更深的触动。

材料一 华北蒙疆之资源,尤其对于埋藏资源之开发与利用,中国由于共同防卫及经济结合之见地,应与日本以特别之便利,即在其他之地域,关于特定资源之开发利用,由经济结合之见地,亦予以必要之便利。

——《日汪密约》节选

材料二 ……但是我必反对一种论调,这种论调就是当时的所谓的主战派。试问以一个刚刚图谋强盛的中国,来与一个已经强盛的日本为敌,战的结果会怎样?这不是以国家及民族为儿戏吗?

——1939年7月9日汪精卫演讲

汪逆之言论陈调甚高,以国力对比和民族安危为托词,行避战卖国之实,还妄图将自己打扮成一个忍辱负重的英雄,然国人并不买账,历史也将其钉在了耻辱柱上。与之形成鲜明对比的是绿川英子的告白:

材料三 我爱日本,因为那里是我的祖国,在那儿生活着我的父母、兄弟姐妹和亲戚朋友——对他们我有着无限亲切的怀念。我爱中国,因为它是我新的家乡,在我的周围有着许多善良和勤劳的人民。我憎恨,我竭尽全力地憎恨正在屠杀中国人民的日本军阀。我憎恨,我竭尽全力地憎恨在两国人民之间进行的那种屠杀……我愿意保卫中华,使她不受强盗魔爪的糟蹋。如果可能的话,我愿加入中国军队,因为他是为民族解放而斗争,他的胜利也将预示着东方光明的未来。

——1938年绿川英子发表于新华日报上的《爱与恨》

一个国际主义、和平主义女战士的形象跃然纸上,绿川抛弃了狭隘的民

族观念,以敌国国民之身份,最终凭借热忱与努力成了中国的朋友,成了中国抗战的有力同盟。

一个是流着中国血的日本鹰犬,一个是流着日本血的中国友人;一个是政坛要员,一个是布衣平民;一个借口"曲线救国"鼓吹"中日亲善",一个痛恨杀戮侵略呐喊"保卫中华";一个被中国国内骂作"大汉奸",一个被日本国内诋为"卖国贼"……以课堂效果论,两种"反战"、两种"背叛",给学生的触动是更真实、更深邃的。学生不仅从两段材料中感受到日军之凶残与抗战之艰辛,更是体会到在战争背景下,人格的差异竟也如此鲜明!笔者遂摘录学生的感言如下:

"我觉得抗击日本侵略的提法不够精确,应该称为抗击日本军国主义侵略……"

"绿川英子背负的压力一定很大,我很佩服她,她是英雄,但不是高高在上难以触及的英雄,而是我们都可以平视的英雄。"

"爱自己的国家,首先应该相信自己的国家,每个人都用最大的努力去捍卫她,不抛弃、不放弃……"

"两段材料告诉我,我们爱好和平,但我们不会奢望别人施舍和平,我们反对战争,但我们不惧怕通过战争去争取和平!"

令人非常欣慰,课堂沉浸在一种理性而坚定的氛围之中,那不是一种口号式的豪迈,也不是一种标签式的仇恨,学生的句句感言是通过材料的解读而得到的体悟,而这种体悟,关乎历史,更彰显人性,甚至超过笔者预期的高度。

综上,笔者以为历史课堂可以且应该将人文、人性纳入其中,而最有效的途径是通过材料的选择与展示,不仅让学生贴近历史的真实,更能使其达成情感的"生成",并在此基础上通过品读剖析形成正确的价值观,最终服务于完善人格的养成,服务于终身发展的需要。让我们坚信,历史课堂可以给予学生更好、更多……

30

乡土历史资源在教学中的妙用

乡土资源是一地区内具有地域特色的课程资源,这些资源对于学生具有"天然"的亲切感,用于教学可以拉近学习者与课程的距离。在高中历史教学中挖掘乡土资源,进行乡土史教学业已受到广大历史教师的重视。可以说,乡土史教学在拓展课程资源、激发学生兴趣、培养学生历史素养方面发挥着独特的不可替代的作用。以笔者所在的江阴市为例,它是江苏省历史文化名城,历史文化底蕴深厚,可用于教学的乡土资源十分丰富。

一、用乡土历史拓展传统课程资源

刘克明老师说:"历史的历程丰富而多彩,教材内容的筛选必然经历了一个艰难的取舍过程。"历史教科书只能反映历史发展过程中最基本的史实和规律,即刘老师所说的"历史的筋和骨"。而"历史的血和肉",包括许多历史的空白点,应根据实际需要,由历史教师和学生一起去开发和利用一些与教学内容相关的课程资源。乡土史资源就是其中的一个重要组成部分。

乡土史教学是对国家历史学科课程的有益拓展,许多地方的可贵的历史资源都应该紧密联系到历史教材"重整"的过程中。例如人教版必修一第3课"从汉至元政治制度的演变",涉及的政治制度较多,而且制度史教学理论性强,对于刚入学的高一学生来说难度是很大的。笔者在这一课的教学中充分挖掘了江阴的乡土史资源,以江阴的历史沿革为切入点。投影了以下内容:

商朝晚期江阴一带为古吴北境。周朝时属吴国的延陵。春秋战国之交,因越国灭掉吴国遂属越国,后楚灭越又归入楚国版图,楚相黄歇(春申君)受封于此,江阴故有"春申旧封"之说。秦时属会稽郡的延陵乡,汉高祖时改置为毗陵县,并划县境东部土地为暨阳乡(因地处暨湖以北乃名暨阳乡,此为江阴设行政建置元始)。西晋时升格为暨阳县,南朝梁时废暨阳县,置暨阳郡,因郡治地濒长江以南,故名江阴(江阴之名沿用至今),后梁敬帝以江阴郡建江阴国,曾延续32年。自隋、唐迄元,江阴为县、为望、为军、为州、为郡、为路,沿革不常。明洪武时改州为县,自此以后,直至清末,江阴县的名称未变,隶属常州府。至民国元年(1912年)废府存县,属江苏省。

学生认真研读了这段关于江阴历史沿革的地方史材料后,初步知道了"暨阳"和"江阴"这两个常挂嘴边的名词的由来。在此基础上笔者从中选取了和本课教学有关的内容来重点讲授从汉至元地方行政制度的演变,并从中得出古代地方行政制度演变的一些认识。正是有了这些和教学内容紧密相关的乡土史材料的铺垫和应用,本课重难点内容的处理才显示出一定的"从容不迫",师生一起获得课堂认识才体现出一定的"水到渠成"。

二、用乡土历史激发学生的学习兴趣

中学历史课讲的都是过去的大事情,这对于年龄不大、见识不多、阅历不深的中学生来说,总有一种难以逾越的"距离感",不易激发他们的学习兴趣。历史的过去性特点,使得历史不能像其他学科知识那样可以被复原与复制。历史由远而近的发展规律与学生由近及远的认识规律相悖,这些都使得学生对历史学科的兴趣受到较大影响。

历史教师在课堂上结合教学内容适当穿插讲授一些地方史知识可以改变空间或时间上的"距离感"。因为人们对家乡的历史故事、历史人物、古老传说、风俗习惯以至山水草木等,都怀有特殊而深厚的情感。这样,教师在讲授涉及学生家乡的史事时,学生就会有一种亲切感,就会自然地迸发出学习兴趣,从而产生浓厚的学习欲望。

例如在讲授"太平天国运动"这一课时,笔者引用了地方史志中太平军在江阴华士周边地区和八百"洋枪队"激战的史料,学生在一连串熟悉的地名中感悟到了太平天国运动所面临的困境和那个时代的印痕。在讲授"渡江战役"时,笔者讲述了江阴要塞官兵起义和江阴船工完成渡江任务的英雄事迹。在"中国民族资本主义的发展"的教学中,笔者适当介绍了在江阴近代纺织业发展历程中发挥过重要作用的民族实业家吴汀鹭及他们筹建利用纱厂的艰难历程,使学生更好地理解当时社会上的"实业救国"思潮。这些"身边的历史",极大地激发了学生学习的兴趣。事实证明,学生在学习自己家乡的历史时,他们的感觉是亲切的,课堂上的气氛是热烈的,师生之间的交流是活跃的。学生由地方史学习中产生的浓厚兴趣,逐渐迁移到整个历史学科,从而大大提升了他们学习历史的成就感和满足感,这就为提高历史课堂教学效率提供了重要保证。

三、用乡土历史培养学生的历史素养

吴伟先生指出,所谓"历史素养",是通过日常教化和自我积累而获得的历史知识、能力、意识以及情感价值观的有机构成与综合反映。历史素养的基本要素仍然是知识、能力、意识和价值观。新课标要求让学生进一步了解中国国情,热爱和继承中华民族的优秀文化传统,弘扬人文精神、民族精神,激发对祖国历史与文化的自豪感,培养家国情怀。各地的地方史资源中有着丰富的人文主义和爱国主义素材,我们应充分挖掘这些资源并发挥其思想价值。这就必须营造一个有利于学生思维发展的环境,促成师生交往、积极互动、共同发展的教学过程。组织学生开展乡土历史故事讲演、乡土历史遗存参观、乡土历史照片和实物收集等实践活动,能激发学生的主体意识,增强学生的社会责任感、民族使命感。

例如在处理"宋明理学"这一课唐太宗尊孔子为"先圣""宣王",为孔子像穿戴帝王服饰的教学时,笔者组织学生带着以下问题参观考察江阴市区人民路的文庙(亦称孔庙,江阴文庙有棂星门、三桥泮池、戟门、大成殿、明伦堂等建筑):① 江阴文庙的棂星门有何含义? ② 龙在古代是帝王的象征,为何大成殿外栏杆上有龙的纹饰? ③ 为何在文庙外墙上写有意为文武百官至此必须下轿下马的文字? ④ 为何孔子会被历代封建王朝统治者所尊崇?他生前不是皇帝而逝后地位为何却等同于皇帝?通过实地考察、主动探究这种形式,学生感受体会到了历史学习中"论从史出""史论结合"的重要性。

乡土课程资源是学生身边的历史,也是历史学习的重要切入点,由此可使学习者主动将现实与历史进行"对话",使现实情景与教材知识相互印证,了解其渊源,比较其差异,从而培养学生的综合素质和能力。

如在新学期第一堂课上可讲说江阴学生都略有知晓的江阴先贤徐霞客远游八方,攀山探源,勘校地理古籍,撰写游记随笔的事迹,让学生感受到"千古奇人"徐霞客热爱祖国、献身科学、尊重实践的高尚精神。又如在讲述新文化运动时可补充江阴历史文化名人、新文化运动闯将刘半农在新文化运动中的活动和贡献。通过补充以上乡土史知识,可以让学生体会到我们的家乡江阴有着深厚的文化积淀,留下了众多文化艺术瑰宝;同时,在近代历史上也出现了一大批开时代风气之先河的伟大思想家,他们为我们留下了非常宝贵的人文精神财富。

此外,千百年来,英勇的江阴人民有抵御外侮、抗击强暴的光荣传统,从明朝江阴知县钱錞勇击倭寇到阎应元、陈明遇誓死守城八十一天再到朱松寿的抗日传奇,这些英雄人物可歌可泣的事迹,让学生进一步感知到江阴人的"民性刚",他们从家乡的光荣革命斗争中受到教育和鼓舞,热爱家乡、热爱祖国、热爱人民的思想感情会在学习中潜滋暗长,这种润物细无声的情感培养,是空洞说教所无法替代的。

爱乡才能爱国。乡土历史是祖国悠久历史、灿烂文化、民族灵魂的一个缩影,是进行爱国主义教育的生动具体材料,因此,切实搞好乡土历史教学是历史教学中的重要一环。著名教育家徐特立说过:"最原始的、最基本的、最唯物的教材就是乡土教材。"乡土历史生动、具体、真实,学生易于感知接受,易于引起情感共鸣,是对学生进行民族精神教育的好素材。

31

如何合理选择和使用史料

梁启超在《历史研究法》中说"史料不具或不确,则无复史之可言"。史料是从某一角度对历史的再现,是历史真实性的依据和实证。历史教师可以通过网络、电视、广播、报纸、杂志、书籍等多种传媒渠道,通过摘录、剪报、收藏等积累方式,随时随地多渠道、多途径地搜集、积累和保存各种史料,尽可能地建立起收藏丰富、资料齐全的史料库。课堂教学使用的史料必须真实可靠,这是体现历史学科科学性的坚实基础。所以,选择史料最好是可信度强的原始材料、第一手资料,一般情况下还应该注明出处。把野史趣闻当正史材料运用是史料教学的大忌。

一、注重史料类型的多样性,让历史课鲜活起来

从心理学角度看,外界刺激越丰富越多样,大脑皮层越兴奋。我们要注重史料类型的丰富多样,尽可能选择不同种类的史料,做到文字、图片、口述、历史遗迹等史料兼顾,第一手和第二手史料兼顾。如讲述"秦朝中央集权制度"时,把考古发现和历史遗迹,如秦都咸阳故城及各地行宫的挖掘、秦始皇陵园的勘察与发掘、秦长城挖掘与简牍出土,和史家著述《史记·秦始皇本纪》《汉书·百官公卿表》《通典》中秦的典章制度,还有其他图片资料等相结合,这样既能激发学生兴趣,也能让学生学会区分原始材料和第二手材料,了解不同史料的价值,同时也能关注不同类型史料之间的关系,知道多重印证这一史学方法。

讲述"雅尔塔会议奠定两极格局的基本框架"时，我们除了出示雅尔塔会议内容的有关文字史料以外，如果再呈现"雅尔塔会议上的三巨头"合影，配上丘吉尔说的一句话："我的一边坐着把一条腿搭在另一条腿上的巨大的俄国熊，另一边是巨大的北美野牛，中间坐着的是一头可怜的英国小毛驴"，这样就会让学生真正理解：雅尔塔体系就是美、英、苏三国首脑主要通过二战后期雅尔塔等会议所确定的战后世界秩序和政治格局的基本蓝图，其实质是美苏两分天下。

二、不搞史料堆砌，选择典型性史料

历史教学过程中，教师应该注意合理取舍，围绕教材的重点、难点内容和课程标准的要求，选用那些最具情境性、典型性、深刻性和启发性的材料作为问题素材，有的放矢地对学生进行历史思维能力的培养和主动创新实践能力的训练，这样可以帮助学生加深对基本史实的理解和把握。

在讲到雅典民主政治时，我们选用了这样一段史料：克利斯提尼在制定行政选区时，把全部村社分为三十区，十区在城市附近，十区在沿海，十区属于内地……并用抽签的办法把这些区指定给各个部落，每一部落有三区，这样就使一个部落在所有这些地区都占了一份。该史料让学生真正理解克利斯提尼用行政选区代替部落选区，从而基本铲除了以血缘关系为基础的贵族专权局面，雅典民主政治确立。

高中新课程教材针对重点和难点，精心选配了大量的史料，教师应该充分加以利用。比如必修一第6课"罗马法的起源与发展"中《十二铜表法》的内容比较抽象。在此，就可直接选用课文资料卡片有关《十二铜表法》的法律条文的材料进行设问，让学生认识法律条文所涉及的内容，并直接对其进行评价。在具体的历史现象面前不难得到认识：法律在一定范围内保护了平民的利益，打击了贵族的专横，但同时表现出法律落后的一面。这样的论从史中出，更具真实性、具体性、可靠性，也更便于学生在理解中记住结论。

选配的史料中还有些没有搭配思考题。对于这些史料不能简单地让学生一"阅"而过，教师应该联系课文的内容，设计一些有针对性的问题，促使学生进行思考，从而加深学生对历史知识的理解和掌握。

三、对同一内容从不同视角、不同立场角度选择史料

围绕同一主题、同一事件或同一历史人物选择评价不同的文献史料,既可以拓宽学生的视野,又可以让学生理解一些史学的基本理论。比如讲"租界"时,笔者出示了几张照片,包括上海租界工部局大楼照片、巡捕房国籍不同的警务人员的照片、五卅惨案现场的照片、外滩建筑群照片、徐家汇天文台照片等,让学生能从不同角度审视租界对上海的不同影响。租界既是"国中之国",是列强对中国进行侵略、掠夺和殖民统治的基地,同时也是了解和引进西方先进文明的窗口,推动了近代中国的市政建设和城市化进程。

围绕科举制评价,我们选用康有为《康南海自编年谱》中的一段史料:"今日之患,在吾民智不开,故虽多而不可用。而民智不开之故,皆以八股试士为之。……故台辽之割,不割于朝廷,而割于八股;二万万之款,不赔于朝廷,而赔于八股。"康有为认为八股取士造成国民愚昧落后,人才匮乏,把清廷割地赔款都归咎于八股取士。这观点有失偏颇。同时选用刘海峰《科举停废与文明冲突》中的两段材料:在1896年出版的《中国环行记》中,美国传教士丁韪良评价科举是"中国文明的最好方面","它的突出特征令人钦佩"。美国历史学家威尔·杜兰在《世界文明史》中评价中国的科举制"……(柏拉图若与科举同时代,科举制)这个方法柏拉图将会很感兴趣"。通过让学生根据所学知识,分析中国古代科举制令人钦佩的"突出特征"是什么,威尔·杜兰认为柏拉图对科举制"将会很感兴趣"的依据是什么,科举制度留下的合理的内核是什么,让学生认识到科举制是具有世界影响的中华文明产物,历时一千多年,影响巨大,是中国不应忽视的一份文化遗产。

四、补充细节性史料,让学生在体验中感知和理解

不同年级不同年龄段的学生,心理特征、思维发展水平、知识储备程度不同,史料选择应注意层次性和渐进性。高一学生心智不够成熟,阅历不够丰富,普遍理解力较弱。在高一年级新课教学中要多一些真实而又具体的历史细节。细节性史料具有特别的证明价值,能够调动学生的兴趣,增加课堂的鲜活性,引发学生积极的思考。

如在讲授"德国分裂"时,笔者补充了一段"摇翅膀的叔叔——霍尔沃森"

的史料,让学生从直观角度感受柏林危机。同时也补充了三张柏林墙的图片,配上一段文字:一堵墙硬是把一个民族分成了两半!柏林墙全长169.5千米,墙高约3.6米。沿墙修建了253个瞭望塔、136个碉堡、270个警犬桩。它只是一堵墙,因为它,这边的人与对面的亲戚和邻居都不能往来。近30年间有239人试图翻越而被处死。让学生理解柏林墙是德国分裂的象征。柏林墙的修筑和德国的分裂是以美苏为首的两大阵营"冷战"对峙的产物。

为了追问历史本质,拓宽、加深对历史的理解,就必须补充细节性的史料。比如王叶军老师在"戊戌变法失败原因"的分析中,他对"废八股"引起的非议,补充了以下史料:

材料一 张之洞对废除八股的意见是:"恐触数百翰林,数千进士,数万举人,数十万秀才,数百万童生之怒。惧其合力以谤己而排挤己也。"

——梁启超《戊戌政变记》

材料二 戊戌年夏天,浙江学政陈学棻说:"改试策论,阅卷艰难,不如八股之易",光绪当即批示:"陈学棻既不会看策论,可无庸视学"。

——罗志田《近代中国史学十论》

材料三 康广仁劝乃兄缓行此策:"八股已废,力劝伯兄,宜速拂衣,虽多陈无益,且恐祸变生也……弟旦夕力言,新旧水火,大权在后,决无成功,何必冒祸……"

——夏晓虹编《追忆康有为》

从上面三则史料引发的讨论中,学生就会明白,原来戊戌变法的失败还与变法者采取的变法策略有关,即变法措施的颁布过急,打击面太大,不但打击了守旧派官僚,而且还打击了广大读书人,从而使变法者处于十分孤立的处境。

用史实说话是历史学科的基本特点。教师在教学中巧用史料,活化历史,既丰富了课堂内容,也有助于培养学生的历史学科核心素养。

五、选择存在明显认知冲突的史料,在鉴别中接近历史的真实

苏霍姆林斯基曾说:"摆第一位的不是背书和记忆别人的思想,而是让学生本人进行思考。"《普通高中历史课程标准(实验)》也强调:"学会从不

同角度认识历史发展中全局与局部的关系","培养从不同视角发现、分析和解决问题的能力"。这也说明在高中历史教学当中,引导学生学会评价历史事件,就要把它放置于当时的历史环境中去理解,更要注意不同的人对历史事件的评价是基于不同的社会背景、不同的思想感情、不同的政治立场和不同的学术立场。如下史料:

材料一 "无论政治学术道德文章,西洋的法子和中国的法子,绝对是两样,断断不可调和迁就的。……若是决计革新,一切都应该采用西洋的新法子,不必拿什么国粹、什么国情的话来捣乱。"

——陈独秀

材料二 若夫别尊卑,重阶级,主张人治,反对民权之思想之学说,实为制造专制帝王之根本恶因。吾国思想界不将此根本恶因铲除净尽,则有因必有果,无数废共和国复帝制之袁世凯,当然接踵应运而生,毫不足怪。

——陈独秀

材料三 我们反对孔教,并不是反对孔子个人,也不是说在古代社会无价值。不过因为他不能支配现代人心,适合现代潮流,还有一班人硬要拿他出来压迫现代人心,抵抗现代潮流,成了我们社会进化的最大障碍。

——陈独秀

从这三则材料,学生能够总结出新文化运动喊出的激进口号实际上是一种策略,并不是偏激,更不是全盘否定传统文化。新文化运动反对的是封建礼教和对儒学的利用与独尊,而不是儒学的基本价值。

再比如讲到对新文化运动的评价,笔者选择了两则史料:

材料一 五四运动所进行的文化革命则是彻底地反对封建文化的运动,自有中国历史以来,还没有过这样伟大而彻底的文化革命。当时以反对旧道德提倡新道德、反对旧文学提倡新文学,为文化革命的两大旗帜,立下了伟大的功劳。

——毛泽东《新民主主义论》

材料二 我们试看当时所谓新文化运动,究竟指的是什么?就当时一般实际情形来观察,我们实在看不出它具体的内容。是不是提倡白话文就是新文化运动?是不是零星介绍一些西洋文艺就是新文化运动?是不是推翻礼教否定本国历史就是新文化运动？是不是打破一切纪律，扩张个人自由就是新文化运动？是不是盲目崇拜外国，毫无抉择地介绍和接受外来文化就是新文化运动？如果是这样，那我们所要的新文化，实在是太幼稚，太便宜，而且是太危险了！

——蒋介石《哲学与教育对于青年的关系》

对历史上任何一件历史事件的评价，如果人们站在不同的阶级立场，就会用不同的世界观和价值观，从不同的角度去观察分析它，那么答案就会丰富多彩，正所谓"横看成岭侧成峰"。我们可以参照王国维先生的"二重证据"方法来共同解读历史，运用已有的知识和研究方法分析资料，对各种观点展开研究、批判，大胆地建构自己对历史问题的理解和认识，提出自己对历史问题的看法。

史料不仅是记载过去的事情，记载历史，同时，还是用于解释现在的资料。历史教学中研究过去是为了解释现在，解释现在是为了观察未来。史料教学培养了学生的思维品质，使其明白了事理，了解了历史，形成了正确的价值观，进而更加反思自身的观念和行动。

32

诗词在历史教学中的妙用

　　忆昔开元全盛日，
　　小邑犹藏万家室。
　　稻米流脂粟米白，
　　公私仓廪俱丰实。
　　九州道路无豺虎，
　　远行不劳吉日出。
　　齐纨鲁缟车班班，
　　男耕女桑不相失。

　　这是笔者在导入"开元盛世"一课时让学生共同朗诵的一首咏史诗，配上相得益彰的乐曲，一幅开元时期生动的历史画卷瞬间浮现于学生的脑海之中，学生在富有感染力的历史情境中直观形象地感受到了开元盛世的富庶与繁荣。笔者在课堂教学中多次尝试运用学生熟悉或易懂的诗词来导入新课，效果颇佳。诗词语言精练，读来朗朗上口，有节奏、有乐感，是学生乐于接受的。经典优美的语句，情景交融的意境，更能打动学生的心灵，成为新知的触发点。实践证明，运用恰当的诗词导入，能够使学生迅速进入"有意注意"的学习状态，积极参与到教学活动中来，更易发挥其在教学中的主体作用。即便有时个别学生上课会有些走神，在诗情史境的感染下、琅琅书声的氛围中，也会很快跟上周围同学的节奏，将注意力集中到探究新课上来。

　　我国诗词佳作浩如烟海，蔚为壮观。"诗言史，史含诗"，诗词为我们描绘不同历史时期的政治、经济、文化、军事、社会风尚等提供了宝贵的素材。用诗歌讲历史,最令人称道的例子莫过于《陈寅恪的最后二十年》一书中记载的陈先生在清华国学院任教时曾开选修课"元白诗证史",以元稹和白居易的诗为切入点研究唐朝历史,诗史互证,仅《长恨歌》一句"汉皇重色思倾国"就讲了两个月!先哲已远,其高度我辈庸人遥不可及,但确实古来就是"文史不分家",历史教学中如能适当运用诗词,充分展现其魅力,必定能够激活历史课堂、提高课堂效率。为此,笔者在这方面做了一些思考和探索,总结为以下几个方面,抛砖引玉。

一、引诗入史,强化记忆

对于历史教学,记忆是重要的一环,是学习的基础。在历史教材中,所涉及的知识繁多,知识点也比较凌乱,学生记忆起来会感觉非常困难。运用诗词进行小结,有助于强化学生对教材内容的记忆。比如在学习"夏商西周的兴亡"这一课时,学生普遍反映朝代、国君更迭特别容易记混淆,笔者就选用了蒙学经典《三字经》中的一段"夏有禹,商有汤,周文武,称三王。夏传子,家天下,四百载,迁夏社。汤伐夏,国号商,六百载,至纣亡。周武王,始诛纣,八百载,最长久"来小结。朗朗上口、富有韵律的经文,使学生一下就记住了这些朝代和君王,而且经文内容本身具有时序性,不会颠倒混淆。在讲述"春秋战国的纷争"时,笔者又选用《三字经》中的"周辙东,王纲坠,逞干戈,尚游说。始春秋,终战国,五霸强,七雄出"来分段小结,学生很容易就掌握了东周时期的时代特征。《三字经》含有大量历史知识,用简明的语言高度概括了中华文明的发展、朝代的更迭、帝王的兴废,在教学中选择运用,利于学生对知识点的记忆和掌握。再如:学习完"红军不怕远征难"一课后,不妨让师生共同朗诵毛泽东的《七律·长征》,学生在朗诵之中,不但可以领略红军的大无畏精神,而且借助形象思维能够加深对这一事件的记忆和理解,同时教学也易在热烈的气氛中达到高潮。笔者认为,在教学过程中,教师可以根据需要,有目的地引用一些诗句作为小结,加深学生对所学内容的理解,帮助学生记忆和掌握历史知识。

二、借诗释史,激发兴趣

诗歌是一部"活"教材,可以使抽象的历史概念具体化,使深奥的历史理论通俗化,从而激发学生的学习兴趣,并自觉地参与到课堂活动中来。如讲述东汉末年的历史时,课文上是这样叙述的:"东汉末年社会动荡,军阀割据混战,民不聊生。"这样概括的语句,很难给学生留下深刻的印象,但如果借曹操的《蒿里行》中的诗句"白骨露于野,千里无鸡鸣。生民百遗一,念之断人肠"来描述,就可以生动再现东汉末年黄河流域长期战乱后荒凉凄惨的景象,让学生直观地了解到当时的动荡时局给人民带来的灾难,使学生如临其境,有效激发学生的学习兴趣。再如,讲述"甲午战争"时,介绍爱国英雄丘逢甲的《春愁》:"春愁难遣强看山,往事惊心泪欲潸。四百万人同一哭,去年今日割台湾",会使学生强烈感受到诗人痛心疾首的情感,体会到《马关条约》这一不平等条约的签订给中国带来的巨大危害,激发学生探究这一历史事件的兴趣,其效果远远好于照本宣科的讲述。教育家第斯多惠说:"教学成功的艺术在于使学生对你所教的东西感到有趣味。"运用生动形象的诗歌来激发兴趣,是与青少年学生形象思维特别活跃的心理特征相适应的,往往能够起到事半功倍的效果。

三、以诗明史,锻炼思维

历史常常有很多面,所以历史记载只能接近真相,而不存在绝对的真相。我们在讲述历史事件时,如果能够合理选择多个角度,就可以帮助学生更全面地看待历史,并形成选择甄别史料的能力。例如在评价修筑长城这一事件时,胡曾的《长城》写道:"祖舜宗尧自太平,秦皇何事苦苍生。不知祸起萧墙内,虚筑防胡万里城。"而汪遵的《长城》则写道:"秦筑长城比铁牢,蕃戎不敢过临洮。虽然万里连云际,争及尧阶三尺高。"胡曾谴责秦始皇筑长城是奴役百姓,浪费民力;而汪遵则认为长城在抵御北方游牧民族入侵和保护中原农业生产上起了很大的作用。又如,关于如何评价开凿大运河一事,我们经常会引用皮日休的《汴河怀古》,诗云:"尽道隋亡为此河,至今千里赖通波;若无水殿龙舟事,共禹论功不较多。"而胡曾在《汴水》中则曰:"千里长河一旦开,亡隋波浪九天来。锦帆未落干戈起,惆怅龙舟更不回。"胡曾把隋亡的原因归于滥用民力开凿运河,而皮日休则认为隋炀帝若不建造龙舟游览江南,竭天下人力物力以供其无止境的挥霍,那他的功绩可与大禹相提并论。同是唐朝诗人,对长城、大运河的评价截然不同,形成对立的态度。在教学过程中引用这些诗歌材料,能够引导学生多角度、多侧面、多层次去思考,形成开放性的、扩散性的思维路线,有利于搭建自由交流思想的舞台,探究历史事件的本质和规律。以诗明史,对于培养学生的独立思维能力、突出学生的课堂主体地位有着重要的意义。

四、用诗言志,健全人格

在以往的课堂教学中,我们往往强调的是知识的传授和能力的培养。事实上,对一个人终生有益的不只是知识和能力,更是人文素养,因为它对学生人格的完善和个性的形成起着至关重要的作用。自提倡素质教育以来,"人文教育"在文科教学中被反复强调,但学生素质的提高和人格的塑造绝不是一朝一夕就能完成的,需要在一定时间内,用教学细节去打动学生,用真情实感去影响学生,使其从被动接受转变为自然而然地产生共鸣。诗歌的创作具有有感而发的鲜明特点,其蕴含的情感具有强大的感染力,在教育中所能达到的深度和广度也令人惊叹。所以,诗歌的魅力远非仅在语言,更在其蕴含的情感。白居易说:"感人心者,莫先乎情。"在讲述某些重要历史人物及其事迹时,可以直接引诵其诗歌,诗人们或托物言志,或直抒胸臆,表达自己的精神追求,为后人树立了道德榜样。如屈原的"长太息以掩涕兮,哀民生之多艰",文天祥的"人生自古谁无死,留取丹心照汗青",戚继光的"封侯非我意,但愿海波平",顾炎武的"天下兴亡,匹夫有责",谭嗣同的"我自横刀向天笑,去留肝胆两昆仑",林则徐的"苟利国家生死以,岂因祸福避趋之"等豪迈言辞是中国历来铁肩担道义的知识分子崇高人格的真实写照。在讲述这些历史人物时深情吟诵其诗,让学生领会到古人远大的志向和开阔的胸怀,心灵受到震撼,引起情感共鸣,自然而然地接受情感教育,对学生健全人格的形成能起到潜移默化的作用。《义务教育历史课程标准(2011版)》在前言中指出:"历史教育对提高学生的人文素养有着重要的作用",强调了义务教育阶段的历史课程具有"人文性"的特征。在诗歌中发掘人文素材,突出学科的人文性,使学生感受到中华文明中的传统美德,培养积极乐观的生活态度,树立正确的人生观价值观,这是作为历史教师的我们应该努力为之的。

古今多少事,尽在诗词中。在历史教学中充分挖掘诗词的史学价值,可以巩固强化所学的知识,激发学生学史兴趣,锻炼学生的历史思维能力,帮助学生健全人格,树立正确的人生观和价值观。由此可见,诗歌的合理运用有助于达成历史教学的三维目标:在展现历史事件、人物、现象等方面,诗歌具有史料价值,某些诗歌甚至可以展现历史事件的时序,这有助于"知识与能力"目标的达成;诗歌的来源比史书复杂,观点更多元化,可以锻炼学生思维,提高分析、推理、比较、综合等能力,有助于达成"过程与方法"目标;诗歌中蕴含了中国被传承至今的民族精神和传统美德,在教学中恰当运用,能够提高学生对是与非、善与恶、美与丑的识别判断力,逐步确立积极进取的人生态度,形成健全的人格和健康的个性品质,这无疑有助于"情感态度与价值观"目标的达成。这也是诗歌对于历史教学的意义最集中的体现。

综上所述,鉴于诗词独特的魅力及其与历史的紧密关系,我们可将古诗词巧妙地应用于历史教学,"丰厚"教材内容,"诗润"历史,"灵动"课堂,更好地发挥中学历史课程"培养和提高学生的历史意识、文化素质和人文素养"的教育功能。

33

一些值得珍惜的口述史

现代意义的口述历史一般会追溯到二战后初期美国史学家艾伦·内文斯(Allan Nevins,1890—1971)所建立的口述历史研究室,距今已近七十年时间。口述历史作为研究对象或学科工具,已经成为现在史学领域的一个热点。随着口述历史作品的推广和中国新课改的推进,口述历史与中学历史教学相结合的价值与意义也逐渐被教育界专家及一线教师发掘、重视,进而将口述历史纳入教学领域的行动也越来越多。

提及精英人物的口述历史,最不能忘掉的就是唐德刚教授,其《顾维钧回忆录》《李宗仁回忆录》《胡适口述自传》以及《张学良口述历史》等都是口述历史的经典作品。以《张学良口述历史》为例,"'九一八'和西安事变""内战和将领们"以及"不做东北皇帝"等章节内容无一不是从精英人物的角度挖掘出张学良多姿多彩的带有浓厚传奇性和高度戏剧性的一生,同时也很好地佐证了抗日战争前后的时事风云。

将《张学良口述历史》一书中的部分章节内容带入课堂,除掌握了一些真实的历史以外,我们还收获了一种研究历史、叙述历史的方法,即从周边过往的小事件来阐述大时代、来演绎世界变幻的主脉络。

例如,我们在学习中国抗日战争时期的历史时,可以适当摘录其中文字:

"九一八"事变,本庄繁他把我的私人的东西装了三列火车给我送走了,写一封信,送到北平,打发个人给我写了封信。我火了就因为这封信,他说我打发来的这个人吶,是我很接近的,否则我就不会派他去了。咱俩是私人的关系,你的东西我送还给你了。

我火就火在这儿,我说我是封疆大吏,我将疆土丢掉了,你送还我的东西,你是给我羞丑……你要还我,首先你要还我土地,我的土地你还给我,我是封疆大吏,你这样是羞辱我。

在《张学良口述历史》的字里行间中,张学良对于九一八事变的后果郑重其事,对其经过以及出现严重后果的原因也未曾直接透析。但我们查找当时事变前后的相关资料可以佐证:其一,传统历史所言"东北失陷主因是蒋介石向东北军下达了'不抵抗'命令"今从未找到过片纸只字证实。其二,1990年张学良在日本广播协会(NHK)采访中说没有这样的命令,其后他为唐德刚教授口述历史时又重申:"那个不抵抗命令是我下的。说不抵抗是中央的命令,不是的,绝对不是的。"其三,张学良回忆录中说:"是我们东北军自己选择不抵抗的。我当时判断日本人不会占领全中国,我没认清他们的侵略意图,所以尽量避免刺激日本人,不给他们扩大战事的借口。"

九一八当晚,沈阳有东北军八万人,但他们接到的命令是不抵抗,整个东北在四个月零十八天里丢失殆尽,三千万东北人成了亡国奴,他们从此开始了炼狱般的生活。全面抗战期间,中国有二十六个省、一千五百余县市内的中国人,在日军统治下屈辱地生活着。学日本话,行日本礼,穿日本的衣服。用"口述历史"的形式就可以让学生们深刻地意识到日占区里的国人,他们的行囊里装载着无法言明的血泪耻辱。

老人老念叨少帅,少帅心狠,为啥把东北的父老乡亲撂下了。

儿时的记忆当中,好像没有什么太多快乐,好像大人老是在恐慌当中过日子。所以每次我们上学外出的时候,家人都特别叮咛"语言要谨慎,少说闲话,少在外边逗留"。

我记得那个时候,我们学校里头,副校长是日本人。小学的时候,是中国的老师教日本课。到了中学的话,是日本老师教日本课。教育中间就没有说过,在课本上没有谈到过中国,只能说东三省、满洲国,而且从不给我们讲祖国两个字。所以,我们不知道什么叫"祖国"。我记得很清楚,我祖父爱说"今年是民国多少年",我妈就赶紧要纠正。出去不敢说"民国",要说是"康德多少年"……

这是《我的抗战》视频中,时为辽宁省绥中县市民李玉清的口述内容。从其回忆中,我们可以清楚地看到当时东北父老的心态,对于少帅张学良及东北军的失望,对于日本殖民统治下的无望,对于法西斯暴行的绝望,对于政府收复失地的渴望,对于人民和平生活的希望。

历史教科书上,只是单纯地书写着日军的滔天罪行、中国的顽强抗击。书本上的记载会让同学们知晓中国十四年抗战史的大事件,知道了日本对于中国领土的占领、对华夏资源的掠夺,却并不能将日本十四年侵华史对于中华儿女生命的漠视、对于中国民众精神的折磨描述殆尽。课堂上通过对以李玉清为代表的大众人物口述历史的引入,能通过斑驳的影像、真切的叙述再现当时国人屈辱度日的压抑、颠沛流离的不堪,这其中的滋味又岂是"亡国奴"一个词语可以简单概括的……

(对日本)那种心头的隐恨,既不能表达又不能倾诉,那种恼怒和怨恨有的时候,真想把天翻过来!啥叫铁蹄下?啥叫亡国?你们不能理解!说句不好听的话,解放后好长时间,和日本已经恢复关系,但我在思想上通不过。作为一个民族可以原谅,但作为我们这种经历了亡国之恨的人,这个阴影啊很难消除,真的很难消除!

大众人物口述历史的代表,首推崔永元《我的抗战》。《我的抗战》是一次"更接近口述历史"的纪录片尝试,在影片中所展现的大历史里,出现了形形色色的"小人物"的身影。他们都是当年大事件中的普通人,却用丰富的个人生命细节去补充或匡正大历史、大事件。

口述历史被应用于教学领域即称为口述历史教学,教师或将口述历史史料直接运用于课堂教学中,或指导学生运用口述历史研究方法来进行课题研究,得出研究成果。前者称为"被动口述历史",后者称为"主动口述历史"。"主动口述历史"的研究成果也可以成为"被动口述历史"的史料。两者往往既有区别,又有交叉。前文提及的精英人物口述历史以及大众人物口述历史的运用都属于前者,即"被动口述历史"。随着新课改的推进、课程资源的开发,在中学历史课堂中也有大量运用"主动口述历史"的实例。

到2016年,《看历史》杂志已主办六次"青少年历史记录大赛",号召中国的中学生开始有意识地和家人对话,听父母、祖辈和亲人讲述"自己的历史";

号召青少年开始走访自己生长、居住的街道,去了解这片熟悉的建筑经历了怎样的变迁。

让学生寻找"最熟悉的陌生人",探寻历史课本里没有的地方史,补充被时光不断磨灭的痕迹,这是一个多么伟大的工程。一篇篇充满个人化视角的故事,凝结了被采访者一生的记忆。同样的,一则则回忆录里,也反映了一个家族、一个地区甚至一个时代的变化。当这些材料在搜集、整理、运用的时候,学生们除了触摸到历史,更感受了精神,或温情,或激昂,或悲壮,或凄凉。

口述历史的出现,让人们重新认识到历史书写的重要性,意识到历史学是与现实生活紧密结合的;口述历史与中学历史教学的结合,让学生感受到了历史学习的用处,感受到历史学习的温情与丰满,而非不食人间烟火的风干的干瘪的文字。贴近生活的总是最美的,真实的总是最感人的。"主动口述历史"的运用,更是拓展了历史课堂,将历史的学习与探究延续到家庭与社会,随着学生将所见所闻沁入情感,将所感所思录入文字,历史学科教育与学习的真谛便慢慢地生成。

口述资料是原汁原味的,在没有经过史学家的专业化解读之前,它所呈现的历史画面给人真实感,能让师生以此为载体走近历史,自主探究历史的真相。在学习、探究与运用的过程中,鲜活的史料不断被补充、丰富,学生的兴趣不断被激活、提升,学生的史观不断被牵引、矫正;在学习、探究与运用的过程中,探究的视角不断被发掘、拓展,学生的能力不断被锻造、提升,学生的素养不断被综合、健全。

34

学会利用乡土资源

历史学科所具有的独特性质,使其拥有丰富的课程资源。《普通高中历史课程标准(实验)》强调,"充分开发利用乡土教材和社区课程资源……乡土教材和社区课程资源对学生的历史学习和历史感悟大有裨益"。相信有不少教师会下意识地认为这只是某一种课程形式而非必要的课程内容,而在教学实践中视乡土课程资源为无物。但其实,能够恰如其分地导入乡土课程资源,无论是对于教学过程的深化还是对于教学目标的达成,都是大有裨益的。况且现今的课标强调"家国情怀",而各省的高考地方卷都会频繁出现乡土史料,如果能在日常教学中经常引用乡土教学资源,便有助于拓展学生的视野,提升他们灵活运用历史学习法的能力。

2011年我校举办第七届全国"聚焦课堂"同课异构公开课活动,天津耀华中学张晓静老师的"辛亥革命"一课就是利用乡土课程资源的典型,在张老师的课中,最早出现无锡是在一张"辛亥革命大事记"的演示文稿中,紧接着她又出示了"辛亥革命无锡见证地——光复门"的老照片并由此稍作阐述,学生对于这突如其来的插曲表现出相当的兴趣,但此时笔者作为听课教师尚将此理解成吸引学生注意力的一种手段而并未予以足够的重视,但随后乡土资源的进一步运用却让笔者不得不承认这节课的精巧构思。当张老师呈现辛亥革命的影响时,她选取了无锡地方史的两段材料,并定名为"从无锡看中国"。

"辛亥革命在无锡的成功,兵不血刃地迫使两千多年的封建专制统治退出历史舞台,无锡迎来了十余年的黄金发展期,百年工商文明的辉煌由此奠定。"无锡市史志办副调研员郁有满介绍说,辛亥革命后,民主思想得以公开传播,资产阶级开始登上无锡的政治舞台,他们大力发展工商业,保境安民,维持社会秩序。从民国元年到民国二十六年抗战爆发前,无锡保持了十余年的安定,工商经济迅速发展,"小上海"的美誉也在此时开始叫响全国。

这个时期,无锡发生了一系列对后世影响深远的变革。选举产生无锡县临时县议事会;有了警察、审判、检察机构和律师公所,有了商会、农会、教育会等各种社团和结社;设立劝学所,城乡出现一大批公立、私立学校;改革财政,减免田税,简化纳税手续;开设光复门,开通从城中到火车站的马路;建立公花园,开辟菜场等。在安定开明的社会环境下,一大批实业如雨后春笋般纷纷涌现,最终形成了荣、杨、薛、唐蔡、唐程、周等闻名全国的六大资本集团,在中国近代史上留下了创业创富的深刻印记。

两段材料的选取可谓十分精准,一方面呼应了之前出现的地方史内容,另一方面全面涵盖了政治、经济、思想、社会生活变迁等角度,正好契合了辛亥革命在各领域的影响,将无锡作为一个缩影予以呈现,具象明确清晰,又格外引人入胜,在座的学生无不体现出高涨的热情,可以说,上述材料对于辛亥革命的影响这一教学目标的顺利达成帮助颇大。作为一个从北方远道而来的老师,能用心地去搜集这些材料并且恰到好处地用于教学流程的确难能可贵,甚至让很多本地老师深深折服。而在笔者看来,张老师这节课中对于乡土课程资源的运用,其价值主要不在于驾驭材料、挖掘材料的能力,而在于一种"就地取材、皆为我用"的意识,这也正暗合了新课标对于课程资源的定义——"凡是对实现课程目标有利的因素都是课程资源"。

此后笔者也更加有意识地尝试在自己的课堂教学中融入乡土课程资源的做法,一段时间的实践以后欣喜地发现,这不仅是一条"蹊径",更是一条"捷径"! 只要围绕教学目标,材料选取得当,它甚至能达成通行教材所无法带来的效果。而如何在日常课堂教学中融入乡土课程资源,则成为一个值得深入研究的课题,初步归纳之,大抵有以下三个需要掌握的原则。

一、目的性原则

乡土历史课程资源有利于丰富历史课堂的教学内容,扩展学生的知识结构,培养学生的实践能力和创新精神,涵育学生热爱家乡的情感和建设家乡的责任感。但乡土资源的取用必须指向明确的教学目的,无论在课堂教学,还是研究性学习或者校本课程开发中,乡土资源的取用并非多多益善,而是必须围绕明确的教学目标,即回答"优势"与"预期"两大问题。所谓"优势"是指在课题或材料选取的过程中,乡土资源是否比其他资源更具不可替代的优势和针对性;所谓"预期"是指学生能够从乡土资源中获取多少有价值的信息、能力与情感。当教师能对这两个关键词深入思考并认为有较大把握时,此时使用乡土课程资源进行教学活动才不失为一种最佳的方式。

二、科学性原则

国修史、方修志、族修谱,方志与族谱构成了各地乡土历史资源的主要依据,近年口述史的整理研究也日趋深入,这些都能够成为我们探寻本土史料的重要依托,此外还有遗迹勘察、社会调查等多种手段。但需要注意的是,在搜集乡土资源的时候,一手资料往往比较容易带有强烈的主观性,容易产生史实或观点的偏差,甚至完全背离科学性原则,此时,就需要我们将一手史料进行系统的梳理,与史籍、报刊或其他材料进行比对,也可以在一手史料中找寻能够相互印证的内容,从而甄别出可信的部分,并构建相应的课程内容。

三、参与性原则

乡土是每一个人的精神依托,它承载着历史、文化与人的情感,通过乡土资源的开发与运用,可以激发学生对于熟悉事物进一步探究的热情,进而将对家乡的认知进行从抽象到具体、从模糊到清晰的生成与升华。因此课程的设置应该考虑使学生参与其中、沉浸其中,通过实践活动或情境创设获取最真实的情感体验,如此将更有利于学生核心素养的育成。

总之,在教学活动中,我们不仅不能忽视乡土课程资源,而且应该投入更多精力去发掘、整理和运用,在达成课程目标的同时,也起到保护和传承地方文化、激发后辈建设家乡热情的长期效果,如此功德无量之举,实应成为历史教师之担当。

35

历史图片的妙用

教学是一种涉及教师与学生双方的活动过程,两者相辅相成,缺一不可。问题是怎样才能把新理念转变为课堂的教学行为?具体到一节历史课到底该怎么上?这是当前教师们面临的普遍性困惑。

现行的普通高中课程标准实验教科书历史必修第一、二、三册虽然没有了非常熟悉的扉页前的彩色插图,但文本中选用的各种历史图片(不包括历史地图和图表)却有430多张,占了很大的篇幅。这么庞大的现成的课程资源,在课堂教学中如果弃之不用或者不充分利用,实在是浪费。那么,怎样才能把这些珍贵的图片运用好呢?好钢用在刀刃上,这些图片只有巧妙地运用到师生互动教学中去,才能变得鲜活而富有灵性,才能做到物尽其用,才能把它们的作用发挥到极致。

一、利用历史图片开展师生互动教学的理论依据

首先,从心理学角度看,高中低年级学生的兴趣倾向具有两重性,一方面仍对具体、生动、形象的直观事物热情不减,另一方面也开始对抽象的逻辑思维和社会现象发生兴趣。把历史图片引入课堂教学,满足了学生的兴趣需要,而师生互动教学则通过师生共同分析、探讨历史图片中反映的问题,使学生由兴趣转入到对现象背后原因的探究,加深了对历史的理解,从而满足了学生进行逻辑思维和分析社会现象的需要。

其次,从新课程的核心理念看,如前所述,运用历史图片开展师生互动教

学有利于突出学生的主体地位,有利于教师在教学活动中采取开放的、民主的、合作的方法,与学生共同分析、探讨问题,达成历史教学的三维目标,符合新课程的核心理念。

再次,从能力要求的达成需要看,作为能力选拔考试的高考,明确要求考生能从所提供的材料(文本材料和图片材料)中获取信息,提炼信息的有效内容和价值进行分析和整合,并应用所学知识形成综合性的信息解读。近年来高考历史试卷中出现的各类图片呈不断增长的趋势。

二、历史图片在师生互动教学中的重要作用

1. 激发学生学习历史的兴趣

"耳闻不如眼见。"历史图片作为学生感受历史的基本信息之一,它所释放出来的历史真实性与细节魅力是再多的文字叙述或数据都无法比拟的。从图片直观的表层信息叩问抽象的深层内涵符合学生的兴趣倾向。如下课例:

课例一

课题:中国民主革命的先行者孙中山

借助手段:多媒体导入新课,教师打出图片——孙中山半身标准相。

师:不用我说,相信同学们都知道这位伟人是谁。

生:孙中山。

师:请同学们再仔细看看,从照片上可以获取有关孙中山先生的什么重要信息?

(学生多从图片表层思考,得出的信息诸如:英俊、英武、精力充沛、穿戴整齐。)

师:请同学们看他的发型,还有衣服的款式。

生:短平头、中山装。

师:在当时的中国,这身打扮有什么与众不同的地方?

生:当时国人时兴梳长辫子、穿长袍。

师:孙中山是当时第一个剪掉辫子、第一个脱下长袍的中国人。这说明了什么?

生:孙中山敢于与封建陋习彻底决裂,有革命的要求,并以身作则,身先士卒。

师:很好。这张照片正是向人们展示了孙中山先生作为中国民主革命先行者的伟大形象。

2. 加深学生对历史现象的理解

历史漫画构图简单,却意蕴丰富,是一种具有强烈讽刺性或幽默性的绘画作品,一般都带有鲜明的时代特征。把历史漫画引入课堂,引入师生互动教学,从漫画的视角对一段历史的政治观念、社会问题、经济现象等做哲理的思考,同样会收到意想不到的效果。如下课例:

课例二

课题:斯大林模式的社会主义建设道路

在讲到苏联的经济时,笔者向学生展示了一张历史漫画:《片面的经济》,并为师生互动精心准备了一组题目。

问题1:图中畸形怪人的右小腿是一枚导弹,它的寓意是什么?怪人的畸形病是先天带来的还是后天形成的?

问题2:曾经有一位自诩高明的医生试图疗治这怪病,还开了药方,但时间证明并无疗效。这位医生是谁?他开的药方是什么?为什么无疗效?该病的症结在哪里?

问题3:请你思考一下,为图中怪人起个你认为最适合的名字,并说明理由。

为了有利于互动教学,设计的问题在难度上一定要有梯度。一般来说,第一问被提问学生可以一个人回答,第二问需要寻求他人的援助才能解决,第三问则可以在教师的指导下开展小组讨论。

3. 增进学生对历史事件的体验

自然科学的原理可以在实验室里不断地重复验证,而历史不能重演。这就给学生对历史的感知和体验带来了难度。而历史图片一定程度上解决了这一问题。很多时候,我们体验了某段历史,是因为我们记住了某张图片。

例如几年前东阳市横店镇的一惊世之举:组团赴北京"采宝",拟在镇里按一比一的比例重建圆明园。国内掀起了该不该修复圆明园的又一次激烈论战。为此,笔者收集并向学生展示了一组圆明园系列图片,其中有局部复原图,大水法、远瀛观遗址等,上了一堂成功的辩论课。历史照片是一扇可以窥视过去历史的窗户,作为一种文化的视觉文本,照片对描述历史事件的微观态势有着特殊的功用,在历史照片面前,任何试图描述历史的文字表达都显得那样的苍白无力。在历史和现实之间,在辉煌与颓废之间,学生们真切的感知与体验、真情的流露与表白是大出意料之外的。整节课利用师生互动论辩的教学方式给学生创造机会,使生生互动、师生互动的和谐的课堂教学氛围更加浓厚,体现了新课程的核心理念。

4. 培育学生积极健康的情感、态度与价值观

历史图片本身蕴含着丰富的情感,是进行情感、态度和价值观教育的重要素材。相对于文字材料而言,历史图片更能打开学生的情感大门,更有利于人文精神的教育。结合具体的历史图片,通过精心准备的设问,教师有意引导学生积极思考,在与学生的不断互动过程中共同探讨,达成共识,把情感、态度与价值观教育真正落实到课堂教学中去,以促进三维教学目标的最终达成。

如在讲授"抗日战争的胜利"一目时,可以提供下面两幅历史图片,让学生对图片进行审读、分析,并命制以下一组问题:① 两幅图片分别反映的是哪一重大历史事件?② 右图场景的出现对中国有什么重大历史意义?③ 造成两图两种不同场景的主要原因分别是什么?④ 从两幅图所反映的历史中,能看出近代日本的发展与战争的关系如何?对今天中国的发展有何启示?在师

1895 年 4 月日本马关

1945 年 9 月中国南京

生的双边互动中,通过对图片的观察和问题的分析,打开学生的情感大门,帮助学生确立积极健康的历史观和价值观,从而打下理性认识的基础。

5. 增强学生参与研究性学习的主动性

研究性学习作为综合实践活动课程的重要组成部分,是这次新课改的一个亮点。如何让学生主动地、自觉地参与到研究性学习中来,并真正做到研有所获,历史图片可谓是大派用场。

课例三

研究性学习课题:图说中国经济的发展

活动目标:

(1)收集整理有关的历史图片、图表等资料,从中提取有效信息,了解中国经济发展的基本情况;

(2)从不同角度组合历史资料,采用分析、综合、比较等方法,对中国经济发展的某一问题做出解释和判断;

(3)培养学生的合作精神和团队意识。

活动准备:

(1)划分研究小组。可以按照历史朝代、经济部门或经济区域来划分。

(2)收集相关图片。收集中国农业、手工业、商业等方面的历史图片、图表、构造图、绘画作品、实物模型等资料,也可以通过互联网下载。

(3)整理相关资料,按一定的逻辑顺序编排,制成展板或利用多媒体进行演示。

过程要求:

(1)将直观、生动的图片展示与对图片所涉及的问题的深入探讨相结合,探究图片背后的故事;

(2)对所收集到的历史图片的相关背景加以介绍,对图片所反映的物品在经济发展中的地位做出自己的解释和说明;

(3)在师生交流、生生合作中完善认识,达成共识,在老师的指导下勾勒出中国经济发展进步的轨迹。

在研究性学习过程中,从课题的确立、图片的收集与整理、具体问题的探究到研究成果的展示,师生互动贯穿始终,学生在互动中拓宽了知识视野,体验了成功的快乐,也就提高了参与研究性学习的主动性。

三、运用历史图片开展师生互动教学应遵循的几个原则

1. 精选图片

图片是否精选直接关系到师生互动教学的成败。所选图片一般应满足真实性、典型性和启发性等几个特点。图片不真实，就不能传达正确的历史信息；图片不典型，就不具有代表性；图片缺乏启发性，就压缩了历史的弹性思维空间。因此在选用历史图片时不能单纯为了生动、形象、有趣，而要服务于师生互动教学的开展。

2. 精心设题

设计的问题是否精巧决定了师生互动的教学效果。高质量的问题应该是明确的、具体的，而不是模棱两可似是而非的；应该具备一定的驱动力，能够让学生在解决问题的过程中品尝到成功的喜悦，唯有这样才能激发学生的求知欲和探究动机；还应该体现一定的层次性和开放性，能触动不同程度学生的思维灵感，刺激他们的思维神经。

3. 积极引导

能否积极引导、及时引导，关系到互动教学的课堂管理效能和德育教育的效度。由于年龄、阅历和知识储备等因素，学生思考问题往往带有片面性，针对学生不成熟的甚至是偏激的发言，教师有义务本着诚挚的态度及时进行点拨和引导。

4. 科学评价

鼓励性的积极的评价能诱发学生在互动教学中的活力，相反，错误的评价将会在学生幼小的心灵上留下阴影。教师要努力为课堂教学营造一个和谐宽松的民主氛围，要始终做到关爱学生、信任学生，倾听其发言，追踪其思路，树立其自信，唯有这样，才能获取最佳的互动效果。

利用历史图片开展师生互动教学，既能最大化历史图片的课程资源价值，又能提高师生互动教学的效度。它是将新课程教育理论运用于教学实践的成功尝试，凸显了课堂教学中师生的参与性和过程的开放性，从而有力地推进了三维教学目标的达成。

第二篇 教学策略

36

如何进行学情分析

有人问一位著名的历史特级教师:"为什么你上课学生和你配合得那么默契?"

他回答:"因为我首先考虑的不是学生将怎样配合我的教,而是我的教怎样配合学生的学。"

这是基于"学情分析"进行有效教学设计的生动说法。

所谓"学情分析",在教学设计学中通常被称为"教学对象分析"或"学生分析"。"学情"通常包含两个方面:一是"学前学情",即教学开始前,教师对学生已有情况的把握,包括整体特征与个体差异、知识储备状况与能力基础、情感态度状态等。这直接决定了教师对教学内容的选择、课堂目标的制定、教学方法的设计。二是"学时学情",即在上课过程中教师对学生状况的动态观察,以及在学习过程中对学生活动的过程性评价。

学情分析既是历史课堂教学设计的前提和重要环节,也是历史课堂教学有效性的重要保证。本文试就学情分析的几种策略做一简要阐述。

一、重视学生起点状态分析

每一个学习者都是把他原有的知识、技能、态度带入到新的学习过程中的。执教者只有基于对学生起点能力的分析,所确定的学习内容才会符合学习者的实际,从而才能获得良好的教学效果。具体措施如下。

首先,正确认识学生的经验基础。现在学生的学习渠道越来越宽了,他们在学习新知之前,往往已经具备了相当丰富的生活经验和实践积累。初高中历史教材中的某些基础知识,在通俗课外读物和历史题材的影视作品里已经大量出现。我们要充分了解学生对这些知识的掌握程度,从而推动教学的有效进行。比如,在讲授明清时期"商帮"这一经济现象前,笔者通过调查发现,很多学生通过观看电视剧《乔家大院》,对"商帮"已有相当的了解。这就为笔者进行有效的教学设计提供了重要的学情依据。

其次,认真钻研教材,把握好"逻辑起点"。教学中,我们要把握学生的"逻辑起点",就必须认真钻研教材,研究所学内容在整套教材中的地位,沟通知识点间的横向和纵向联系。只有把握了"逻辑起点",我们在教学中才能大胆取舍,灵活施教。

如笔者在设计"1929—1933资本主义世界经济大危机"一课教案时,进行了如下的"逻辑起点"分析:从纵向看,"经济危机"发生的重要原因是工业革命后欧美所奉行的自由放任政策,而危机的发生又是罗斯福实施新政的直接原因;从横向看,此次经济危机激化了世界各国的矛盾,从而促使二战爆发,深刻地改变了世界格局,并促使现代主义文学和美术开始流行。据此学情分析,就可以正确确定本课学生的"逻辑起点"和教学重点。

再次,关注学生的"现实起点",机智调整教学进程。我们应学会在课堂教学中不断地对学生进行探底,从而了解学生的"现实起点",以便及时对教学过程做出调整。要了解学生的"现实起点",我们应学会在课堂中倾听学生的真实想法,让我们的教学做到有的放矢。

比如笔者在上"抗日战争的胜利"一课时,有位同学举手说他在《读者》上看到一篇文章,说日本的教师给学生布置了一道历史题:"日本人跟中国人每一百年就打一次仗,19世纪打了日清战争(即甲午战争),20世纪打了一场日中战争(即抗日战争),21世纪如果跟中国开火,你认为大概是什么时候?如果日本赢了,是赢在什么地方;如果日本输了,又输在什么地方?分析之。"他觉得看了这篇文章后很惊讶和震动。笔者首先表扬了这位同学积极关注社会问题的使命感和对问题敏锐的捕捉能力,然后顺势让大家各抒己见谈谈对日本的这道"居心叵测"的试题的看法。

笔者在倾听学生讨论的过程中,适时调整了教学预设。这既激发了学生历史学习的积极性,也提升了学生的社会责任感和历史使命感,取得了较好的教学效果。

二、重视学生接受能力分析

传统的教学设计往往关注教师教的内容,很少关注学生能不能接受。同一个内容,接受能力较好的孩子很快就掌握了,而接受能力稍慢一点的孩子还懵懵懂懂。长此以往,学生在学习成绩上的差距自然就拉大了。对此,我们可以从以下两方面加以改进:

首先,注重学法指导,帮助学生由"学会"到"会学"。在学新课前,笔者一般会指导学生自学,培养学生自主学习能力;在教学过程中,根据学生的心理及思维的发展规律,设计富有思考性和趣味性的问题,引导学生积极思考、讨论,提高学生历史思维能力;在学生获取新知识的基础上,引导学生对知识进行比较、归纳、总结,使学生对所学知识进行系统归纳整理,培养学生的逻辑推理能力。

其次,在备课过程中,要注重分层设计,帮助每个层次的学生获得发展。学生的历史素养不一致,有的接受能力强、思维敏捷,有的则相反。根据不同发展水平的学生,我们可以设计不同的方案,让不同层次的学生都能"各取所需"地学习,使每个层次的学生都能在接受能力上获得发展,在历史学习上获得成就感。

笔者在上"鸦片战争"一课前,设计了如下几个备选问题让学生课前分组讨论、合作探究:① 有人说,如果林则徐不发动禁烟运动,英国就不会发动鸦片战争。请评价此观点。② 如果道光帝重用林则徐等抵抗派官员,鸦片战争中清政府可能不会战败吗？③ 有人认为:"鸦片战争是在执行一种历史使命,它是用侵略手段来达到使中国向世界开放的目的,从某种意义上来说,是鸦片战争的一声炮响,给中国送来了近代文明。"试结合材料分析评论这种观点。

这三个问题是越来越开放、越来越综合,对历史分析能力的要求越来越高,对不同历史基础的讨论小组提出了不同的预习要求。

三、重视学生个体差异分析

在教学活动中,我们面对的是一个个有不同文化环境、家庭背景、思维方式的学生。他们的学习基础、性格、智力等都存在着差异,要使其达到同一层次的目标,是不现实的。有些学生尽管学习成绩不好,却往往具有其他方面的才能。我们应该通过挖掘其潜能,增强其自信心,引导学生走向成功。

笔者之前执教的班上有一位女同学,她历史成绩较差,性格内向,上课不敢发言。通过观察发现,她的普通话很好。于是笔者在历史课上经常让她朗读课文,凸显她的普通话优势。慢慢地,她上历史课越来越有自信,成绩也开始突飞猛进。

四、重视学生认知规律分析

记得笔者刚教书那会儿,备课备得很认真,三维目标分析得也很透彻。但上起课来却不是那么得心应手,教学效果也不好。后来想想,其主要原因是忽视了对学生认知规律的分析。

首先,学生在身心发展、成长过程中,其情绪、情感、思维、意志、能力及性格还极不稳定和成熟,具有很大的易变性和可塑性。我们要充分认识到这一点,通过分析了解他们当时的生理、心理与学习该内容是否相匹配以及可能产生的知识误区,充分预见可能存在的问题,如此才能使教学工作具有较强的预见性、针对性和功效性。

具体地说,对所在年龄阶段的学生,要看他们长于形象思维还是抽象思维,乐于发言还是羞涩保守,喜欢跟老师合作还是抵触老师;不同年龄学生注意的深度、广度和持久性也不同。这些特点可以通过学习一些发展心理学的简单知识来分析,也可以凭借经验和观察来灵活把握。

其次,不同年龄学生感兴趣的话题也不同,教师一方面要尽量结合学生兴趣开展教学,另一方面也要适当引导不能一味屈尊或者迁就学生的不良兴趣。

诚如一位知名历史特级教师所言:"学情分析,可繁可简,成熟教师,之所以能简中见繁,皆因曾于繁中历练,正如无数次山重水复后的柳暗花明;年轻教师,必思于繁、行于简,才能逐步在繁杂纷乱中循出属于自己的规律,逐步螺旋上升、积淀经验。"

37

如何培养学生的时空观念

历史的时空观念是指将所认识的史事置于具体的时空条件下进行观察、分析的观念。人类的任何历史活动,都发生在特定的时间和空间之中。离开了时间和空间就谈不上历史的存在。因而,"时间与空间被称为历史的两只眼睛"。时间即历史发展的时序,通常指时间顺序、时间逻辑以及人文时间环境等。时序思维是指在历史叙述中树立时间意识,学会运用时间术语来进行历史陈述;在时间背景下把握历史变迁与延续、原因与结果。空间即历史发展过程中赖以存在的地理环境,它是人类历史演进的舞台。历史时序观念和历史空间观念共同构成了历史的时空观念。

时空观念是历史学科有别于其他学科的重要特征,也是学生应该具备的历史核心素养之一。但在实际的教学中,我们发现学生的时空观念却非常薄弱。就时间而言,学生经常将典型历史人物、历史事件和历史现象所发生的时间张冠李戴、混淆不清。历史时序观念的缺乏很容易使学生对历史的认知停留在"只见树木不见森林"的阶段;就空间而言,地理知识的薄弱又使很大一部分学生缺乏应有的空间观念。在横向上,搞不清同一地区不同时段所发生历史事件的因果联系;在纵向上,同一时间不同地区所发生的历史更是难以驾驭。历史空间观念的缺乏又使学生对历史的认知停留在"只要楼阁,而无根基"的"空中楼阁"阶段。

总之,就历史学习而言,培养学生准确而正确的时空观念非常必要。《义务教育历史课程标准(2011年版)》要求学生:"了解历史的时序,初步学会在具体的时空条件下对历史事物进行考察,从历史发展的进程中认识历史人物、历史事件的地位和作用。"《普通高中历史课程标准(2017年版)》更是将时空观念这一核心素养的培养要求分为四个水平层次。第一水平:能够辨识历史叙述中不同的时间与空间表达方式;能够理解它们的意义;在叙述个别史事时能够运用恰当的时间和空间表达方式。第二水平:能够将某项史事定位在特定的时间和空间框架下;能够利用历史年表、历史地图等方式对相关史事加以描述;能够认识事物发生的来龙去脉,理解空间和环境因素对认识历史与现实的重要性。第三水平:能够把握相关史事的时间、空间联系,并用特定的时间和空间术语对较长时段的史事加以描述和概括,理解历史上的变化与延续、统一与多样、局部与整体及其意义。第四水平:在对历史和现实问题进行独立探究的过程中,能将其置于具体的时空框架下;能够选择恰当的时空尺度对其进行分析、综合、比较,在此基础上做出合理的解释。

那么应该如何培养学生的时空观念呢?笔者认为应该从以下几方面着手。

一、从时间和空间结构想象和理解历史

许多学生在历史课上喜欢听故事,但如果要求他们掌握典型的历史年代和历史事件,如果不是为了考试,几乎没有多少人喜欢记忆。更有学生想起历史就是无数的时间和事件的记忆,导致谈历史而色变。这一定程度上反映了学生时空观念的淡薄,也反映了学生接触历史还停留在初级阶段,只是"走近"历史。

为改变一些学生对历史的浅薄认识,进一步"走进"历史的深处,需要从时间和空间结构上想象和理解历史,挖掘典型历史事件和现象的重要意义,把枯燥的年代数字、地理名称与背后的重大事件的历史意义结合起来,从而使枯燥的年代数字和单纯的地理名称更具张力。

比如斯塔夫里阿诺斯在《全球通史》中曾提到,中国历史上有几个重要的时间节点:公元前221年、1911年、1949年。作者认为这几个时间点不仅仅意味着几个重大的历史事件:秦统一中国、辛亥革命、中华人民共和国成立,更重要的是这几件大事从根本上改变了中国的政治和社会结构。通过这样的

讲述,枯燥乏味的历史时间顿时变得熠熠生辉,学生对历史的认识也更加深刻。

实际上,除时间外,空间也是如此。当我们以历史眼光来看待空间时,地理所包含的历史信息自然丰满起来。以红军长征为例,教师可以引导学生阅读历史地图《中国工农红军长征示意图》,数一数两年内红军长征途经了多少个省份。并补充讲解从1934年到1936年,红军两年内一共爬过了18座山脉,其中5座终年冰雪覆盖,渡过24条河流,经过十多个省份,期间还要突破国民党的多道封锁线和多个地方军阀组织的包围,但日行军平均速度还能达到35千米。从而引导学生从空间角度感受红军长征的艰辛和战士们的坚毅。

二、重视时序,按历史发展逻辑认识历史

一切事物的演进过程都有其前因后果和发展的内在逻辑。历史现象、历史事件的因果关系和它们所发生的时间顺序是一致的,所以,教师有必要按照历史发展的逻辑帮助学生理清历史的线索,认识历史事物的复杂关系。

比如,学生在学习人教版高中历史必修一第7课"英国君主立宪制的建立"一课时,普遍反映有一定的难度。一个很重要的原因是教科书的讲述顺序是光荣革命、议会权力的确立、责任制内阁的形成。按照教材阅读,讲完1689年《权利法案》颁布后,就讲到1832年议会改革,之后又讲到18世纪的责任内阁制。教材编写虽有一定的自身逻辑,但不符合历史发展的逻辑,因时序性不突出,学生很难理解这一课。

如果将教材内容按时序调整为17、18、19世纪,理清英国君主立宪制建立和发展的线索(确立:17世纪,《权利法案》颁布;发展:18世纪,责任内阁制的形成;完善:19世纪,1832年议会改革),这样,按历史发展逻辑学习这一课,学生就比较容易理解和掌握。

三、"神入"历史,站在特定时空下思考历史

任何历史事件都是在特定的、具体的时间和空间条件下发生的,只有在特定的时空框架之中,才可能对史事有准确的理解。这就需要"神入"历史。"神入"历史,是一种"体验"式学习,即感知过去、理解古人的一种心理活动。它要求教师创设历史情境带领学生进入"历史"世界,并尽力与前人"处于同

一境界",即站在历史当事人的角度,采取与历史当事人对话的态度,理解和评论其言行方式与意图。它还要求学生避免用个人的"后见之明"来看待过去的人和事。

例如,在学习"甲午中日战争"一课时,许多同学在学习了《马关条约》内容后,都对赴日本签订条约的李鸿章恨之入骨,并骂他为卖国贼。这实际上就是以"后见之明"来看待过往的人和事。对于李鸿章签订《马关条约》一事,教师需要引导学生回到具体的历史背景下进行考察。19世纪末的中国,国力衰弱,政治腐败。甲午战败后,李鸿章赴日交涉,面对日本政府咄咄逼人的气势,他也曾据理力争,无奈国家羸弱,统治者委曲求全,不得不接受日本提出的屈辱要求。如若把所有责任都归于李鸿章一人,显然是不客观的。

总之,历史学习需要培育时空观念,需要将时间情境和空间背景紧密结合。在时间情境和空间背景互为因果中考察历史的演进和变化,形成人、时间和空间的有机统一。

38

如何运用合作教学策略

在日常教学中,作为教师往往会发现一些来自学生实时生成却又稍纵即逝的思维火花,其中一部分可以在课堂上通过对话或探究等方式及时转化为教学资源并合理处置,但也有一部分限于教学篇幅或学生的知识储备不适合当堂展开,此时将其转化为课后的研究性学习课题不失为一种有价值的选择,而学生完成的课题成果也自然成为课程资源中颇具意义的组成部分。

早在2000年,教育部就已经将研究性学习作为必修课程列入《全日制普通高级中学课程计划》中。区别于传统教学模式,研究性学习将学生由被动的接受者转变为主动的探究者,更有利于培养学生的创造性人格,凸显了学生在教学过程中的主体地位。但在具体教学实践中,我们也很容易发现,研究性学习成果的质量,很大程度上还取决于教师的适当介入及引导,因此选用合适的教学策略,并加强教师对学生研究过程的测控也是研究性学习必不可少的组成部分。

合作教学策略是一种基于小组学习的教学策略,它通过学生之间的交流合作以促进学生在认知、情感和社会性等方面的成长。小组学习包含五大因素,即积极的相互依赖、面对面的交往、个体责任、社会技能和小组加工。这五大因素基本涵盖了学生主动学习所需具备的品质,特别适合作为研究性学习的一般教学策略。本文笔者就以"保留黑人奴隶制对美国独立之初的影响"这一课题实施的过程,探讨合作教学策略在研究性学习和课程资源开发中的运用。

一、师生合作互动,确定研究方向

该课题的选定便源于学生在课堂上对教材内容提出的疑问。有学生发现教材中描述道:"1787年宪法有许多不足之处,如允许奴隶制度的存在,不承认妇女、黑人和印第安人具有和白人男子相等的权利,等等。"这一点通常在课堂教学中作为美国1787年宪法的局限性予以呈现,但课堂上该生对此结论提出以下两个疑问:美国的黑人奴隶制与奴隶社会阶段的奴隶制有何不同?为什么代表资产阶级利益的制宪者会认可奴隶制度的合法性?

不得不承认,学生这两个问题的提出是颇具思想性和挑战力的,于是笔者引导学生从美国独立之初的南北方不同的政治经济状况等方面进行考虑,但学生显然缺乏这部分知识的积累,考虑到探讨这一问题有利于学生批判性思维的养成,而课堂上又不具备解决的条件,因此建议将其转为研究性学习的课题,当场就有十多位同学表示出浓厚的兴趣。课后笔者将这部分同学召集起来组织讨论,正如所料,讨论演变成了十多位同学的辩论——"保留黑人奴隶制在独立之初的美国是否成为必然的选择?"但学生的立论尚缺乏史料的支撑,仅仅是基于自我理解的推论。在教师介入并提出意见之后,最终学生协商达成一致,采用"保留黑人奴隶制对美国独立之初的影响"这一相对中性的课题名称。

在选题环节中,从学生主动提出疑问,到教师建议转化成课题,再到学生在充分讨论、保留意见的基础上达成研究方向的一致,整个过程充分体现了师生之间的合作,更体现了学生的主体地位和能动作用,学生热情高涨,为最终开发课程资源奠定了良好的基础。

二、自主合理分组,生生合作竞争

课题选定之后,首先面临的是分组问题。学生自发提出,按照选题时的辩论双方分成A、B两组,A组负责"奴隶制的保留给独立之初的美国带来的积极影响",B组则反之。同时,笔者建议学生首先了解美国的黑人奴隶制与一般意义上奴隶制的差异以及美国独立前后的社会状况等研究前提,学生表示认可。如此,两组成员既有目的地保持合作,同时又基于不同的研究方向产生竞争的动力,不失为一种积极的分组方案。

在学生确定分组之后,笔者又提醒学生,整个研究过程对另外一组的同学要保持全程透明,本组成员随时有权了解对方研究资料和研究成果。这一要求的目的主要在于最大程度体现生生合作,用对话和研讨解决观点的矛盾和实现自我完善。

此后学生开始分组制定研究计划,包括进一步明确研究范围、制定研究步骤及进度表、细化组内分工、确定参考书目及访谈对象、讨论成果形式等等。在这一阶段,教师只作必要的点拨,提供一些修改性意见。

三、教师适时指导,学生合作共享

研究性学习的实施阶段主要包括查阅文献及访谈、整理资料和分析研究等步骤。由于该课题涉及美国史,第一手史料相对缺乏,学生也不具备相应的翻译能力,故教师指导学生主要从中文版美国史书籍和我国史学界现有的资料入手,考证北美黑人奴隶制的变迁及其影响。

值得一提的是,中学生的历史研究性学习有别于史学研究,他们限于学识和精力,不可能完全按照规范的流程进行学术性研究,也很难形成具有史学价值的创造性研究成果。研究性学习的目的,很大程度上在于培养学生史论结合、论从史出的基本历史学素养和合作探究的能力。因此在具体的研究过程中,笔者仅仅强调学生的立论必须有史实的支持,以及提醒两组同学进行研究资料的共享。

课题实施的过程中,要求两组学生进行合作共享,实际上体现了学生在学习中积极的相互依赖,并且承担对本组的责任和对对方的义务,在良性竞争的轨道上提升对于所研究问题的认识,同时学会如何用比较科学的方法实现自我立论并应对不同观点。而这些素质的培养,恰恰是合作教学策略的精髓所在。

四、合作化解矛盾,整合研究成果

在实施阶段后期,笔者欣喜地发现,A、B两组同学已然做到了充分的讨论和交流,彼此在"黑人奴隶制的保留是历史发展进程中的必然选择"这一问题上达成了共识,虽然关于其对美国成立之初的影响是利大于弊还是弊大于利方面仍有争议,但各自的研究成果若加以有机重组,已经能够支撑对于这一问题的客观评价。另外，从合作教学策略的角度出发，充分体现小组加工基础上的资源整合，完成两组的成果汇总，也成为最终升华教学目标的必然要求。

在学生已经自觉意识到成果整合必要性的同时，笔者建议两组同学就立论和论据进行进一步的研讨，甄选最合适的史料，支撑最具价值的论点，形成最后的结题论文。这一过程中，学生经过充分的讨论，基本弥合了观点的矛盾，更加辩证全面地看待这一史学问题，提出了如下的核心论点："在工业革命以前，南方诸州尚不足以用比奴隶制更先进的生产关系去维持已经存在的经济发展模式，黑人奴隶制的保留是美国成立之初维护全国经济秩序和避免南北分裂的必然选择，是各方利益得以协调的结果，它的积极作用是不容忽视的；但奴隶制的存在也践踏了人权，并且埋下了日后种族问题和内战动荡的祸根。"经由课题组全体同学的合作和教师的指导，该课题最终完成了研究性学习的报告，以优秀的成绩成功结题。不仅如此，学生的研究资料与研究成果被装订留存，也成为了校本课程资源开发的优秀范例。

通过上述案例我们不难发现，历史研究性学习不仅从根本上改变了学生学习的理念和学习方式，进一步丰富了历史课程资源，还对教师教育观念、教学内容、教育方式和教学行为的优化提出了更高的要求。在学生自主研究的过程中，教师有目的有意识地选用合作教学策略，并坚持将这一策略贯穿研究性学习始终，定能收到良好的效果。

B组组长在课题总结中写道："在这个我们自己选定的课题研究中，我不仅加深了对美国黑奴制和其他相关历史知识的理解，最后得出了比较全面的结论，更学会了不完全相信书本、依赖书本。最重要的是参与课题的过程本身是我们互相交流、取长补短的过程，使我认识到团队合作和思想交换的重要性。对我来说，这已经不仅仅是学习了……"笔者认为，这段话已经足以说明合作教学策略的运用对于研究性学习效果的达成和对于学生的自我发展的重要性了。

39

如何进行历史对话教学话题设计

对话是优秀教学的一种本质性的标识。对话教学是新课程倡导的崭新教学方式。对话教学离不开话题，话题是对话发起和持续的依据或中介。对话教学要使教学过程发端于话题，推进于话题，归属于话题。因此话题设计是对话教学的一个重要教学环节。

一、历史对话教学话题设计的要求

在新课程历史对话教学中，话题设计是否成功直接关系到对话教学的效果。话题有效，教学对话就会积极、有效；话题无效，表面的热闹遮蔽的则是实质的平庸。话题设计得好，对话教学就能"步入正轨，渐入佳境"。为此，历史对话教学中的话题设计需要坚持以下基本要求。

1. 话题要结合教学目标和教学内容

历史对话教学的话题不是随意设定和生成的，而是服务于教学目标，渗透于教学内容中的，脱离教学目标和教学内容的话题不能成为历史对话教学的话题。在目前的新课程历史教学中，部分教师刻意追求对话教学话题的生成性而迷失了基本的教学目标，选择了一些偏离教学目标的生成性话题。例如：在"第二次鸦片战争"的教学中，有学生问："老师，英法联军火烧圆明园时，带路的真的是中国人吗？"执教老师认为这是生成性教学的好机会，当即决定放弃原来预设的教学设计，抓住这个问题跟学生讨论。显然这样的问题不应该成为本课对话教学的话题，因为它既偏离了教学目标也脱离了教学内容。

2. 话题要基于学生的"最近发展区"

历史对话教学所设计的话题应贴近学生的最近发展区,话题要高于学生现有的发展水平,但学生通过对话探究又能够理解话题、解决问题,从而使学生得到发展;话题要能够充分调动学生已有的知识经验,同时包含一些未知的成分;话题应既能激发学生的探究欲望,又不会使学生丧失信心,过易和过难的话题都不利于学生的发展。这就需要教师在教学前对学情有一个科学的评估、准确的了解,以便在设计话题时做到贴近学生的最近发展区。

3. 话题要面向全体学生

对话教学是全体学生共同发展的教学,因此,话题设计要充分考虑全体学生,使全体学生得到发展,既能照顾优等生的发展,又能促进后进生的进步。历史对话教学的话题只有面向全体学生,才能形成真正意义上的对话,面向少数群体的话题易形成教学中的"话语霸权"现象,教学也就沦为"非对话性"的教学。

4. 话题要具有开放性

历史对话教学中的话题要具有开放性。开放性话题是一种包容性极强的多元话题,这种话题具有宽广的思维空间,它允许多种理解并存,不强调答案的唯一性与标准性,只要言之有理、言之有据就行。"你认为洋务运动是成功了还是失败了?"就是这类话题。如果用此类开放性话题引入教学对话,则有利于学生在认知冲突中深化对教材内容的多元理解。

二、历史对话教学话题设计的策略

新课程历史对话教学中的话题设计具有一定的技巧和策略,教师通常可以根据问题的性质、问题的生成方式来进行设计。

1. 根据问题的性质设计话题

(1) 围绕教学重点、难点问题的话题设计策略。

教学中的重点、难点问题是指在实现教学目标过程中必须加以重点解决的、牵一发而动全身的问题和学生在理解感受上存在困难的问题。这类问题教师一般在上课前就已经预设好了,以预设性的话题呈现给学生。这种设计策略需要教师在课前认真备课,认真领会历史课程标准,把握教学目标,钻研历史教材,理解学生的身心发展特点和水平,根据重、难点问题和教学情境设计出历史对话教学话题,然后在课上引导学生围绕这类话题展开对话。

(2) 围绕教学疑点问题的话题设计策略。

教学疑点问题,一般是指师生在教学过程中感到迷惑不解的问题。教学中的疑点问题也是对话教学话题设计的源泉之一。"为学患无疑,疑则有进",历史对话教学要鼓励学生对教师、教材的质疑,要抓住疑点问题设计对话教学的话题。例如:在"辛亥革命"一课的教学中,教师就可抓住"《中华民国临时约法》为何特别规定责任内阁制"的教学疑点,设计"责任内阁制与总统制究竟哪一个更适合中华民国"的话题,来进行教学对话,培养学生的质疑和解疑能力。

(3) 围绕争议点问题的话题设计策略。

所谓争议点问题是指在对话教学过程中师生或生生之间对某一问题的理解产生争议的问题。教学中的争议点问题往往是思想观点碰撞的触发点,是激起学生认真思考和探索的动力。例如:对哥伦布、克伦威尔、李鸿章等历史人物的评价一直是有争议的问题,在教学过程中,教师就可以围绕这类争议问题设计"评价历史人物的标准是什么"的话题,在对话教学中提升学生的批判、反思能力。

(4) 围绕社会热点或焦点问题的话题设计策略。

社会生活中的热点或焦点问题往往是人们颇为关注的问题,历史教学内容往往会触及社会生活中这方面的问题,如战争与和平、工业化与环境保护、经济全球化与政治多极化等都可以作为对话教学的话题。围绕社会生活的热点和焦点问题设计的话题,能加强历史教学内容与现实生活的联系,容易激发学生参与对话教学的热情,有助于提高对话教学的有效性。

2. 根据问题的生成方式设计话题

新课程历史对话教学中的问题生成方式,可以由学生自发生成,可以由教师自己生成,还可以由师生共同生成。在不同的情况下,教师要针对这几种方式采取不同的策略。

（1）学生自发生成问题时，教师要"顺"。

历史课堂对话教学中，学生根据自己的学习经验和教学情境会自发地生成问题，对学生自发生成的问题，教师要采取"顺"的策略，顺应学生的疑问需求，帮助学生寻求答案、提升认识。例如：在"戊戌变法"一课教学中，有学生对谭嗣同本来能走而未走，以致惨遭杀害，感到很不理解，提出了"谭嗣同之死很不值得"的问题。历史教师这时就要顺应学生的疑问需求，设计"谭嗣同之死值不值得"的话题进行教学对话，来加深学生对谭嗣同为了国家和民族的崛起、不惜舍弃自己的生命来唤起后人矢志变法图强勇气的认识。这样的对话超越了"谭嗣同之死值不值得"话题讨论本身的意义，会带给学生们极大的心灵震撼，对发挥历史教学情感态度与价值观方面的作用，是很有益处的。

（2）教师自己生成问题时，教师要"启"。

历史课堂对话教学中，教师自己生成的问题对学生来说在认识和理解上有一定的难度，这就需要教师加强对学生史学理论和方法的指导，并适当点拨，合理启发。例如：在"美国联邦政府的建立"一课教学对话中，教师往往会生成这样的问题："联邦政府三大权力部门的三权分立，是否意味着权力的绝对划分？"对于这个颇有难度的问题，教师则应把它作为展开对话的话题，在介绍相关史学研究成果的基础上，启发学生自主探究，建构认识：美国联邦政府三大部门之间的权力划分并不是绝对的。因为实行分权的目的是保证权力之间的制约与平衡，如果三权完全分立，就无法实现各权力之间的制衡。要保证联邦政府各个权力部门之间相互制衡，就必须使各部门的权力存在部分交叉，共同行使某些特定的权力，所以绝对的分权是不切实际的。

（3）师生共同生成问题时，教师要"引"。

在历史教学对话过程中，有许多师生共同生成问题的时机，教师要很好地把握这样的机会。教师要通过巧妙追问，恰当地把学生引导到话题生成的边缘，不断激发学生，进而解决问题。例如：在"古代希腊民主政治"的教学中，教师可以把握共同生成问题的机会，追问学生："自然地理环境对希腊文明有影响吗？""自然地理环境对雅典城邦、斯巴达城邦的影响相同吗？""自然地理环境决定了人类文明的起源和发展吗？"这样的层层追问，就巧妙地把学生引导到"地理环境与古希腊民主政治建立之间的关系"的话题上来,从而帮助学生正确认识地理环境在古希腊民主政治建立过程中所起的作用。

  总之,新课程历史对话教学的话题是动态的、开放的、灵活的,历史教师一定要根据教学实际,精心设计对话教学话题,使话题成为教师和学生之间沟通和交流的桥梁,使历史课堂在教学对话中充满张力与魅力!

40

借鉴影视剧情设计，创新历史课堂情境

亚里士多德曾言："思维自疑问和惊奇开始。"高质量的课堂教学，应以设问、置疑始，以析疑、释疑终。譬如看影视剧，剧情中悬疑不断，能吊足观众的胃口，吸引观众的注意力。接下来的剧情如果能合情合理，即精彩地做到析疑、释疑，该剧便很大程度上能广受好评。历史教学亦是如此，创设"疑"境，设置悬念，可以激发学生的学习兴趣，使其由"疑"到思，尽快入"戏"。影视剧的剧情一般可分为序幕、发展、高潮、尾声四个部分，每个部分都有其独特的作用。课堂教学中我们完全可以借鉴这种方式，以"解放战争"一课的教学设计为例，可以将"解放战争"设计成一幕大剧，让学生沉浸于历史的情境之中。

一、剧情序幕处设疑，渲染气氛，初次灵动

序幕，有时也称"引子""楔子"等，是叙事性文学艺术作品情节结构的组成部分。它原为戏剧名词，指某些多幕剧置于第一幕之前的一场戏，通常用以交代人物的历史、人物之间的关系、人物所处的时代背景以及事件发生的原因等。

1946—1949年的解放战争不同于中国近现代史上历次反侵略战争，史学界称之为"第二次国共内战""第三次国内革命战争"。"内战"是这节课的最大特点。内战的范围、投入的兵力、消耗的物力、伤亡的人数、惨烈的场面、持久的影响等等，这些都是空前的，足够引起我们的反思。近代史上的中华民

族是一个多灾多难的民族,在抗战胜利后这个重要的时期,"世界上最需要和平的民族在和平机遇最好的时代却与和平擦肩而过"。因此,有必要创设情境,让学生知道这场战争发生的历史背景。可是,如果授课者平铺直叙、照本宣科,或者直接代替学生归纳总结、亮出观点,如同"填鸭",课堂必然毫无生气,不但不灵动,恐怕连互动都会是奢望。如同影视剧为了尽快让观众进入剧情,往往在序幕之处设置悬疑,我们的历史课堂也可以在开篇的时候设置趣味十足、引人入胜的问题。

设疑一:蒋介石和毛泽东是北伐战争时期亲密的同志,一个负责军事,一个主管宣传;更是抗日战争时期并肩的战友,分别在正面战场和敌后战场共同抗击日军的侵略。是什么原因导致他们兵戎相见?有没有人制止过内战?为此,他们做了哪些努力?

此举能立即调动学生学习的积极性,令其迫不及待地"动"起来寻求答案,很自然地进入到历史情境中来,阅读和思考战争发生的背景。教学中可以设置几个相关的小问题连续发问,把战争的背景通过师生的互动一点一滴地、条分缕析地呈现出来,提高教学的有效性。

悬念是根据观众看戏时情绪需要得到伸展的心理特点,编剧或导演对剧情做悬而未决和结局难料的安排,以引起观众急欲知其结果的迫切期待的心理。它是影视剧创作中使情节引人入胜,维持并不断增强观众兴趣的一种主要手法。在"序幕"部分设置的这几个"悬念",渲染了山雨欲来风满楼的气氛,创造了解放战争前的历史情景,这样学生迅速进入角色,课堂立即灵活起来,引发了学生探寻历史真相的激情,认真积极地进入下一环节的学习。

二、剧情发展处设疑,埋下伏笔,又现灵动

发展是戏剧冲突进入高潮前的进展阶段,它在全剧中所占分量最大,也是最关键的部分。剧中的主要人物、主要事件、主要矛盾冲突都要在这里展现。该剧能否紧紧吸引观众,高潮能否自然合理地到来,也决定于这一部分。创作者必须一方面抓住矛盾双方斗争的发展规律,依据人物性格,层次分明地使矛盾冲突越来越表面化、尖锐化,另一方面又要使矛盾冲突的发展避免直线上升,而应该使其有波澜,有起伏,一波未平,一波又起。如此,才能使剧情富于节奏感,始终抓住观众。

解放战争发展的过程,教材上有大字小字的各种介绍,供学生自主阅读。可是课堂教学的进程中,如何有效地指导学生阅读教材,这是一个让不少教师特别是年轻缺乏经验的教师很困惑的话题。就像影视剧的剧情发展中,如何吸引观众深入故事而不走神,这并非没有难度。有的教师只是简单地布置任务,以命令式的口吻要求学生阅读第几页到第几页。这样固然指示明确,但学生不免觉得无趣,甚至心生厌烦,仿佛和尚念经,走神开小差的大有人在,往往时间一到,又被老师强行拉回,至于看到多少知识、学到多少知识,根本无从谈起。课堂气氛不仅不灵动,而且僵化得厉害。可是如何能让学生认真、仔细地阅读呢?还是要通过设疑引导。

设疑二:毛泽东说,"蒋介石总是强迫人民接受战争,他左手拿着刀,右手也拿着。我们按照他的办法,也拿起刀来"。蒋介石是怎样"动刀"的?毛泽东是怎样"挡刀"的,又是怎样"拿起刀来"的?

设疑使学生继续保持了高昂的兴致,学生更乐于因此而深入熟悉教材,急于想知道战争爆发的时间、地点、经过等。同样,为了深化学习,可以继续设计一连串的小问题让学生以历史参与者的角色置身于"解放战争"中,理解细节知识。

在此基础之上,教师可以继续设计活动环节:初中的时候我们就学习过三大战役的过程和意义,身边的影视剧、文学作品中也有许多关于三大战役题材的故事。但是有些编剧和作者为了突出戏剧的效果,往往增添了一些非史实的故事。哪位同学可以主动为大家讲一讲自己所了解的三大战役?大家判断一下,哪些是历史,哪些不是历史?

学生在初中的历史学习中已经了解解放战争的过程,由学生自己讲述他们所知道的战争,课堂气氛活跃,学习效果明显。通过问题的设置,学生能够主动积极地阅读高中教材和回忆初中所学的知识,这种主动的学习比任何被动的接受都要有效得多。通过课堂上的巧妙设问,能让学生感受到历史课堂不是简单的故事的集合,而是知识与能力的综合提升,是自身情感态度与价值观从朦胧到成形的必由之路。历史课堂上应让学生在了解历史事实的基础上,尝试体验探究历史问题的过程,通过搜集资料、掌握证据和独立思考,学会对历史事物进行分析和评价,并在探究历史的过程中尝试反思历史,汲取历史的经验教训。这样就激发了学生的灵感,赋予了学生灵性,使学生变得更加灵活。

三、剧情高潮处设疑,引人入胜,再来灵动

剧情的高潮是全剧矛盾冲突或故事交集最集中的地方。没有高潮,再好的影视剧也不能吸引观众。历史课堂也应该有高潮部分,然而如果缺乏精心的设计或处理不妙,这样的高潮就是伪高潮,因为它起不到扣人心弦、引人入胜的作用,也不能充分调动学生的积极性、主动性,更不能让学生享受到历史学习的乐趣。解放战争全课的高潮在于探寻战争胜负的原因和向人民英雄们致敬。

尽管历史不存在"假如",但是历史研究不妨"大胆地假设,小心地求证"。高中生已经有一定的阅读量,对国共两党的历史或多或少有所了解。高潮处如提供部分历史资料,创设相应的历史情境,课堂又会继续灵动起来。

设疑三:解放战争的战场上,从国民党全面进攻到重点进攻再到被解放军战略反攻,以及双方决战,国民党军为什么一路败退?

材料一 南京电信局有一个"军话专用台",专门接转总统府、国防部等要害部门的电话,共有九名工作人员,其中七人为中共地下党。蒋介石之"用人不疑",与毛泽东"保持高度警惕性"之风格迥然不同。

——高华《国民党军事失败的真正原因》

设问:国民党为什么屡失战机?中共地下工作者起到了什么作用?

意图:战争中各种偶然事件往往都有必然的因素,教师要培养学生运用马克思辩证唯物主义的理论探析偶然性和必然性的关系。同时,要使学生深切地感受到广大地下工作者的巨大贡献,了解实在的和隐形的两个战场之间的关系。

材料二 国民党的行军日志中明确规定"宿营不得进村"。他们倒不是怕扰民,而是怕老百姓偷袭,民心向背可见一斑。一直到朝鲜战争前,解放军都没有后勤部。解放军的后勤部就是老百姓。王树增做过调查,临汾战役的时候打得惨烈,解放军急需木料,老百姓就把自家门板折下来"毁家支前",一共送了27块门板!一仗下来,临汾周边几个县,老百姓家只剩下黑幽幽的门洞。

淮海战役解放军参战部队60万人,支前的老百姓却有590多万人。山西临猗的一位农民推着手推车,千里迢迢,只为把两发炮弹送上前线。

——太原晚报《王树增解读解放战争:解放军的后勤部就是老百姓》

设问:兴亡谁人定,盛衰岂无凭!聪明的你,从材料中看到了什么吗?

意图:通过对比,道出战争胜负的主要原因,即民心向背。这样比单方面的说教更具有说服力。

在大胆的假设之下,通过两段材料、两个问题,就灵活地揭示了战争胜负的原因,也尽力还原了真实的国共战场,更让学生跳出狭隘的阶级斗争的历史观,站到整个中华民族的高度看待这场战争。根据史料创设情境,采用设疑的方式,使得课堂的灵动性再一次出现。

四、剧情尾声处设疑,点明主旨,重显灵动

剧情的结尾最好点明主旨,给人以启迪、思考。优质的剧集,不仅有凤头、猪肚,还要有豹尾。好的结尾应做到既使观众满足,又留有回味的余地,充分显示作者的思想深度。历史课堂上留一个开放式的甚至有疑问的尾声,这要比突然结束有力得多,收到的效果也迥然不同。

设疑四:历史,连接着过去、现在和未来。这场战争已结束了70年,人们对战争的态度有哪些?它留给我们怎样的启示呢?

材料三 自6月25日解放军围城之后,国民党各部队从市区外购粮的渠道被切断,立即开始转向抢购市内市场上的商品粮。……每户只准存3个月的口粮,超过部分不准自己留用,必须上缴政府收购,以充军需。若隐匿不报者,一经查获,不仅没收粮食,还要依军法严惩。起初,还是按规定挨户登记存粮,后来便野蛮搜查,公开强抢。7月又公布补充规定,将麦子、麸子、糠皮等也列入管制之内。

这样的政策使长春市内许多人家陷于饥饿境地,百姓只能以野菜充饥,后来连树叶和树皮都被剥光了。二道河子在解放前1个月内几乎出现了十室九空的现象。市内留下的人,多数靠吃曲子面和酒糟维持生命。于祺元称自己吃过一个月的酒糟加野菜,艰难地熬到长春解放时。

——长春晚报《亲历长春解放 讲述残酷战争》

设问:读完这则材料,你对这场战争有何感想?如何看待战争?

意图:以真实的史料营造具体的历史情境,使学生感受到战争的残酷,民众的悲苦。以史为鉴,今天的我们应倍加珍惜来之不易的和平。

改变"教教材"的陈旧的教学方法,通过灵活运用设问、置疑的方法实现"用教材教",学生在这样的学习环境中,不仅"行"动,而且"心"动。中学历史教学的最终目的不是向学生灌输知识,而是引导学生去探索、发现真理,培养历史思维能力、自我学习能力。"解放战争"这一课如果仍囿于传统的教法,即教师唾沫飞扬地"一言堂""满堂灌",课堂就很难高效,更不能灵动。利用影视剧的经验,通过设问、置疑的方法,创设历史情境,充分调动学生的主动性,让学生主动翻看一幕接一幕的真实的历史镜头,这样的历史课堂显然要更加有效。

41

学会以情优教,提升高中历史教学有效性

著名心理学专家卢家楣教授认为,教师在充分考虑教学中的认知因素的同时,还要充分重视教学中的情感因素,努力发挥其积极的作用,以完善教学目标,改进教学的各个环节,优化教学效果,促进学生素质的全面发展。这就是著名的"以情优教"的教学理念。"以情优教"侧重于"情",落实于"教"。美国心理学家罗杰斯认为,无论在教学活动的准备阶段、进行阶段还是结束阶段,学生的认知过程和情感过程都是交织在一起的。没有情感的教学是死寂的,不落到教学实处的情感是泛滥的。教师只有充分把握教学要素各环节,合理运用教学策略,才能推进情感教育,才能真正做到"以情优教"。

一、提炼教材,挖掘情感,活化教学内容

教材是依据教学大纲编制的系统反映学科内容的教学用书,具有知识性、系统性,但也不免被学生贴上"枯燥"的标签。事实上,教材内容也往往蕴含情感因素。

情感教学心理学将蕴含情感因素的教材分为蕴含显性情感因素教材、蕴含隐性情感因素教材、蕴含悟性情感因素教材和蕴含中性情感因素教材四种不同类型。能在教材内容中通过语言文字材料、直观形象材料等使人直接感受到情感的表达,这就是蕴含显性情感因素教材,如《辉煌灿烂的文学》《充满魅力的书画和戏曲艺术》等课文,字里行间洋溢着对祖国辉煌文化的赞美;有

些则本身不含情感因素,但却具有引起情感的某种因素,并能被具有一定领悟水平的个体所感受到而产生相应的情感,这就是蕴含悟性情感因素教材,如《启蒙运动》课文,学生能从中感悟到思想解放运动对欧洲社会的巨大推动作用。对此,卢家楣教授提出了诸多指导性操作策略,如展示情感策略、发掘情感策略、赋予情感策略、诱发情感策略等,主张通过对教学内容的加工提炼,让教学内容中所蕴含的情感因素为学生所尽可能地感悟到,从而使学生获得相应的情感体验。

以人教版高中历史必修三"古代中国的发明与发现"一课为例,教学设计如果完全按照教材陈述古代中国的发明与发现的成就及意义,显然会使课堂枯燥乏味,无法激发学生的兴趣,更无法使其深刻体味古代中国发明对世界的深远影响。对此,教师需要重新提炼教材信息,挖掘教材情感素材,整合教材内容,让教学内容活起来,使教学内容被学生主观上感到是满足其需要的,从而达到教学内容与学生需要之间的统一,以有效调节学生的学习心向,提高学生学习的积极性。

譬如说,笔者将科技成就部分设计成"走进古代中国科技博物馆"虚拟多媒体软件,既能直观形象地展示科技成就,使其一目了然,使学生在欣赏科技成就的同时自豪感油然而生,还能将传统的问题设计、FLASH特效等有机结合,以"过关""晋级"等非物质奖励机制激励学生,使学生学习成就感提升,起到传统教学无法比拟的效果。这样的教学,使看上去似乎平淡乏味的教学内容,出乎意料地与灵活的表现手法相联系,不仅摆脱了教材的枯燥说教,还极大程度地激发和陶冶了学生的情感。江西省瑞昌市第一中学王高峰老师在讲授本课时,则将课文调整为"用显微镜细致观察四大发明""用多棱镜全面认识四大发明""用望远镜反思四大发明"三大板块,给学生耳目一新的感觉。这样的教学,使看上去简单易懂的、教条性的内容,与学生未曾思考过的问题和社会现实相联系,让学生惊奇地发现其中所蕴藏的深层内涵,使学生的思维随三面镜子的不同选用不断调整,令观察、认识和反思一气呵成。

二、锤炼语言,传递情感,优化教学表达

语言是教学工作的特殊载体,其艺术感染性、生动形象性,特别是情感性,对于教学的成功至关重要。一个语言规范、妙语连珠、风趣幽默的老师和

一个学问很高,但表达不清或者表达不好的老师,哪个更能吸引学生?这是不言而喻的。

  一个教师,即使做不到口若悬河、滔滔不绝,最起码也要让语言规范准确,表达自然流畅,这样学生才会喜欢老师的课。一个说话没有标点、没有抑扬顿挫、不懂激趣的老师,纵有再高深的知识,也很难让学生喜欢。走上《百家讲坛》的诸多历史教师,包括新东方的俞敏洪,无不展现了语言的天赋与魅力。所以要想做一名出色的老师,就要想方设法锤炼自己的语言。如能做到风趣幽默,那课堂就会更有"笑果",这往往会比清晰的讲述更有吸引力,它会使学生在这种轻松的氛围中理解概念,更会激发学生对学习的热爱。

  恰当地使用身体语言,也可以让学生感到教师的真诚和亲昵,拉近师生的距离。一束目光、一个体态、一丝微笑都能在师生之间架起情感交流的心桥。美国心理学家梅拉比安曾提出,信息的表达=7%的语调+38%的声音+55%的表情。所以,教师要充分调动起身体语言因素,尤其是眼神,它是课堂教学最普遍,也是最重要的表情体现。教师不应吝啬与学生对视,切不可过分"专注"于教案或正前方。否则,师生之间永远有条情感交流的鸿沟!

  语调在教师的语言艺术修养中占有一定地位,恰当的语调能使语言平地生辉,具有磁铁般的吸引力,起到较好的教学效果。例如教师在讲到新中国开国大典时,可以模仿主席讲话,声音响亮,余音绕梁;讲到国民大革命阶段蒋、汪叛变革命时,可以声音高亢,声声质疑;讲到日本侵华制造屠杀时,可以声音低沉,充满悲凉。当然,这种"变化"是有要求的,即语调在其主旋律上应保持清新、平稳,在平稳之中再加以变化,做到"稳中有变",防止突然的大起大落让学生"提心吊胆"而适得其反。

  教学中,充满感情的语言和恰如其分的语调与教学内容相结合,便能创设出一种情感氛围,它将激活学生思维,让学生产生期待。当学生的情感被调动起来时,他们就会沿着这条情感轨道,走进教材,并让情感在师生间回流。这样的教学言语不仅能传知,还能传情,从而使课堂教学获得科学和艺术性的完美统一。教师只有不断锤炼语言,优化教学表达,才能最佳程度地传递真情实感,以情激情,叩击学生心灵,打造有效课堂。

三、问题激励，迸发情感，驱动教学生成

教师的有效激励，往往能激发学生积极的、强烈的学习动机。而学生学习动机不清、目标不明则是影响教学成效的又一重要内在因素。因此，教师在教学实践中要特别重视激励的作用。问题激励是教师最常用的激励手法，主要表现为教师通过设疑、提问，让学生思考、回答。但不是所有的问题都能起到激励的作用。问题激励应注重"问"的质量，仅仅停留在对错判断上的设问是一种教学浪费。

历史教学中，教师可巧妙运用"认知匹配策略""超出预期策略"等手段。例如，在讲授"古希腊民主政治"一课时，通过对古希腊自然地理环境的分析，首先设疑：古希腊产生民主政治的重要因素是什么？学生通过认真听讲、简单思辨就能指出是独特的地理环境和小国寡民的城邦体制，教师及时肯定学生听课细心、回答正确，能使学生主观上感到满足，有效调节学生的学习心向，提高学习的积极性。然后设疑：古希腊民主政治产生的决定性因素是什么？回答出第一个问题的学生肯定会有解决第二个问题的动机，但又会迅速意识到该问题的答案并非前一问题答案的重复，超出答题预期，需要进一步思考，这会使学生的思维形成强烈冲突。这个时候，如果教师及时奖励刺激，学生的思维会兴奋起来，追求成就感的劲头就更足，若再给予信息提示，如"雅典""斯巴达"两个关键词，学生就会敏锐地意识到古希腊奴隶制工商业经济对民主政治产生的决定性影响，从而在认知冲突中思考，在思考中达成认知，获得进一步主观满足。接着再设疑：古代中国的春秋战国时期与古希腊的城邦国家时期处于同一时代，但却创造了不同的政治文明模式，造成这种不同的政治文明模式的主要原因是什么？这个时候，学生的思维已经打开，问题越是超出他们的预期，解决该问题的愿望就越强烈，因为他们在逐层深入的解答中陆续获得了满足，学生的思维已处于高度兴奋状态。

问题激励既要强调"问"，又要注重"激"。它不仅要求教师善于创设情境、激发情趣，还要求教师善于发现学生的思想火花，给予及时适当的激励，让学生的积极性得以发挥，兴趣得以调动，让学生在"想学""愿学"的心理基础上形成"乐学"的高层情感。对于学生的错误，教师也应及时加以纠正，促

进其健康成长。

　　实践证明：教师如果能注意情感的释放和启发，就可以缩短师生间的距离，在无形中产生一种凝聚力和向师性。一种情感上的共鸣和共振，能把学习效率提到较高的水平。教师只有情感丰富并善于运用情感教学的手段，才能有效地激发学生浓厚的学习情感，做到以情优教，真正提升历史教学的有效性。

42

让历史课堂精彩结束回味无穷

我们都认为一堂好的历史课必须要有好的导入。一个好的导入可以带出一堂好课。同样一堂好课,还必须要有一个好的结尾。设计巧妙的结尾,不仅能使学生所学的新知识得到巩固,还可以给这堂课锦上添花,使其余味无穷。可见结束技能也是课堂教学的基本技能之一。所谓结束技能是指教师在课堂教学任务终了阶段,通过重复强调、概括总结、训练操作、实践活动等方式,对所学新课知识和学科能力进行系统强化,使之稳固纳入学生认知结构的一类教学行为的技能。那么教师该如何掌握良好的结束技能,让历史课拥有一个精彩的结尾呢?笔者结合实践谈以下的看法。

一、课堂结尾的类型

课堂教学的结尾按活动主体大致可分两类:一类是以教师活动为主的概括式总结,一类是以学生参与活动为主的练习式总结。

(一)以教师活动为主的概括式总结

这是以教师活动为主的总结方式。新课结束后,教师以简明扼要的语言概括教学内容,既突出重点、突破难点,又提示各部分知识的联系,从而使新旧知识融会贯通,以便让学生把新知识稳妥地纳入原有的知识结构中去。

1. 教师的讲授式总结

这是一种最常见的做法,就是直截了当概括课文内容。如"第二次鸦片战争期间列强的侵华罪行"一课的教学中,当新课结束后教师可做这样的表述:为扩大对华侵略权益,英法联军发动第二次鸦片战争。1860年为威逼清政府满足英法等国的侵略要求,英法联军火烧圆明园,摧残中华文明;沙俄在此期间趁火打劫,强割强占中国东北、西北150多万平方公里领土;清政府缺乏抗战信心,对外一味妥协退让;中国战败激起人民抗清斗争的高潮,太平军抗击洋枪队再次表明中国人民有着抵抗外来侵略的坚强意志。这种对课文基本内容进行的简明扼要的重复,有利于学生加深印象。

第二是教师在总结时对某些重点难点进行强化。新授内容结束后,学生对全课有了一个总体认识。但由于是初学,学生有可能对某些环节,如历史背景、原因、本质等关键问题,仍模糊不清,教师在总结中有必要一一指明,加以强化。如"第一次世界大战"一课的总结中,教师就必须再次强调萨拉热窝事件是引发一战的导火线,根本原因是帝国主义政治经济发展的不平衡,并联系各国的参战目的进一步使学生认清一战的本质是一次帝国主义的掠夺战争。以此进一步使学生明确一战的原因、性质。

第三是教师对课文内容进行适当归纳整理。如学习"美国南北战争"一课时,教师可以按照历史事件的五要素来进行课堂总结:时间(1861—1865年);原因(两种经济制度的矛盾);经过(包括战争的爆发、转折和结束:1861年南方军队挑起内战,标志南北战争爆发;1862年林肯颁布《宅地法》和《解放黑人奴隶宣言》扭转战争局势;1865年战争结束);结果(以北方的胜利而告终);意义(是美国第二次资产阶级革命,废除了黑人奴隶制度,扫清资本主义发展的又一障碍,为以后经济的迅速发展创造条件)。这样学生只需抓住五要素,即可将原来零散的知识编成结构化的网络,从而牢固而深刻地理解和识记各部分内容。教师还可充分利用图表、图示等形式进行总结,既可以使相关知识条理化和系统化,也可以培养学生运用历史图表制作历史图示的技能。如对"和同为一家"的总结,可以通过列表格来进行,以加深学生对唐朝民族关系的理解和把握,如下表。

民族	生活地区	建立政权时间	首领	与唐朝关系

2. 教师的深化式总结

教师若能在总结中引导学生得出某个结论,或导出某种带规律性的认识,把历史的真实同现实的启迪统一起来进行分析,以古鉴今,可以使学生耳目一新,感到饶有新意。这比单纯指出新课所述各个问题的大意式总结更有意义,这样的总结可称为深化式总结。

第一,教师可以用唯物史观,对所学的史实进行多角度的分析,深化教学内容。例如在"科举制的创立"一课的总结中,教师谈道:"科举制是我国古代通过考试选拔官吏的一种制度,始于隋朝,完善于唐朝,结束于近代,历时1300余年,对中国历史产生了深远影响。"如何来认识科举制的影响呢?教师引导学生从以下几个角度一一分析:① 要用一分为二的观点,全面评价科举制度,认识它的积极作用和消极影响。② 用联系的、发展的观点分析科举制度。它是在封建社会的鼎盛时期,适应地主阶级扩大统治基础的需要而产生的;到明清时期,随着封建制度的衰落,其消极作用愈来愈明显。③ 多角度认识科举制度。它首先是一种政治制度,是维护封建统治的重要手段;其次,是一种教育制度,是通过考试的方法选拔优秀人才的方式;另外,它还是一种思想控制的手段,将广大知识分子的思想严格限制在四书五经范围之内。经历这样分析性的思维过程,学生会对科举制有更全面更深刻的认识,更重要的是以后他们也会逐渐尝试用这些观点去分析认识历史或生活中其他的人与事。

第二,教师可以运用比较的方法进行总结。引导学生对历史事件,特别是一些类似的、易混淆的历史事件,进行归类比较,这不仅可以帮助学生深化知识,且有利于启发学生的发散思维。例如讲完"时代特点鲜明的明清文化"后,教师在小结明清文化成就后提出一个问题:"明清时期的科技成就与隋唐、宋元时期相比呈现出哪些特点?为什么?"经学生讨论后教师指出:

"16—17世纪世界科学技术有了突破性进展,人们常说的近代自然科学在冲破神学统治后在欧洲诞生,并与资本主义生产相结合,推动了欧洲资本主义的蓬勃发展。而古代中国自宋应星的《天工开物》以后再也没有科学技术巨著问世,很少有世界领先的科技成就。明代中后期虽有稀疏的资本主义萌芽产生,但它刚破土就遭到严重摧残。在封建统治下和西方列强相继入侵下,不仅我国的科学技术未能得到长足发展,甚至连我国的社会发展方向也受到了扭曲——中国从1840年以后逐渐走向半殖民地半封建的道路。"由明清时科技成就及此后中国科技的逐渐落后谈起,又从中外历史中寻根追源、联系比较,总结出中国科技由先进变落伍的原因,这种理性化的总结发人深省、耐人寻味。

第三,教师可以通过引导学生对某些历史事件、历史现象进行规律性探讨,来深化教学内容。如果学习历史仅仅满足于了解历史人物和事件等,那只是一个浅薄的层面;教师还必须把分散的、孤立的史实有机地结合起来建立知识体系,让学生从整体上把握历史,进而得出正确的历史结论。例如:在"统一多民族国家的巩固"一课总结时,教师可引导学生回忆古代史中有关民族关系的内容,从而使学生认识到各民族都有自身发展的轨迹,国家统一与民族融合是中国历史发展的主流。

通过以上的总结,学生对历史的认识就不是停留在简单的认知上,而是提高到能反映历史现象的本质及其发展规律的高度,即理性认识的高度。这样的总结多次进行,反复地点化,把新知识不断地转化成能力,就能使学生不断地朝着学习历史的更高层次攀登。

3. 教师的启发式总结

这是指教师深入钻研教材,研究课文前后之间的知识联系,找出能切入下一课的内容和问题,在课堂教学结束时,向学生提出一些富有启发性,且能暗示新课的内容,但是暂不作答,为以后的学习进行引导启发。如"凡尔赛—华盛顿体系"一课可以这样结束:"巴黎和会确立了帝国主义在欧洲、西亚、非洲统治的新秩序,暂时调整了帝国主义在西方的关系;华盛顿会议是巴黎和会的继续,它建立了战后帝国主义在东亚和太平洋地区的统治秩序。凡尔赛—华盛顿体系带来了一战后的和平,但是这种和平稳固吗?为什么?这一体系又维持了多久,是怎样被打破的?"这样的结束可以使旧课和新课的内容连贯起来,成为一个知识体系,激发学生学习新课的兴趣,为下两课的内容做了良好铺垫。

(二)以学生参与活动为主的练习式总结

这是以学生参与活动为主的总结方式。学生是学习的主体,因此不仅在教学新授过程中要发挥学生学习的积极性,而且在教学的结束阶段,为了检查和巩固学习的效果,也必须让学生积极参与。学生参与活动的总结方式,大体有两种类型。

1. 师生对话式总结

这是以师生问答方式来完成的一种总结方式。问题能激发学生的思维冲动,这就要求教师针对课文主题或重点知识,提出精选过的相关问题链。师生对答既能使学生更透彻地理解教材的有关知识,巩固所学内容,又锻炼了学生的思维能力和口头表达能力,还便于教师及时了解学生的反馈信息。因此以师生问答方式进行总结,也是教师们经常采用的一种方式。

2. 学生练习式总结

结尾的功能之一便是巩固新学的知识。教师布置当堂练习,是达到这一功能的有效手段。当然这种练习不是一般的作业,它既是对学生学习本课知识情况的检查,又是对本课内容进行的总结,因此教师必须精心设计。比如可以运用填图表的形式。"统一多民族国家的巩固与发展"一课结束阶段,有教师挂出一块小黑板,上面画了大大小小不同颜色的圆圈。教师要求学生通过记忆,在圆圈里分别填上相关地理名称。对于这种别致的总结方法,学生们很感兴趣。不一会儿,"气球图"便成了一幅整洁的示意图解,它不仅帮助学生记住了清朝疆域的"四至"名称(西跨葱岭,北接西伯利亚,东临太平洋,南至南海诸岛),而且明确了方位,形象直观,显示了图示总结的优点。此外,编写大事记、年表、提纲等也是一个易行有效的办法。操作程序为:新授结束后首先教师提出题目,并说明编写的要求;其次,全班学生边看教材边编制个人的提纲;然后,请一名学生念自己的提纲,大家再补正;最后,教师总结,给出参考答案,完成这堂课的总结。这样可以提高学生梳理知识,驾驭知识的能力。如"世界反法西斯战争的胜利"一课结束时,要求学生编写"第二次世界大战大事记",在编写、查阅、修改的过程中,加深记忆。最后还有一种值得尝试的方式,就是请学生提问题。学问贵在有疑。若是学生能对本课内容提出有质量的疑问,激发学生的讨论,那无疑是课堂最大的亮点。记得"鸦片战争"一课结束时,有学生提问:"若当时有卫青、岳飞这样的将领,中国是否能取胜?是否就可以不签丧权辱国的条约?"问题的提出,引发学生热烈的讨论,刚刚学到的知识立刻得到了充分运用。这番讨论无疑成为课堂精彩的落幕。

二、运用结束技能时的注意事项

无论采用什么形式结课,最终的目的都是使学生更好地巩固所学的新知识,发展学生的思维能力。因此在设计课堂教学的结束环节时,应遵循如下一些原则。

1. 把握系统,深化内容

课堂的小结应概括全课知识,但不要让总结成为新知识内容的简单重复,而是要使其进一步系统化。经教师精心加工,系统、简约和有效的知识网络形成,使学生把零散的知识串联成可以理解的历史,形成更完善的知识结构。

2. 紧扣课文,突出重点

重点是教材中最关键的历史知识,重点知识往往是历史发展过程中的重要环节,是构成历史知识体系的主要内容。抓住了重点,有助于教师讲清基本线索,有助于学生理解和把握规律性知识。一旦掌握住重点,其他历史知识也就迎刃而解了。

3. 启发学生思维,发展学生能力

历史课堂教学的结尾也应注意启发学生的思维,引导学生从感性认识上升到理性认识,不是一种简单的重复,而要成为一种升华,因此教师要善于通过各种结束形式,揭示事件的丰富历史内涵以及它们的内在联系,形成一个知识系统,找出其规律性的东西,从而开拓和发展学生的思维。此外还应高度重视历史教学另一目标,即能力的培养。结束环节还可以通过引导学生积极思考,动脑、动手解决问题,把历史知识转化为能力。

4. 让学生积极参与

教师在新课的结尾阶段,要尽量设计学生参与活动的方案。这是体现学生主体作用的有效途径。教师要及时收集学生参与总结实践的反馈,分析不同的反馈信息,给予表扬与鼓励,使学生增加学习信心,增强主体意识和主体能力。

俗话说:"编筐织篓全在收口。"恰到好处的结尾,会起到画龙点睛的作用。教师在课堂教学结束时必须根据各课内容特点,结合学生实际设计出最优的结束形式,从而取得最好的教学效果,为一节好课画上完美的句号!

43

如何有效地实施学案教学

追求课堂教学的有效性是新课程的基本理念之一。就学生层面来讲,要求学生学习方式的转变,倡导主动学习;就教师层面来讲,要求及时更新教学理念,转变教学方式。针对传统教案教学的单向性和封闭性,近年来在历史课堂中多有学案教学(学案教学是以学案为载体,学生依据学案在教师指导下进行自主探究的教学活动)模式的实践,学案被认为是教师用以帮助学生掌握教材内容、沟通教与学的桥梁,也是培养学生自主学习与建构知识能力的一种重要媒介。目前对于学案教学的研究在某些方面,例如学案编制的原则、要求、方法等,已相当丰富,也取得了非常丰硕的成果。但就如何使学案在历史教学实践活动中真正发挥作用,还需要不断探索。本文中笔者试图立足于历史课堂教学主阵地,结合课堂教学论、有效教学论等相关教育理论,并结合自身在历史教学实践中的典型案例,通过系统行为,展开历史学案教学有效性的实践层面的研究;探索增强历史学案教学有效性的技巧和具体操作方法,确保学生学习主体地位的落实,实现学生学习的最大效益,最大限度地为师生"互动—探究"提供课堂时空,让学案成为信息输出与反馈的桥梁和让师生沟通思想认识、产生情感共鸣的纽带,让学案教学成为培养学生自主学习能力的金钥匙,成为一门教得其方、学得其法的综合教学艺术。

学案的有效实施分为学生自学、小组展示交流、教师指导、课堂检测和研究性学习等活动。一份设计有效的学案应该可以满足不同形式的课堂活动的需要。

第一,学生的自主学习。编制好的学案,可以提前一天发给学生,也可以于课前下发。当提前一天下发学案时,教师要布置好明确的学习任务,如通过预习完成学案中的自主学习部分,掌握基本知识概念;或者通过学案中设计的思考题,预先开展小组学习,留待课堂上进行展示讨论。如果课前下发学案,那意味着使用学案的活动基本上都要在课堂上来完成。

第二,小组的合作学习。分小组学习是学案教学中的一个重要环节,可以分为展示、讨论、质疑、交流等活动,而其中以学习讨论为主要形式,这非常符合新课改的理念。由于预先在课前布置了小组学习的任务,课堂的讨论交流应该是比较充分的,剩下的就是调控讨论的过程,规范讨论的行为,紧扣讨论的主题,最终提高讨论的质量。

第三,教师的指导点拨。如果说学生的活动可以赋予课堂以生命,那教师的活动则可以赋予课堂以灵魂。学案教学的课堂与普通的教学课堂是一样的,其教学过程是教与学之间的信息传递与反馈的控制过程,作为课堂教学活动的组织者和观察者,教师活动应该贯穿始终:明白学生在学什么,调控学习任务和学习行为,解答学习疑难,采集学习信息以及评价学习效果。注意把握分寸,根据课堂教学所需,灵活运用学案,千万不要被学案牵着鼻子走。

第四,作业的分类处理。一般学案中总会设计有达标测试或课堂训练等类似的板块内容,时间允许的话,这一环节最好在课堂上就把它完成,这样处理有利于及时检测学生的掌握情况,也有利于学生及时巩固所学知识,强化记忆。而这并不意味着课后就没有作业了,除了基础练习训练外,还可以有研究性作业。由于学案教学中设置的问题都是教师预先设计好的、表达清晰的,学生通过合作探究或经由教师的引导,只需要对其充分分析,运用已有知识解决即可,这并不能够培养学生自己发现问题、解决问题的能力。就历史学科来说,研究性作业往往会跳出书本的束缚范围,呈现给学生不同于课本结论的材料,学生无法直接用课本知识来进行解答,这就要求学生学会阅读材料,学会提炼有效信息,最后能够组织有效语言来表达结论。这种类型的作业在文科班的学案中应该受到教师和学生足够的重视。

实施学案教学应该是一项长期性的工作,坚持编写适合实际情况的、科学性与有效性兼具的历史学案,促进历史课堂教学效益的提高,是历史教师应一贯坚持的目标。之前在对历史学案教学现状的调查过程中,已经发现目前大部分学案教学的实施都缺乏完善的反馈机制，教师无法及时得到学案使用的信息反馈，编写的学案无法得到及时的调整与完善，也就妨碍了学案教学有效性的提高。针对这个问题，笔者建议要多渠道地建立学案教学的反馈机制，具体如下。

第一，从学生层面了解学案使用的基本情况。学生是学案的直接受用者，他们的评价往往是最直观的，而且学生是一个群体，在群体的意见中往往容易发现问题的焦点所在。学生层面的信息反馈形式可以多种多样：口头了解、问卷调查、座谈会、考试分析等等。口头了解随时可以进行，得到的信息往往也是最及时的；问卷调查的优势在于许多问题可以预先设置，方便教师全面地了解信息，在制作调查问卷的时候，要注意设问的层次性以及问项内容覆盖的完整性；考试是学案教学的终极评价机制，学生最终的考试成绩是验证学案教学是否有效的重要依据，在考试分析的时候，要注意向学生了解学案在平时的学习过程中实际发挥作用的效度。

第二，首先，从教师群体层面了解学案编制、操作、反馈等方面的信息。教师群体作为一线教育工作者，都有自己的教学经验，有自己的特长优势，特别是在使用学案的过程中往往会有自己独到的见解。集思广益有利于形成合力，有利于教师整体水平的提高。因此，让教师们在适当的氛围中畅所欲言，共同探讨是一种很好的反馈方式。例如可以加强备课组交流，探讨历史学案编制的科学性、有效性；也可以在校内经常开设学案教学研讨课，从教师的角度分析学案在操作层面如何提高灵活性、有效性；另外，如果条件允许的话，要多与其他省市地区的学校交流，向他们请教学案教学的优秀经验，取他人之长，补己之短。其次，从教师个人层面来说，得到学案教学反馈信息最直接的渠道就是教师及时地自我反思和总结。教师参与编制学案并在课堂教学中付诸实施，能够比较清晰地掌握学生学习全过程的信息，对学案的使用效果有比较实际的了解，同时也能深刻地体会到哪些方面设计得好，哪些环节还需要改进和如何改进。教师的自我评价能引导教师思考、领悟和自我激励，并向更高的层次发展。所以反思工作很有必要，不仅要耐心细致，而且贵在坚持。

44

学会运用传统文化精神解决近代史教学的疑难问题

习近平同志指出:"中华文明绵延数千年,有其独特的价值体系。中华优秀传统文化已经成为中华民族的基因,植根在中国人内心,潜移默化影响着中国人的思想方式和行为方式。"历史由于其独特的学科特点,当中包含了大量的传统文化的知识内容。历史教学中要培育和弘扬社会主义核心价值观,就必须立足中华优秀传统文化。以下笔者就以近代史上重大事件中的几个问题的教学反思,分析传统文化在历史进程中的影响及价值指向。

一、通过博采众长的会通精神,重新认识洋务运动

会通精神,是博采众长的价值表现,是中华文明可持续发展的特征之一。会通,就是会合而贯通,简言之,就是一种文明在传播发展中汲取其他文明的精华,通过融合达到创新发展的境界。中华文明史表明,如果没有诸家学派和域外文化的会通融合,中华文化就不能发展、创新。19世纪的中国由于闭关锁国,隔绝于世界,落后于西方。当国门被坚船利炮轰开后,大多数上层社会还是沉浸在"天朝上国"的迷梦中不肯醒来,过着闭目塞听的生活。然而,有一部分士人,他们先知先觉,不怕世人冷嘲热讽,大胆地向西方学习,融合东西之长,勇挑民族振兴的重担。在教学中,可以用中华文化的会通精神解析他们的思想和实践。

首提"中体西用"并系统梳理将之形成理论的是清末著名政治人物张之洞。张的一生,充满无数的传奇,他既中过科举考试的探花,又投身近代工业

的兴建,既干过朝廷清流的领袖,又摇身一变为地方督抚的代表,是一位传统文化根深蒂固的时髦新派。《劝学篇》是张有关中体西用说的一部总结性著作,书中"西学为用"的篇幅多于"中学为体",且明言"中体"也要"致用为要"。难能可贵的是,张认为"西政"比"西艺"更重要,"小学堂可以先艺后政,中学堂就要先政后艺"。并断言,挽救民族危机,"谋国之方,政尤急于艺"! 他主张在文化、技术、制度等各个层面打通中西,恢复中国"经世"传统的功用,将博采众长的会通精神发挥到了极致。所以,虽然洋务运动是器物之变,但"中体西用"的思想却不仅仅局限在技术领域。曾国藩、李鸿章、左宗棠、郭嵩焘、沈葆桢等为代表的一大批洋务人士,面对传统社会危机四伏、外国殖民主义者浮海入侵的局势,努力走出传统的狭小天地,拓宽文化视野。他们在继承传统文化的同时,又清醒地意识到必须超越传统,积极向西方学习,大胆突破"夷夏之大防"观念的拘囿,实现国家的近代化。他们对西方的历史文化、政治、经济、科学技术进行了深入的考察和研究,并不顾个人毁誉,大力传播西学,成为中国近代化的先驱。

文化专题的教学中我们应当通过还原这段历史的本真,告诉学生:中华文化之所以流光溢彩、绚烂夺目,就在于它始终以兼容开放的态度不断地吸纳中外优秀文化成果的会通精神。在今天的文化建设中,我们一方面应当对中国传统优秀文化进行认真的研究、总结,另一方面,又应当以博大的胸襟广泛吸纳世界各地区、各民族的优秀文化成果,使古今中外一切人类文明的优秀成果都能够成为我们文化建设的重要资源与依托。

二、通过刚柔相济的坚忍精神,化解维新变法的细节难点

刚柔相济是中国人人生态度的理论概括和价值提炼,是中华民族精神中最具有积极意义的内容之一。儒家重"刚",《论语》里说"明知不可为而为之"。如果知其不可为就不为,就等于承认凡事无须坚持,遇到困难只管放弃,听天由命,随遇而安。那么就不会有力挽狂澜、扭转乾坤等情况的发生。而道家讲"柔",提出"上善若水",水滴石穿,要求"以柔为刚""以退为进",通过"无为"达到"无不为"。中华文化强调"儒道互补",即阳刚必须与阴柔适当配合,因而塑造了中华民族刚柔相济的坚忍精神。

维新变法是近代史教学中的重要一课,无论在必修还是选修课中,地位

都非常突出,也是各类考查考试的必测环节。对于戊戌政变时谭嗣同等人主动引颈就戮,放弃机会逃走,学生非常不理解,甚至嘲笑改革家们痴、傻、憨、呆,不懂变通,不合时宜。对此,叶小兵教授曾难过得大发感叹。其实,要处理好这块教学难点并不困难,首先要让学生了解传统文化中的刚与柔。谭嗣同之所以不走,是因为悲哀中国太落后,中国人太愚昧,需要用鲜血唤醒他们,这就是"明知不可为而为之"。从初中到高中,几乎各种版本的教材都采用了这一说法。这固然是谭视死如归的原因,但只有"刚",不足以全部概括历史的真实。近代学者左舜生这样论谭的为人:

实际是一个天性笃厚而感情真挚的人。……当他在戊戌八月被捕的前夕,逻卒在门,他自己已经视死如归,但仍能从容不迫!为他父亲造出几封告诫儿子的家书,以免他的老父横被牵累,您难道可以不承认他是十足的孝子吗?

——左舜生《春风燕子楼·左舜生文史札记》

谭不仅至孝,而且与妻子感情深厚,也担心她的安全。原来,谭嗣同之所以不走,还有"柔"的一面,他不希望家庭、家族被无辜牵连。其实,政变之前,谭即有不祥预感,曾在给恩师欧阳中鹄的信中表达了愿望:"一愿老亲康健,家人平安;二愿师友平安;三知大劫将临,愿众生咸免杀戮死亡。"同时,在康、梁等主要变法精英逃走后,他还有许多善后的秘密工作要做,仍然活动频繁,并非一个坐在家中等死的愚蠢的书呆子!

另据著名历史语言学家、台湾研究院院士黄彰健先生考证,谭嗣同的绝命诗《狱中题壁》乃梁启超改造,原诗为:"望门投止怜张俭,直谏陈书愧杜根。手掷欧刀仰天笑,留将公罪后人论。"既表明了作者不愿学张俭仓皇逃窜以致连累诸多亲友,又流露了作者的悔恨之情。光绪赐杨锐密诏,本嘱咐新党不可违太后意旨。新党却不顺从光绪意旨,而拟调军围颐和园,虽然此举系为了变法而采取的非常措施,但确有"公罪"。谭的意思是:既然自己欺瞒皇帝犯有欲行政变的"公罪",现在计划失败,就应该敢作敢当,牺牲自己酬报圣主。这又是谭嗣同"刚"性的一面。理解了刚柔相济的传统文化的精神,才能真正理解谭嗣同的壮举。

刚柔相济还渗透在中国文化的其他方面,化为施政手段、兵家谋略、对敌策略、做人风格等等。在近代史教学中,还可以用来分析清末的中法之战、"塞防"与收复新疆等等。

三、通过仁者爱人的人道精神,还原黄花岗烈士的壮举

孔子说"仁者爱人"。中国传统文化的主流——儒家思想,其核心就是"仁"。仁居仁、义、礼、智、信五德之首,它是人们行为规范的最高评价标准。仁是组成传统行为规范的基本要素和核心价值取向,因而孔子的学说又被称为"仁学"。孟子在孔子基础上又提出"仁民爱物",仁爱为怀不仅要推己及人,如"老吾老,以及人之老;幼吾幼,以及人之幼",也要推己及物,对生命现象普遍尊重。这种人道精神不能空悬仰望,教学时可以从历史人物的感情与生活进行解构、学习。

人教版新课程教材高中历史必修一第13课"辛亥革命"在叙述辛亥革命前的各地反清运动时这样写道:"中国同盟会成立后,发动了一系列武装起义,推动全国革命进入高潮。黄花岗起义最为壮烈。"限于教材篇幅,这里的内容处理得相对简约,学生很难从中理解资产阶级革命家们舍生取义、不畏强暴的壮烈行为。课堂教学中不妨引用1911年3月29日广州起义中的两封烈士家书,一是林觉民的《与妻书》,这是起义的三天前他写给妻子陈意映的诀别信,字字泣血,念之断人肝肠,为国捐躯的激情与对爱妻的深情两相交融、撼人魂魄。写这封信时,作者满怀悲壮之情,已下定慷慨赴死的决心,为的是"助天下人爱其所爱""为天下人谋永福"。抛却与爱妻的儿女情长而"勇于就死",义无反顾地投身到推翻清政府黑暗腐朽统治的武装起义中,这是大仁大爱! 一是方声洞写给父亲的绝笔书:"使同胞享幸福,虽奋斗而死,亦大乐也,且为祖国而死,亦义所应尔也,……则儿虽死,亦瞑目于地下矣,惟从此以往,一切家事,均不能为大人分忧,甚为抱憾。"从方声洞的绝笔书中,我们同样看到他对家庭的爱。然而,为了革命的成功,为了民众的幸福,他宁愿牺牲这一切。方声洞的绝笔书与林觉民的《与妻书》都体现出了救国救民的大仁大爱精神,他们的至上情怀是高度一致的。

引用这两封家信,倡导为国为民的仁爱精神,能让学生迅速进入风云变幻的历史情景中,理解革命家们的所作所为。在实际教学中,课堂气氛明显高涨,师生徜徉于共情之中,教学效果显而易见。杜威认为,教育即生活,教

育是社会生活的指导和延续,教育教学要关注人们的现实生活。历史知识的学习同样要贴近人类社会,贴近现实,贴近人们的生活,把历史教科书上的知识与人类社会的实际问题联系起来,能够在人类社会的实际问题中获取与历史学习有关的信息帮助学生学习。历史教学中应贯彻"仁者爱人"的人道精神,教育学生如何具备仁爱之心,如何自爱、爱亲人、爱人类、爱天地万物,即教育学生学会生活,学会贴近现实和社会。

近代史教学中,还有很多令人纠结的细节和问题,可以通过提炼传统文化的精神来重构、解释,例如民族资本主义的产生和发展、新文化运动的兴起、国共两党的联合与北伐、抗日民族统一战线的形成等等。中华传统文化,以其博大精深的内涵、包罗万象的理念在中国历史上绵延了近五千年,创造了无比灿烂的辉煌。培养未成年人对传统文化的理解力与适应力,是历史教育工作者的重要责任。弘扬传统文化的精神,将传统文化渗透于教育教学,能跳出枯燥的狭隘的本本说教,营造充满文化氛围、人文情怀的历史课堂,提升课堂教学的价值意义。

45

如何进行情境教学

新课改以来,提高素质教育水平成为普遍共识。"情境教学"自1978年由李吉林提出,从解决课堂实际问题入手,经过数十年的实践探索,最终形成了既有共性又有个性的学科情境教学完整的操作体系。历史课堂采用情境教学法,弥补了时代久远无法亲身体会的遗憾,引导学生"神入"历史情境,体会历史发展的延续与变迁,以"温情与敬意"感受历史的脉搏,更有助于学生对历史事实进行理解和判断。

情境教学的关键在于激发学生的情感。教师创设形象生动的具体场景,引发学生的情绪体验,加深学生的课程理解,启迪学生新的智慧。如何进行情境教学呢?首先要把握三个基本原则:一是无意识调节和补充有意识,情感因素调节和补充理智因素。换句话讲,就是既要考虑集中学生思维进行高级思维活动,又要考虑调动学生兴趣、情感、动机、无意识潜能等对智力活动的促进作用。学生是理智与情感同时活动的个体,教师需要想方设法调动学生身心各方面的潜能。二是愉悦轻松的体验性原则。学习需要兴趣激发。当学习变成责任与负担,学生就很难产生探索的愿望。教师要在轻松愉悦的氛围中引导学生主动发问,展开思考和想象,重视"过程"的享受,不要过于关注"结果"的呈现。三是师生互信互重下的自主性原则。课堂上师生是双向交流的关系。传统教学主张教师是主导者,学生是接受者。新课程理念下,教师与学生都是课堂的主体,尤其是学生的主动学习成为衡量教学进步的重要指标。师生互动、生生互动成为教学的主要手段。情境教学需要"神入"情境,需要师生互信互重,"晓之以理,动之以情"是双方互相了解并达到一定默契的情况下方能实施的。教师要了解学生的好恶,知悉学生的问题,尊重学生的质疑,鼓励学生的自主。学生也必须了解、信任并愿意与教师一起探寻疑问,否则情境教学只能成为镜花水月,虚幻一场罢了。

把握了基本原则之后,如何在课堂上实施情境教学呢?虽说"教无定法""千人千法",但个性中必然孕育共性,有些普遍性的规则还是有章可循的。笔者尝试以"新文化运动"一课的课堂实践为例,深入探讨情境教学的可行性举措。

新文化运动是中国近代思想史上重要的一环。在"救亡图存、启蒙进步"的历史潮流面前,新文化运动顺势而动,承启近代仁人志士救国救民、力挽狂澜之志,激荡百年中国学习西方、融入世界的梦想,可谓浩浩荡荡。但一堂课如何呈现如此丰富深刻的内容?就算呈现出一部分,又如何引导学生思考近代化探索的艰难,理性看待新文化运动在历史上的地位与作用呢?经过反复思考,笔者试着从以下几个方面,采用不同的情境引入,或渲染,或生发,试图解决以上问题。

一、活用多媒体,"还原"历史情境

夸美纽斯说过:"一切知识都是从感官的感知开始的","我们由此可以为教师们定下一则金科玉律,在可能的范围内,一切事物都应尽量地放在感官跟前"。认知的普遍规律提示我们,尽可能地调动学生的视听感知,将枯燥乏味的历史知识转化为丰富活泼的影音视频、图片实物,以形、声、色等多种形式作用于学生感官,能在学生的大脑皮层上留下深刻的痕迹。将距离久远、虚无缥缈的历史现象生动地展现在学生面前,能极大地激发学生学习的兴趣和探究的渴望。现代化多媒体技术、浩瀚的互联网信息都为"还原"历史情境提供了便利。例如,上课伊始,正式打铃之前,笔者开始播放音乐《教我如何不想她》。原本课间闲聊打闹的学生一下子安静下来,倾听这首有年代感又不失韵味的歌曲。还未开始上课,学生的眼中已经有了疑问:这是什么歌?谁唱的?和今天的课有关吗?老师为什么要放这首歌?学生一边欣赏音乐一边若有所思,这恰是导入新课的最佳时机。待一曲终了,笔者缓缓告诉学生:"同学们,你们听的这首歌是20世纪二三十年代在中国青年知识分子中流行的一首歌。1920年新文化运动健将刘半农赴伦敦留学,突然由一员新文化运动的骁将变为一名海外游子,他感慨万千,于是借诗抒怀。这首诗通过对四季景物的生动描绘,形象地表达了热恋祖国、思念故人的炽热情感,洋溢着青年勇于冲破封建罗网追求个性解放的时代精神。刘半农诗中灼人的思念故国故人的热烈感情,在当时同样旅居国外的赵元任心灵上激起了强烈的共鸣,于1926年,他在深刻领会歌词内涵的基础上,展开丰富的想象,运用多种音乐手段,把无声的文字化作有声的音乐,谱出了一首为几代人所心动的艺术歌曲。"在音乐先导的前提下,再辅以语言的渲染,同时PPT展示词作者、曲作者的生平简介。丰富的信息量虽解答了学生的疑问,但又引发了新的问题:词作者、曲作者都是新文化运动中涌现的风云人物。新文化运动是一场怎样的运动?这首歌作为时代之音,反映了20世纪20年代中国怎样的时代面貌呢?由此吸引学生的关注,迅速导入到课程主旨上来。

在课程推进的过程中,笔者还运用了老照片《袁世凯祭天》,近代早期留美幼童、女留学生的照片,历史地图《北洋军阀统治时期军阀割据示意图》,漫画《靠不住的人》,经济图表《1911—1919中国纱厂面粉厂生产能力》《资本额柱状图》《中国近代经济结构图》,历史文献(民国时期小学生作文、民国新闻报道)等各种材料,向学生展示新文化运动时期新旧杂陈、失望与希望并存的社会面貌,让学生感受时代巨变之时新旧交锋流转、近代社会新陈代谢的艰巨性与复杂性,取得了良好的效果。学生从这些图片、材料中逐步触摸到20世纪20年代社会各个层面的状况,了解到自洋务运动以来中国虽有了渐变革新的气象,却难以与传统体制文化决裂,出现不自觉地倒退停滞的社会现实,感悟到面对内忧外患愤而惊醒的先行者面对封建顽固势力推行新观点、新理念的诸多困难,意识到近代中国的历次革新都会遭遇"古今中西新旧之争",都在沉渣泥泞中缓步前行。如果没有各种多媒体手段的运用,没有尽力"还原"当时的历史情境,学生就很难有感同身受的体悟,更不要说有深入的思考了。

二、引入课堂情景剧,创设体验情境

在课堂教学中创设模拟角色的情境,可增强学生主体性、自发性学习的兴趣。通过课堂情景剧,渲染课堂气氛,激发学生主动思考历史情境和历史人物的行为,不仅仅是激发学生学史的兴趣,更是让学生以自身的行动加深对历史事实的思考与判断。

为了让学生感受20世纪初中国国民的灵魂,笔者请学生自编课本剧《祝福》,以祥林嫂捐门槛的小事来演绎悲苦女性的命运。学生自发组织起来,改编语文课本中祥林嫂的故事,自编自导,还特地为鲁四老爷和太太祭祖的场景寻找、制作相关道具。学生通过扮演历史中的小人物,模仿人物的一言一行,揣摩人物的所思所想,将自己还原到特定历史氛围中去把握人物的精神状态,对祥林嫂这样一个悲剧人物"哀其不幸、怜其不争",最终发现底层人民的抗争在风雨如磐的黑暗社会实在是螳臂当车。如果吃人的封建礼教不消除,千千万万的祥林嫂都无法摆脱命运的安排!表演前学生翻阅资料,加深理解;表演中学生神情逼真,感同身受;表演后学生凝神细思,叩问时代。可以说参与表演的学生在学习中充分发挥了自觉性、主动性,又在编写剧本、参与表演的过程中发掘了自身的潜力。而观看课本剧的学生看到朝夕相处的同学声情并茂地演绎民国初年女性的悲剧,既有新鲜感又有被代入感,更有探究感。可以说,小小课本剧刻画了民国初年国民愚昧保守、顽固麻木的灵魂,让学生认识到祥林嫂死于命运,更是死于旧道德。旧道德使人只知顺从而不知争取,培养专制下的臣民、顺民,酿成无数人间悲剧。而新道德则追求自我意识、独立人格、自主权利,要求人权,只有弃旧迎新,才有国民觉醒、国家复兴的希望。

课堂情景剧是创设体验情境的有效手段之一。对高中的学生来说,行动、体验、组织也是一种学习的方式。他们不满足于简单的阅读材料回答问题,更希望有活泼有趣的形式让他们参与其中,展现自己独特的才能。表演、歌唱、朗诵、美工等各种才艺在课堂情景剧中都有用武之地,都能让学生体会到参与的乐趣,也能锻炼学生自主学习的能力。

三、巧妙设问,设计问题情境

"学启于思,思源于疑。"疑问促进学习。问题的提出、分析、解决、验证都启迪着学生积极思考。课堂中要巧妙设问,将学生带入问题所创设的情境中,激发学生的学习兴趣,启发学生的求知欲。教师的设疑要把需要解决的问题有意识地隐藏在学生能够接受的情境之中。

例如,在讲解白话文和文言文之争的时候,笔者特别设计了这样的问题:"同学们,如果要求写一篇游记,字数限制在 150 字左右,可用白话文或文言文,你们会选择哪个呢?"在字数限定的前提下,学生开始嘀咕了:"白话文好写,但字数太少,没法写完整,肯定不好看。如果用文言文,言简意赅,能达到要求,但难度大,一般人不会写。"学生设身处地地考虑自己的选择,难以抉择。笔者又通过多媒体展示了两篇民国时期小学生的游记作文:一篇文言文,字数精简,用语隽永,清新典雅;另一篇白话文,字数超文言文一倍有余,但朴实平易,童真童趣跃然纸上。两相对比,学生很容易体会到文言文的简练与掌握不易,白话文的易于普及与直白。从学生写作文的日常情境出发,让学生体会白话文与文言文各有利弊,以白话文取代文言文,并不仅仅是反对文言文,而是一场意义深刻的双重语言革命。

在此基础上,通过多媒体课件展示几句偏激的话语:

取消汉语,用英语或法语代替。

——钱玄同、刘半农

强烈地主张废除汉字,中国文字,既难载新事新理,且为腐毒思想之巢窟,废之诚不足惜。

——陈独秀

再追问学生:"你同意这样的观点吗?你有什么想法?捍卫传统就一定是错误的吗?过去的就一定不好吗?从民族发展来讲,完全否定民族过去的一切就是正确的态度吗?"层层追问,不断深入,引导学生思索文白之争背后深层次的背景,反思对待传统文化的态度,追问文化进步的理性方式。

四、联系生活实际,激发思维情境

历史是现实的镜子,现实有历史的影子。古今对比,古为今用。历史的经验在现实中讨论、分析、运用,对学生的实用性思维和创造性思维的培养不无裨益。

授课中,关于新文化运动的历史作用,为拓展学生的视野,扩大学生的课外阅读面,笔者与校学生社团"爱阅阅团"的同学们交流,让社员在课堂上讲讲民国大师的风采。新文化运动中产生了无数大师,让后人高山仰止。"爱阅阅团"的同学们通过阅读《民国的底气》一书,对课本上未曾介绍的多位新文化大师的学术成就、精神气度有了更深入的了解。他们将社团活动中的心得与同学分享,使同学们加深了对教材的理解,提升了看待历史人物的格局,这对历史学科素养的养成有积极作用。

在他们分享了民国大师的风采之后,笔者又抛出钱学森的"世纪之问":"为什么我们的学校总是培养不出杰出人才?……回过头看,这么多年培养的学生,还没有哪一个的学术成就,能和民国时期培养的大师相比!"当学生陷入思索时,再以当今的论文抄袭事件为对比,继续发问:"一边是世纪之问,沉痛思索我们的教育问题;一边是学术造假,斯文扫地,'民主''科学'今何在?!新文化运动所倡导的'独立之精神,自由之态度'何在?!"环环相扣,步步深入,将问题不断追延下去,与现实紧密相连,使学生思考现实中大师难出的问题,反思新文化运动中大师辈出有怎样的时代背景和社会因素,思考传承与变迁的关系,思考创新的契机。

情境教学法的运用要根据教学目的、教学内容灵活把握。情境教学显示出了以学生为课堂主体、关注学生心理变化、展现学生能力素质的诸多优势。情境教学创设了鲜明具体的历史形象,抒发了真情实感,开拓了师生教学相长、默契信任的教学模式,寓史实于情境中,寓史识于情理中,情境交融,情理通达,有效地促进了学生自主学习、高效探究的能力。在今后的教学实践中,只有不断探索、坚持合理运用情境教学法,才能为历史课堂教学引入源头活水,使历史课堂焕发生机。

46

一节好课的提问应把握好"度"

提问是教学的生命。课堂提问贯穿于教学的始终,是教学语言最主要的载体,是联系师生双边活动的纽带,开启学生智慧之门的钥匙。历史教学课堂提问是指在历史教学课堂中,教师根据教学内容和学生实际有目的、有计划、有步骤地设计若干问题,利用这些问题引导学生学习,培养其学习历史知识、分析历史知识的能力,从而达到教学目的的一种教学手段。"善教者,必善问",要想提高新课程历史教学课堂提问的有效性,上好一节历史课,应把握好以下几个"度"。

一、寻找好角度

课堂提问要着眼于知识的不同角度,寻找最能体现核心知识之间内在联系的角度,并力求采用新颖的方法,从合适的角度巧妙切入,使问题富有启发性、新颖性和灵活性,以激发学生的兴趣,引导学生的积极思考。例如,教师在讲授人教版选修一"戊戌变法"时,如从常规角度提出"戊戌变法为什么会失败?"这样的问题,易使学生感到索然寡味,难以调动其思维的积极性。可改成问"有人说如果袁世凯不出卖维新派,那么,戊戌变法就不会失败,你们如何看待这种说法?"这就把一个枯燥的问题从一个发人深思的角度提了出来,就会激起学生思维的波澜,引发学生的讨论。

二、把握好精度

要把握问题的精度,就需要教师吃透教学内容,了解学生情况,进而设计出一些能抓住重点、难点、关键点的问题。例如,教师在讲授人教版必修二"罗斯福新政"时,可以围绕新政的内容这一教学重点提出以下问题:① 为什么新政首先从整顿金融业开始? ② 为什么新政要缩减农业生产规模? ③ 为什么新政要推行"以工代赈"的措施? ④ 为什么新政要建立社会保障体系? 这一连串具有精度的设问有助于学生迅速掌握本节课的中心内容和核心知识,提高课堂学习的效率。

三、设计好难度

过于简单的问题会使学生产生厌倦和轻视,但问题太难又容易使学生望而生畏,挫伤学习的积极性。所以,教师在设计历史问题时应从学生的实际知识水平出发,问题的难度应该处于学生的"最近发展区"内,使学生"跳一跳,摘桃子"。例如在学习人教版必修一"甲午中日战争"后,教师如直接向学生提问"《马关条约》签订后,中国社会半殖民地化程度为什么大大加深了?"这一问题就有一定难度,教师如把它分解为《马关条约》的割地、赔款对中国有何影响?""《马关条约》开放的通商口岸较其他不平等条约开放的口岸在地理位置上有什么变化?""允许在通商口岸开设工厂的规定反映了日本帝国主义的什么目的?"等小问题来让学生回答,则相对容易答出。这种处于学生"最近发展区"的设问有利于学生化繁为简、化难为易地分析和解决问题。

四、处理好广度

课堂提问必须面向全体学生,不能只局限于少数优秀学生,要让不同层次的学生都有表现机会,体验到成功的快乐。例如教师在讲授人教版选修四"秦始皇"时,围绕千古一帝秦始皇就可以提出如下不同的问题:① 秦王嬴政灭掉哪六国后统一天下的? 称帝时定都在什么地方? (提问基础较差的学生)② 秦始皇为加强统治,在政治、经济、文化、军事等方面,采取了什么措施? (提问中等学生)③ 如何评价秦始皇? 历史人物评价的标准是什么? (提问学习能力较强的学生)这正如孔子所说:"中人以上,可以语上也;中人以下,不可语上也。"特别要提出的是，一些后进生体会到了答题的成就感后，对待历史课的态度会比以前端正，学习历史的兴趣也会有所提升。

五、预留好长度

这里的"长度"是指课堂提问候答的时间长度。一般情况下，教师在提问之后，要预留一定的准备时间，让学生思考之后有条理地作答。等候时间过长或过短都是无益的。一般来说，在问下一个问题，重复前一个问题，或叫另一个学生回答问题之前，应至少等待3秒钟，如果是开放性问题，需要全面考虑并对各种可能的回答权衡时，15秒左右的等待时间是恰当的。

六、运用好尺度

这里的"尺度"是指课堂提问评价的尺度。教师对学生的回答要科学评价，及时反馈。坚持发展性评价，正确的回答要肯定、激励，错误的回答要点拨、引导。坚持开放式评价，课堂提问评价不是教师的专利，教师要带动学生一起参与课堂提问评价活动，通过师生、生生的多边参与、交流，创设和谐的教学氛围，达到教学相长的目的。

总之，课堂提问是一种教学手段，更是一门教学艺术。历史教师要通过课堂实践持续反思和质疑，由低效提问走向有效提问直至高效提问，不断提高有效提问的教学技能，将有效提问技能作为自己教学生涯的一种追求，让课堂提问艺术走向完美，从而真正提高新课程历史课堂教学的有效性。

47

用历史人物让课堂灵动起来
——针对女中特点开展历史教学

历史学科是一门极富色彩的基础人文学科。纵观上下几千年的人类历史，可谓博大精深，包罗万象，古今中外的重大事件、名人典故、奇闻趣事很容易就能激发起人们的求知欲。中央电视台的《百家讲坛》栏目中绝大多数内容都是在说历史，节目中说的历史虽然只能代表一家之言，也带有一点娱乐性和快餐文化的性质，但全国有不少观众在看，可见人们还是喜欢去了解历史知识的。

可是，很多学生喜欢历史，却不喜欢看历史课本，这又是为何？翻开学生的高中历史教科书，除了有少量插图外，看到的就只是对历史事件的原因分析、内容概括、意义总结。新课程改革以来的高中历史教材的编排体系脱离了大多数学生的认知水平。以必修部分为例，教材内容分政治、经济、文化三个模块，均以专题的形式讲述人类历史的发展进程。课本内容不是学生习惯的通史方式，而是将古今中外的历史打乱重新组合，不完全按照时间顺序编排；相比较老教材，更加淡化历史事件的过程，使历史的故事性、趣味性大大弱化，历史事件之间缺乏必要的铺垫和有机联系，知识的概括性、理论性大大增强。这样的教材内容呆板、僵化，缺乏形象性、生动性，学生感兴趣的内容太少。历史真正吸引人的往往是历史事件本身发展的曲折性、故事性以及历史人物的命运走向等。只有真正去感受了历史事件的过程才可能切实从中有所感悟，得出启示。如果将过程简化了，一味地归纳总结，不仅没有充分突出历史学科本身的优势，而且增加了学生学习的难度。

笔者目前任教的是一所女子中学,面对的全部是女生,女生的历史学习与男生有相当大的差异,除了可能天生对历史的兴趣整体不如男生强烈以外,更在于她们的学习特点是形象思维、感性思维比较强,在情感方面更加丰富、细腻,对于历史人物的关注多于对历史事件本身的关注,在知识的机械记忆、语言表达以及学习态度等方面都有一定的优势。但女生在抽象思维、理性思维、时空概念、知识储备、综合分析、归纳推理、理解基础上的记忆等方面就有一些劣势。

作为一名女中的历史教师,自身要先多看多学习,尽可能多地了解与教学相关的历史知识和研究动态,同时收集足够多的与教学有关的各种素材,包括历史故事、历史图片、影视资料等等;在此基础上更要反复思考并针对受教育对象全部是女生的特点和优势,精心选用素材,设计教学,尤其可以通过讲活历史人物来达到教学的目标。

一、利用历史人物来激发女生学习历史的兴趣

如在"新文化运动"一课中,针对女生更加关注历史人物的特点,笔者选用了三个人物来讲述为什么要进行新文化运动:其中两个是真实的——孙中山、袁世凯;一个是虚构的阿Q。孙中山代表资产阶级,是民主共和的倡导者、推动者。袁世凯倒行逆施,尊孔复古,企图复辟帝制。鲁迅笔下的阿Q,则是中国普通百姓的代表,尤其代表占人口绝大多数的农民。

为了激发女生的学习兴趣,让她们更加形象深刻地体会当时的中国社会状况,笔者将重点放在阿Q身上。那怎么来展示阿Q这个人物呢?电影《阿Q正传》就是非常理想的素材,严顺开所演绎的阿Q形象可谓经典。笔者选取了短短2分钟的片段,里面较生动地表现出了以阿Q为代表的农民没有真正理解资产阶级革命的事实。阿Q更是把革命看得很简单,认为只要革命了,造反了,就"要什么有什么,喜欢谁就是谁"。依靠演员丰富的表情和恰到好处的行为动作,这段有一定喜剧色彩的短片,使学生在笑声中较容易地理解了为什么当时的中国急需新文化运动来解放民众的思想,让普通民众真正明白什么是民主共和。

历史是已经发生了的事情,本身不能重演,但为了能让学生真正感知,在教学中选用一定的影视作品辅助教学,使得相关的情景再现,这要比教师单纯的讲述好。影视作品能带给学生更多的信息,包括文字、声音、图像等等,

展示的内容更加直观,对于女生而言,能弥补她们在抽象思维、想象力方面存在的不足。但即使如此,教师选用的素材不同,可能效果相差还是很大的。同样针对为什么要进行新文化运动这个问题,如果采用一些优秀的纪录片,也是能帮助说明这个问题的。例如笔者以前也用过《复兴之路》《百年叱咤风云录》等片子,里面都有相当精彩的叙述概括,甚至许多历史的影像更加真实。但正因纪录片是概括性的,并不是针对个体人物的,即使把问题讲得很清楚,女生的反应也并不明显,能给她们留下长期深刻印象的不多。而一个短短2分钟的阿Q,女生却能记得很久。更有学生感觉看得太少,课后自己去找这部电影看。

类似的例子还有"五四运动"一课,讲述五四运动为何兴起,笔者运用电影《我的1919》里陈道明演绎的顾维钧在巴黎和会上为维护国家权益所做的精彩发言与巴黎和会外交失败后的愤怒演说两个片段,让学生充分感受到单纯依靠外交人员的个人睿智是难以改变"弱国无外交"之命运的,将一个"强权打败了公理"的现实一下子拉到了每一个学生的面前,学生很容易就被那种情绪所感染,对于整堂课的教学,都起到了很好的铺垫作用。

二、利用历史人物来激活女生对历史的思考

历史不仅是一门学科,更是一种修养,其意义不仅在于使学生了解社会的发展历程,更在于培养学生的人文素养、历史意识,提高人们的思想境界和认知社会现实的能力。历史作为一门教人以智慧的科学,也就很自然地要求人们以卓越的智慧来解读它。历史本身就是丰富多彩的,教师可以"用教材教",但不能单纯地"教教材",要补充相关的资料,再经过精心的设计安排,使教学形象化,使历史"鲜活"起来,为女生所喜闻乐见,并逐步引导她们从感性认识上升到理性认识,使她们的抽象思维得到训练与提高。

在"新文化运动"一课中,笔者展示给学生看沈嘉蔚的著名油画《北大钟声》(又叫《宽容》《兼容并包》等)。画中汇集了新文化运动时期在北大任教的许多知名学者,既有新派思想的代表,也有传统文化的捍卫者。笔者让学生关注画中人物的衣着、神情所暗含的各自不同的观点与立场。同时对其中几个有代表性的人物进行了重点介绍,如参加科举考试非要独辟蹊径,甚至敢剪学监大人辫子的陈独秀;还有被蒋介石称为"新学问的泰斗,旧道德的楷模"的胡适,这个有着36个博士头衔,从美国康奈尔大学、哥伦比亚大学留学归来的北大年轻教授却遵从母亲的安排娶了一个不识字的小脚女人;同时也介绍了胡适在学术观点上的死对头——黄侃,以及他们两人之间对于是否应该推广白话文而相互讥讽的一系列趣事;另外还有学生比较熟悉的鲁迅。笔者展示的只是画的内容,没有说画名是什么,而是让学生通过笔者对这些人物的介绍以及对学习内容的理解来命名这幅画。"思想的碰撞""思想自由""新旧文化的冲突""包容""思想解放""济济一堂"……学生能想出很多很多的画名来,各有各的理由,都是不错的。学生很乐于参与到学习活动中,发表自己的观点。在这样的教学设计中,笔者通过对历史人物的介绍,借助一幅画,以给画命名的形式,让学生深入理解了这场运动"思想解放"的性质,"兼容并包"的特质,为她们理解教材内容,准确记忆重点做了良好的铺垫。同时,又在无形中调动了学生的思维,让学生在运用、总结、归纳所学知识,解决实际问题的过程中提升了历史学习的思维品质,培养了概括、比较、迁移、表达等学习能力。

在讲述"美国联邦政府的建立"一课时,笔者补充介绍了华盛顿三次离开维农山庄,又三次回到维农山庄的故事,以及他是如何拒绝别人建议他当国王的。从而激发学生去思考近代美国为什么会在华盛顿、富兰克林、杰斐逊等启蒙思想家的领导下率先走上了民主共和之路,又是如何实践三权分立政治理论的。学生能通过对华盛顿本人的了解,理解为什么他既创立总统否决权制,给予总统相当的权力,又开创美国总统连任不超两届的先例。

在高中历史的选修教材中,选修四就全部是历史人物的介绍,包含了古今中外不同时期的一些代表人物。虽然不是高考的重点,但在教学的过程中能明显地感受到历史人物的言行、逸事是女生最感兴趣的内容,也最能激发她们的思考。

三、利用历史人物来培养女生对历史的宏观认识

女生还有一个特点就是比较细心,但在看历史问题时,通常从微观上着手,这就容易片面、感性。注重细节并无大错,但过于细心又会导致抓不住重点,主次不分,既不利于全面掌握知识,还造成记忆困难或记忆混乱。

讲述"新文化运动"一课时,最后笔者特别介绍了一个在教材中没有涉及的历史人物:辜鸿铭。他是一个出生在马来西亚的华侨,早年在英国、德国求

学,精通欧洲各国的文字,学成之后却迷上了中国传统文化。在当时越来越多的中国人否定中国文化、崇拜西方文化,流行吃西餐、穿西装的时候,这个经历西方文化熏陶的人却长袍马褂,梳着小辫走进当时新文化运动的中心北京大学,还竭力推崇中国传统文化。依着教材的观点,这就是一个应该批判的守旧人物。笔者通过介绍辜鸿铭的一些逸事来展示他如何用偏激的行为方式来对抗弃绝中华传统的走向,用狂放的姿态来保护强烈的民族自尊。他的著作《中国人的精神》向西方展示了中国的文化,赢得了西方人对中国传统文化的尊重。学生在感受、理解这个东方文化捍卫者的同时,也就能站在更高的角度,更全面、更理性地去思考在社会进步的过程中怎样来对待我们的传统文化。因此,讲述这个教材上没有的历史人物,补充教材缺失的内容,既拓展了学生的知识面,也更方便学生全面理解新文化运动,使她们能在教材内容之外进一步认识到猛烈冲击中国传统道德、封建思想的同时,当时很多先进的中国人其实也卷入了"非此即彼"的中国式思维怪圈,犯了"彻底否定中国文化,全盘肯定西方文化"的片面性错误。

而在"洋务运动"一课,笔者利用对曾国藩、李鸿章等洋务派人物的介绍,让学生能充分感知历史的多样性,从而全面看待洋务运动。尤其从李鸿章身上,让学生既看到他作为一个大清臣子维护封建统治以及出卖国家利益的一面,又看到他是近代中国最早投身洋务运动,积极推动中国近代化的重要一员。梁启超曾说:"吾敬李鸿章之才,吾惜李鸿章之识,吾悲李鸿章之遇。"李鸿章作为洋务运动最主要的推动者,也是一个清王朝的"裱糊匠",他的身上是带有多面性和复杂性的,而这正折射着洋务运动的众多问题,折射着历史时代的复杂性和历史事件的多样性。能够客观地认识这个人物,对于全面理解掌握洋务运动的内容,正确评价洋务运动有很大的帮助。

历史是靠人创造的,在历史的教学中,不能脱离人去讲历史。学习人类创造的灿烂文明,同时更需要感受历史人物的人格魅力以及智慧,在潜移默化中不断提升自身的修养,开阔眼界,开启自身的智慧大门。针对女生的特点,扬长避短,用生动的历史素材更好地激发女生的学习潜能,用一个个鲜活的历史人物来丰富历史的教学,就能更好地为女生所接受,让她们由感性的认知逐步向理性思维过渡,最终不断充实女生的人文素养,促进女生的学习能力以及综合素质的提高。

48

如何用三元思维理论优化设问

在中学历史课堂教学中,历史教师往往通过预设一系列问题,在课堂上进行师生、生生互动,从而培养和提高学生的思维能力与技巧,引导学生逐渐转变学习方式,并挖掘学生的学习兴趣。有众多学者对教师应如何有效、有针对性、有系统性地设问,提出了诸多建议,尤其是在如何通过课堂设问,引导学生主动参与课堂教学,并培养学生主动学习和主动质疑的能力方面,提出了各自的看法和策略。而笔者从美国学者罗伯特·斯腾伯格和路易斯·斯皮尔-史渥林合著的《思维教学:培养聪明的学习者》一书中得到了更多的启发,尤其是两位学者提出的三元思维理论,笔者认为对中学历史课堂教学中的设问环节的改进和优化,有着重要的借鉴意义。

鉴于教师"不可能对学生未来生活中遇到的每件事情都做出指导,学生必须自己解决今后真实生活中的每件事",两位学者提出了三元思维理论,其目的不仅在于提高学生的思维能力与思维技巧,而且在于要使学生成为"思维的高手","学会自己解决问题,寻找解决问题的技巧和策略",从而为终身学习、终身发展奠定坚实的基础。三元思维理论把思维分为分析性、创造性和实用性三个层次:分析性思维能力,涉及分析、判断、评价、比较、对比、检验等能力,有助于"提高学生解决熟悉和学术性的问题的能力";创造性思维能力,包含创造、发现、生成、想象、假设等能力,有助于"提高学生将思维技巧应用于相对新奇的问题的能力";实用性思维能力,涵盖实践、使用、运用、实现等能力,"能提高学生将思维很好地应用于日常问题的能力"。以上三种思维能力在课堂教学与评价中有不同侧重的表现。例如,侧重分析性思维能力培养时,引导学生"比较和对比""分析""评价""批评""问为什么""解释为什么""解释起因""评价假设";侧重创造性思维能力培养时,引导学生"创造""发明""想象""设计""展示""假设""预测";侧重培养实用性思维能力时,引导学生"使用工具""实践""运用""展示在真实世界的情形"。

那么,如何在课堂设问中应用三元思维理论?我们可以通过一些简单的案例来理解。

在"第二次世界大战"的新课教学中,教师可能会预设一系列问题来组织教学,如问题1:希特勒是如何成为纳粹德国的领袖的?问题2:如果没有投掷原子弹,日本最终会投降吗?问题3:二战有何教训?问题4:纳粹德国的教训能适用于南联盟、伊拉克等地区的冲突吗?在这些问题中,问题1着重于分析性思维能力,问题2着重于创造性思维能力,而问题3、4则着重于实用性思维能力。

此外,在"启蒙运动"的新课教学中,我们可以在强调已有知识的设问基础上,如"两幅图片反映了14—16世纪的欧洲思想领域的哪两大重大事件?""据材料,欧洲中世纪的'光亮'来自于哪?""阅读教材,什么是启蒙运动?启蒙运动的主张与核心思想分别是什么?"进一步提出侧重分析性思维的设问,如"根据材料,从思想、科学、物质、阶级基础等方面分析欧洲驱逐'黑暗'的历史条件(分析启蒙运动的原因)"。在教学"启蒙思想家"时,可以提出侧重创造性思维的设问,如"为伏尔泰、孟德斯鸠、卢梭、康德等人分别设计一张名片(从姓名、国籍、身份地位、主张、代表作、名言名句等方面进行简短的介绍)",然后提出一组追问,如"每个思想家都在反对什么?追求什么?""每一位思想家有各自的特色主张吗?分别是什么?这说明了什么?""启蒙思想家们的生平事迹与一些言论(如关于反封建、男女地位、国家政体等)对你们有哪些启示?"在这组追问中,前二个设问主要侧重于分析性思维的训练,而第三个设问则侧重于实用性思维的训练。此外,教师可以在第三个设问的基础上做适当的拓展延伸,让学生了解启蒙思想家的"另一面"。当然,在此处教师也可以提出一些常规性问题,如"启蒙思想家们的思想主张有哪些异同点?""启蒙思想家是如何继承和发展人文精神的?"这些设问主要是侧重于分析性思维的训练。在新课结尾,教师也可以提出一些侧重实用性思维的设问,如"17、

18世纪的中国,为什么没有掀起启蒙运动这样一场波澜壮阔的思想运动?""启蒙思想对于当今中国社会主义核心价值观有何启示?"从而将启蒙运动与现实生活联系在一起;或者通过把分析性思维、创造性思维能力的训练综合起来设问,进行知识延伸,如"伏尔泰曾对中国儒家的德治推崇备至,如果他来到当时的中国,会改变对儒家德治的看法吗?为什么?"

既然该理论对于教学实践的确具有一定价值,那么如何通过一定的教学策略或步骤来教授学生三种思维模式?郅庭瑾教授认为,目前的中学历史课堂教学,正处于"独白式教学"向"对话式教学"的过渡阶段,尚未向"发现教学"阶段转变。"满堂灌""一言堂""无效设问"等现象在日常的历史课堂(非公开课)教学中相当普遍。那么,如何有针对性地提高和优化中学历史课堂设问的技巧与质量?对此,两位学者提出了用于教授三种思维模式的"四步模型":一是让学生熟悉问题,找出方向;二是让学生在小组内协作,确定并解决问题;三是组间解决问题,让学生跨组讨论如何解决手边的问题;四是个人解决问题,让学生学会独自工作。通过让"学生进行对话,和教师对话、和同学对话、和自己对话",最终"使学生成为思维高手",不仅学会平衡分析性、创造性和实用性思维能力的技巧,而且学会融合各种思维模式。

简而言之,笔者认为,三元思维理论对如何优化课堂设问有着重要的借鉴意义。历史教师在逐步掌握三元思维理论的基础上,设计侧重培养学生分析性、创造性和实用性思维能力的课堂设问,可以丰富设问的层次,提高设问的质量。此外,两位学者提出的"四步模型"虽然侧重于让学生从小组合作学习走向个人学习,但历史教师也可以突破这一模型,结合自身教学风格与习惯,从简单入手。可以从熟悉的师生对话开始,通过设计一组不同类型的设问,将三元思维能力的培养有机地结合起来。待到教师对基于三元思维理论的设问设计逐渐掌握之后,再利用学生自学、小组合作探究等多种教学手段,进一步优化课堂设问。

49

高三历史复习课问题与特点及"主题线索法"的实践运用

高三历史复习课是在迎接高考过程中培养学生能力必不可少的一个重要环节。或许,有些教师认为高三复习课很难上。所以本文中笔者就和大家来聊聊一节高效的高三历史复习课的相关问题及应对策略。

一、高三历史复习课存在的四大问题

(1) 复习课上成了"知识课"。对内容的理解只是停留在教材知识的浅层面,没有上升到理论的高度,缺乏规律的归纳总结,缺乏体系的构建。

(2) 复习课上成了"新授课"。复习课只是一遍又一遍地重复教材,没有认识与能力的提高,教师不停地"炒冷饭",学生不停地"死背书",温故而不知新。

(3) 复习课上成了"习题课"。当教师上课讲不出新东西,归纳不出理论规律,自己对很多历史问题没有足够的思考时,往往简单地把复习课上成了"习题课"。不停地让学生做题,而且是成套的习题,但缺乏对习题的设计、习题的处理,无法把高三习题练习效益最大化。

(4) 对高三复习一轮、二轮甚至三轮有明确的界限,不能结合高考模式的变化而调整,死搬硬套,日益僵化。也许目前的高考模式下根本就不需要三轮。

二、高三历史复习课鲜明的四大特点

（1）"大跨度"。一堂高三的历史复习课，往往是"上下五千年，纵横九万里"，古今中外，济济一堂。如何在有限的时间内把这么多国家、这么多内容讲清理顺，进行有效整合，难度相当大。

（2）"小切口"。就目前高考历史试题而言，一般切入口较小。大部分情况下，要求考生"小中见大"，从细微处见大义。例如，给考生一段一战后美国总统威尔逊倡议成立国联，但最后美国国会拒绝加入国联的史料，请学生说明史料反映了哪些问题，它可以说明一战后的国际关系，可以说明美国的民主政治体制，可以说明美国国内政治孤立主义思潮的影响，等等。

（3）"理体系"。不仅仅是对学生已学的历史知识进行简单复习与归纳，而且在学生现有知识的基础上，对知识进行强化、整合、升华，帮助其建立起主次分明、枝干完整、科学合理的学科知识体系。

（4）"通因果"。在知识体系内融会贯通，厘清前因后果。也就是说能运用一系列的历史理论去分析解决历史问题。

如何来解决上面所列的四大问题？如何使高三复习课具备四大特点？下面笔者想给大家介绍一种人人都可以轻松掌握的方法——"主题线索法"。

三、"主题线索法"的运用——以一节高效的高三历史复习课为例

拥有一个主题，寻找一条主线，归纳一段特征。现在是主题人人有，线索不一定。大部分的问题是线索太多，说不清，理还乱。所以寻找一条贯穿始终的线索成为解决问题的关键。

可分三步进行：第一步，创设概念（主题），在此基础上归纳时代特征；第二步，寻找连接时代特征的人、物或者理论；第三步，形成知识体系。

案例一：俄国十月革命和向社会主义过渡

本案例一共涉及这样几节内容：

必修一19课，俄国十月革命的胜利；

必修一27课，世纪之交的世界格局；

必修二20课，从"战时共产主义"到"斯大林模式"；

必修二21课,二战后苏联的经济改革。

内容之多,跨度之大,难度相当之高。按照"三步曲",方法过程如下:

第一步:归纳时代特征

阶段特征:过渡性——现代化

　　　　革命的过渡　　　寻找一条快速实现现代化的新途径
　　　　政权的过渡
　　　　社会的过渡
　　　　生产方式意识形态的过渡

第二步:寻找连接手段

基本原理:生产力是历史发展的终极动力,也是历史进程中的重要内容,同时还是认识和评价历史的根本标准。社会形态的更迭和某一社会形态内部的自我调节,从根本上说也是对生产力发展的适应。

第三步:形成知识体系

◆ 关于十月革命的爆发形成如下体系:

难点分析:十月革命的历史条件。

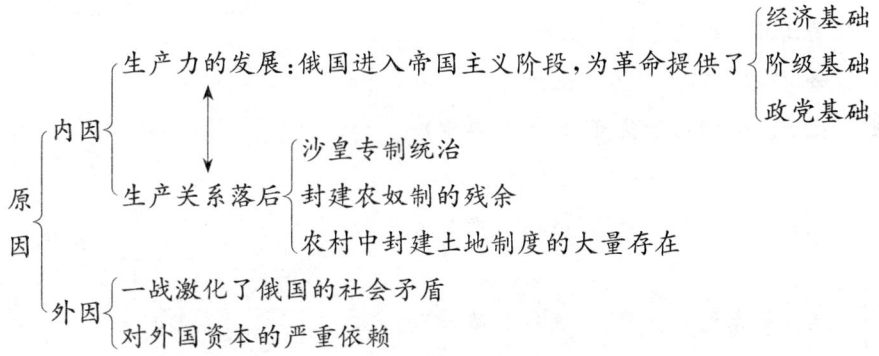

说明:把生产力和生产关系的认识直接运用到十月革命的条件分析中有以下优点。

(1)便于学生从深层次上去认识历史现象与内在本质的关系。

(2)把历史原因分析从分散走向集中,指明其内在关系,便于学生记忆、理解。

(3)历史教学中的理性认识和科学方法在这一个历史条件的分析中一览

无余,增强了学生分析问题的能力。

◆ 关于从战时共产主义向新经济政策(向社会主义)过渡形成如下体系:
难点分析:向社会主义过渡。

政策	内容	特点
战时共产主义政策	余粮收集制(产品无偿征用) 工业国有化(公有制) 废除自由贸易 普遍的义务劳动制 (计划经济的雏形)	利用行政命令的手段,直接向社会主义过渡 特殊时期的特殊政策,没有普遍性 生产关系超越生产力
新经济政策	农业:固定的粮食税(市场手段) 工业:大型——国有 　　　中小型——私有、外资所有(多种所有制并存) 自由贸易 按劳分配(市场经济的方式)	利用市场货币的手段扩大生产,逐渐向社会主义过渡 退一步,进一步 生产关系适应生产力

说明:这个表格把战时共产主义的"共产主义"特点概括得淋漓尽致(战争环境下的公有制与计划经济模式),同时又具体说明了新经济政策的特点,即利用商品货币关系扩大生产,多种所有制并存。

◆ 整堂课用生产力与生产关系线索贯穿如下(板书):
生产关系滞后于生产力(十月革命)
↓
生产关系超越生产力(战时共产主义政策)
↓
生产关系适应生产力(新经济政策)
说明:清晰明了,简单有效。

有的时候,主题确立下来后找不到线索,找不到连接的手段,怎么办? 好解决。我们可以自己来创设呀。我们为什么不可以自己来创设一个概念,提出一个理论呢? 请看下面这个案例。

案例二:经济全球化

本案例一共涉及这样七节内容:

必修二第二单元四节。

必修二第八单元三节。

这节复习课的难度是创纪录的。解决过程如下：

第一步：创设概念

什么是经济全球化？

① 经济全球化是经济范畴和历史范畴的统一。

② 作为历史范畴，它是世界经济由初级向高级发展进程中的一个历史阶段。

第二步：寻找连接手段

基本原理：世界经济的发展作为一个各国和各地区经济联系不断扩大和融合不断加深的过程，大体上经历三个阶段——经济国际化、经济全球化和全球经济一体化。

第三步：形成知识体系

◆ 经济全球化的发展过程。

第一阶段：经济国际化。

世界市场的形成和发展

特征	根本推动力	主导国	手段
开始形成	新航路的开辟	西、葡	资本原始积累
拓展	17、18世纪殖民扩张	英、法、荷	
初步形成	工业革命	英国	商品输出
最终形成	第二次工业革命	美、德、英、法	资本输出

第二阶段：经济全球化。

市场机制的完善和确立

特征	事例	推动力	主导国	手段
体系化、制度化	两大体系三大组织	第三次科技革命	美国	资本扩张
区域化、集团化	三大集团			
规范化、法制化	WTO			

◆ 经济全球化的影响：双刃剑。

(1) 全球政治经济发展。

① 有助于生产要素在全球范围实现最优配置,提高世界经济效益。

② 加速世界产业结构的调整。

③ 促进了国际经济合作,使国际关系更为协调。

(2) 全球利益失衡。

发达国家 {
- 主导:① 主导产业——高科技产业、金融产业
  　　　② 市场规则的制定
- 国内矛盾
- 良心与道义
}

思考:发达国家为什么能够占主导地位?发达国家的普通百姓为什么要反全球化?

发展中国家 {
- 机遇 {
  - 提高人民的生活水平
  - 加快产业更新、制度创新
  - 完善市场机制,融入国际社会
  }
- 挑战 {
  - 发达国家的废物和高能耗问题,生态环境问题
  - 粮食全球危机
  - 经济主权和经济安全问题
  - 全球性公害问题
  - 传统文化、意识形态
  }
}

这种方法的好处是有思路可循,有原理可操作,有板书可视,简便易行,人人可做到。

50

如何进行行动研究

行动研究是由社会情境(包括教育情境)的参与者,为提高自己所从事的社会或教育实践的理性认识,为加深对实践活动及依赖的背景的理解,进行的反省研究。行动研究起源于国外,是20世纪40年代在美国出现的一种社会学领域的研究方式,50年代开始应用到教育领域。在国外行动研究领域,斯腾豪斯、凯米斯和埃利奥特等人的观点具有很大的代表性。自从斯腾豪斯提出"教师成为研究者"的响亮口号,行动研究便发展为在全球教育界产生影响的运动。它让教育研究走出仅仅由专家研究的象牙塔,成为每一位教师可以尝试的研究活动。

在我国教育界和心理学界,"行动研究"一词在1982年就已经出现于一些介绍美国学者勒温的心理学思想的著作中,但直到20世纪90年代初行动研究才得到比较系统的介绍,至1995年前后,我国教育界才对行动研究展开比较系统的反思,并出现"做"行动研究的尝试。随着新课程改革的实施与推进,行动研究得到普遍认同,广大高中历史教师积极参与课改,在实践中展开教育教学研究。

一、行动研究的意义

1. 有利于转变教师的教育观念

"革新必革心",教育观念的更新是教育改革成功的前提。按照行动研究的理念,教师是研究者,不再是单纯的执行任务者,具有了主动认识问题、解决问题的意识和对自己教育行为的反思意识。这种理念充分发挥了"以人为本"的思想,尊重了教师作为生命个体的生命活动,大大提高了教师的主动性和创造性,提高了他们生命存在的质量,有利于教师的自我完善和自我发展。同时,行动研究使研究成为教师最有效的学习过程,使课堂变为教师最实在的工作空间。在研究实践中教师将会树立终身学习和创新学习的新理念。

2. 有利于提升教师解决教育教学实际问题的能力

教师是从事具体教育、教学工作的,具有最佳的研究位置和机会。他们最了解需要解决的教育、教学问题,对实际工作中面临的困境或疑惑有最深切的感受,进行合理、科学和有效的教育、教学以提高教育质量的愿望最为强烈,他们的工作性质和特点最适合他们在从事实际工作的过程中,将行动(教育、教学工作)与研究(探讨解决问题的方法)结合起来,探讨、解决日常教育、教学实践中出现的问题,使实践工作接近合理、科学、有效的目标。教师在充满不确定性的教学环境中,通过实践不断开展行动研究,把所学的知识、原理和教学实际结合起来,采取适合特定情景的教学行为,形成优化的教学实践模式。广大历史教师深入分析和总结这些教改经验,必将提升自身解决教育、教学实际问题的能力,进一步促进课程改革的深化。

3. 有利于提高教师的专业能力

教师素质包括专业学科知识、教育科学知识、教学经验以及专业工作能力等方面。教师的专业能力不是仅靠学习专业学科知识和教育科学知识就可以转化生成的,也不是仅靠教学经验、阅历的增多而自然积累的,而是需要教师在教育、教学工作中投入大量的精力进行研究,并将理论应用于实践中才能获得提高。也就是说,发展教师专业能力内在地要求教师在实践中进行在理论指导下的具体研究工作——行动研究,加深对理论的理解和辨识,分清理论的优缺点;更完善地了解和更准确地把握教育、教学情境,更敏锐地洞察、更深入地分析、更恰当地解决教育、教学情境中的具体问题;形成改进教育、教学实践的方案或措施,促进实际教育、教学工作更加合理、科学与有效以及专业工作能力的不断提高。

二、行动研究的基本范式

历史教师的行动研究是教师在真实的情境中,以其关注的教育、教学问题为中心,并以研究者的角色提出问题、计划行动及反省探究,从而改进自身工作的过程。"问题—计划—行动—观察—反思"是行动研究的基本范式。

问题——问题是行动研究的起点。发现问题是最终解决问题的必要条件,没有这一重要步骤就不会有研究问题的行动。历史教师应该善于从自身的教学实践中或理论学习中发现有价值的研究问题。如教师的预设与学生课堂的生成之间的矛盾、历史教材的多样性与高考试卷的统一性之间的矛盾、历史专业阅读与有效备课的关系等问题都是值得研究的。

计划——行动之前预先拟定的具体步骤。历史教师要根据对问题的初步分析,明确研究方向,思考解决问题的基本思路,制订研究计划。计划必须有充分的灵活性、开放性。制订计划时既要考虑和包容已知的制约因素、矛盾、条件,又要把始料不及、未曾认识、在行动中才发现的各种情况、因素容纳进去。从这一意义上讲,计划是暂时的,允许在研究过程中修正。如针对高中必修一的中国史内容,我们可以制订阅读计划,在一定时间内完成阅读以促进有效备课。在中国古代史方面,阅读钱穆的《国史新论》《中国历代政治得失》、樊树志的《国史十六讲》等。在中国近现代史方面,阅读陈旭麓的《近代中国社会的新陈代谢》、郭廷以的《近代中国史纲》、茅海建的《天朝的崩溃》、徐中约的《中国近代史》、蒋廷黻的《中国近代史》、费正清的《剑桥中国民国史》、金冲及的《二十世纪中国史纲》等。

行动——行动就是指计划的实施,它是历史教师有目的、负责任、按计划的行动过程。在行动中,要按计划、有控制地进行变革,在变革中促进工作的改进,包括认识的改进和行动所在环境的改进。要考虑实际情况的变化,进行不断的行动调整。行动不是为了验证某一设想或计划,而是为了解决实际问题。如在历史专业阅读过程中,要按计划把书读完、读好,并恰如其分地把史学界的有关成果运用到历史备课中。

观察——观察主要是指对行动过程、结果、背景以及行动特点的细致、深刻的观察。历史教师应对实施情况进行观察和记录,观察是反思、修订计划和进行下一步研究的前提条件。历史教师可以采用自我观察和观察他人的方法双管齐下开展研究。如在历史课堂教学中,史学成果的转化应把握怎样的度？史学成果的运用是否促进了学生的有效学习？这些都需要进行深入的课堂观察。

反思——解释、评价、修改原方案,准备开始新的行动。历史教师在反思过程中,必须把研究的问题作为核心、研究的计划作为蓝本,灵活运用各种观察技术以及数据、资料的采集和分析技术,充分利用录像、录音等现代化手段,检查行动的成效与不足,为进一步研究打下基础。这种反思是持续而没有终点的,以追求教学实践的合理性为旨归。如教师要针对课堂观察的情况,和学生一起反思史学成果在课堂运用方面的得失,以修正下一步行动。

必须指出的是,教育实践是一个复杂的系统,多种因素影响着它的发展,真正的教育难题是不可能一次性就得到解决的,因此,"问题—计划—行动—观察—反思"是一个循环往复的动态过程。历史教师要在行动研究中不断调整自己的行动,逐步走向专业成熟。

三、需注意的几点

（1）要加强教育理论学习,提高理论思维的水平。行动研究要求以教育科学理论为指导,发现有价值的研究问题,并使之集中、纯化,否则,就会把因对教育技术、科研背景的不理解而产生的问题,当作行动研究的课题。它需要借助于理性思维的力量,提出解决问题的新设想、新方案,增强科学的预见性,避免行动中的盲目性。它还要求历史教师不断将行动的经验概括上升为一定的理论,以通过理论来指导实践,在实践中深化理论。因此历史教师要通过专业阅读,及时了解相关理论的研究现状,从中汲取养分,获得前行的力量。

（2）要注意历史教师与专业理论工作者之间以及历史教师之间的合作与交流,以建立研究共同体来解决"研究者"与"实践者"相分离的问题。在研究过程中,理论工作者要深入学校教学实践现场,直接参与从计划制订到实施的全过程,与教师合作研究新课程实施中的问题。历史教师应主动成为研究共同体中平等的一员,要借助集体智慧来解决个人困境,要从个人化的、孤岛式的研究走向群体合作性研究,通过对话和共同的探索活动实现经验共享,以达到相互学习,取长补短,共同提高的目的。

（3）要强化自我批判与反思意识。历史教师进行行动研究不是为了验证某个专家的理论假设，而是为了改进或改善教师自身的教学和管理行为，以养成对自己工作进行反思的良好习惯，提高专业敏感性，更加有效工作。没有批判的研究，是停止不前的；没有反思的理解，是独断狭窄的。有了批判与反思，才有行动研究；批判与反思不是孤立的活动，它应该贯穿于行动研究的始终。

在行动研究中，"反思"是手段，"行动"是途经，而"成长"才是终极目标。我们坚信：通过行动研究，广大高中历史教师的专业成长之路必将越走越宽。

51

利用自主学习优化历史课堂

所谓课堂教学过程最优化,是指"教师和学生在花费最少的必要时间和精力的情况下获得最好的效果"。其"实质正在于探索科学的教学法,它排除了刻板公式、片面性、个人的主观倾向以及对教学法指示书的教条式的执行,因而使教师思考的天地极大地开阔了"。基于历史学科的过去性、生动性、具体性和感染性等特点,笔者利用学生自主学习对历史课堂教学过程的优化做了一些尝试。自主学习的实施过程是师生双边活动和学生小组活动有机结合的过程。学生小组是主体,教师是推手,知识理解是基础,能力培养则是主攻方向。这种教学方式把课堂分成三部分——研学、展学、评学,逐步优化课堂教学。

一、研学:学生依案研学,小组讨论,教师巡视指导

以"统一多民族国家的捍卫者康熙帝"一课为例,在研学部分,教师带领学生一起明确学习目标:了解康熙帝亲政面临的统治危机;列举其巩固统一的举措;分析这些举措的历史作用;运用对比分析法、史料解析法、归纳法等知道巩固统一是康熙对中华民族最伟大的贡献,明确《尼布楚条约》是中俄经过平等协商签订的第一个近代边界条约;深化巩固国家统一和维护国家主权的意识。

再明确本课学习的重、难点内容及学习方法。本课重点是掌握康熙帝巩固统一多民族国家的措施,采用的主要方法是给学生提供史料,组织学生结合课本分析史料,提炼有效信息并概括。本课难点是如何评价康熙帝的历史贡献,采用的主要方法是观看幻灯片视频《百家讲坛》中的相关评论并结合课本,对秦始皇、唐太宗及康熙帝进行对比分析,讨论康熙帝的历史功过。

播放电视剧《康熙王朝》的主题歌《向天再借五百年》开始导入,提问学生:如此豪迈的康熙帝在历史上有何贡献?让学生阅读学案"链接",了解康熙帝的生平,思考:文治武功都很出色的康熙帝在中国历史上有着怎样的历史地位呢?

幻灯片打出《清初国家版图》,让学生结合课本讨论学案里面的几个问题:即位之初的康熙在巩固统一多民族国家的过程中面临着哪些问题?这些问题集中反映了哪三类矛盾?康熙帝采取了哪些措施来解决上述矛盾?

学生个体自学时依据学案设置的路径、问题,结合学案提供的史料研读课本,夯实基础,落实重点,搭建框架,不仅要动脑、动口,更要动笔,标记出教材上重要的知识点。对于个体研学感觉困难的知识点,要求他们把问题记录在互动卡上,交给小组其他成员一起进行研讨。研讨结束,学生对基础知识进行整理归纳。

小组讨论时,教师出示相应的幻灯片与《百家讲坛》的视频资料,提醒学生注意史学评述要论从史出,史论结合,即在讨论问题时要结合康熙帝的举措进行评价。讨论过程中,教师要注意观察学生讨论的集中点,引导学生紧扣学案和课本进行研讨。经讨论仍无法解决的相关问题,教师应做记录以备展学课上启发全班学生发散思考。学生要将讨论的结果组织成书面语言,完成学案级的两个问题,并上报教师小组展讲的学生代表名单。研学课结束前要收起学生的学习报告和互动卡。教师及时批阅学案和互动卡,对学生的个性问题单独辅导,共性问题留待展学课解决。

研学部分,教师要注意两种现象:讨论太安静或讨论太热烈。太安静的情况可能是学生对研学的问题不感兴趣,太热烈可能是学生的讨论已经偏题。这些都会影响研学的结果。所以教师更应该多在学生中引导,对学生求助的题目不要急于点破,而是分解问题,给学生增设台阶,减小坡度,再由学生讨论相互解答。解答不出来的具有普遍性的问题就让学生记录在互动卡上。在研学课上教师要密切注意学生的参与状态,对于游离的学生要及时干预,并进行记录。课后要和这类学生及时沟通,了解其游离课堂的原因,及时修正。

二、展学：小组代表展讲，生生互动，教师适时点拨

展学开始，教师将展讲安排提前公示在小黑板上或幻灯片上以明确任务。教师要鼓励全体学生，避免"不会""不敢""不确定""不关我事"等几种原因导致学生不开口，使得课堂冷场，思维停滞。要打破学生"说错很丢人"的心理障碍，鼓励他们开口，保护学生展讲的热情。对主动展讲的学生进行及时的肯定。要保证学生参与展讲的广泛性，教师可以规定每周每一位同学都得上台讲一次，具体人员可小组安排，各科可以进行轮换展讲。这样害羞却想讲的同学也就有机会了。

另外，教师可以多关注中间部分的学生，这是学生中的大部分，介于活跃者和害羞者之间，常提问或回应他们，一个眼神、一个微笑都可以。在学生展讲过程中，教师要启发学生将互动卡上的问题和重点知识联系起来，让学生讲清自己是怎么思考的，是怎么组织答案的，讲方法和思路，锻炼思维能力。展讲学案习题时，教师要点拨学生解题的一些方法和规范性要求：审题时明确题目要求（抓中心词、限制条件）；研读材料时标记有效信息（注意与题目有关的字词、标点符号）；组织答题时注意规范严谨（先构思后书写，要点化、序号化、术语化）。学生关于史实性知识的展讲要脱稿，可以多种形式带领学生一起回顾旧知。单元复习时，重点展讲知识体系、主要线索、核心概念和高考的高频考点。

教师的点拨语言要精练准确，对于普遍存在的问题进行精讲点拨。一是精讲：严格执行"三讲两不讲"的要求，讲难点、讲联系、讲规律；学生自己能学会的知识不讲，能以练习讲的就只练不讲。二是注重"三讲清"：讲清概念，讲清联系，讲清运用。对于学生不理解的、难度较大的难点和易混易错的问题，在学生渴望释疑的心理状态下，教师针对其疑点，快速确定讲解内容，抓住要害，讲清思路，明示事理，并以问题为案例"由个别问题上升到一般规律"以达到触类旁通的教学效果。

如在"统一多民族国家的捍卫者康熙帝"一课的展学部分，教师要启发学生对问题做一个单元综合，对比分析中国古代三个帝王的历史贡献，注意把康熙帝放在世界历史发展的大背景中去评价，从而帮助学生理解"康乾盛世"在中国历史发展进程中的地位，进一步小结历史人物评价的基本方法。在评

价人物时,教师要充分利用史料,适当设置价值观冲突,以帮助学生突破情感体验的难关。概念、原理与技能的学习与情感价值观的学习是有很大区别的。"情感、意志的建构属于价值与审美观念的学习,必须设置价值观冲突",以帮助学生获得情感体验。比如,在本课,部分学生认为康熙帝缔造了"康乾盛世",是中国历史发展的一大功臣;部分学生却从世界发展潮流角度认为正是康熙巩固了清朝统治,导致中国发展的迟滞。其实,这两种情感都是片面、有缺陷的。课堂教学中,如果不适时予以辨析,学生就会陷入困境。对此,教师可补充多元材料,让学生在充分阅读的基础上进行辩论,引出价值观冲突问题,让学生逐渐明白:双方各自只是看到了康熙统治的一方面。通过这样的过程体验和情感体验,学生才能明确评价历史人物的方法和注意事项。最后推荐学生课后阅读的书目,鼓励学生深入了解和探讨这些历史人物。

三、评学:反馈总结,锻炼能力,强化历史素养

评学部分,学生个体完成对历史人物或事件的评价,教师以限时训练的形式来全面检测学生对知识点的把握、思维的发展情况和语言组织能力。教师在批阅之后认真地做一个全面的统计、分析,以作为讲评的主要依据。针对存在的问题,理出错误类型,指导学生找寻自身的主要问题。针对知识点的错误,进行相关的小结归纳。主观题重点展讲审题方法、解题思路、史料的译读和截取、语言的组织以及答题的规范化。也可以选择两份观点悬殊的评价投影供全班对比分析,以增强实效。在评讲结束前,还要给学生留一定时间予以消化巩固。

所谓教学,是教师的教和学生的学,更重要的是学生的学。学生作为教学过程的主体,只有让他们真正参与教学过程,发挥他们的主体作用,才能使学生思想活跃,表达自己的观点,才能让学生通过教学过程体验到挫折感和成功感,才能看出学生的鉴别力、理解力、创造力。只有如此,才能真正优化历史教学的过程,提高教学的有效性。

52

如何促成"过程与方法"目标的实现

对于课程标准中"过程与方法"的目标,《历史教学问题》进行了中学历史课改专题研讨,2009年连续3期刊登了许多权威专家的论文,对其进行研讨。其中有华东师大教授、中国教育学会历史专委会副主任、学术委员会主任聂幼犁教授的《中学历史课程"过程与方法"目标问题》,苏州大学社会学院朱煜教授的《教师的"过程"目标哪里去了?》,温州大学人文学院陈志刚副教授《也谈历史课程"过程与方法"目标问题——与李惠军老师商榷》等专家的力作,更有一线教师上海市晋元高级中学李惠军的《"过程"目标化,值得三思!》《"过程"目标化,值得慎思!》。如何促成"过程与方法"目标的实现,成为历史与社会学科热门的话题,也引起了专家学者的关注。

最权威的2011年版的《义务教育历史课程标准》,更注重"过程与方法",向历史教学工作者明确了"过程与方法"的重要性,改变了原先历史学科教学中只重结果,轻过程的现状,"过程与方法"真正被教师写进备课笔记,同时在课堂教育教学过程中得以体现。也就是说,既要重过程,也要重结果。

一、理解、重视"过程与方法"在课程目标中的重要性

过程,是指让学生经历知识与技能的形成过程,在体验、活动、探究中进行学习。而方法,是掌握各类知识与技能的学习方式与策略,学会学习,学会反思,学会创造,学会自己我检测,学会评价,即对自己的学习过程及结果进

行有效的监控。

为什么要将"过程与方法"确定为教学目标呢？聂幼犁教授从"授人以鱼，不如授人以渔"的角度出发，进行了详细的解释。他认为"知识与技能""过程与方法"有些类似于古人的"知其然"与"知其所以然"。如果用"鱼"和"渔"比喻，前者是复现特殊的"鱼"和重复特殊条件下特殊的"渔"，虽然有一定的概括性，但并不普遍适合迁移；后者则是经历特殊条件下特殊的"渔"甚至典型条件下的一般的"渔"，是较高的抽象或概括，因此具有与抽象或概括水平相适应的普适性和迁移性。其实，《老子》里说的"授人以鱼，不如授人以渔"中的"渔"是得到"鱼"的方法，也就是在探究过程中，获得方法、扬弃、发现、创新、进步，因此，"过程与方法"要比"知识与技能"来得重要。

苏州大学社会学院朱煜教授则将此"过程"的概念，追溯到美国教育家杜威，因为杜威始终重视"过程性"，他提出了"教育即生长"的命题，产生了影响当代的"生成性目标"取向的教学思想，而生成性目标的根本特点就是"过程性"；英国哲学家、教育家怀特海的《过程与实在》、课程论专家斯腾豪斯提出的"过程模式"，均将"过程"作为目标，上升到了理论的高度，"教育即引导儿童进入知识之中的过程"。教学即过程，是学生获得知识信息的过程；训练即过程，是学生获得动作技能的过程。在这里，"过程"目标化的作用，显现得尤为清晰和重要。

关于三维目标中的"过程与方法"，《义务教育历史课程标准（2011年版）》是这样叙述的：

（1）通过多种途径感知历史，学会从当时的历史条件理解历史上的人和事，并经过分析、综合、概括、比较等思维过程，形成历史概念，进而认识历史发展的时代特征和历史发展的基本趋势。

（2）在学习历史的过程中，逐步学会运用时序与地域、原因与结果、动机与后果、延续与变迁、联系与综合等概念，对历史事实进行理解和判断。

（3）在了解历史事实的基础上，逐步学会发现问题、提出问题，初步理解历史问题的价值和意义，并尝试体验探究历史问题的过程，通过搜集资料、掌握证据和独立思考，初步学会对历史事物进行分析和评价，并在探究历史的过程中尝试反思历史，汲取历史的经验教训。

（4）逐步掌握学习历史的一些基本方法，包括计算历史年代的方法、阅读教科书及有关历史读物的方法、识别和运用历史地图和图表的方法、查找和收集历史信息的途径和方法、运用材料具体分析历史问题的方法等。

（5）初步掌握解释历史问题的方法，力求在表达自己的见解时能够言而有据，推论得当；学会与教师、同学共同对历史问题进行探究与讨论，能够积极汲取他人的正确见解，善于与他人合作，交流学习心得和经验。

新课标尽管将"知识与技能"安排在分类目标的第一层次，知识要求相对降低，但是注重分析和思考，要求学生在了解自然环境、人文特征、历史变迁的前提下，理解社会发展过程中的各种关系，知道社会发展的一般过程和发展趋势，在技能上，注重学生创新能力的培养，鼓励学生参与社会实践和自主学习。对于新课标来说，"情感态度与价值观"是优先考虑的目标；"过程与方法"是组织教学内容的主导目标；"知识与技能"是支撑上述目标实施的基础，服从并服务于上述目标的设置。也就是说，"过程与方法"中的核心概念是重视过程，强调方法，强调学生探索新知识的经历和体验，这是一个学习者必须经历的过程，是一个人生存、生长、发展的内在需要。因此，将"过程"目标化具有十分重要的意义。

二、课堂教学中如何实现新课程标准中"过程与方法"的目标

聂教授将"过程与方法"目标定义为：学生的学习经历、体验和思维方式的变化、发展及其程度。系指通过获得"知识与技能"的经历，抽象或概括出更有统摄力的思维程序与思维方法。它反过来促进理解与掌握已获得的"知识与技能"，并使其能迁移——举一反三，又有利于学习新的"知识与技能"。因此，在教育教学实践中，教师应注重"过程与方法"，甚至可以基于"知识与技能"，因为，拥有"过程与方法"的学生，很容易理解、掌握、运用"知识与技能"，这应该是大家公认的。

1. 注重引导学生体验"过程"，从而掌握"方法"

我们知道，真正喜欢钓鱼的人，并不会因为今天钓到了几条鱼而兴高采烈，而是在钓鱼中享受钓鱼的乐趣，即在"过程"中享受着。在课堂教学中，教师要改变传统方式，变"带着知识走向学生"为"带着学生走向知识"；要加强对学生学习方法的指导，授之以"渔"。随着时代的进步，知识更新的速度越来越快，掌握了学习知识的过程和方法，就会一通百通。

在新知学习过程中,一要强调学生的自主探索。这是主动学习的实质性的环节。不是教师直接讲授或讲解解决问题的思路、途径、方法,而是学生自主探索。二要重视学生的合作学习。这是主动学习的拓展性的环节。学生群体在教师的组织和参与下交流、讨论自主探索的学习成果,批判性地考察所提出的各种理论、观点、假说、思路、方法等,通过社会协商的方式使群体的智慧为每一个个体所共享,内化为个体的智慧,拓展个体知识视野,形成表现、交往、评价、批判能力。

2. 注重师生教学相长,突出学生主体,注重学法引导

在传统的教学中,教师负责教,学生负责学,教学就是教师对学生单向的"培养"活动,它表现为:一是以教为中心,学围绕教转。教师是知识的占有者和传授者,对于求知的学生来说,教师就是知识宝库,是活的教科书,没有教师对知识的传授,学生就无法学到知识。因而教师是课堂的主宰者,所谓教学就是教师传授自己拥有的知识给学生。教学关系成为:我讲,你听;我问,你答;我写,你抄;我给,你受。在这样的课堂,教代替学,学生是被教会,而不是学会,更不用说会学了。二是以教为基础,先教后学。学生只能跟着教师学,复制教师讲授的内容。教支配学,学无条件地服从教,教学由共同体变成单一体,学的独立性丧失了,教也就走向其反面,最终成为遏制学的"力量"。教师越教,学生越不会学,越不爱学。总之,传统教学只是教与学两方面的机械叠加。

而新课程强调,教学是教与学的交往、互动,师生双方相互交流、相互沟通、相互启发、相互补充,在这个过程中教师与学生分享彼此的思想、经验和知识,交流彼此的情感、体验与观念,丰富教学内容,求得新的发现,从而达成共识、共享、共进,实现教学相长和共同发展。交往昭示着教学不是教师教和学生学的机械相加,而是师生互教互学,彼此将形成一个真正的"学习共同体"。对教学而言,交往意味着人人参与、平等对话、合作性意义建构,它不仅是一种认识活动过程,更是一种人与人之间平等的精神交流。

新课程课堂教学中教师设计的开放性问题适合全体学生的发展。教学环节中的问题设计不再局限于封闭的、你问我答的"应景性"问题,开放性的问题让学生的思维有了驰骋的空间。并且教师适时创设问题情境,可促进学生的思考。所谓问题情境,是指个人自己觉察到的一种有目的但不知如何达

到的心理困境,是一种具有一定困难,需要学生通过努力去克服,寻找达到目标的途径,从而解决问题的情境。情境问题是指教师有目的,有意识地创设能激发学生创造意识的各种情境。情境问题以思维为核心,情感为纽带,通过各种符合学生学习心理特点的情境问题,可巧妙地把学生的历史和社会认知同情感结合起来。对这样的问题,每个学生都会感到有话可说,课堂活动不再是个别好学生的事情,学生的个体差异得到了一定的关注。当然,教学过程中教师不要急于对学生的回答下结论,而要适时地点拨;也不要总是试图将学生的思维控制在自己设计好的轨道内,而是要顺势地引导。

新课程课堂教学提倡学生提出问题。苏霍姆林斯基说过:"在人的心理深处,都有一种根深蒂固的需要,这就是希望自己是一个发现者、研究者、探索者。"新课程理念下,课堂提问不再是教师的专利,学生可以围绕教学目标向教师提出自己的疑问,学生之间可以通过教师的桥梁作用互问互答。

问题观的改变对教师的挑战更加严峻,除了观念的转变,对教师素质的要求也更高了。教师再也不能根据自己的主观愿望将一节课准备得完美无缺,必须预见到课堂中将出现的种种问题,并有足够的能力去应对课堂中学生思维过程中产生的"闪光点"。新教材的问题情境往往没有唯一、明确的答案,因此课堂教学的着力点不在追求获得问题的答案,而是培养学生的问题意识,关注问题、引发问题,激发学生的探索欲望,让学生在问题的探究过程中获得知识与技能、掌握学习的方法、养成分析社会问题的态度情感与价值观。

众所周知,新课程变革的核心就是课程实施,基本途径则是教学,因此新课程变革的重头戏就是课堂教学改革,即本文所说的"过程与方法"。强调过程,改进方法,才能享受过程,掌握方法。它要求教学工作者更新教学观念,转变教学方法,要求学生改进学习方法,力求自主(主动)性、探究性、合作性学习。这样的双方配合、师生互动的教学改革,才能真正推进素质教育的发展。

53

以人物为主线设计教学

课程标准主张"以人为本"的理念,历史学科的教学始终离不开历史活动的主体——历史人物,中学历史教师在设计课堂教学的时候一方面要追寻历史事件,一方面要追思历史人物,发挥历史学科作为人文学科的育人功能,培养学生的人文精神。历史人物是指在历史发展中有重大影响、起重大积极作用或消极作用的人物。人类几千年的文明史尽管经历了不同的社会形态,过程错综复杂,但都离不开人的活动,每个时代、每个王朝、每个国家都有自己的代表人物。正是这些人物的所作所为加快或延缓了人类历史的进程。历史人物可以说在历史课本中随处可见,历史就是人类的一部活动史,离开了历史人物可以说历史教学就无从谈起。下面我们以经济史教学中的"中国近代民族资本主义的曲折发展"一课为例,谈谈以人物为主线的课堂教学设计。

新课的伊始,我们可以这样导入:

1899年5月23日,坐落在南通唐家闸的大生纱厂开工试车了。这件事成为轰动一时的新闻。它为什么这样引人注目?因为纱厂的创办人张謇,是5年前夺魁的状元。那时,中国社会地位的排列顺序是"士、农、工、商",状元是"士"中的极品,最受人的羡慕和尊敬,而工商业却是被士大夫们看不起的"末业"。一个状元竟然"舍本逐末",这在历史上还从来没有过,怎能不引起轰动呢?更使人感到疑惑的是当时投资办厂的风险是非常大的,许多人都赔了血本,不敢再提办厂之事,张謇却反其道而行之,难道这个状元在办实业方面也比别人技高一筹吗?人们将信将疑。我们也来看一看当时的具体情况。

经济史教学有一个普遍的问题,就是内容枯燥,教师如果没有拓展,就只能读书划重点,学生厌恶这样的课堂,不愿意学。导入部分用张謇状元办厂自降身段的事例,能够迅速调动学生习史的兴趣,枯燥的经济史课堂立即生动起来。

接着通过投影介绍张謇生平:

张謇,字季直,号啬庵,江苏南通人,1853年生于一个富裕的农民家庭。五岁入塾,十六岁中秀才。1874年外出谋生,1876年去浦口,在庆军统领吴长庆幕中办理公文,1881年与袁世凯相识,并为袁世凯修改过文章。1894年4月,张謇考取一甲一名进士(状元),授翰林院修撰。1895年4月,《马关条约》签订,有允许日本在中国设厂的条文。为了在外资输入前抢先一步,张之洞要求张謇招商集股在通州创办纱厂。不久张之洞调职,张謇又得到两江总督刘坤一的支持。

他把筹建的纱厂,取名"大生"。自1896年9月在通州唐家闸规划厂基,到1899年纱厂建成。其中遇到不少困难。首先是筹集资金不易。有钱人对于把大宗款项交给一个书生去办厂,心怀疑意。加之上海棉纱市场萧条,为纱厂集股尤难。其次,通州和上海董事之间,在是否领用官款来买机器和承担投资份额上意见相左,结果上海的董事退出。再次是工厂周转资金短缺,刚投产就面临关厂的威胁。想把工厂出租,又遭到商人的压价。但这些困难,经过张謇等人的努力都一一克服了。

大生纱厂在投产后较短时间内就经受住了洋货和洋商的竞争,年年盈余。张謇为了实现以实业所得兴办教育和用教育来改进实业的主张,他用大生纱厂的小部分盈余及劝募所得,在本地兴办了一些教育文化事业。1902年创办了国内第一所师范学校——通州师范,后来又办了女师、幼稚园、小学和中学。又在通州创办了图书馆、博物馆、气象台、盲哑学校、伶工学校、剧场、公园和医院等,在社会上博得了很高的声誉。

设问:张謇能够开办大生纱厂的政治前提是什么?

学生据材料,结合教材知识,能够得出民族资本主义初步发展的重要原因:《马关条约》后清政府为了扩大税源,放松了对民间设厂的限制。

设问:由张謇创办实业你感受到了张謇哪些个人魅力?

组织学生讨论思考,大致有这样的答案:张謇有爱国之心,希望通过兴办实业来抵御外国资本主义的经济侵略;张謇有不惧世俗的勇气,在"士、农、工、商"等级森严的社会里,身为状元和翰林院修撰的张謇能"舍本逐末",殊非常人;张謇有较高的经营管理才能,他能创办大生纱厂并使之自成系统,这在当时也属于不多见的情况;张謇具有不同凡响的远见卓识,他倡导"父实业母教育",用实业所得办教育,用教育成果来改进实业;张謇有百折不挠的精神……

接着投影大生纱厂的两则材料:

材料一 大生纱厂到1899年5月建成时,有原始资本四十四万五千一百两,纱锭二万零四百枚。1904年,增加资本六十三万两,增加纱锭二万零四百枚。1907年,在崇明久隆镇办了大生二厂,资本一百万两,纱锭二万六千枚。从1899年到1913年大生共获利(净利)约五百四十万两,发展为拥有资本二百万两和纱锭六万七千枚的大厂,是"欧战以前华资纱厂中唯一成功的厂"。

材料二 到1924年大生副厂建成时,大生已发展为四个纺织厂,资本增加到九百万两;纱锭十五万五千枚,约占当时全国华资纱厂总锭数的百分之七;布机一千五百八十余台。在盐垦方面,先后在苏北沿海一带开办了二十个盐垦公司,计圈地四百一十三万五千亩(已垦地九十八万亩),资本估计约为二千万元。根据1921年一个调查材料,张謇所经营的企业的总资本约为三千四百万元。

设问:张謇的大生纱厂等企业在什么时期发展最快?结合教材,分析这一时期民族工业迅速发展的原因。

通过张謇的大生纱厂这一民族工业的案例,研究上世纪初中国民族资本主义"短暂的春天"。除了民族资本家"实业救国"的坚强信念,当时中国的内部、外部各种有利因素共同造就了大生纱厂的财源滚滚。内部,辛亥革命爆发后,中华民国政府颁布了一系列有利于经济发展的措施,群众发起了"爱用国货"的爱国运动;外部,一战期间,帝国主义暂时放松了对中国民族资本的压迫。

如何才能突出"短暂的春天"中的"短暂"?还是以事实说话:

材料三 1920—1922年各盐垦公司连续遭灾,使主要投资者大生纱厂负债愈重。加之军阀连年混战,第一次世界大战后帝国主义对华经济压迫转剧,因而民生凋敝,百业衰退,到1923年,连一向盈利的大生纱厂也转为亏损。为了争取企业的生存,张謇一再呼吁取消不平等条约,要求国际税法平等,停止内战,实现国内和平。但这全是幻想。1923年,张謇不得不把大生一厂向银行押款还债。1925年7月,大生一、二两厂已负债一千余万元。同年,上海、金城等四家银行组织银行团到南通清查账目,正式接管大生各厂及欠大生款项的各公司。

设问:20世纪20年代以后,张謇的企业情况如何呢? 从大生纱厂发展的一波三折,我们能得出什么认识?

从材料中能够清晰地看到:大战结束后,帝国主义又一次在中国大量倾销棉花和棉织品,纱厂的产品被削价销售,收不抵支,负债累累,最后被吞并。教师借机讲述,中国近代的民族资本主义的发展受外来因素的影响很大,甚至有学者认为是"欧风美雨"的产物。当帝国主义列强放松对中国的经济侵略时,它就能得到较快的发展。当帝国主义加紧对中国的经济侵略时,它就会举步维艰,发展缓慢,甚至破产。这种状况归根结底是由中国半殖民地半封建的社会性质决定的。

张謇大生纱厂发展的曲折历程,正是旧中国民族工业发展的一个缩影,研究张謇这个民族资产阶级的典型人物,能够洞悉中国近代民族工业的曲折发展。课堂教学中,除了以上内容,还可以继续引入张謇的史料或故事,师生一起探讨民族工业的主要构成、地区分布和社会影响等。

如以张謇为清帝撰写退位诏书、当选民国实业部长等生平,就可以印证民族资产阶级在近代政治舞台上的重要作用。以张謇在南通等地的近代化建设,成立全国第一个师范学校、开张更俗剧院、架设电报电话线等,就可以推论民族资本主义对推动近代社会生活方式变化方面的巨大作用。

历史人物多姿多彩,这是历史教学中最能吸引学生的部分。在历史教学中突出人物活动就更能让学生了解历史是如何被创造和推动的,因而认识历史的生动性和创造力。我国著名史学家白寿彝先生曾深刻地指出:"历史的发展,毕竟是人们活动的结果。在史书里,看见了历史人物的群像,就愈益感到历史的丰富性,离开了人,也就谈不上历史。"现行中学历史课本中介绍了中外历史上许多杰出的政治家、思想家、军事家和科学家。可是,目前许多历史教学的案例或教学设计,往往突出事件发生的时间、地点、过程、结果、评价等,将人物淡化。这样的课堂把完整精彩的历史分解得支离破碎,造成历史教学苍白无力,原本应该充满生机的历史课索然无味。若不能深入地进行历史人物的教学研究,就无法让学生更深入地了解和体会历史的发生发展进程。

54

如何上好一节公开课

公开课是一项最常见、最基本、最典型的教研活动和课堂教学观摩、交流形式。记得笔者刚走上中学历史教学岗位时,凭着满腔热情,认真地备课,能够顺利地把一堂课上下来已经觉得很满足了。自己根本不知道上得怎么样,学生掌握了多少。刚好那会儿学校让笔者参加区历史优质课评比,同一节课内容连续试上了好多遍,终于打磨出了一堂获得认可的优质课。

当我们在不辞辛劳地打造公开课的时候,公开课也毫无疑问地打造了我们。可以说,上公开课是教师专业成长的捷径。

历史教师,特别是年轻历史教师要想上好一节公开课,主要有以下几个方面的方法、技巧。

一、备详案

教师在课堂中要说的每一句话,学生的回答情况,甚至是教师举手投足的每个关键动作,预测学生可能的回答状况等等方面,都要提前写下来。这个备课过程也就相当于把书由薄读到厚的过程。这种方法看似费时费力,却能让授课语言越来越精练,思路越来越清晰,课堂效率越来越高。

二、备学生

课堂是教师的教和学生的学的双边活动。学生是这项活动的直接参与者,他们的状态直接影响教学活动的效果。因此,教师在备课时应考虑到学生的特点、兴趣及爱好,尽量联系他们的生活实际,走近他们的生活,经常用他们感兴趣的事物或话题来吸引他们的注意力,调动他们的积极性。同时也应考虑到不同学生的成绩状况及理解能力的差异,设置不同梯度的问题供不同层次的学生回答。

三、备听众

公开课是一节供大家观摩、评论的课,因此,它要求教师在上课过程中不但要考虑学生的学习效果,还要考虑听课者的感受,有时需把听课者也融入到课堂中来。比如,在要求学生看阅读材料时,就需将有关的内容用课件的形式展示给听众,这样就不会让有些听课教师由于不熟悉所讲的内容而跟不上课堂思路。

四、备突发事件

在课堂中有时会有些偶发的小事故阻碍课堂教学的顺利进行。因此,教师在备课过程中就要考虑得特别周详,尽量把这些偶发事件的发生率控制为零,或事先做好思想准备:假如事故真的发生了,如何处理?如上课时电教设备突然无法播放课件怎么办?对于这种突发情况,教师最好准备好无课件上课的预案。又如上课时,教师提出的问题学生都答不出来怎么办?对此,教师最好做出分层引导的预案。

五、教学目标力求全面

一堂好的历史课不仅要考虑学生学到了多少知识,提高了多少能力,更重要的是要考虑学生的情感态度和价值观方面有了哪些收获。如果一节课能渗透一定的情感态度和价值观教育,那教师的讲课水平就会显得很不一般了。

比如,笔者在设计"从近现代服饰演变看物质生活与习俗的变迁"一课的结尾时,让学生讨论:"通过本课的学习并请结合我校天籁合唱团成员在不同场合不同着装的图片,说说我们中学生穿衣要注意点什么?"学生经过讨论自然得出结论:我们青少年学生穿衣要合时宜、合中学生身份,切忌成人化、庸俗化;我们中学生穿衣要彰显活力、青春气息、书生气息;等。在此节公开课中的德育渗透和价值观渗透,得到听课教师的一致好评。

六、课堂导入力求新颖

好的开头是成功的一半。好的课堂导入,能更好地激发学生的学习热情和兴趣,使课堂气氛生动活泼,起到"一石击破水中天"的效果。一般而言,能激起学生学习兴趣的历史课的导入,往往要和学生的生活现实有一定的相关性。

比如,笔者这样设计"从近现代服饰演变看物质生活与习俗的变迁"一课的导入:课件展示我校天籁合唱团舞台表演时的照片,教师讲述,"我校天籁合唱团最近荣获全国合唱比赛金奖。靠的是我们合唱团成员在歌唱方面的绝对实力;但是服饰装扮也是不可忽视的一个方面。正所谓:人靠衣装马靠鞍!女生的一席长裙,男生的帅气礼服,为合唱团赢得比赛增色不少,撑足了气场。接下来我们一起学习'从近现代服饰演变看物质生活与习俗的变迁'"。

由于天籁合唱团的成员都是本校甚至是本班的同学,以此导入新课,很容易激起学生的学习兴趣。

七、教学环节的过渡力求自然

一节课总是由好几个环节构成,所以在备课时应注意这些环节之间的过渡要自然,力求做到水到渠成,不露痕迹。这样,一节课的思路就显得非常清晰而流畅,学生的思维也不会因某个教学环节的突然中断或突兀的转折被打断,听众也会感到整节课是一个完美的整体。

比如,笔者这样设计"从近现代服饰演变看物质生活与习俗的变迁"一课中由"近代服饰"向"1949年后现代服饰"的过渡:课件展示毛泽东主席在开国大典上讲话的图片的同时,教师讲述,"1949年10月1日,首都北京30万军民在天安门广场集会,隆重举行开国大典。毛泽东主席向全世界庄严宣告中华人民共和国成立。从1949年开始,新中国人民不仅政治、经济、生活都发生了翻天覆地的变化,服饰自然也发生了巨大变化!"由此,自然过渡到下一部分内容的教学。

八、历史结论的得出要有生成性

新课程标准把"生成"当成一种价值追求和彰显课堂生命活力的常态要求。一堂好的历史课应该是有生成性的课。其主要表现为历史结论的得出是生成性的,而非教师强行灌输的。要实现历史结论得出的生成性,组织学生进行合作探究学习是经常采用的方式。

比如,笔者曾聆听过一位知名特级教师的公开课"辉煌灿烂的文学"。该课时间跨度大,对教师讲授新课具有相当大的挑战性,但该教师以合作探究学习的方式,把这节课上得非常出彩。这节课有如下特点:第一,学生以小组为单位,明确任务分工,采取多种手段收集相关的文学背景知识,为新课的开展做好知识和心理上的准备;第二,注重学生的相互合作、交流,还课给学生;第三,在教师的适时引导和激励下,课堂中所有历史结论最终都是由学生自主得出、自然生成的。

九、反复试讲,及时纠正

无论课前把教案准备得多么充分,都不如进课堂给学生们试讲一次所获得的经验来得直接和丰富,更有针对性。若有指导教师听课,一定要认真听取听课教师的意见。如果试讲多遍,准备得很充分了,自己有信心了,自然就不会紧张,不仅能流畅地给学生传授知识,而且还能突发灵感,说上几句比较机智幽默的妙语。

此外,教师在课堂上的亲和力、语言表达能力、粉笔字功底、板书设计能力、多媒体教学手段的运用能力、丰厚的人文素养、渊博的历史专业知识、幽默机智的应变能力、良好的课堂调控能力、课堂中的亮点呈现等等,都是上好一堂历史公开课所应具有的要素。

55

"地图细节体现法"在历史教学中的运用

一堂好课必须要有血有肉有细节。深入浅出、浅入深出、深入深出、浅入浅出,我看还是要深入浅出。在实际的课堂上往往犯的错误是就本论本,就纲论纲,只是课本的简单归纳。

——2013年笔者在一次聚焦课堂上的发言

图文并茂是中学历史教科书的一大特色,书中插有历史人物图片、历史文献,还有绘画、拓片、名胜古迹等,此外,最多的可能是历史地图。历史地图能够形象生动地补充说明教科书中的有关内容,能够大大提高学生学习历史的兴趣,有利于他们掌握重大历史事件发展的全过程,同是也有利于他们掌握和理解书中的重点、难点。

但教师在实践过程中,通常对历史地图的运用很少,很多时候他们在潜意识里,认为地图在历史课堂当中可用可不用,或者说作用不大。为什么会产生这种情况呢?因为在普通教师的认识中,历史课堂的重中之重是知识点的掌握,教学评价的核心就是知识掌握的程度。在应试教学过程中,史学理论与史学方法的考核是很难做到的。中学阶段地图本身是和史学方法、史学理论脱节的。

一项重要的工作就是要把史学理论、史学方法与史学地图相结合,做到学生学得愉悦,教师教得轻松,教学考核优异。笔者把这样一种方法称为"地图细节体现法"。

"地图细节体现法"的具体操作为:第一步,结合地图提出史学理论(提出);第二步,结合史学理论提出问题(深入);第三步,结合地图具体化、细节化解决问题(浅出)。下面以人教版高中必修一第 26 课"多极化趋势的出现"为例来说明。

　　第一步:(展示地图)提出史学理论"地缘政治学说"。
　　规律一:世界本质是多极的。无论在哪一个历史阶段,世界都提供了多极化的物质与文化的基础。(始终孕育着六个大国的物质文化基础。)
　　规律二:多极化是历史发展的总趋势(大国崛起一般总有先后之分)。

　　　　先崛起一个:单极格局(以欧洲为中心)
　　　　　　　　↓
　　　　再崛起一个:两极格局(以美苏为中心)
　　　　　　　　↓
　　　　崛起多个:多极格局

　　规律三:政治格局的多极化取决于经济格局的多极化。
　　第二步:结合史学理论提出问题"欧洲统一过程中的主要障碍有哪些?"
　　探究:欧洲统一过程中的主要障碍有哪些?
　　第三步:结合地缘政治学说教师做如下分析。

第二步:深入	第三步:浅出(细节)
欧洲统一的主要障碍有哪些?	解决:欧洲统一的具体过程
法德矛盾,争夺统一的领导权	法德和解——欧洲煤钢共同体
英国三心二意,脚踩两条船	英国回归——1973 年加入欧共体
苏联控制下的东欧解放	欧盟东扩——原东欧各国加入
美国及北约对欧洲的控制	法国 1966 年退出北约到 2009 年回归北约

　　这个案例不仅结合地图有地缘政治理论作为引导,而且强调了欧洲统一过程的障碍。欧洲统一的过程就是解决障碍的过程。这样就把一个大而空的东西,细化成了一个个具体的小的问题,而且步步深入,学生理解得就十分的透彻,提高了分析问题的能力。
　　再如初中人教版九年级历史上册关于"古代东西方文明起源"的内容,我们用地图细节体现法来展示如下。

第一步：结合地图提出史学理论。

（出示古代秦国版图和古代雅典版图）

	古代秦国	古代雅典
地理位置	深居内陆　黄河中游	三洲要冲　三面环海
地形特点	渭河平原　地形平坦	山岭连绵　小块平原
土壤特点	纤细黄土　易于耕耘	土地贫瘠　耕地缺乏
气候特点	雨热同期　适宜生长	冬季多雨　夏季干热

史学理论：地理环境影响论（注意不是地理环境决定论）。大河文明和地中海文明发祥地的自然地理环境不同，造成了两种文明在发展过程中相当大的差异。地理环境的差异性、自然资源的多样性，是人类分工的自然基础，它造成各地域、各民族物质生产方式的不同类型。而不同生产方式的差异，导致文化类型的不同，直接影响着各地域人群的生活方式与思维方式——大河文明的稳定持重，与江河造成两岸居民农耕生活的稳定性有关；海洋商业文明的外向开拓精神，则与大海为海洋民族提供的扬帆异域、纵横驰骋的条件有关。

第二步：提出问题"为什么东西方会形成内敛与扩张两种不同的文明形态？"

观察地图，让学生分析东西方在地形、气候及经济形态上的差异（见上表）。

第三步：教师做详细的分析如下。

大河文明诞生于大江大河流域。这些区域灌溉水源充足，地势平坦，土地相对肥沃，气候温和，适宜人类生存，利于农作物培植和生长，能够满足人们生存的基本需要，故农业往往很发达。大河文明以农耕经济为基本形态，对自然环境的依赖性较强。农耕经济是一种和平自守的经济，由此派生出的民族心理也是防守型的。作为典型的大河文明，中华民族较少有拓边侵略的行径。最能体现中国人防御思想的是长城的修建。长城不带进攻性质，完全着眼于防卫。大河文明创造了灿烂而持久的封建文化，维系了长期的政治稳定。

再看欧洲人所聚居的地中海地区。地中海是欧、亚、非大陆之间的陆间海，被称为"上帝遗忘在人间的脚盆"。簇拥地中海的陆地，森林茂密，丘陵遍布,土地贫薄,不适合农作物的生长。但其地陆海交错、港湾纵横,海面大多是波平浪静,确为地中海人航行海上从事商贸活动创造了得天独厚的地理条件。地中海文明的发祥地古希腊地处爱琴海,海岸线曲折,岛屿众多,陆路交通不方便,可耕地面积较少,农耕文明发展空间小。陆路交通不方便,他们便自然选择了海洋为文明发展的主要方向。滨海地区拥有渔盐之利和交通之便,工商业便应运而生。地中海文明以外向发展和商品经济为基本特征,开拓海外市场、抢占殖民地、实施海外扩张是其天然使命。

因此,"地图细节体现法",不仅要求教师在上课的过程中要充分熟练地运用地图,还要求教师阅读相关的学科知识与理论。不仅要是"史学家",还得是个"地理学家"甚至是"经济学家""哲学家","会当凌绝顶,一览众山小"。另外,还要求教师注重历史发展的细节和过程,探索事件发展的每一个细小痕迹,如此才能真正全程地把握历史发展的脉络,使得历史课堂鲜活起来,生动起来。

56

如何解决课堂重点难点

葛兆光讲及历史价值时说道：历史仿佛给人们提供着关于"故乡"的回忆，这种回忆不一定是对于村庄位置、房舍田地、水井道路、乡亲父老的具体再现，而是一种关于故乡的温馨感受，使互不相识的人一提到共同的故乡就有"同乡"甚至"同根"的感觉。在教学实践中往往会出现一些难点、重点，如果无法突破，就会阻滞学生的思维，使学生难以产生"故乡的温馨感受"。现以人教版高中历史必修三第一单元第3课"宋明理学"为例，阐述解难释疑的策略。

一、利用思维导图，加深对重、难点的理解

新课程标准把宋明理学的主张纳入考核要求，基于学情和课标要求，将重点定位为：理解二程（程颐、程颢）理学的思想内容。学生在语文学科中学习过周敦颐的散文《爱莲说》，对于文章里的经典语句耳熟能详，这样更能引起学生的兴趣，刺激探究的热情。

周敦颐既是文学家又是与二程同时期的理学家，仔细阅读推敲《爱莲说》这篇佳作后，发现它与理学思想之间的关联。荷花为理学家探究的自然事物，理学家经过深刻探究穷尽自然事物中蕴含的规律，即天理，荷花中蕴含的天理就是：出淤泥而不染，濯清涟而不妖。以上过程即二程的认识论：格物致知。但这并非说明世界的本原是客观的物质世界，物质世界仅是他们获得理的源头，而理已经先天存在于事物中，这便是二程的哲学观：天理是宇宙万物的本原。探究荷花蕴含的理并非根本目的,根本目的是形成人的道德行为习惯,如"出淤泥而不染,濯清涟而不妖"教导人们为人处事应该正直、清廉。从结构图中可以厘清"物"、"天理"、封建伦理纲常之间的关系,利于学生理解知识之间的关系并构建新旧知识之间的联系,即构建、完善知识体系。

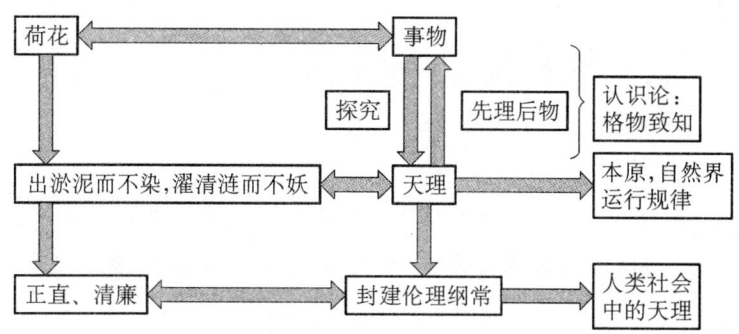

二、利用思维冲突,激发探究热情

一般情况下,学生心理处于平衡状态,当学生受到周围环境的刺激而与环境产生交互作用时,心理上会生成强烈的矛盾冲突。制造思维冲突要满足两个条件:具有外在刺激,知识点有相似性和相异性。

历史教科书中对程朱理学和陆王心学分开论述,再加上"资料回放"中选取了"鹅湖之会"和王阳明放弃格竹的典故,让学生形成了二者截然不同、门户各立的思维定式。但程朱理学与陆王心学皆属于宋明理学的范畴。鉴于二者的相似、相异性,为激发探究热情还须创设刺激学生自主比较知识点的情境。朱熹和陆九渊在鹅湖之会上论述了各自获得学问的方法和途径,三天辩论之后,朱熹写下《过分水岭有感》,诗曰:"地势无南北,水流有西东。欲识分时异,应知合处同。"这说明二者是大同小异的,具有相同之处。学生在教师的步步引导下,提出疑问:程朱理学与陆王心学的相同之处在哪里?二者是否都被统治者所接纳呢?

朱熹的"存天理,灭人欲"思想和王阳明的"致良知"思想在提升个人道德修养和形成社会公德方面具有不可磨灭的现实意义。而学生对两个思想的理解仅限于对个性、人性的泯灭和抑制,突出了思想对专制统治的意义。为防止学生思维出现绝对化倾向,需要及时进行解析释义,在制造思维冲突时使学生加深对知识点的理解。在教学时,笔者选取了这样两段材料:

材料一 "若是饥而欲食,渴而欲饮,则此欲亦岂能无?""同是事,是者便是天理,非者便是人欲。如视听言动,人所同也。非礼勿视听言动,便是天理;非礼而视听言动,便是人欲。""口之于味,目之于色,耳之于声,鼻之于臭,四肢之于安佚,圣人与常人皆如此,是同行也。然圣人之情不溺于此,所以与常人异耳。"

——朱熹

材料二 "人胸中各有个圣人""心之良知是谓圣""良知在人,随你如何,不能泯灭,虽盗贼亦自知不当为盗,唤他作贼,他还扭怩""良知良能,愚夫愚妇与圣人同"。

——王阳明

从上述材料中可以看到,朱熹并不一概反对人的欲望,而是反对那些超出了正当要求以及违反了社会规范的欲望;王阳明的"致良知"思想并不是仅仅指具备文化基础的知识分子,他认为无论贤愚都同具良知,即人人皆可提升自己的生命境界,人人都能通过修身的功夫成为尧舜,良知或道德面前人人绝对平等。

材料呈现之前学生已经形成的思维刺激学生找寻历史材料与所学之间的关系,当史料与所学出现相异性时,在学生心理会造成心理冲突,刺激他们进行进一步深入探究。

三、利用问题驱动,提升学习能力

问题链是根据学生的学习需要而设置的,它能确定学生思维停驻点,引发学生持续探究的热情,引导学生主动学习和能力迁移;但是,不论课堂的自主学习、合作学习还是探究学习,教师始终是学生学习活动的组织者、引导者和合作者。以问题链驱动教学,采用师生互动、生生对话、人(学习者)本(教材等)对话的教学策略,在问题导学的过程中既可以有效发挥教师的主导作用,又可以有效调动学生的主体参与,引导学生对问题进行层层剖析,提升对难点的分解、深化分析的能力。在化解"宋明理学"这节课时笔者采用了主题式问题链、史料类问题链。

所谓主题式问题链是指教师在解构重难点时设置问题链,层层设问,循序渐进地解决问题。这样,问题的设计就具有针对性,形成一个由浅入深、由表及里的整体,避免出现课堂频繁设问,使问题教学流于形式的现象。比如讲解朱熹的主张时,笔者根据教材和对二程主张的分析,以问题引领,由学生自主学习完成。设计问题:① 根据教材,对应二程的观点,列举朱熹的思想主张。② 与二程观点相比,朱熹的主张有什么不同?③ 朱熹对当时中国封建统治、社会秩序和世界产生了怎样的影响?在教师的点拨引导下,设问有助于集中学生注意力,拓展学生思路,"激活"学生储备的知识,"激活"学生的思维能力,提高课堂教学的有效性。

史料教学在历史课堂教学中占据重要位置,不仅可以引导学生深入理解知识点,还起到锻炼学生历史思维和提高学生解题能力的作用。教师可从相关史料中选取素材,通过丰富多样的史料把问题逐一呈现出来,实现历史问题情境化。在讲解宋明理学的影响时,笔者选取了以下几段通俗易懂的材料,让学生对材料加以分类、综合,辩证分析影响:

材料一 程颐:"天下只是一个理""万物皆是理"。朱熹:"存天理,去人欲。"

材料二 朱熹:"一事不穷,则阙了一事道理;一物不格,则阙了一物道理。"

材料三 王守仁:"心即理""知行合一""致良知为圣人教人第一义"。

材料四 朱熹:"人之异于禽兽,是父子有亲,君臣有义,夫妇有别,长幼有序,朋友有信。"

材料五 程颐:"饿死事小,失节事大。"

材料六 张载:"为天地立心,为生民立命,为往圣断绝学,为万事开太平。"顾炎武:"天下兴亡,匹夫有责。"

设计问题:① 根据材料,概括二程、朱熹和王阳明的主张。② 将六段材料按照学习方法、为人处事、维护封建统治、思想道德建设等方面进行分类。③ 对分类之后的史料进行总结概括。

通过丰富的史料,设置有效的问题情境,引导学生史论结合,论从史出,还可以为学生适时补充史学研究领域的新内容,让学生了解史学动态,提升教师开发课程资源和利用课程资源的能力,推动新课改深入发展。

"宋明理学"是必修三学习中的一个重点和难点,笔者在教学实践中尝试将复杂问题(难点、重点)简单化,加深学生对难点、重点知识的理解;制造思维冲突,激发学生探究热情;利用问题驱动,提升学生学习能力。在教学中还需不断进行探索,为构建一个有效、简易、充实、有活力的历史课堂而努力。

57

学会用故事"点睛"历史课堂

历史是一门综合性很强的人文学科,也正是由于历史的博大精深,历史学科具有其他学科难以比拟的优势,那就是丰富的历史人物与历史故事,这对历史教学的开展具有积极意义。现实教学中很多教师注意到了这一点,积极地将历史故事引入课堂,也取得了很好的效果,但也逐渐暴露出了一些问题,如课堂变身"故事会"——课堂引用故事过多,冲淡了教学主线,淡化了知识传授,或者是野史纵横,忽视了史学的严谨。如笔者曾赴某校观摩了一节"辉煌灿烂的文学"公开课,在对宋词繁荣的背景进行铺陈时,该教师引用了"泥马渡康王"的典故,来阐释两宋嬗变及这一时期的民族矛盾激化,故事生动有趣,学生听得津津有味,课堂氛围也很热烈,但却引起笔者的思考:历史教学中故事教学法当真应来者不拒吗?故事教学法在历史教学中的运用应该注意哪些问题?

一、故事选取应适当

在历史课堂教学中,历史故事可以用也应当用,但不能乱用,笔者认为在故事选用上应秉承以下几个原则。

1. 真实性原则

在历史教学中所选用的历史故事要以规范的史料或研究成果为依据,在此基础上,历史教师可以进行合理的分析与拓展甚至创造,但必须符合相应的时代精神和社会特征。神话、传说、演义、文学作品中某些故事的选用需更加谨慎,虽说它们是特定历史文化的产物,也能够反映某一时代的背景和社会问题,但它们或情节夸张甚至违背自然规律和人类发展规律,或出于各种目的而存在过分加工、改造的情况。如关于"泥马渡康王"的传说,版本较多,且在时间、地点甚至具体原因上都多有矛盾之处,野史色彩、神秘色彩十分明显,此类史料就应当尽量避开。

2. 典型性原则

历史课堂引入故事并非单纯为了增加课堂趣味,也不是单纯为激发学生对历史的学习兴趣,而是要以历史故事为素材,创设特定的历史情境,将学生引入其中,进而对历史人物、时代背景有清晰的把握,归根结底而言,故事的引用是直接服务于历史教学的。因此,历史故事的选择不但要与教学内容的主题紧密契合,还要能够具有一定趣味性,能够引发学生思考,通过故事引导,培养学生在阅读素材时的理解能力和知识迁移能力。此外故事的选用还应当注意信息含量。故事"套路"太深或信息量太大,使学生一时半会儿难以全面理解,容易导致学生很难"代入"历史情境;故事信息含量太少,难以激发学生深入思考。因此,在故事选用上,历史教师还应综合考虑学生的认知水平与能力。

3. 精简性原则

历史故事是历史教学的有效手段,而不是目的,其作用主要是激发学生兴趣,营造历史情境,引导学生"代入"历史情境,实现知识迁移,激发学生思考问题进而解决问题,如果历史故事冗长,则需要历史教师花费大量时间进行阐释,不仅耗费教师与学生精力,也会"喧宾夺主",影响课堂教学效果。因此,历史教师在选择故事时,要力求简短、精练、丰富、生动。

二、故事运用应"点睛"

历史故事入课堂值得提倡,但这不等于将历史课变成故事会,故事的选取与运用应当适当、适量、适时,从而达到"点睛"之效。下面笔者就以本人执教的几个片段试论之。

1. 利用小故事导入新课

"明清君主专制的加强"一课是人教版必修一第一单元"收尾之作",因此本课内容与前面课程内容联系很强,如何在教学中既有效抓住学生兴趣点,同时实现知识的前后联系,又能为接下来的课程学习实现有效铺陈并引发学生积极思考与参与,成为一个不得不考虑的问题。基于此,笔者选取了"劳模"朱元璋抱怨政务繁多的故事来导入新课:

每年劳动节,我们国家都会评比出一批劳动模范,并加以表彰,其实古代中国"劳模"也很多,比如明太祖朱元璋就是劳模中的典范。我们来看看57岁的朱元璋一天的工作量。57岁在今天看来,即将退休,领导同志也大多退居二线,实际工作量已经大为减少,可是我们的老皇帝却不能退休。据史料记载,从明太祖洪武十七年九月十四日到二十一日的八天内,内外诸司送到皇宫的奏章共1 160件,共计有3 291件事,平均每天要处理207件奏章、411事,以致"星存而出,日入而休"仍无法完成。如此高强度的工作,"劳模"也难以承受,难免会心生牢骚,明太祖就曾抱怨道:"百僚未起朕先起,百僚已睡朕未睡。不如江南富足翁,日高丈五犹拥被。"如此看来同学们生活水准是远远高于皇帝了。可是翻阅史料我们却发现,如此高强度的工作量在明太祖之前很少见,这是为什么?那为何到了明太祖这儿却要"星存而出,日入而休"?为了提高效率,精简工作量,老"劳模"又采取了何种措施?下面就让我们一起来看个究竟。

在这一课教学中,笔者将学生的日常生活与古代原本应当逍遥自在的皇帝生活相比较,首先激起学生们的兴趣,将他们从课前的喧闹中吸引回课堂;其次,出示57岁明太祖一天的工作量,数字翔实,也较为直观地凸显了工作量之大,这又和其57岁高龄形成鲜明对比,进一步加强学生对皇帝"不堪重负"的认识;再次,抛出明太祖"牢骚"诗一首,这首诗简单明了,感情丰沛,非常直观地再现了一位即将至"耳顺"之年的老人对摆脱繁重政务与平常生活的向往,既能够激起学生感情上的共鸣,也有利于学生将前后知识进行联系对比寻求前因后果,对接下来教学环节的有效展开也起到了铺垫与推动作用。总之,用适当的历史故事导入新课,能够有效缩短学生与教材之间的距离,增加历史课堂的生动性、趣味性,激发学生的探究欲望,从而使教学任务有效完成。

2. 利用小故事突破重难点

在历史教学中,每课的重点、难点都是一块块硬骨头,如何突破常常是一个难题,在这种情况下,历史小故事的呈现往往能够起到意想不到的效果。在"从'战时共产主义'到'斯大林模式'"一课教学中,"斯大林模式"相关模块的教学中笔者就采取一则小故事来展开,在要求学生阅读教材相关内容后,笔者给学生讲了这样一个故事:

美国外交代表团到苏联访问,苏联接待官员陪他们参观"建设的伟大成就",并且得意地说:"到了下一个五年计划,每个苏联家庭都可以拥有一架私人飞机!"美国人惊讶地问:"他们要飞机干什么呢?"苏联官员说:"当然有用啊……譬如你在莫斯科听说列宁格勒开始供应面包了,你可以马上开飞机赶去排队啊。"

这则故事是苏联盛行的笑话之一,虽然无法保证故事的真实性,但笑话、故事等作为特定历史文化的产物,也能够反映某一时代的背景和社会问题,因此用于课堂教学具有一定的有效性。这则小故事信息丰富,既能够体现"斯大林模式"下苏联社会主义建设所采取的主要措施如"五年计划"等,也能够让人有效地判断出"斯大林模式"的利弊得失,又可以引导学生进一步思考苏联工业与农业兴衰的具体原因,还能够引发学生将其与当今中国的社会主义现代化建设相比较,不仅有效地实现了教学要求,还强化了学生对改革开放伟大意义的认知,增强了爱国主义教育,起到了"一箭多雕"的效果。

3. 利用小故事,升华课堂

历史课堂需要"凤头",也需要"猪肚",但同样需要精悍有力的"豹尾"。一堂课如果草草结束,无疑会影响整体教学效果,而一个短小精悍的结尾则无疑能够实现课堂升华。在讲述"甲午中日战争与八国联军侵华"一课时,笔者讲述了《马关条约》谈判中伊藤博文的种种咄咄逼人与李鸿章为国家挽回利权而承受的种种屈辱,同学们对伊藤博文都恨之入骨。这时笔者立即抛出一个问题:如果中国主政者邀请伊藤博文来华充当总顾问帮助中国改革,你会怎么看?关于这一问题的设置,笔者曾经思虑良久,因为在"近代中国反侵略、求民主的潮流"这一单元中,学生感受了太多近代中国的屈辱与灾难,再联系后来的日本侵华战争,以及新中国成立以来中外关系中的种种,必然就要涉及中外关系这一重大问题。但是这一问题范围太广、难度太大,故而笔者选取在这一课的结尾以中日关系为突破口,引导学生谈一谈他们对中日关系的看法。学生大都对邀请伊藤博文持反对态度,并且言辞激烈,在学生的谈论中"小日本""日本鬼子""来个东京大屠杀"之类蔑视、仇视日本的言论频繁出现,基于此,笔者抛出了第一个问题:日本小不小?学生们先是一愣,接着有人回答,小——面积小。于是笔者接着问日本还有哪里"小"?教室里迅速安静了下来,笔者接着列举了当今日本在经济、科技、教育、医疗、环保、城市规划等领域的突出成就,学生们为之改容,课堂气氛也随之改变。当笔者再问日本小不小时,学生们不约而同地改变了答案。接下来笔者又问了第二个问题:我们要不要向伊藤博文取经?关于这一问题学生们较为迟疑,部分学生对以伊藤博文为代表的日本人是否会真心帮助中国深表怀疑,于是笔者出示了吴汝纶日记中所记的一则史料:

伊藤为中国画策四事:一曰设立大银行,延雇西员襄办,纠集亿万股本,印刷钞票,如遇战事,数百万金资不难立办;二曰设立士官学堂,仿文明富强之国章程办理;三曰改招募为征兵,充兵有年限,此外洋之法,日本行之已见明效;四曰铁路南北通行,内地均行轮船,则商务运转灵便,利权操之自我。

上述举措可谓点睛之笔,如能真正推行必然能够推动当日中国的迅速发展,即便是在今日,这些措施也并不落后,由此可见伊藤博文当年来华所倡议之内容,有可用之处。这就告诉我们一个道理,一个民族不可能没有一个坏蛋,一个民族也不可能没有一个好人,一个曾经的坏蛋也可能为我所用,因此在看待当今日本时,不能一棍子打死一个民族,而应该听其言观其行,理性地分析对待。接下来笔者又抛出了第三个问题:我们应该对日仇视、封闭还是积极学习?至此学生已经能够心平气和地理性分析了,纷纷倡言应该学习日本。最后笔者做了总结发言,中日之间有几百年恩恩怨怨,近代更是有着国恨家仇,那些屈辱与伤痛并未远去,但是我们不能将头脑埋在过去的废墟之上,那是弱者的表现,相反我们应该更加冷静与理性地看待中日间的差距,更应该"忍辱师法,力图自强",自身的强大才是对先辈的最好告慰,也是对曾经屈辱与苦难的最佳回应,从这个角度来看,中央所倡导的"以史为鉴,面向未来"的深层含义才能真正地凸显出来。通过这一段的讨论与总结,学生对中日关系乃至中外关系能够有一个更理性的认知,而这种认知的方式与方法也将伴随学生成长,帮助他们在学习与生活中更加深刻地认知世界,这也正是新课程培养新公民的题中之意。

综上所言,历史故事进课堂值得提倡,但是也应该有度、量、时的把握,只有适时、适当、适宜地引用故事,才能够起到"点睛"的作用,才能有助于有效地完成课堂教学目标。

58

"逻辑结构推论法"在历史教学中的运用

现在的历史课常常会走入两个极端：一种是故事课、戏说课；一种是背书课、瞌睡课。也就是说历史课并没有成为渗入灵魂、塑造灵魂的课，并没成为洋溢着激情和思想的课。之所以这样，是因为我们只注重了历史学内容的研究，如何展示这个内容，如何厘清中间的关系，如何体现历史学本身的美，大家尽可能想达到好的效果，但现实是心有余而力不足，其实是对历史教学方法的研究不够。

上历史课其实很简单，关键是你掌握了多少种教学方法。任何一种方法都有基本的程序，也就是学习方式在时间步骤上的先后顺序。只要按照这个程序步骤来做，每一个人都能熟练地运用这种方法。它是"可操作"和"具体化"的。

下面，笔者就其中的逻辑结构推论法给大家做个简单的介绍。

首先我们必须搞清楚两个概念。

第一，什么叫"逻辑关系"？所谓"逻辑关系"就是知识规律和记忆规律。逻辑推论的过程，就是把握探究知识的过程。教师要做的，不是去教会学生记住每个具体的知识点，而是去帮助学生掌握这种逻辑关系。教师水平的高低就在于对逻辑关系的把握。

第二，什么叫"结构关系"？所谓"结构关系"是指知识规律和记忆规律的一种最简单直观的表达形式。教师要做的就是精心勾画一种能够表达逻辑关系的图示。

其次掌握逻辑结构推论法具体的操作过程。

第一步:寻找逻辑关系(知识规律、记忆规律);
第二步:策划结构图示(最简单最直观的表达形式);
第三步:进行知识推论。

教师给予学生的是一个知识"原点",然后要做的就是进行推导。往往推导到最后,会得出许多意想不到的结论。目前,逻辑结构推论法主要运用在两个方向:一是解释经济现象,分析经济规律;二是理解哲学内涵,构建哲学关系。

案例一:经济危机爆发的原因分析

逻辑结构:

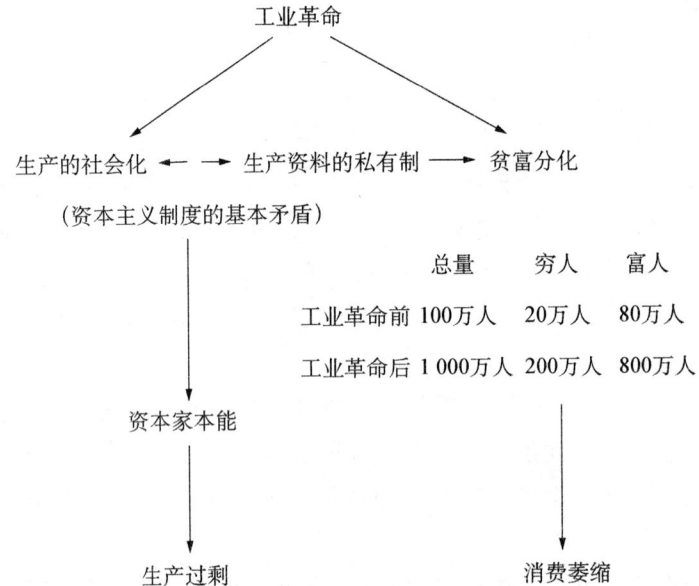

知识推论:

(1)经济危机是工业革命的结果,即生产力发展的结果。所以要解决经济危机,就必须通过调整生产关系。

(2)生产关系的调整可能是两个方向。局部调整:保持生产资料的私有制不变,解决"生产过剩"和"消费萎缩"的矛盾。彻底解决:生产资料公有制(马克思主义)。

(3)社会贫富分化,是社会生产力发展的结果,是发展中产生的问题,是人类社会必须经历的阶段。这个问题的产生恰恰反映了人类前进的方向。

(4)美国发生经济危机的直接原因是调节社会生产的两大手段的失效。

这四个推论,如果不是用逻辑结构推论法来演示,学生是无法得出的,更不用说理解这些深刻的道理了。

同样经济危机的解决也用逻辑结构推论法如下。

逻辑结构:

经济危机解决的思路:

社会总供给　　————　　社会总需求

生产　　　　　————　　消费

工农业　　　　————　　个人消费＋国家工程投资＋对外出口

知识推论:

(1) 生产消费平衡:消费带动生产。

(2) 消费扩大的主要手段:消费＋投资＋出口。

(3) 解决危机的三个方向:适当抑制生产、大力扩大消费、重建社会分配机制。

为什么经济危机的解决是这三个方向?为什么罗斯福新政会采取这样或那样的措施?只让学生去背是不够的,学生也记不住。通过逻辑结构推论法的运用,就非常自然地得出了结论。

除了经济学规律以外,在哲学规律的理解记忆上也可以运用逻辑结构推论法。

案例二:朱熹理学分析

逻辑结构:

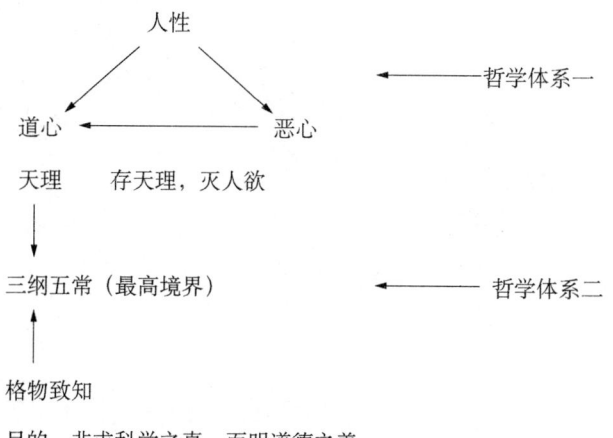

目的：非求科学之真，而明道德之善

知识推论：

哲学体系一：

（1）天理是指人类社会的伦理道德，不包含自然万物。

（2）格物对象不是对自然万物，而是人类社会的伦理道德。

（3）方法论只能是"存天理，灭人欲"。

哲学体系二：

（1）天理本质上是人性，是指的封建社会的伦理道德，是社会性。

（2）将人性中的自然属性与人的社会属性对立起来。

宋明理学是历史学中最难理解、最难记忆的知识点。但是通过逻辑结构推论的方法，这个知识点的教学难题就被高效灵动地解决了。

最后再来总结一下逻辑结构推论法。逻辑结构推论法的好处就在于学生要记忆的不是具体的知识点，他们要记忆的是"规律"。这个规律可能是经济发展的规律，或者是社会发展的规律，甚至是哲学的规律。研究规律的过程，其实就是思维充分开阔的过程，也是学生真正探究的过程。逻辑结构推论法的过程是：

第一步，寻找逻辑关系；

第二步，策划结构图示；

第三步，进行知识推论。

逻辑结构推论法——减负、高效、思维。你掌握了吗？

59

如何进行"抛锚式教学"

叶澜教授在《让课堂焕发生命的活力》一文中提到:"课堂教学蕴含着巨大的生命活力,只有师生的生命活力在课堂教学中得到有效发挥,才能真正有助于新人的培养和教师的成长,课堂上才有真正的生活。因此,要改变现有课堂教学中常见的见书不见人,人围着书转的局面,必须研究影响课堂教学师生状态的众多因素,研究课堂教学中师生活动的全部丰富性,研究如何开发课堂教学的生命潜力。"

在众多因素中,笔者注意到了在实际课堂教学中一项新颖的理论起着至关重要的作用,即约翰·布朗斯福特曾经提出过的"抛锚式教学"理论。"抛锚式教学"有时候也称"实例式教学"或"基于问题的教学"。这种教学要求学生到实际的环境中去感受和体验问题,而不是听经验的间接介绍和讲解。简单来说"抛锚式教学"模式是以学生为中心,通过创设情境、确定问题、自主学习、协作学习、效果评价等教学环节,让学生自己建构知识的一种课堂教学模式。用布鲁纳的话说,就是"用自己的头脑亲自获得知识"。这种教学要求建立在有感染力的真实事件或真实问题的基础上。确定这类真实事件或问题被形象地比喻为"抛锚",因为一旦这类事件或问题被确定了,整个教学内容和教学进程也就被确定了(就像轮船被锚固定一样)。但是基于实情,绝大多数的课堂教学无法做到让学生都走进实际环境,这就为"抛锚式教学"理论的实际应用造成很大的困难。现实的困境让人不得不寻求改变创新,如何将理论与实践结合,让课堂焕发生命的活力,笔者在一次次的教学过程中不断摸索思考实践,带领学生一次次走进"现场",让课堂教学充满"现场感"。

笔者在讲授初中历史人教版八年级下册第21课"人们生活方式的变化"一课时,与学生一起"亲临"历史并且感悟了具有现场感的时代变迁。本课的内容对学生来说过于久远并且陈旧,如何让学生"亲临"这段历史,让这段历史感染学生,结合"抛锚式教学"理论笔者对教材进行了重新设计并致力于在教学环节中让历史活起来,让学生动起来。

一、创设情境——"摇滚乐"中的历史缩影

摇滚乐是时下年轻人热衷的一种音乐类型,与他们青春活力、叛逆张扬的时代个性相吻合。提起中国摇滚乐界的先锋人物,除了耳熟能详的崔健,"魔岩三杰"之一的何勇也是响当当的人物。一曲当时火遍大江南北的《钟鼓楼》MV,立刻吸引了学生的眼球,MV里的场景、人物形象甚至歌词、曲调都成为唤醒时代记忆的利器。学生从来没有看过这支MV,充满无数的好奇心,音乐落,窃窃私语,交头接耳却也面露难色,我暗自高兴,我知道成功为他们设置了难题,他们成功进入了角色。

二、确定问题——"是谁出的问题这么的难,到处都是正确答案。"

"有人喜欢摇滚乐吗?""有人认识这位摇滚乐界的前辈吗?""有人知道为什么他在一次演唱会上的这种打扮会成为那个时代年轻人热捧的对象,直到今天也不过时?""有人能猜出来他的这支MV讲述的是哪个地方什么年代的生活场景?"紧接着我提出了一连串的问题,学生有在下面小声回答的,我都微笑示意,点头或摇头,把MV里的歌词呈现出来,引用其中一句"是谁出的问题这么的难,到处全都是正确答案"告诉学生,"不要紧,让我们带着这么多的问题去走进本节课要学习的内容,去寻找到底是谁出的问题,正确答案到底是什么"。本节课的"锚"成功抛出,学生欣然接受。接下来就是学生的主场。

三、自主学习——从"站起来"到"富起来"的生活变迁

在这一环节不是由我直接告诉学生应当如何去解决面临的问题,而是向学生提供解决该问题的有关线索,精心挑选不同年代不同风格的图片,精心

设计环环相扣的问题,如"站起来"与"富起来"指的是什么,有什么具体表现;在衣食住行的变迁中,我用"衣样年华""食必有方""住房有家""行满天下"四个小标题为学生提供自主学习的线索,让他们在问题的引导下去思考有哪些因素会影响到衣食住行的变迁。自主学习是自我探索、主动发现的过程,这一环节意在吊足学生胃口,让他们对问题答案的探索意犹未尽。

四、协作学习——"物质的富足"搭配"精神的富有"

单纯的自主学习远远满足不了学生对问题答案的探索以及对问题答案背后现实价值的理解,在协作学习环节学生通过讨论、交流,通过不同观点的交锋,补充、修正、加深了对当前问题的理解。学生认识到从新中国的成立到改革开放之后,中国人在物质上越来越富足,生活越来越好的同时遇到的问题也越来越多,如食物的浪费,住房囤积造成的"鬼城",交通的拥堵,铁饭碗的打破带来一系列失业求职问题等。学生对问题的思考辩证客观、形象具体,甚至在情感态度和价值观上也寻找到升华点;作为学生,作为新时代的中国人,既要物质的富足,更要有精神的富有,要能以良好积极乐观的心态去面对未来,迎接挑战。这一环节的学习,让我深受感动,虽然学生尚未成年,但是他们对问题的思考远超出普通成年人,将学生作为独立的生命体来对待,尊重他们的想法,是新课改教学需要去注意的。

五、效果评价——"热爱生命的每一个阶段"

"抛锚式教学"要求学生解决面临的现实问题,学习过程就是解决问题的过程,即该过程可以直接反映出学生的学习效果。因此对这种教学效果的评价往往不需要进行独立于教学过程的专门测验,只需在学习过程中随时观察并记录学生的表现即可。通过学习,学生早以解决了之前我抛出的"锚",甚至在学习过程中,他们主动抛出了更多的"锚",学习效果显而易见,学生乐学,历史活学,感动之余,我将白岩松的一段话送给学生:"无论我们走到生命的哪一个阶段,都该喜欢那一段的时光,完成那一阶段该完成的职责,顺生而行,不沉迷过去,不狂热地期待未来,生命这样就好。不管我们正经历着怎样的挣扎与挑战,或许都只有一个选择:虽然痛苦,却依然要快乐,并相信未来的美好。"学生鼓掌,内心满满的幸福感。

在"抛锚式教学"中学生始终处于主动探索、主动思考、主动建构意义的认知主体位置,但是又离不开教师事先精心所做的教学设计和在合作学习过程中画龙点睛的引导;教师在整个教学过程中说的话很少,但是对学生建构意义的帮助却很大,这充分体现了教师指导作用与学生主体作用的结合。整个教学过程围绕建构主义的情境、协作、会话和意义建构这几个认知环节自然展开,在最大程度上让学生成为学习的主体,在有限的教学时间内,让学生以更快的速度学习更多的内容,尽可能让学生获得更有意义、关联更强、更加实用的知识和技能,此外帮助学生获得跨学科或领域综合解决问题的能力并且引导学生从多个视角解决问题。让课堂活起来,让历史不再沉闷枯燥,让每堂课都能充满幸福感,这或许就是笔者所追求的历史教学。

60

如何培养学生的时序思维能力

用时序思维感知历史并用时序思维能力解决历史问题是中学历史课程体现的一种历史学科素养。基于文献分析,时序思维能力大体上由三个方面的要素构成:一是对历史时间术语的认知和运用;二是运用历史时间性的途径与方法组织构建相关的历史知识;三是在具体的时间条件下对历史事物进行理解和解释。

时间的本质属性是物质的,不是思维的,"不能从观念本身出发建立历史的时空观,而应从历史发展的具体事物中建立这种观念"。教师在新授课阶段培养学生的时序思维能力主要从讲述历史内容、评价历史内容以及分析历史内容的内在关系这三个方面展开。

一、在讲述历史内容中培养时序思维能力

1. 以时间术语组织历史内容

基本的时间术语主要指依据一定的标准对某一时段、时期的划分方法及称谓,如年代、朝代、时代等纪年方法。此外,这类术语还有以人物、事件、事物、理论或现象等方式指示时间,如唐太宗、法国大革命、文艺复兴、新文化运动、资本主义萌芽等。能够反映某些社会特征的传说亦可,如燧人氏钻木取火反映旧石器时代晚期人工取火的特征,"为一个人格化的'指示时代的名词'或'文化符号'"。

利用时间术语组织历史内容,不是要教师单纯地讲授历史纪年的类别、

换算方法,帮助学生掌握这类术语虽然重要,但对培养学生的时序思维能力帮助并不大;不是要教师忽视以内容立意为中心的教学设计,只是更强调教师在课堂上使用术语的专业性、规范性;它也不等同于按照年代次序讲授历史,而是要求教师在使用术语时更具灵活性。

2. 讲清楚历史事件的来龙去脉

讲清楚历史事件的来龙去脉在教学中至关重要,这是学生感知历史,理性分析历史的基础。实际教学中,部分初中阶段的师生为应付中考测试强记历史事件的背景、原因、结果、影响。这类情况既不符合螺旋式上升的初高中历史课程设计思路,又导致学生缺乏对历史事件的感性认识。讲清楚来龙去脉需要主要按照时间顺序讲授历史,但组织历史内容时不排斥对内容做一定的归类。"如果只是按照年代次序把历史事件、历史现象排列起来,不做任何的归类,那反倒会割裂了历史之间的联系,把历史变成一部流水账。"

二、在评价历史内容中培养时序思维能力

基于时序思维纵向性和横向性的特性,评价历史内容主要包含时态评价、时段评价与共时性评价三种。

1. 三时态评价法

对新授课的历史内容进行评价,从时间纵向维度的角度可以借鉴赵恒烈老师的共时态、昔时态和即时态理论。赵老师认为从纵向上来研究思维的发展过程有三种时态。所谓的历史思维的三时态是指不同时代的人会对同一事件或人物有不同看法,而这种看法可以分为三个时态。"第一时态是同时代人的看法,可称之为共时态思维;第二时态是后来人的看法,可称之为昔时态思维;第三时态是现代人的看法,可称之为即时态思维。历史问题之所以有这么多看法,是由观念、价值标准、习惯、思维视野和思维方法等因素的差异所决定的。"教学中,既可以同时采用这三种时态又可以分开单独使用,其示意图如图 1 所示:

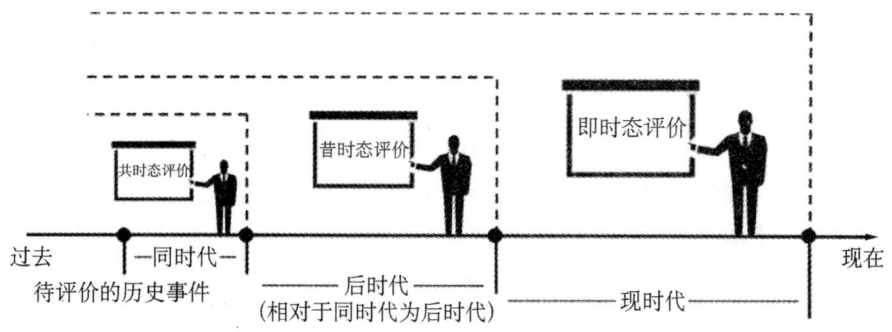

图 1　三时态评价法示意图

2. 三时段评价法

法国历史学家布罗代尔对历史研究中分解过去的时间提出了三个时段的理论,即短时段、中时段和长时段,这也是评价历史内容的一种方法。短时段对应"个人、日常生活、我们的错觉、我们的瞬间印象,特别是编年史作者和新闻记者的时间"。中时段对应描述局势、中周期和周期,考察历史时间的大段落,如 10 年、20 年、50 年。而长时段则对应用世纪来度量历史,长时段可以指代长期趋势,也可以指代结构。

三时段与三时态虽然都是从历史时间的纵向性评价历史内容,但二者的视角坐标不尽相同,三时态强调处于不同时间点对历史问题的看法不同,三时段强调融汇不同的时距对历史问题的看法不同。其示意图如图 2 所示:

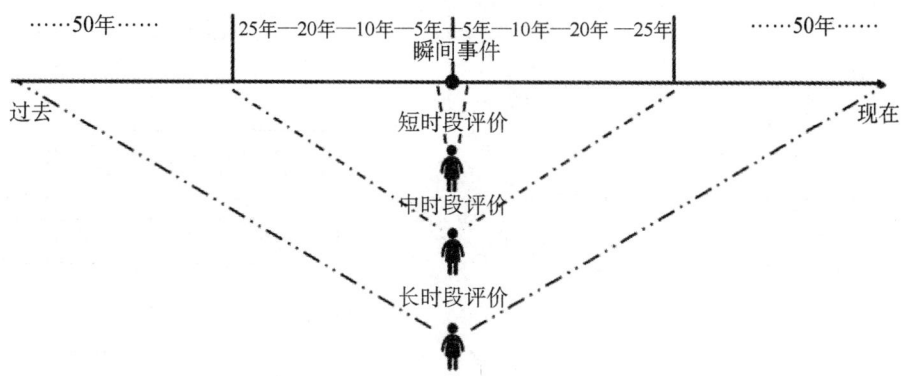

图 2　三时段评价法示意图

3. 共时性评价法

历史教育领域一般把历史时间的横向性思维称为共时思维。教学中运用共时思维进行历史内容评价即共时性评价。共时性评价主要包含四种评价依据：第一种通过把握所在时代的时代特征评价特定历史事件或现象；第二种通过联系同一历史事件或现象在同一时代下的政治、经济、文化、军事、外交、社会生活等不同领域的面貌评价特定历史事件或现象；第三种通过联系和比较同一时间下的不同地理位置发生的历史事件或现象评价历史事件或现象；第四种通过辨别个体与群体、经验与科学、离散与结构认识历史事件或现象可能出现的不统一性。其基本示意图如图3、图4、图5所示：

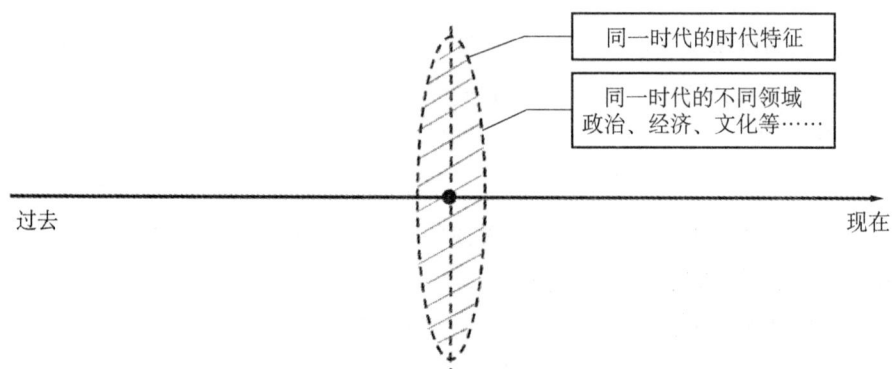

图3 共时性评价法第一种、第二种示意图

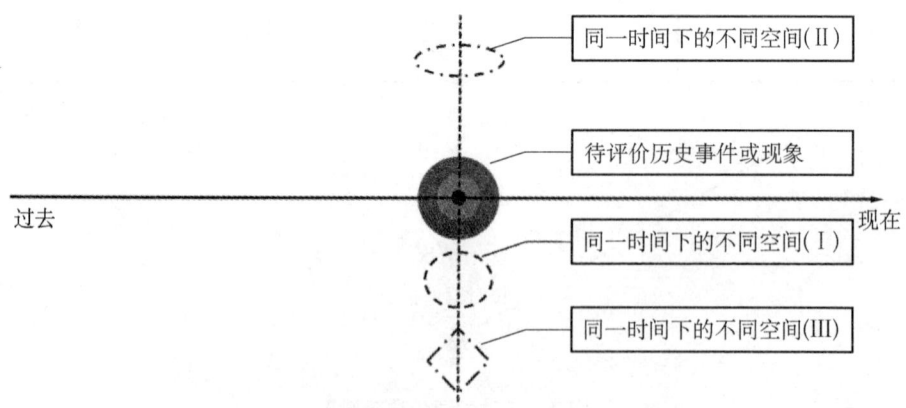

图4 共时性评价法第三种示意图

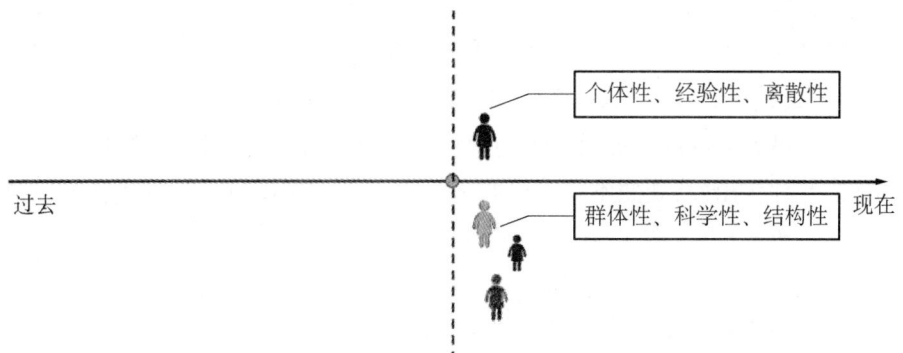

图 5 共时性评价法第四种示意图

图 5 中,个体性与群体性、经验性与科学性、离散性与结构性是具有相对性的三对关系。多数人代表的群体评价并不等同于是科学性评价和结构性评价。此外,个体虽然也有结构化的知识建构,但容易受除系统的结构以外的多种因素影响,在示意图中也只表示结构性与离散性的相对性。

三、在分析历史内容的内在关系中培养时序思维能力

依照时序的轴线关系梳理相关的历史事件、历史人物和历史现象的内在关系,从时序思维能力的角度看,主要包括原因与结果、延续与变迁、统一与多样以及局部与整体四种。

1. 分析原因与结果的关系

原因与结果的关系是历史内容中最为频繁出现的一对关系,它表现了单个、多个连续或者多个不连续的历史事件因何发生,如何结束以及有何影响。

在时序思维能力中,解决原因与结果的关系同样体现了顺时性和纵向性特点,"由某一现象必然引起另一现象的本质联系",它应该先有因再有果,不是所有存在先后联系的历史现象都具有因果联系。在以培养时序思维能力为目的的历史教学中,适合用归纳法按照前后顺序由原因正向推导结果,不提倡用演绎的方法由结果反推原因。演绎法适合自然科学的验证,但在历史学中用演绎法推理获得的历史信息结论仍然需要史料验证。

2. 分析延续与变迁的关系

延续与变迁的关系反映了量变与质变的关系,要注意把握相关历史事

件、历史现象之间的近义词、同义词，找到支撑量变与质变的共同元素；要注意依据时序发生的延续与变迁并不等于王朝更迭、世纪交替，王朝更迭、世纪交替是人为按照一定参照系归纳出的结论，它只说明王朝更迭、世纪交替更容易突出沿着时间线索而反映出的前后变化；还要注意从时序的纵向性评价和横向性评价出发，观照不同时代的历史认识、历史时段长度、时代特征以及空间关系等。

3. 分析统一与多样的关系

统一与多样的关系主要表现为在同一历史时代或不同时代背景下，历史事件相互之间的相似性与差异性，如19世纪中叶同样遭受西方侵略的日本和清朝政府，二者都采取了自救行动，但日本天皇制的明治维新成功了，清朝的洋务运动、戊戌变法却失败了。再如近代中国的时代特征是反侵略求民主，这一时代主题是统一的，但具体的历史表现有农民运动、资产阶级的改良运动、资产阶级的革命运动以及无产阶级的革命运动，这是多样的。

4. 分析局部与整体的关系

局部与整体的关系主要表现为历史事件具有阶段性特征或按照时距进行划分。局部与整体的关系是相对的，当把历史内容看作一个整体时，它也可以看作另一个更长时段下的局部，如雅典民主政治的三个阶段、20世纪的第一个十年的发展、西方民主政治的发展历程等。

时序思维能力是历史学科的核心素养——时空观念的组成部分，是一项基础思维能力。如何培养学生的时序思维能力值得一线教师和研究人员进一步探索和研究。

61

一些必不可少的课堂小结

小结的过程,就是对历史进行识记、分析、综合、比较、抽象和概括等不断深化知识的过程。在新课程改革中,为培养学生终身学习历史的习惯,培养学生的小结能力就日趋重要。大多数教师在课堂教学中都比较重视导入,可是对课堂教学小结有所忽视,而一个完整的教学过程应当是有而且应当重视小结的。其实,好的课堂小结好似教学的压轴戏,精心设计出生动有趣、行之有效的小结,无疑可以为一堂课锦上添花,收到余音绕梁的奇效:有利于学生形成有条理有系统的知识;有利于学生抽象思维的提高;有利于学生把握课堂重难点,巩固知识,增强记忆。历史教师在加强课堂小结这一环节的教学的同时,也要指导学生进行小结,这既是为了完成课程标准规定的教学任务,又是为了适应历史新课程教学改革的趋势,这也是在初中历史教学内容多、课时少、任务重的情况下培养学生能力,提高教学效率的有效途径。本文结合笔者多年在一线教学的一些经验,谈几点课堂小结的看法。

一、研读课程标准,确定课堂小结教学目标

准确把握每一条课程标准要求,就能更好地把握课堂小结教学的尺度和关注的重点、难点,做到小结的详略得当,提高课堂小结的教学效率。这是提高课堂小结教学效率的前提。如课程标准中"以凡尔登战役为例,认识第一次世界大战给人类社会带来的巨大灾难",其关注的不仅仅是凡尔登战役本身和战争的巨大破坏性,而且是希望学生通过对战争灾难的认识,树立热爱

和平、反对战争的意识。因此,在课堂小结中,要引导学生结合战争的破坏性得出小结结论:热爱和平、反对战争。

二、根据教学内容和课程标准的要求,选择合适的课堂小结方式,并逐步培养学生课堂小结的能力和技巧,提高课堂互动性

根据课程标准要求,初中历史教育就是要学生了解和掌握基本的历史知识,培养适合学生年龄特点的学习方法和一定的思维分析能力,培养学生学习历史的兴趣。但是,在大多数教师的常规教学中,课堂小结一般都是由教师主讲的,这种方式不利于让学生更有效地掌握基础知识和培养学生的概括归纳能力,也不利于培养学生的学习兴趣和学习习惯。因此,课堂小结要逐步从以教师为主体、以教师为主讲的方式向以学生为主体、以学生为主讲的方式过渡,最终把学生培养成一个具有一定概括归纳能力的"小老师"。

那么,又该怎样选择课堂小结的方式和怎样培养学生进行课堂小结呢?

课堂小结的方式主要有以下四种:简要故事型(归纳式)、师生互动型(提问式)、能力培养型(以图表式为代表)、逻辑推理型(悬疑引申式)等。根据初中学生年龄特点和思维特点,这几种课堂小结形式最为适用和常用。

第一,为强化学生了解和掌握基础知识,培养学生的归纳能力,可采用简要故事型(归纳式)课堂小结。简要故事型小结就是教师要根据板书把本课所讲的主要内容设计成一个包含时间、地点、人物和故事情节(重要历史事件)等要素在内的简要历史故事。教师举例后,要求学生予以模仿练习,最终学生要自己学会讲述同一类的"故事"。通过这种故事型小结,引导学生回顾刚学到的新知识,达到当堂巩固的目的。而学生也通过总结"故事",把所学到的新知识更加清晰、准确、系统地予以掌握。

第二,为培养学生自主学习历史的方法和终身学习历史的习惯,可采用能力培养型(以图表式为代表)课堂小结。对于类别清晰、层次分明的史实,可用图示或者表格的小结方法。比如文化史部分,最好用表格归纳的方法;对于"三国鼎立""民族政权并立""唐朝与周边少数民族""清朝巩固多民族国家的措施"等史实可用地图或者形象示意图图示法小结。

第三,为培养学生学习历史的兴趣和探究历史的热情,可采用逻辑推理型(悬疑引申式)课堂小结。所谓逻辑推理型小结就是课堂小结教学一定要照顾到各个历史事件或历史现象之间的前后连接。所谓前后连接,就是要把刚学到的新知识与以前学过的旧知识相衔接,尤其是在小结最后要为下一新课埋下伏线,为讲授以后的新内容提前创设教学意境,造成悬念。比如"闭关锁国政策,造成了中国的落后,那么近代中国都会遭受哪些屈辱,命运又会怎样呢?"留给学生课后思考,以激发学生追求新知识的欲望。

第四,为活跃课堂气氛,提高课堂互动性,可采用师生互动型(提问式)课堂小结。小结性提问,既可概括全课的重点内容,也可培养学生的逻辑推理思维。在小结过程中,通过提问让学生分析、回答问题,可以随时发现教学中的问题并及时补救。而学生也通过对问题的思考与回答,逐步学会用科学的方法分析、概括历史问题,能够认识问题的本质,并且对于现实中的新问题也能比较科学地进行分析。小结的过程,也是培养学生形成创造性思维能力的过程。

不论使用哪种形式的课堂小结,教师都要注意课堂反馈,及时了解学生掌握的情况。教学的最终目的是"学",而不是"教",因为在教学过程中,学生是认识的主体。检验教师一堂课的教学效果如何,很重要的一项内容是看这节课最后的提问结果或检测成绩。通过提问或检测,可以了解学生的学习情况,及时发现存在的问题,从而随时修正和调整自己的教学,以补救学生学习的缺陷,取得更理想的教学效果。因此,在课堂小结时要注意反馈。在提问时,至少要注意以下两点:第一,教师所提的问题难易要适当,要面对大多数学生。提出问题后,要给学生一定的思考时间,当学生一时回答不上来时,要给予耐心引导,或者是换一个角度再进行提问。第二,当学生回答后,教师要认真进行评估,评估要准确、公正,要肯定成绩,指出问题,要注意以表扬为主。积极的评估能树立学生的自信心和提高学生的主动性;风趣温和的评点能减轻学生的失败感,缓和课堂气氛和维护学生自尊。

除了以上介绍的几种常用的课堂小结方式之外,还有很多其他的方式,在此就不一一说明了。

三、课堂小结的课后反思

没有好的课堂小结,就没有成功的课堂教学。没有经过教学实践前的准备的课堂小结可能存在不足。因此,教学后,有必要回过头来重新看看该小结,看看教学的目标是不是清晰、内容是不是可靠、过程是不是合理等。通过这样的及时反思,才能使后继的课堂小结不会再犯同样的错误,才会促进后继的课堂小结不断的改进和完善,提高课堂小结的有效性。

总之,课堂小结是教师在完成一项教学任务时,通过反复强调、概括总结、学生实践等方式,对课堂所讲授的知识进行及时的巩固和应用,使其系统地、稳固地纳入学生的知识网络之中的技巧和方法。在新课程理念下的课堂教学,不仅要求教师重视课堂小结这一教学环节,也需要加强对学生的小结能力的培养。小结不仅仅应用于一节课的结尾,在教学过程中一个单元、一个历史阶段、一个历史专题,都需要做出适当的小结。

62

如何有效处理课堂突发事件

课堂教学是一种动态的、多边的复杂关系,是一个不断发展推进的过程。这个过程既有规律可循,又有灵活的生成性和不可预测性。无论教师课前预设得多么充分,都难以预测到课堂上会出现的一些突发事件,比如学生情不自禁的插话,异想天开的回答,出其不意的行为等等,这无疑是对正常教学活动的强烈冲击,所以这些行为被当作"异端"。如何有效地处理这些意外的突发事件,及时回到教学的正轨之上,化解课堂内各种摩擦和冲突,是摆在我们每一位教师面前的一个重要课题。

一、"异端"成因分析

什么是"异端"?《现代汉语词典》是这样阐释的:不符合正统思想的主张或教义。古今中外不乏"异端":意大利的布鲁诺因宣传"日心说"而被教会当作"异端",烧死在罗马鲜花广场。明朝的李贽因为批判官场的污浊和道学家的伪善而被称为"异端",多本著作只能藏之后世。在当今知识经济的时代,学生已不再是一无所知的顽童,他们思维活跃,充满好奇心,叛逆的年龄又使他们对一切充满怀疑。这就使得课堂突发事件的表现形式也是多种多样,头绪复杂,但是无论表现形式有多么复杂,只要我们认真分析总能找到一些共同点,发现一些普遍规律。

1. "异端"是学生渴望被关注的表现

这类学生大都有这样经历,自从上学以来,他们就没有因为学习成绩优秀或其他方面的成就而受到老师的表扬或同学们的尊重，相反倒有可能因为学习成绩不好或犯有某种过失而常受到否定和批评。随着年龄的增长，自我意识的形成，开始关心别人对自己的关注程度。可是由于自己在群体中的地位和作用微不足道，为了证明自己的存在，为了在别人面前显示一下自己所具有的不同凡响的作用，不断地制造"异端"便是他们的捷径，即使说得不对，能博众人一笑，也能使被关注的需求得到满足。

2. "异端"是学生渴求平等对话的表现

受儒家传统思想的影响，中国的传统文化从根本上讲是一种伦理本位的文化。反映在中学课堂上，教师是尊者，是长者，教师的权威不容轻视，教师与学生很少能确立起平等合作的关系。但是，当今知识经济的时代，学生思维活跃，充满好奇心，不再满足于只当知识的容器，不再满足于做"道具"，敢于质疑权威、教材，他们渴望表达自己的观点，但往往措辞表达欠妥欠思考。

3. "异端"是学生思维灵感迸发的表现

这类学生学习成绩中等偏上，思维敏捷，知识面广，对教师讲课的内容感兴趣，常常被老师的讲课内容所吸引，常常不自觉地直接在教师讲话中间插话，包括提问、释疑、表示不同意见等等，常常语出惊人。这些"异端"有的是学生内心激情的外显，有的是学生创新思维的突然迸发。

二、教师应对策略

苏霍姆林斯基说："儿童的尊严是人类最敏感的角落，保护儿童的自尊心就是保护儿童前进的潜在力量。"当突兀或富有挑战性的"异端"出现时，我们切不可操之过急，我们可以利用这个契机进行教学的"二度设计"，让学生的"异端"成为有效的学习资源，成为学生探究知识、培养创新的新起点。下面就笔者所遇到的突发事件，谈谈笔者对新课程的理解与处理。

1. 顺水推舟，变废为宝

我在讲"明清君主专制的加强"一课时，为了使学生对朱元璋有更深刻的认识，列举了很多朱元璋监视和屠杀大臣的例子。结果突然有个学生冒出一句"变态"。全班顿时笑声一片。我知道有些学生自控能力差，批评他可能适得其反，一味堵塞只会陷入窘境，甚至难以控制课堂秩序。我决定从他的话中寻找突破口。这个"变态"正好切合明朝君权加强带来的一系列消极后果，我决定利用这个课堂资源生成学生对"君权高度集中危害"的认识,就问:"为什么你认为这是一种'变态',这种'变态'有什么危害?"这个学生回答:"皇权缺乏制约,容易出现决策失误,影响大政方针的制定。"我肯定了他的回答:"你回答得非常好,其他同学还有什么看法吗?"接下来全班同学畅所欲言,不仅讨论了君权高度集中的危害,还分析了君权高度集中的原因,课堂效果超出预想。而如果我装作没听见一带而过或者对学生冷嘲热讽,这堂课就不能促进学生真正的发展,也无法建构他们对君主专制危害的认识。因此,学生的"插嘴",也是一种课程资源,我们只要细心观察、用心呵护、开发适当,完全可以变"废"为"宝"。

2. 生成对话,变守为攻

在讲"抗日战争"一课时,为了使同学们对日本的滔天罪行有更直观的认识,我展示了很多有关南京大屠杀、731部队的图片和视频资料,一边讲解一边演示。突然发现有一个同学和周围的同学在大声议论什么,我停了几秒,他看到"情况不妙",有点害怕,我点他名要他站起来,他以为我要批评他,然而相反,我耐心地说:"你是不是知道很多关于南京大屠杀和731部队的故事,你能把你知道的给全班同学和老师讲讲吗?"他似乎感到非常意外,我投给他信任的目光……这节课的效果非常好,同学们的主动性、积极性都被我调动起来,下面的课学生们主动参与,积极思考。我觉得不是我在教,学生在听,而是我们都是学习者、参与者。所以,当课堂上出现意外时,教师的观念、角色、教学行为、教学策略都要发生变化,不能再按部就班。应该敢于调整上课内容、次序、方法等,以变应变,变守为攻,化被动为主动。这样就能成功地调动学生参与"角色"创造,不仅可以激活学生学习的兴趣,还能训练学生思维的敏捷度和即席表达能力。

3. 直面挑战,去伪存真

我在讲"世纪之交的世界格局"这一课时,讲完"东欧剧变和苏联解体"这一目,很多学生议论起来,课堂秩序有些混乱,突然一个学生大声提问:"老师,苏联都解体了,证明社会主义道路是走不通的,那我们今天怎么还坚持走社会主义道路啊?"一石激起千层浪,学生们纷纷发言。我恍然大悟,课堂上学生的议论正是他们的"心结",这个"心结"是学生们共有的,只是有的学生肯表达出来,而有的学生选择了沉默。但"心结"不解,学生理解、分析历史问题的能力也不会提升。然后我讲了下面的话："苏联的解体,不代表社会主义制度的失败,只能代表苏联模式的失败。社会主义制度需要在发展中自我完善,改革势在必行。所以,今天的中国在继续深化改革,建设中国特色的社会主义。"在教学中,学生的思维也会转换方向,误入歧途,有悖于教学目标。教师要机智、及时地控制,使学生的思维在正确的轨道上运行。

不可否认,课堂上大部分的"异端"促进了学生发散思维的发展,我们完全可以通过恰如其分的"引导"把"异端"变成课堂的亮点。但是,特别要注意的是课堂管理是课堂教学质量的有效保障,允许"异端"并不意味着学生可以随心所欲,"异端"的底线是不能破坏基本的教学管理。否则,课堂将成为自由市场,教学任务将难以完成,教学效果将难以保证。所以,这将更加考验教师的教学理念、调控水平和应变能力。

美,无处不在!历史告诉我们,新真理通常是以"异端"开始的。所以,我们要重新审视我们的课堂,正是因为其充满意外,才更具挑战,正是因为其充满悬念,才更彰显生命。课堂是生成的,面对学生的"异端",我们不能简单粗暴地处理,而应因势利导,化弊为利,使课堂生成和谐,演绎精彩。

63

如何处理学术争议

孟子曰:"尽信书不如无书。"我们的历史教材也一样,里面也会有史实出入或者评价不当的情况。虽然课程标准及教科书吸纳了新的史观和部分史学新观点,但由于种种原因,教材本身具有自己的稳定性,这就决定了教科书所选取的内容往往跟不上学科研究的发展,存在一定的滞后性,中学历史教师在使用教科书时,要谨防"尽信书"似的盲目崇拜,要学会用批判的眼光来使用教材。例如关于"中国资本主义萌芽"的问题,如果仅仅采取教材的说法,课堂上就极易产生争议。

通行的几本教材基本上把"中国资本主义萌芽"的产生定为:① 时间是"明朝中后期";② 原因是社会生产力和商品经济的发展;③ 地点在"江南";④ 部门是"手工业部门";⑤ 特征是"雇佣劳动"。由于课程标准对这个知识点并没有提出明确的要求,教师的教法也就比较简单,通常只要求学生掌握以上五点。其实,这些知识并不需要老师讲,学生通过阅读教材也能得出来。但是,学生也会立刻产生疑问:什么是资本主义萌芽?是不是有"雇佣关系"就有资本主义萌芽?为什么明朝中后期的"雇佣关系"就可以标志资本主义萌芽?判断资本主义萌芽的依据究竟是什么?笔者在执教的过程中,就有学生站起来质疑教材:"宋朝、唐朝,甚至春秋战国,我国难道就没有雇佣关系吗?照这样的逻辑,中国的资本主义萌芽应该产生于春秋战国!"

真是后生可畏。要知道学生的这个质疑可是中国史学界长期的一处学术争议啊!

对于这样一类史学界都在争议的知识,究竟要不要教、怎么教?是对学生的疑惑置之不理,照本宣科读一遍教材强迫学生接受,还是适当引进史学研究动态,介绍学术成果,激活课堂气氛,启迪学生独立思考。答案自然是后者。

笔者认为要处理好这类教学内容,应做到两点:一是广泛了解史学研究的前沿和各种观点;二是根据学生的知识水平和接受能力,将学术成果和教学内容紧密结合起来,做到深入浅出,不仅要扩大未成年人的视野,更要培养他们的批判性思维。

笔者介绍了学术界常见的判断资本主义萌芽的标准:

"关于资本主义萌芽问题,学术界对萌芽的标准有不同的解释。一种观点认为,为了获取利润而出现的私人雇佣关系,就表明资本主义出现。由此得出的结论是:16世纪初,甚至是14和15世纪,资本主义在中国和西欧就出现了;还有一种观点:为了获取利润的私人交易关系的存在,标志着资本主义的出现,认为12世纪资本主义萌芽在西欧已经存在。"

"刚才有同学提出中国的雇佣关系历史上早就已经出现,不是迟至明清时期才有,所以这位同学其实大胆做出了不同于教材的判断,即私人雇佣关系的出现不等于资本主义的产生。这种探究的精神值得大家学习啊!"

"私人雇佣关系曾经在亚洲一些国家出现过,甚至一度有比较广泛的发展,但是这些国家的社会经济基础并没有发生实质性的变化,这种关系也没有导致社会经济制度的变化,封建社会经济制度继续存在,资本主义社会经济制度并未出现。因此第一种观点是不科学的。"

学生立即睁大了眼睛,惊讶于老师也不苟同教材。有学生抢着回答,"那判断资本主义的萌芽标准就是第二种观点:私人交易关系的存在!"课堂气氛热烈起来。

笔者接着解释:"如果把资本主义的萌芽说成目的在于获取利润的私人交易关系的出现,那么无论在世界上哪个国家或地区,凡是有双方自由进行的营利性交易的地方,都表明产生了资本主义。这样不能说明资本主义产生的历史,而且会把资本主义的起源往前推若干年。第二种观点也是不科学的。"

那什么才是资本主义萌芽呢？全班叽叽喳喳，各抒己见。借此机会，笔者组织全班就这个问题进行课堂大讨论。学生兴致很高，情绪高涨。

有学生运用教室里的多媒体设备搜索了相关内容，兴冲冲地站到讲台上发言："根据百度百科的词条，'资本主义'，是指资本主导社会经济和政治。一般而言资本主义是一种经济学或经济社会学的制度，在这样的制度下绝大部分的生产资料都归个人所有，并借助雇佣劳动的手段以生产工具创造价值'。在这种制度里，商品和服务借助货币在自由市场里流通。投资的决定由个人进行，生产和销售主要由公司和工商业控制并互相竞争，依照各自的利益采取行动。我想根据资本主义的定义，就可以推导资本主义萌芽。"

于是，有学生受到了启发，"私人雇佣关系仅仅是产生资本主义的条件之一，并不一定就是资本主义萌芽。它可以转化为资本主义经济关系，但是有条件。如果社会生产力水平很低，被雇佣的劳动者提供的剩余产品有限，会妨碍转化。另一个条件是要在适当的体制之下。即使私人雇佣关系在一定条件下转化为资本主义经济关系，这只是资本主义社会经济制度建立的条件之一"。

探讨越来越深，问题在持续发酵。

"在某时期的封建社会内部，产生了资本主义经济关系，随着封建社会的逐渐解体，这些资本主义经济关系也日益发展，最终建立了取代封建社会经济制度的资本主义社会经济制度。而在更早一些时代，即使出现了私人雇佣关系，却不可能以此为基础建立资本主义社会经济制度。所以，春秋战国、唐、宋都不能算有资本主义萌芽，而明朝中后期的私人雇佣等新的生产关系在经济、政治、思想、文化等方面冲击了封建社会，出现了类似西欧由中世纪向近代社会转型的曙光，那么这应该能算资本主义萌芽！"

这位理性思考的学生是历史课代表，是班级的"学霸"，他的归纳赢得了全班一致的掌声。显然，大家认同了他的观点。

笔者趁热打铁，乘势总结："资本主义萌芽应该包括对私有财产的保障机制，个人和社会的权利意识，以及生产中的雇佣关系。简言之，资本主义社会经济制度的萌芽都出现了，才可以说这是资本主义萌芽。"

……

中学历史教师在进行日常的历史教学过程中，要把批判地对待教材与适度地引入学术成果相结合,这有利于广大历史教师专业素质的提高,有利于学生思维能力及综合能力的提升,也有利于高中历史教学保持科学性、时代性。同时,对重大历史问题的看法,引入新的史学观点时,要依据严肃的科研结果,言之有据、言之有理,绝不能仅仅为了活跃课堂而标新立异。历史教师应当首先通过自身的努力筛选一些相对正确的新观点,再鼓励学生大胆质疑,而不是先入为主地将教师自己对学术争议的看法全盘灌输给学生。教师可以向学生推荐相关书目和网站作为其研究性学习的参考,并在学生探究、论证的过程中随时为其提供条件和指导,鼓励学生通过自身的阅读、分析与鉴别形成新知,提高学生创新学习的能力。

64

学会"留白"

"留白"是艺术表现手法之一,是指在艺术创作中为了更充分地表现主题而有意识地留出"空白"(如中国书法艺术中的"计白当黑"技法),此举往往给欣赏者以无尽的想象空间和艺术享受。教学同样可以"留白",教学中的"留白"则是指教师在课堂教学中根据教学需要,不直接通过讲述的方式明确将一些学习内容告诉学生,而是通过提出问题、讨论交流等方式留下"空白",引发学生联想与想象、思考与探究,更好地发挥学生主体作用的一种教学策略。一堂历史好课必须在教学中巧妙"留白"。

一、新课导入时留白

"好的开头是成功的一半",导入是一堂课的序曲。课堂导入是教师在一个新的教学内容或教学活动开始时,引导学生从非学习状态逐渐进入到学习状态的行为方式。学生对新知识的学习欲望、参与教学的程度及其学习的效果,都与教师的导入有很大关系。教师可以创设生动的教学情境,"未成曲调先有情",将留白巧妙地运用到导入中,以诱发学生的学习兴趣,使其尽快地投身到学习活动中来。

例如,在讲授人教版必修二"开辟新航路"一课时,教师就可以这样导入:"2008年11月15日,索马里海盗劫持了沙特阿拉伯超级油轮'天狼星号',此举震惊了全世界,时至今日,船队出海都需要本国或国际专门海军舰队护航,但被劫持事件仍时有发生。大家想想,在科技与军事实力如此强大的今天,航海都如此困难,那么15世纪末16世纪初的西方航海家们又是怎样实现他们开辟新航路、发现新大陆的梦想的呢?今天我们就一起回到历史现场,去寻找其中的答案。"在这里,教师联系现实生活,将留白融入到教学设计中,设置悬念,引起学生的好奇心,集中学生的注意力,调动学生学习的主动性与积极性,使学生的思维顺势进入新课的轨道,为学习新知识创造了良好的前提。

二、探究活动时留白

格式塔心理学理论告诉我们,任何事物均可被视为一个完整的结构,当人们在看到一个不完整即有"缺陷"或"空白"的形状时,会情不自禁地产生一种紧张的"内驱力",并促使大脑积极兴奋地活动去填补和完善那些"缺陷"和"空白",使之趋向完美,构建成一个"完形整体",从而达到内心的平衡,获得感受的愉悦。在课堂教学中,教师要善于抓住和把握学生的这种心理认知规律,在探究活动时适当留白,进而推动课堂教学的动态生成。

例如,在人教版必修三"从'师夷长技'到维新变法"一课评价林则徐的教学环节,为避免直接照搬教材结论的做法,教师可以设置教学留白,留给学生思考、探究的空间。教师首先出示蒋廷黻的《中国近代史》、陈旭麓的《近代中国社会的新陈代谢》、茅海建的《天朝的崩溃》等史学专著中有关林则徐在鸦片战争期间表现的材料,然后围绕"评价林则徐"提出以下问题让学生探究:① 在"开眼看世界"方面,林则徐跟同时代士大夫相比,有没有走在前面?还有没有不足?② 士大夫心目中的林则徐跟真实的林则徐一致吗?③ 我们应该如何用历史的眼光评价历史人物?这一连串的设问,可以引发学生的内在紧张,这种紧张构成一种积极的"内驱力",能有效地激发学生急于填补空白并使之完整、完善的欲望。学生通过对教师提供材料的认真分析与课堂的合作探究,最终生成关于林则徐的新评价:林则徐的确是近代中国"开眼看世界"第一人,其开眼看世界是可贵的,然而林则徐在鸦片战争前后之举措则又表明其开眼看世界还是有局限性的。应该说这一结论是历史的、唯物的,去教条化的,这样的课堂探究对提升学生的历史思维能力是有益的。

三、发生错误时留白

美国心理学家和教育家布鲁纳说过,学生的错误是有价值的。叶澜教授也曾经提出教师要善于从学生的错误中看到错误的价值,把它作为教学上有价值的资源加以综合利用。教师要针对错误资源,留下空白,暴露问题,以纠正和理顺学生思路。

例如,教师在讲授人教版必修二"中国民族资本主义的曲折发展"一课时一般会设问:一战期间,中国民族工业出现短暂春天的根本原因是什么?学生往往运用唯物辩证法的内外因论——内因是事物变化的根据,外因是事物变化的条件来进行判断,认为中国民族工业出现短暂春天的根本原因是内因——辛亥革命推翻了腐朽的清政府,为资本主义的发展扫清了障碍。然而,中国民族工业出现短暂春天的根本原因恰恰不是内因而是外因——帝国主义忙于战争,暂时放松了对中国的经济侵略。学生的惯性思维影响了正确判断,针对学生暴露的这一问题,教师要把它作为有价值的教学资源加以利用。教学中教师不必急于告知学生答案,而应留下空白,欲擒故纵,接着追问学生:如果中国民族工业出现短暂春天的根本原因是内因,那么,一战结束后,当帝国主义卷土重来时,为什么整个中国的民族工业又迅速萧条了呢?教师适时点拨学生,分析问题不要墨守理论的窠臼,而要具体问题具体分析。学生在教师的点拨下恍然大悟,发现了自身惯性思维的错误,最终纠正了思路,找到了答案,走出了误区。

四、课堂结尾时留白

课堂教学是一个整体,要实现课堂教学的整体优化,不仅要有动人心弦的"引子"、引人入胜的"主旋律",而且须有意味无穷的"终曲"。课堂结尾是一堂课的终曲,是一堂课走向成功的最后一步,教师若留好空白,弹好终曲,则会激发学生进一步探究的兴趣,并能取得"言已尽而意无穷"的效果。

例如,教师在讲完人教版必修一"辛亥革命"一课后,可以设计以下结尾:中国近代民族民主革命是由一代又一代革命者,经过一个多世纪前赴后继的顽强努力,才取得了胜利。辛亥革命虽然没能完成这个任务,但它在近代中国发展的历史进程中是一个不可缺少的主要阶梯。中华民国的建立,其意义不仅在于结束了中国的帝制时代,而且在于开辟了未来,开启了中国的共和时代,为中国现代化转型的继续发展提供了新的环境和条件。20世纪只是刚刚开始,辛亥革命无疑跨出了很大一步,中国人要走的路依然还很漫长……此处留白,不仅能激起学生情感上的共鸣,使学生受到强烈的道德感、理智感的熏陶,形成教学的高潮,而且为后继的"新民主主义革命史"的学习埋下伏笔。

总之,留白不是简单省略,更不是避重就轻,而是引而不发,是铺垫和蓄势。留白,必须符合和谐的课堂节奏,使课堂教学不停滞,不隔断;留白,必须符合以生为本的教育理念,使学生思想驰骋有空间,有余地。留白是教学智慧的艺术表现。我们唯有认真钻研教学留白艺术,才能让历史课堂充满创造性与生成性,彰显无限活力!

65

大胆重构教材　合理利用资源

随着新课改的施行,新的教学理念也在不断渗透,改变了以往"教教材"的一贯手法。尽管各种版本教材的编写都凝聚了大量史学家和编撰人员的心血,但在实际的教学实践中,作为一线教师还是能够发现教材中某些内容存在编排欠缺合理性和有效性的问题。

面对这样的情况,尽管教师依旧能按部就班地进行教学,但却体现不出新课改"以生为本"的改革精髓。课改的目的,就是更好地关注学生,全心全意地帮助他们成为有政治头脑、有文化基础、有实践能力、有创新精神、身心健全发展的一代新人。随着现代互联网科技的发展,当代中学生已经是具有丰富课外知识和独立思想的个体,尽管他们的知识可能不成体系,尽管他们的思想并不成熟,但简单的说教已经不能"糊弄"这一代。对于普通的教师而言,教材重构是教学过程中的一项浩大工程和重大挑战,也是一个成长的契机!

一、大胆重构教材,需找准历史逻辑

那么教材结构零散如何大胆重构呢?以人教版七年级上册第17课"昌盛的秦汉文化(二)"为例,面对松散的知识点,必须找准其内在逻辑关系:佛教的传入和道教的兴起离不开人们的精神追求;《史记》的诞生更离不开司马迁的人生理想和个人追求;而秦兵马俑更是一个个定格的人俑,用体态表情、服饰衣着以及生动形象的动作昭示着英勇无畏的秦军对功勋的追求。由此,教

师以一个人、一群人的追求,明以凡人都有的"脚步"为线索,暗以时间顺序为辅线,打破教材安排,对内容加以重构,以"俑、史、佛、道"四字为基点,分别扩展,更能方便学生的学习,加强对教学内容的理解与记忆。

二、大胆重构教材,需重视情感教育

作为一门基础性学科,传授必要的历史事件、历史人物、历史现象是历史教学的前提。但作为人文社会科学,历史学科还应承担道德价值、审美价值和人文价值的熏陶任务。找准了主线还不能深入学生的内心,教师必须另辟蹊径让学生能更清晰地明白教师想表达的内容、本课能学到的内容以及学生自身能在本课学习中所起到的不可替代的作用。

通过本课学习,希望学生能初步了解秦汉时期的艺术与思想,从而为更深刻地理解秦汉时期的时代特征奠定基础。学生在参与式教学的过程中能逐步地学会搜集资料、分析史料,并掌握灵活运用史料的能力。由于本课主线的设定,不仅仅是针对教学内容,更重要的是希望学生在学习的过程中树立远大的理想,学习历史人物不畏艰难险阻,为了自己的目标而奋不顾身的精神;同时利用多种教学手段,如音乐、视频短片、口述历史等,让学生明确古代劳动人民的智慧与辛劳,进一步升华到让学生用自己的脚步去丈量地球。而本课重点在于秦汉之际的佛道的源起及传播,让学生了解古代劳苦大众需要精神寄托的必要性,同时明确宗教在不同时期存在的价值。为了突破重点,让学生在课前了解生活中的宗教,在课上通过不同观点的碰撞,来进一步明确其含义,然后通过教师的点拨,形成比较全面的了解。

由于本课所涉及的秦汉文化的内涵与外延太过广泛,对于教师而言存在不少挑战,借助于史料能有效推动教学的进程,从而化繁为简,深入浅出。如对于司马迁及其《史记》这一教学内容,如何从史学的角度来分析与解读司马迁著书的历程及《史记》的历史地位是一个难点。

教师设计了第二大篇章"史:史家之绝唱,无韵之离骚"。首先从司马迁的"个人游历"说开去,从童年师从董仲舒、到青年游历大半个中国,到壮年奉命出使,为其著述奠定了基础。其次提点"关键人物"——司马迁的父亲司马谈,当父亲重病,唤儿到床前,留下遗命,作一史书,身为孝子不敢不遵。再次,点出"近水楼台",司马迁出任太史令,于是他有机会看到大量的图书文献和国家档案。随之,引出"横祸降临",当司马迁准备大展宏图之际,却遭飞来横祸——"李陵之祸",身陷囹圄,受了腐刑。可悲的是平日那些亲友显贵竟无一人挺身救助。司马迁的肉体和精神受到难以忍受的摧残,痛不欲生。在这些如史诗般展开的史料的铺陈之下,教师借此情境,提出了探究问题:司马迁该怎么办?是不是因此而上吊自杀?跳江自沉?或自刎?他没有!反而说出了"人固有一死,或重于泰山,或轻于鸿毛,用之所趋异也。"的豪言,哪怕死也得先把《史记》写完,达成父亲遗愿,死得名垂千古,死得流芳百世!在调动起学生情绪,使师生产生情感共鸣之后,教师更进一步设问:司马迁写史的基本条件有哪些?让学生跳出书本,结合史料、合作探究,进行思考。此举一方面能激发学生的历史思维火花的碰撞,另一方面也符合培养学生多元智能的要求。最后,教师结合学生的回答进行总结,点明读书、游历、父亲等多种因素,特别从情感教育方面入手,强调司马迁的个人品质,能忍辱负重、坚持不懈,值得今人尤其是同学们的学习。教师更提醒同学们从社会环境的角度进行分析:司马迁所处的汉武帝时期,经济繁荣,中央集权制得到加强,文化勃兴。奋发昂扬的时代气息,给司马迁撰写古今通史奠定了深厚的社会基础。汉兴秦亡,原因何在,对于当时的史学家来说,是一个迫切需要总结的问题。再往上推溯,历代的兴亡,都需要思索,寻找出规律,作为汉代统治者为政的借鉴。司马迁正是在这样一种社会条件和时代呼唤下,完成了他的史作,从远古,到当代,悠远而恢宏,体现了汉武时期的辉煌。

由此,让学生感受到历史的学习不是简单的知识点的陈列,更能让教师和同学们一起达到情感和认识的再次升华,其中的乐趣无穷无尽。教师更从司马迁的《报任安书》入手,让学生结合语文常识进行填空学习。

仆窃不逊,近自托于无能之辞,网罗天下放失旧闻,略考其行事,综其终始,稽其成败兴坏之纪,上计____,下至于____,为表____,本纪____,书章____,世家____,列传____,凡百三十篇。亦欲以究天人之际,通古今之变,成一家之言。

鉴于此,让学生厘清《史记》的记载从传说中的黄帝到武帝时期,历时三千年左右,贯穿古今,这在中国史学发展史上还是第一次;明确其纪传体的史书编写体例,是历史编纂学上的一个创举;更进一步点明司马迁著书不易,无愧于鲁迅所言"史家之绝唱,无韵之离骚"。

三、大胆重构教材,需注重学生体验

在教学设计的过程中,鉴于初一学生的特性以及新课程改革的需要,历史课堂不应该是教师"一言堂",需要的是学生灵动地参与到教学环节中来,这就需要教师在史料搜集的基础上巧妙的设计。

值得一提的是,《史记》虽有体例,但又有些特殊的例子。教师特别设问探究:假如你来做史官,孔子、陈涉应属于什么体例?孔子、陈涉,虽非王侯,但其行事和影响却与一般人臣迥然有别,所以,司马迁也将其列入世家!这足以体现司马迁不畏权贵、勇于打破常规的精神。从而为之后的学生脱口秀环节,即谈谈"我从司马迁和《史记》中所学到的"做好铺垫,更进一步让学生把历史知识和认识内化到自身实际,不断增强学习祖国历史的兴趣,激发民族自豪感,树立民族自信心和自尊心,加深对祖国历史文化的认同感。

在第四篇章"道:道可道,非常道"的教学设计中,首先播放的是有关"道教的源起"的视频,请同学们根据视频提供的资料回答,道教在何时、何地由何人创教。其次,请同学们明确"教主"与"创始人"的不同之处;再次,通过给学生提供史料,让学生了解道教迅速传播的原因在于道教的鬼神崇拜,神仙信仰与百姓需求关系密切,所以道教的群众基础深厚。教师设计活动环节"鹿死谁手之判断题",让学生结合生活常识和所学知识进行快速判断。内容包括:

(1) 老子是道教的创始人。　　　　　　　　　　　　　　(×)
(2) 道教全都是封建迷信。　　　　　　　　　　　　　　(×)
(3) 道家等于道教。　　　　　　　　　　　　　　　　　(×)
(4) 道教现在已经消失。　　　　　　　　　　　　　　　(×)

通过学生的当堂反馈进行合理的解释,有利于教师结合当前我国宗教政策的实际进行适当的教育。教师结合学生固有知识和本课新学知识,让学生分组讨论,设问探究:假如你是统治者,对于儒、佛、道三家学说,你会如何安排与利用?在学生各抒己见,教师给予恰当点评之后,进行总结升华:如果把

人生中需要的传统文化比做一个房子,那么儒家是这个房子的大门,其他诸子百家都是窗户,其中两个大的窗户就是道和佛。没有窗户,房子会显得闷;没有大门,就没有可进出的"道"了。这些不同的思想文化形成一个体系,就是影响中国人思想的传统文化。这一总结不是教师给出标准答案,而是用通俗易懂的语言把教师的想法与同学们进行分享,一方面保存了学生自己尝试解决历史问题的兴趣和成就感;另一方面也拉近了教师与学生的距离,更能发挥历史学科内容博大而精深的特色,利用蕴含丰富的人格素材教育,注重以人为本,折射人文关怀,弘扬高尚美德,引导学生成长。

总之,在新课改背景下,历史教学资源的有效整合是历史教师不容回避的现实问题。教师应创造性地利用教材,在可能的情况下重构教材,在使用教材的过程中树立大教材观;教师应结合学生实际,在教学过程中不仅要帮助学生梳理知识体系,更要逐步促使学生掌握正确的史学方法与原则。在今后的教学实践过程中,作为一线历史教师的我们,更应该明确历史学科的发展方向,以历史学科的精神和理念,设计优秀的教学案例,不仅有效地激活教材,更要结合教师自身特色,构建属于自己的教学模式。

正如本课的结语所言,历史教学资源同古代灿烂的文化特征相似,"从有形到无形,从无形到有形,既看不见,又似摸不着,但它就在你我之间,就在手边,在耳迹,在于一字一画,又在于一唱一念"。历史教材中的大胆重构恰如悠久的文化一样,"有界又无疆,不孤立闭塞,也不剑拔弩张,既会此消彼长,又会相互渗透,最终走向融合"。

66

妙用课堂导入

良好的开端对于结局的成功有着异乎寻常的价值和意义。对于一节课而言,导入的设计与运用就显得尤为重要,它是开启一节课的序幕,犹如一把开启学生兴趣及思维大门的金钥匙。好的导入,会迅速地引发有意注意进而引人深思、让人铭记。导入的设计,既要体现科学性、时效性,也要突出其多样性、艺术性。

中学历史学科教与学的导入形式多样,主要有承上启下式、悬念留白式、时政切入式、诗词赏析式、多媒体导入等。本文结合教学实践,浅谈若干种课堂导入的设计。

一、贴近生活,兴致如约而至

历史课堂的导入,可以结合所在地区、学校的历史与文化,有机糅合,切入课程。这些内容是学生们已知的,更是发生在学生们周边的具有特殊意义的认知。以此为契机导入新课,肯定也有着独特的韵味。

如在青海湟川中学讲授"民主政治的摇篮——古代希腊"时,笔者以西部风情演绎东方文明,进而引入西方民主政治的摇篮:

当我在网络上搜索青海时,顿时被其斑斓的文化和璀璨的文明所吸引。(展示青海湖图片)这幅图大家肯定很是熟悉,作为华夏民族摇篮——黄河、长江的源头,千百年来的青海,沉淀着古老文明丰富的馈赠。当然,很多的文明,也都积蓄在我们青海湟川中学的学子身上。刚才大家所熟识的歌曲《花儿与少年》，就是20世纪五六十年代风靡全国的民歌，充满了中国西部特有的浪漫和野性之美。正所谓"一方水土养一方人"，山歌的高亢、悠长，似乎想把千百年的大河文明糅进其中。

今天的历史课，我将带领大家从高空不断向下领略另一种迥然不同的文明风采——希腊文明。让我们一起去印证恩格斯的盛赞——"她虽然没有形成一个统一的国家，……但她……在文学、史学、科学、哲学等方面都独领风骚，而且还孕育了西方近代文明的一切胚胎。"

高中新课程倡导一个重要的理念，即关注学生的生活经验、关注学生身边的历史，加强历史课程与生活的联系。实践证明，学生的经验是学生理解历史的一把钥匙，历史学习中结合学生身边的历史将其纳入教学过程将会有效地提升学生的学习兴趣、巩固其已有的基础知识，并能很好地改变历史学习的枯燥与乏味，让干瘪的历史课堂变成生趣盎然的生态课堂，将会让风干的历史情节或历史人物焕发生机、有血有肉。

二、视听盛宴，感觉如沐春风

触摸历史，就是要尽可能地"复原"历史场景，在课堂上通过视、听的形式再现历史，主要目的就是希望老师与同学们能够"回到现场"。所以，在学习"一代雄狮拿破仑"时，笔者就与学生们共同聆听贝多芬的《英雄交响曲》，并同时在课件中显示现代诗《写给贝多芬的偶像——拿破仑》。

写给贝多芬的偶像——拿破仑

《英雄交响曲》的主人公，创造奇迹的怪物、举世无双的英雄。

唯才是举是你成功的秘诀，以法传道是你不朽的真谛。

四十次战役的胜利铸就战场上的辉煌，"欧罗巴合众国"是你永恒追求的梦想，染血刺刀划破了中世纪的黑暗与堂皇。

两千条文共筑的《民法典》，处处留香；翻开法律文献，字里行间都有你思想的光芒。

圣赫勒拿岛收藏着滑铁卢的遗憾和忧伤，巴黎荣军院的圆顶大堂是你最好的奖赏。

没有你,今日欧洲的模样难以想象;中世纪的烙印太深,时代的局限太广。

你也曾彷徨,好大喜功,复辟帝王;但却抹不去你一生的辉煌。

今天的英雄交响曲依然在为你奏响。

贝多芬的《英雄交响曲》学生比较熟识,甚至少数学生还知道这首曲子创作与修改的历史细节。这一设计关注了学生已有知识、经验与即将学习知识的初步接触、交融,其主要目的在于实现从课间到课上的过渡,让学生们的关注点迅速地进入课堂、进入拿破仑的学习。

当然,实际效果也是如此。学生瞬间就能真正体会罗曼·罗兰曾描绘的乐章——"在这里,英雄的战场扩展到宇宙的边界……被打倒的战士想要爬起,任他再也没有气力;生命的韵律已经中断,似乎已濒临灭……我们再也听不到什么(琴弦在静寂中低沉地颤动),只有静脉的跳动……突然,命运的呼喊微弱地透出那晃动的紫色雾幔。英雄在号角声中从死亡的深渊站起。整个乐队跃起欢迎他,因为这是生命的复活……"

作为老师都知道,没有细节的充实,对拿破仑的具体印象难保不一年比一年更趋淡忘。带着学生原有的认知,让他们不自觉地跟随着老师迈步进入这节课的主题,这就为师生们一起去感受英雄的豪迈与失落,去感触历史的厚重与苍凉奠定了基调、搭起了舞台。

三、诗韵词理,意境如影随形

例如,学习"从汉至元政治制度的演变"时,笔者以对刘邦《大风歌》的解读导入课堂:

"大风起兮云飞扬,威加海内兮归故乡,安得猛士兮守四方?"说起汉高祖刘邦,大家都不陌生。都知道他是个混混,后来起义成为汉王,楚汉战争打败项羽成为统一天下的皇帝,开辟一朝盛世。他很伟大,开辟汉朝四百载;但是伟大的人都很孤独。《大风歌》这首诗是刘邦灭了英布后,回到自己的家乡,大有感悟而写。虽然只有三句,但他把天下的局势,刘邦的心情以及对后世的担忧都很好地表达出来了!

"大风起兮云飞扬",说的是天下大乱,以喻群雄竞逐就像风起云涌一般,你来我往。然而刘邦在天下诸侯中脱颖而出,我个人认为此时刘邦是在对当年尔虞我诈的感叹。"威加海内兮归故乡",意思是威武平天下,荣归故乡,别有一番感悟。"安得猛士兮守四方",这是在说怎样得到勇士去守卫国家的边疆。刘邦诛韩信,杀彭越,灭英布,为他谋取天下的几位将领都被他杀了,他现在的心里觉得已经不可相信任何人了,好像别人都要夺取他的帝位一样,所以会有这句"安得猛士兮守四方"!

从这首诗来看,刘邦当上皇帝后多了一份担心,少了一群朋友;多了一点谋略,少了一些快乐!如果说项羽的《垓下歌》是失败者的悲哀之歌,那么刘邦的《大风歌》就是胜利者的孤独之歌!

历史教学不能忽略"有意义学习",不能将教学变成枯燥的记忆。备课和教学时都要关注学生的经验,要始终围绕学生的三个世界,即知识世界、情感世界和生活世界。在授课时要找到学生已有知识的抛锚点,再把历史课堂的大船靠过去。在常态课中,当让学生的"历史熟人"走入历史课堂时,对于老师而言就能"左右逢源",对于学生而言他们的情感、他们的学习效果都将发生巨大的改变。

四、针砭时弊,思维如饮醍醐

陈寅恪先生曾言:"史者,非徒识废兴、观成败之往迹也。又将以名古今之变易,稽发展之程序。"他强调历史学科"以史为鉴"的重要社会功能,而要体现此功能,就需要历史教师将社会热点、时政要闻有机地融入到历史教学与研究中。

例如,学习"解放战争"时就可以两岸的时政要闻切入新课,引发学生深刻的思维悸动:

2015年11月7日的"习马会",共同翻开两岸关系历史性的一页。现在我们以国际视野筹划国情,以长远眼光宽容对手,实现以和为贵,相逢一笑泯恩仇。不仅有时任台湾地区领导人马英九和平言论,也有台湾国民党原主席连战的破冰之旅——反"台独"、致力于台海和平。"习马会"的这一刻载入两岸关系史册,这是中国人民见证两岸和平的伟大时刻。这不禁让我们回忆起70年前的那段历史,70年前的中国人民见证了抗日战争的伟大胜利,急切盼望着国家的和平。在抗战胜利后,中国的历史进入到解放战争时期,这个阶段也是以和平为开端并始终充斥着"战"与"和"的变奏。下面我们一起回溯当年的这段历史……

历史,很少有单刀直入的快意,更多的是历尽沧桑后的深沉。我们之所以去学习历史,不仅仅是去尽可能地还原历史真相,更重要的意义在于能从中感悟到一些有用于今的东西。作为具有怡情、陶冶等功能的中学历史教学,它的主要任务之一就是让学生从历史内在的规律、体系中了解人类所走之路,总结人类发展的经验教训,让学生从历史的传承中体会民族精神、形成民族情结。

良好的导入,将会直接影响一节课的有序、有效的推进。所有关于课堂导入的形式或内容,都不能撇开学生这一课堂的主体;而课堂导入(即发挥教师主导性)的关键就是要思考如何吸引学生的注意力、发挥学生的主动性、提升课堂的有效性、凸显历史学科的功能性等等,导入的设计需要遵循科学性、实效性、启发性、艺术性等原则。这就需要教师在备课过程中,既要寻找丰富的史料,又要充分地"备学生",将学生的已有知识与历史的学科知识无痕挂钩,从而有效地促进学生的发展,巩固其知识、开发其潜能、唤醒其精神,有效地完善其可塑性、突出其主体性、彰显其独特性。

67

初中历史课堂求真意识培养策略

引领学生逐步形成正确的求真意识是历史教学的应有之义。历史的价值在于对过去的反思,在于对以往的借鉴。但反思或借鉴的前提理应是对真实历史的解读。如果我们所学习的历史丧失了真实性,那么史学教育的价值便会大打折扣。"求真求实都是历史研究的底线,历史教学必须最大限度地接近历史真实。""历史真实性的核心在于'信',即证据可信,论证可信,结论可信",而史料教学可充当培育学生逻辑推理与分析能力、证据素养、求真意识的重要手段。

近年来,史料教学在初中历史教学中已得到一定发展。通过合适史料的运用,初中历史课堂更为丰富,也更具深度。但在史料运用过程中,也出现了一些问题。例如有些教师所用史料本身就不可信,即证据不可信;有些教师在运用史料进行论证时并不严密,即论证不可信;还有一些教师对教科书上的结论没有丝毫的怀疑,运用史料仅仅是为了证明书上既有的结论,违背了论从史出的原则。上述现象的出现都有悖于历史求真意识的培养。本文就以人教版八年级上册第18课"从九一八事变到西安事变"为例,简要探讨初中历史课堂求真意识培养的方法策略和路径选择。

一、教学案例:"求真"还是"证伪"?

"难忘九一八"一课是初中历史教师公开课的常择内容。因此,笔者有幸多次聆听这一课的讲授,但听后却疑惑颇多。以下就是笔者听课时的两个局部案例的展示。

案例一

A教师在讲授"难忘九一八"一课中"九一八事变"这一目时,为了证明教科书上"九一八事变爆发时,驻守沈阳的东北军要求抵抗日本侵略者,但是,蒋介石下令不抵抗。第二天清晨,日军占领了沈阳城。"这一结论,选用了教科书71页上端的史料:

材料一 无论日本军队此后如何在东北寻衅,我方应予不抵抗,力避冲突。

——蒋介石给张学良密电

A教师对教科书没有任何的怀疑,尤其是对教科书上的史料绝对地相信。因此,自信地引用材料一得出"蒋介石下令不抵抗"这一结论。

案例二

B教师在讲授"难忘九一八"一课时,把教材内容设计为张学良的三次抉择。第一次抉择是"九一八事变后张学良要不要抵抗?"

B教师讲到,九一八事变爆发后,东北军将领张学良面对国土遭受侵略和父亲被日本人炸死这一国难家仇,人之常情肯定会选择抵抗,但为什么不抵抗呢?B教师出示了以下史料:

材料二 日军此举,不过寻常挑衅性质,为免除事件扩大,绝对抱不抵抗主义……日军缴械任其缴,入营任其入。

——国民党政府电告东北军

依B教师的分析,张学良不抵抗是因为要服从中央的命令,最终东三省才陆续被日本侵占。加上后来张学良为抗日发动兵谏的壮举,以及和平解决西安事变后张学良被蒋介石监禁的命运,B教师引导学生得出从九一八事变到西安事变,张学良表现出服从中央、爱国、为抗日而不顾个人安危等各种优良品质。而本课中,最令人痛恨的人自然是蒋介石。

上述教学过程中,A教师和B教师都使用了史料,都试图在历史教学中体现"求真"的过程。但如果细细分析,这样的教学实际上存在很大的纰漏。

先分析A教师。首先,教科书上的史料绝对正确吗?细心一点的教师可以发现,这段史料在引用时并未标明时间,并不能确定蒋介石密电张学良的时间。实际上,通过对相关材料的阅读,笔者发现这段史料来自于 1960 年张学良机要秘书洪钫的回忆录。他回忆到这段电文是 1931 年 8 月 16 日蒋介石致张学良的"铣电"。这则电报是否存在,在史学界长期存在争议。其次,假设这份电报真的存在,并且时间就是 1931 年 8 月 16 日,那么,一个多月前的一份"密电"就能代表九一八事变后蒋介石的正式命令吗?这确实是一个值得商榷的问题。因此用这样的史料来论证结论,不严密性是显而易见的。再次,A 教师对教科书没有任何的怀疑,认为教科书上的结论都是正确的,并运用教科书上的史料来证明教科书上的结论,这违背了论从史出的原则,是明显的"教教材"而不是"用教材教"。值得一提的是,在最新的人教版部编教材(2017 年版)中,"九一八事变爆发时,驻守沈阳的东北军要求抵抗日本侵略者,但是,蒋介石下令不抵抗。第二天清晨,日军占领了沈阳城。"这一结论已经不再出现,说明这一结论有待商榷。

再分析 B 教师。首先,B 教师引用的史料也没有标注时间。因此我们无从知晓国民政府是在九一八事变后的何时做出的不抵抗决定。如果决定是在九一八事变当天,张学良服从中央政府的命令且采取不抵抗政策,东北沦丧就是国民党政府的过错了。但如果电文的时间是在九一八事变后的几天,张学良不抵抗的原因就不只是服从中央这么简单了。在九一八事变爆发后到国民政府下命令之前这段时间,张学良可以做出一定的自我选择。其次,对于中央的命令,张学良不一定完全服从。因为,东北地区具有相当的独立性,张学良与蒋介石实质上是各自独立的军政集团首领间的平行盟友关系,如果张学良本人不想执行不抵抗政策,完全可以不执行。因此,仅靠材料二,我们无法做出完整而合理的推断。张学良不抵抗的原因,也需要多个材料来进行综合分析。实际上,九一八事变后,张学良实行不抵抗政策的原因是多方面的,诸如依赖国联的思想尚未完全幻灭;依靠中央,寄希望于全国抗战;畏惧日本军力,低估国民力量;保存东北军的实力以及对国内外形势的错误判断;等等。

可见,并非运用史料就是求真,选择合适的史料而且进行正确的解读才是求真,不然只能是"伪真"。

二、求真意识的培养策略

史料教学是培养求真意识的重要手段,那么教师如何引导学生如何培养求真意识呢?笔者以为可以从如下几个方面着手。

1. 批判质疑是前提

作为教学的主导者,教师首先要有怀疑一切的精神,"教师如果没有疑惑,没有批判性思维的品质,那么就会臣服于教材,视教材为不容逾越的规范而画地为牢。"那么,如何培养教师的质疑精神?笔者以为,教师应利用各种时间关注史学领域的最新研究动态,阅读最新出版的专业书籍和学术杂志,尤其是与课程标准有关的内容。比如,针对"从九一八事变到西安事变"这一课,涉及的主要人物是蒋介石和张学良。如果大量阅读书籍和杂志,就会发现最新研究成果与教科书上的结论不一。比如九一八事变后,到底谁先不抵抗?是蒋介石还是张学良?最新研究成果显示,九一八事变发生后,蒋介石没有给张学良下不抵抗令,不抵抗令出自张学良之口。那么为什么是张学良首先不抵抗?按理应该抵抗的他不抵抗的原因是什么?教科书上的结论是如何得出的?有没有历史依据?要解决这些问题,就需要阅读相关的书籍和杂志。只有教师具有批判质疑的精神,才能培养学生的批判性思维和求真意识。

2. 精选史料是保障

中国近代史领域的史料丰富多样,但也鱼龙混杂,真假兼有。初中历史的基础性决定了史料教学中教师占主导,需要在课前精选史料,辨伪存真,详细考证。教师要尽可能使用第一手史料,而且在教学中所引用的史料最好要注明具体出处,提高史料的真实性和历史教学的公信力。比如在"从九一八事变到西安事变"一课中,71页上端的史料(即本文中出现的材料一),没有注明具体出处,在运用时需要先查出具体出处以及了解该史料的类型。经查实,这一史料的来源是为1960年张学良机要秘书洪钫的回忆录。因这个"铣电"的来源不是蒋介石或张学良本人的回忆录,其真实性历来受人质疑。对于这一"铣电"是否真实存在,还存在争议。因此,用这样的史料来论证,证据不是十分可信。要了解事实的真相,需要选择多个而且是涉及当事人的史料。九一八事变当晚,是蒋介石下令不抵抗还是东北军将领张学良自己做的不抵抗的决定,需要听听张学良本人自己的说法。历史学家唐德刚教授采访晚年的张学良时,张学良说:"我要郑重地说明的就是关于不抵抗的事情。九一八事变不抵抗,不但书里这样说,现在很多人都这样说,替我洗刷,说不抵抗是中央的命令,不是的,不是的,绝对不是的。"在研究张学良的问题上,张学良晚年的口述史料与"铣电"相比,会更有价值。

3. 正确解释是关键

历史是复杂的,教师应该首先意识到历史的复杂性,并在初中历史教学中通过选取不同视角的史料,帮助学生从多角度认识和解释历史的复杂性,在多元价值下初步培育学生的历史批判性思维,尽力还原历史的本来面目。有时我们找不到历史的真相是因为我们在"盲人摸象"。以"从九一八事变到西安事变"一课中对张学良的评价为例。B教师根据一则材料加上后来张学良为抗日发动兵谏的壮举,以及和平解决西安事变后张学良被蒋介石监禁的命运就引导学生得出从九一八事变到西安事变,张学良表现出服从中央,爱国,为抗日而不顾个人安危等各种优良品质的结论。这是一种历史解释。但当我们见到了张学良晚年的关于他自己做出不抵抗的口述史料以及史学界关于张学良不抵抗原因的多种解释后,就会发现张学良的诸多侧面。如果再对张学良做一评价,就不只是服从中央和爱国等正面形象了。他也有不完美的地方,也会自私自利。但这并不影响张学良总体好的评价。尤其是张学良晚年主动澄清九一八事变后不抵抗的事情,让我们看到一个更加高大的张学良。他能够勇于承担责任,能够学会反省,这是难得的优秀品质。这又是一种历史解释。

以上我们看到,占有材料不一样,对历史的解释结果也不一。试问,对于这两种历史解释,哪一种更接近历史的真实呢?显而易见是后者。

中学历史教学求真意识的培养,既是历史学科本质特征的必然要求,更是提升学生历史素养的应有之义,这需要每位教师认真思索实践,从而使历史课堂的求真意识落地生根、开花结果。

68

用立意凸显课魂

教学立意是指通过历史学习,学生汲取的超出历史知识层面的历史智慧、经验、教训,掌握的历史学科的核心能力,树立的核心价值观。好的课魂应当能统摄全课的主要内容和教学目标,应当在基于学情的前提下实现知识、技能(学法)和价值观的融会。这样的"课魂"更能打动学生。如,人教版九年级上册第11课"英国资产阶级革命"位于第四单元"步入近代"的第二课,从导入环节的设计来看,不同教师的教学立意就有显著的不同,具体分析来看,大体可以分为以下三类。

1. 传统型

传统型教学设计抓住了本课要旨即英国资产阶级革命及其确立的君主立宪制政体,紧扣教材,从背景、过程、影响三大块入手,通过各种教学手段进行剖析解读。有的教师采用宏大的篇章式教学,设定了"背景篇""经过篇""成果篇"和"影响篇"。在"背景篇"中教师引导学生自主阅读并设置探究问题,通过问题梳理使得学生熟悉教材内容,在此基础上激发学生讨论:

甲同学:1688年政变没有流血就推翻了国王的专制统治,非常了不起。

乙同学:1688年政变是资产阶级和其他阶级妥协的结果,仍然保留了国王,革命并不彻底。

在"成果篇"中,教师紧紧抓牢本课要点和难点,依旧以问题为抓手,在学生思考及教材叙述的基础上解决:① 为限制国王的权利,出台了哪部法律文献？它的意义是什么？② 英国资产阶级革命的性质是什么？③ 英国资产阶级革命的意义是什么？值得一提的是此类要点尽管以问题的形式在教学设计中展现，但教材中均有叙述，容易让学生认为历史学习仅仅是通读教材，按教材解读历史问题，不能较好地激发学生跳脱教材，引发学生深度思考。

在"影响篇"中，教师则进行了提升：① 请谈一谈英国资产阶级革命给你的启示？② 请结合中国近代史谈谈我国向英国学习制度的尝试和探索。此问题没有固定的答案，学生可以畅所欲言。教师能进一步引导学生比较探究，结合戊戌变法和英国资产阶级革命的联系与不同，提升历史教学的普世价值，形成历史教学中不可分割的整体价值观。

此类型的教学设计尽管形式较为统一，主体设计依旧属于传统类型，但条理性强，方法多样，选择此类型教学设计的教师不在少数。有的教师采用了情境表演来展示议会斗争的激烈程度，加深学生的印象，激发学生的兴趣，提高课堂的参与度；有的教师采用绘制表格的方式让学生一边学习一边填充，从而把握住英国资产阶级革命发展的历程，让学生在实际的课堂实践中掌握历史学习的方法；有的教师则采用分小组合作讨论的方式来解决英国资产阶级革命的背景问题。有的教师擅长理性分析，引导学生在把握基础知识的基础上分析出英国资产阶级革命的特点，即曲折性和不彻底性，为之后的教学做好铺垫。

尽管在传统型教学设计中，依旧可以看出教师教学立意落实及其在教学过程中的渗透，如革命反复性的启示，资产阶级革命成功及其局限性的启示，更有站于一定高处在课堂最后点明"顺应历史，与时俱进"的大道理，但仔细想来，这样的教学立意有些"贴标签"式的意味，为了立意而立意，并非真真切切地凸显课魂，不值得提倡。

2. 革新型

有位教师的教学设计一出场就很夺人眼球，全课以"那些年，那些人，那些事"为主线设计教学，如下片段：

一、那些年　这个美丽安宁的岛国并不平静，暗涛汹涌……

设计意图：图示分析英国革命的背景，带动学生一起分析，帮助学生得出结论，即英国革命早晚会爆发。

二、那些年 这个美丽安宁的岛国刀光剑影,血雨腥风……

设计意图:通过图片、文字以及讲授理清革命过程,让学生更好地理解革命中暴力的一面。

三、那些年 这个岛国改旗易帜,步入共和,震惊世界……

设计意图:引导学生一起学习英国走向共和的过程。

四、那些年 这个岛国重迎国王,可依旧没能回到平静……

设计意图:分析王朝复辟后的英国为什么又发生了光荣革命。

五、喧嚣过后,纷杂大戏已然落幕,这个国家变得更强大更沉稳……

设计意图:分析文字材料更好地理解君主立宪制并评价其影响。

……

教学立意是一堂历史课的灵魂,它能反映历史教师对教材文本的纵深理解,也能体现教师对课程观、教学观、教育观的机智运用。该教师的设计很好地把握住初三学生的学习特性,通过本课的学习,使学生认识到英国资产阶级革命是人类历史上资本主义制度对封建制度的一次重大胜利,在反复与曲折的斗争中,英国确立了资本主义制度,这是时代的进步。在这样的教学立意之下,教师通过生动的语言,采用故事讲授法,化繁为简,引人入胜。正如戴加平老师在《好课的三要素:故事、学法、灵魂》一文中所言,"一节好的历史课,应当有故事(细节)的渲染,有学习方法的渗透,有灵魂的烛照。简言之,是应当有趣、有法与有味"。本课的教学设计除了有趣之外,教师在授课过程中利用简单的图示法(如图1),利用PPT设计的动态效果,抽丝剥茧一般层层深入,十分得法。

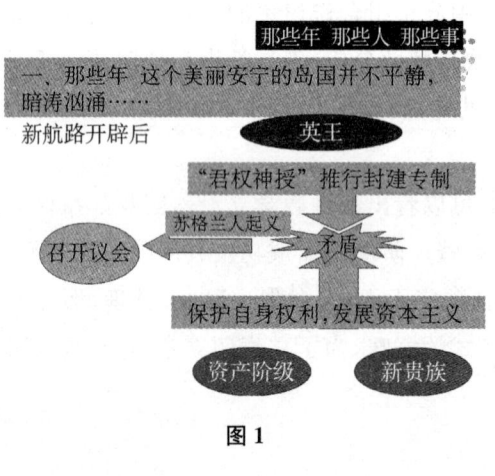

图 1

3. 创新型

有一位教师的设计给人眼前一亮的感觉,她以"自由"作为核心,以渴望自由、追求自由和捍卫自由为支点,构建课堂教学结构,通过材料分析、角色扮演、图片赏析,中外结合,培养学生综合分析问题的能力,促进学生全面健康的发展。

教师在授课之初即表明学生学习的三大层次,即① 史实:自主学习,感知历史。通过举行擂台赛的形式,以小组为单位,进行抢答,从而把握本课基本史实。② 史识:合作探究,体验历史。③ 史感:质疑提升,感悟历史。并通过以下教学设计来实现:

渴望自由——"君权神授"下的英国

结合地图和课本知识,分组探究:哪些因素促使英国人民发出振聋发聩的要求自由的呼声?

追求自由——查理一世命丧断头台

角色扮演:查理一世在王宫广场被处死的场景

设计意图:通过角色扮演,着重让学生体会"是不是随着查理一世的人头落地,英国资产阶级革命就画上了圆满的句号呢?"展示图2让学生分析英国资产阶级革命的特点及其形成原因。

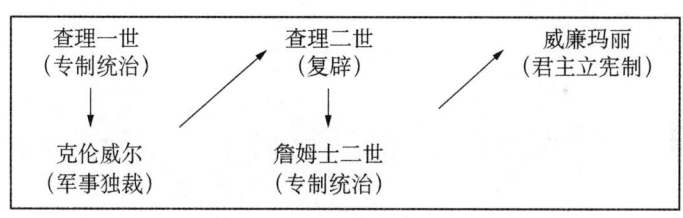

图 2

捍卫自由——《权利法案》的颁布

分组:为克伦威尔设计名片

设计意图:利用三段关于克伦威尔的史料,从模范军角度、镇压起义角度、护国主统治角度展现历史人物的多面性,在此基础上引导学生对克伦威尔进行简单的评价,培养学生初步运用历史唯物主义观点正确评价历史人物的能力。

这样的教学设计无疑是成功的,教师最后以一首小诗《渐是一种难以言说的美》作为本课小结:尊崇传统/我不昂首阔步/热爱自由/我不故步自封/

凌波微步/一点点地靠近那/自由的灯塔/岁月无痕/蓦然回首/我已然/在新时代的入口。从这首文艺小诗中，师生共同有了更深层次的感悟，即对"尊崇传统，热爱自由"英国式"妥协的民主"的理解。由此观之，教学立意包括的知识立意、能力立意和价值观立意三者之中，价值观立意居于核心的灵魂的地位，三者融通为素养立意。教师在平时的教学实践中，除了通读教材、把握教学重难点之外，更得花时间与精力在感悟与体会上，只有抓好平时才能在课堂上"灵"光一现。正是教师平时不断积累，才能够在有限的时间内精心设计、精彩展现，突出重点，把握课魂。

　　正如李惠军老师一再强调的，历史课堂的一个"灵魂"不同于一个"中心"或一个"主题"。它不仅需要我们向历史的宽处探寻，更需要我们到历史的细处搜寻、在历史的深处追寻。而作为一名普通的历史教师，尽管历史在初中阶段地位并没有那么"崇高"，但我们仍应该通过自身努力，加强历史教学基本功，多积累、多思考、多赛课、多磨课，只有抓牢平时的每一节课，每一个阵地，历史课堂才能真正实现"灵动"！

69

如何运用史料教学提高历史课堂的质量

历史是什么？历史是过去的事情，它不可再现，亦不可重演。何为史料？就是构成历史的材料，是人类历史发展过程中遗留下的痕迹，是重现历史的基础。一般来说，史料愈是确凿、丰富，人们经过研究和解释，对历史的认识也就愈是真切，对历史的"重现"也就愈接近它的本来面貌。历史学科的特点决定了史料教学的重要性。

史学专家一般把史料分为三类：文献史料、实物史料和口述史料。文献史料，就是以文字形式记载的资料，包括史书、档案、日记等；实物史料，主要是各种历史遗存和考古发现，包括遗址、墓葬、文物等；口述史料，指人们口头讲述并被记录下来的资料，包括回忆录、对话录等。史料，它不仅内涵历史信息，而且它本身就是历史的产物，是历史教学的重要资源。因此，史料教学是最具历史学科特点的教学方式，对学生亲身触摸历史教育的三度：温度、高度、宽度，实现三维教学目标有着重要价值。那么，我们应该如何使用史料教学提高课堂质量呢？下面举例说明。

一、通过展示史料，感受鲜活历史

历史从来都不枯燥，它远比现实更鲜活。而单靠我们讲解，把历史简单地割裂成原因、经过、结果，难以展示历史的风云变幻，难以触摸历史的温度。而史料承载着记忆，史料教学能使我们触摸、感受过往的岁月，使历史课堂富有生气和时代气息，不仅增加了历史教学的直观性、生动性，提高了学生学习的兴趣,而且激发了学生的情感,拉近了学生与历史的距离,为下面的学习提供了动力支持。

例如,在讲授人教版必修一"辛亥革命"一课时,可以引用如下史料让学生体会近代仁人志士为了祖国的独立和富强舍生取义的精神:

材料一 然是役也,碧血横飞,浩气四塞,草木为之含悲,风云因而变色,全国久蛰之人心,乃大兴奋,怨愤所积,如怒涛排壑,不可遏抑,不半载而武昌之大革命以成,则斯役之价值,直可惊天地、泣鬼神,与武昌革命之役并寿。

——孙中山《黄花岗七十二烈士事略》

材料二 汝幸而遇我,又何不幸而生今日之中国!吾幸而得汝,又何不幸而生今日之中国,卒不忍独善其身!嗟夫!巾短情长,所未尽者尚有万千,汝可摹拟得之。吾今不能见汝矣!汝不能舍吾,其时时于梦中得我乎!

——林觉民《与妻书》

又比如,在讲授选修部分"一代雄狮拿破仑"一课时,可以引用如下史料让学生感受拿破仑的性格对他以后人生的影响:

材料一 拿破仑进入布里埃纳军校学习时,经历了前所未有的孤独。周围的贵族同学看不起他,经常被欺负,他为此经常和同学打架,经常被关禁闭。后来他自己回忆"什么我都不在乎,我喜欢争吵、打架;我谁都不怕"。

——《拿破仑传》

材料二 学习是他心甘情愿的唯一乐趣。他乐于读好作者写的,对于抽象的科学他能够运用自如,其数学和地理知识扎实。在班上他积极地回答问题,在其他场合则具有巧妙快捷的应答技能,这个年轻人值得我们关注和帮助。这是一位神奇的青年,是一个将要改写历史的人。

——炮术教官蒙日

材料三 拿破仑·波拿巴,为人勤奋、谨慎,兴趣广泛,博览群书,酷爱自然科学,擅长数学、地理;沉默寡言,喜欢独处;任性、高傲、自私、善辩;自尊心强、雄心勃勃,求知欲强,有培养前途。

——拿破仑的毕业鉴定

二、通过挖掘史料,提高历史思维

思维能力是学习历史的核心能力,启发思维并着力培养学生的思维能力应是课堂教学的主旋律。因此我们在教学中不能简单地告诉学生一个答案或者是一个权威性的结论,而应该利用史料教学引发学生的思考和探究,促进学生思维品质的发展。

例如,在讲授必修三"'百家争鸣'和儒家思想的形成"一课时,可以引用如下史料,并设置一个问题:请同学们根据材料一分析孔子对当时社会变革的态度。

材料一 天下有道,则礼乐征伐自天子出;天下无道,则礼乐征伐自诸侯出。自诸侯出,盖十世希不失矣;自大夫出,五世希不失矣;陪臣执国命,三世希不失矣。

——《论语·季氏》

通过此则材料,引导学生分析理解并得出结论:孔子对于当时的社会变革抱有保守的态度,对当时的社会政治现象极其不满。如果再进一步引入史料,我们的课堂可以转向一种比较性的探索。再展示材料二,并设问:请同学们根据材料二分析法家思想与儒家思想的不同。

材料二 前世不同教,何古之法?帝王不相复,何礼之循?……各当时而立法,因事而制礼。礼法以时而定……臣故曰:治世不一道,便国不必法古。汤、武之王也,不循古而兴;殷、夏之灭也,不易礼而亡。

——《商君书·更法》

由此可以比较法家思想和儒家思想的差异,还可以进一步探讨这两种思想流派在春秋战国时期社会转型中的不同作用。从而得出结论:在社会大变革面前,儒家思想落后保守,仍想维护奴隶社会的等级秩序,不适应时代的要求,而法家思想主张变法、主张变革,是适应时代的潮流的。

所以,在教学中,我们教师可以以必要的史料为依托,为学生营造主动探究、解决问题的情境,通过分析、综合、比较、归纳、概括,发展学生的逻辑思维能力和推理能力,深化教学主题,唤醒学生对历史的深刻思考,实现历史教学的价值。

三、通过拓展史料，扩大历史认知

黑格尔说，"历史题材中有属于未来的东西，找到了，作家就永恒"。历史属于过去、属于当下、更属于未来，这不只是作家需要找寻的永恒，更是我们每一位教师不能遗弃的永恒，因为史料可以让课堂更立体、更宽广。

例如，讲授必修二"近代中国经济结构的变动"中"洋务运动"一目时可以展示如下史料：

"鸿章窃以为天下事穷则变，变则通。中国士大夫沉浸于章句小楷之积习，武夫悍卒又多粗蠢而不加细心，以致用非所学，学非所用。无事则嗤外国利器为奇技淫巧，以为不必学；有事则惊外国之利器为变怪神奇，以为不能学。……夫今之日本，即明之倭寇也，距西国远而距中国近。我有以自立，则将附丽于我，窥伺西人之短长；我无以自强，则并效尤于彼，分西人之利薮。日本以海外区区小国，尚能及时改辙，知所取法，然则我中国深维穷极而通之故，夫亦可以皇然变计矣。……

鸿章以为中国欲自强，则莫如学习外国利器。欲学习外国利器，则莫如觅制器之器……欲觅制器之器，与制器之人，则或专设一科，士终身悬以为富贵功名之鹄，则业可成，艺可精，而才亦可集。"

——1864 年 5 月李鸿章写给恭亲王的一封信

这封信在历史上比较有名，是研究李鸿章必不可少的材料。中国近代著名史学家蒋廷黻对此信的评价是：这封信是中国十九世纪最大的政治家，最具历史价值的一篇文章。材料里的李鸿章是一个有远见卓识的改革家，与学生原有认识里的李鸿章有一定的矛盾冲突，所以这则材料就可以帮助学生对李鸿章有个更全面的认识。为此，笔者设置了三个问题：① 李鸿章认为改革的必要性何在？② 李鸿章的改革规划是什么？③ 材料体现了李鸿章的哪些远见卓识？学生通过一封信引发思考，对李鸿章的再认识逐渐形成。在学生探讨的基础上总结：我认为该信的历史价值主要体现在李鸿章的三种眼光。第一，历史的眼光。李鸿章写该信时太平天国运动即将失败，举国上下欢欣鼓舞，而李鸿章却为大清王朝的未来深感忧虑。第二，世界的眼光。当时大多数士大夫认为日本是蕞尔倭寇，东方小国，根本未放在心上，可是李鸿章却意识到日本是中国未来最大的竞争对手。第三,时务的眼光。李鸿章的高明不在于他意识到变革的必要性,而在于找到变革的切入点是人才的培养。通过对史料透彻的解读,我们对李鸿章以及洋务运动有了更深刻、更立体的认识。

  总之,史料是历史教学的基础,是进行历史思维的基本素材和对象,史料教学可以帮我们重建历史,给我们的课堂带来生机。我们可以借助史料帮助学生真实地、近距离地感知历史,体验和理解历史,也可以通过史料激发学生的思考,训练学生的思维能力,打开学生智慧的大门,为学生个性的全面和谐发展创造机会,从而提高历史课堂的品位与质量。

70

如何通过"讨论式教学法"构建
学生主体的"民主课堂"

什么是"民主课堂"？著名教育家李镇西在其博客中写道："'民主课堂'是建立在师生人格平等基础上的课堂，是以师生积极交流对话生成为主的课堂，是学生真正成为学习主人的课堂，是充满生命幸福与人性光芒的课堂！""'民主课堂'的核心理念：让学生成为课堂的主人。"那么，如何使学生在课堂中真正成为学习主人？叶圣陶先生说过："教师之为教，不在全盘授予，而在相机诱导。"教师如何"相机"组织教学，发挥教师的主导性？如何为学生的自主学习创造必要的条件，体现学生的主体性？笔者在教学实践中尝试通过"讨论式教学法"来实现。

"讨论式教学法"，是一种被认为"既突出学生的主体性，又并未削弱教师主导性的现代的教学模式"，顾名思义，这一教学模式重在"讨论"。什么是"讨论"？美国学者斯蒂芬·D.布鲁克菲尔德和斯蒂芬·普瑞斯基尔合著的《讨论式教学法：实现民主课堂的方法与技巧》一书所给出的定义是："由两个或两个以上的成员组成小组，互相分享、批判各自的想法，在此过程中保持适度的严肃和嬉闹。"其特点包括：热情倾听、积极参与、高度注意、谦逊、专注、赞赏、信任以及自主性。此外，教育家李镇西认为"民主课堂"应具有"充满爱心""尊重个性""追求自由""体现平等""重视法治""倡导宽容""讲究妥协""激发创造"等特点。由此可见，两位美国学者所主张的"讨论式教学法"能真正体现李镇西先生所主张的"民主课堂"。有感于"讨论式教学法"与"民主课堂"的契合，笔者在历史课堂教学中进行了大胆的尝试。

在学校课程建设中,笔者曾主导开发并开设了"探索历史的奥秘"一课,以历史选修教材为基础,从中选取了五个专题。首先,在上课前,先印发包括课标要求、专题预习、知识结构、专题延伸、专题感悟、阅读素材在内的"专题学案",供学生预习使用。然后,利用1—2课时,对本专题进行讲解,向学生介绍可用的参考资料,其重点不是为学生解答奥秘,而是为学生介绍探索奥秘的途径和研究方法,从而为之后的课堂讨论做准备。最后,也是该课程设计的重中之重,即在进行了若干专题讲解之后,利用2课时的时间进行课堂讨论。课堂讨论一般由3个环节组成:第1个环节为小组讨论,时间为1课时;第2个环节为组间交流,时间约占四分之三课时;第3个环节为小组投票与教师总结环节,时间约占四分之一课时,在根据各小组的发言进行无记名投票选出最佳发言小组之后,教师对本次讨论进行小结,肯定学生的闪光点与精彩发言,鼓励学生的积极性与参与度,并指出可改进之处。

那么,如何让学生逐渐熟悉和适应这种课堂讨论形式?笔者在开课前,还提前草拟和印发了"历史课程简介与历史课堂小组讨论指导意见"与"历史课堂小组讨论记录表"。

在"历史课程简介与历史课堂小组讨论指导意见"中,笔者提出如下要求:

一、小组讨论的基本流程

1. 分组与组内分工

(1)全班分为8个讨论小组,组名自拟,每组人数为5—6人。

(2)分组按照自由组合原则,自主自愿进行。要求人数均衡,团结协作,求同存异。

(3)第一次分组后,小组成员按民主原则选举出组长1名、记录员1名、观察员1名、发言人1名。第二次分组后可重新选举,或轮流担当。

(4)组长职责:分配任务,引导小组讨论,确保任务完成;讨论中实行组长负责制。

(5)记录员职责:负责记录小组讨论时各成员的发言内容,量化组内成员的贡献。

(6)观察员职责:负责督促所有小组成员参与讨论,确保小组成员各抒己见,控制小组讨论的声音。

(7)发言人职责:代表小组成员进行学习成果的汇报。

2. 讨论前的准备

(1)本课程以专题形式组织教学,教师会提前发下各专题学案。学案包括课标要求、专题预习、知识结构、专题延伸、专题感悟、阅读素材等内容。

(2)根据专题学案,由组长负责,明确本小组负责的"专题预习"内容,并细化预习内容,将任务具体落实到每一位成员。

(3)在进行讨论前,组长应负责检查各成员的准备情况,为引导小组讨论做准备。

3. 进行小组讨论

(1)小组成员尽量以围坐的形式进行讨论,以便于所有发言者都能听见。

(2)小组讨论分为三个环节:第一环节为成员轮流发言(按围坐或事先确定的顺序);第二环节为成员自由发言;第三环节为组长总结及确定小组发言内容。

(3)轮流发言原则:当有人发言时任何人不许打扰;不许不按顺序发言;每个人只有限定的发言时间;每个人发言时应适当简述前面发言的内容;观察员应督促组内每位成员参加讨论,若有人未发言,记录员应据实记录。

(4)小组讨论时,记录员应及时在"小组讨论记录表"(见下表)上记录轮流发言、自由发言环节各成员的发言内容,为"发言人"代表本小组发言提供材料。

小组讨论记录表

( )班	第( )小组	组员名单		时间	
轮流发言内容					
自由发言内容					
备注					
记录员			组长		

笔者试图通过这样的设计,让每一位学生都能真正参与到课堂讨论中,适应和熟悉讨论的基本规则和基本流程,尊重他人,学会倾听他人的发言,遵

守规则和秩序,发展分析和综合能力,形成和大胆表达自己的想法,养成合作学习的习惯。这样一来,也就体现了教育家李镇西主张的"民主课堂"理念。

这样的课程设计是否有效?学生们对此是什么态度?

在开课之前,当学生们拿到印发的"学案""指导意见"和"记录表"时,他们既感到兴奋,同时也有些许疑惑:几分钟的普通讨论居然变成了整堂课的小组讨论;无序的讨论变成了有组织、有程序、有规则的讨论;若干学生的发言"表演"变成了每一位学生必须完成的发言"表演"。此外,从课后学生的反馈来看,该课程设计还是比较受学生们的欢迎的。在他们眼中,以前的历史课是"要我学";而通过一段时间的课程学习,逐渐转变为"我要学""我想学"。有的学生说:"我们在讨论中接受了一次生动有趣而又印象深刻的历史熏陶。"有的学生则表示:"这不仅培养了团队精神,增进了同学间的友谊,提高了语言表达能力,而且也使得我们在质疑精神、探究精神、发现问题和解决问题等开创性能力方面得到了很大提高……"也有的学生在经历课堂讨论之后感慨:"这个学习模式从某种方面也打破了思维定式……听了别人的讨论意见,会发现原来这个问题也可以这样思考啊!"

简而言之,在课程开发中,大胆尝试"讨论式教学法",尤其在整堂历史课中贯彻执行,这不仅打破了一般课堂教学中安排的几分钟点到为止的常规讨论模式,而且也在教学实践中尝试了如何构建"民主课堂",让学生在这样的课堂环境下学习,既能提升知识水平和学习技能,也能让学生逐渐学会如何进行自主学习、合作学习、探究学习。此外,将"讨论式教学法"与"民主课堂"有机结合起来,也能在课堂中"更多地注入民主精神,让课堂不但成为传播知识培养能力的空间,也成为造就公民的摇篮"。

71

历史教学如何运用比较研究

比较研究是根据一定的标准,对两个或两个以上有联系的事物进行考察,寻找异同,探求规律的方法。历史教学中比较研究是极为重要的研究方法,有助于学生全面认识、深刻理解历史现象,探寻隐性特征、本质规律,更能让学生掌握科学的思维方法,学会学习。下面就人教版历史必修一"鸦片战争"一课,例谈比较研究在历史教学中的运用。

一、对战争背景的比较研究

鸦片战争的背景分析,历来是课堂教学的难点。教学中,引入丰富史料进行比较研究是深化课堂教学的法宝。

据黄爵滋于1838年上《请严塞漏卮以培国本疏》记载:"自道光三年至十一年,几漏银一千八百万两。自十一年至十四年,岁漏银二千余万两。自十四年至今,渐漏至三千万两之多……以中国有用之财,堵海外无穷之壑,易此害人之物,渐成病国之忧";林则徐亦痛陈:"当鸦片未盛行之时,吸食者不过害及其身,故杖徒已足蔽辜;迨流毒于天下,则为害甚巨,法当从严。若犹泄泄视之,是使数十年后,中原几无可以御敌之兵,且无可以充饷之银。"可见,鸦片走私造成中国白银外流,腐蚀思想、害及肉体,更导致军队战斗力下降和财政危机,根本上危及清政府统治。

然英国勋爵律劳卑在日记中坦白:"用一支军队封锁住天朝的海岸……一只炮艇就会轻而易举地在中国掀起一场革命,就会使他们对外国贸易开放口岸。"他竟然认为："正义在我们这一边……中国的民众没准盼望这样的一支军队到来,来把他们从最专制的压迫制度下解放出来……把他们抓在我们手里,是一个仁慈的行动。"这都证明,英国发动战争的目的是为掠夺中国广阔的市场和原料,是战争的根源,却为发动战争树立起"正义"的支撑。林则徐禁烟只是英国发动战争的借口,但绝不是可以发动战争的原因。1839年的《义律致巴麦尊私人机密件》甚至宣称:"这是把我们将来和这个帝国的商务安放在稳固而广阔的基础之上的最有希望的机会。"显然,英国一方认为这是一场充满正义的通商战争,否认侵华的本质意图,与中方认识截然相反。

通过中外史料比较研究,同学们可以清晰认识到战争双方的认识差异和英国发动战争的真实意图,意识到双方立场不同对事件的评价不同,但要谨防简化差异的倾向,培养开放性思维和逆向思维的能力。继续追问:英国为掠夺市场和原料发动战争,是不是所有英国人都主战?关于鸦片战争的爆发,后人又是如何评论的?

事实上,1839年的《泰晤士报》记载:"我们在发展和鼓励鸦片贸易方面的罪行,确实是一种滔天大罪,它会招致至高无上的上帝对我们无比愤怒……为鸦片开战是不可思议的。"1840年,威廉·格拉斯顿议员指出:"这种战争的起源是不正义的,精心设计去进行这种战争,是为了给这个国家蒙上永久的耻辱……"

然孙中山却认为:"林则徐焚毁烟土一案,酿成莫大祸事,是未根据条约,不知公理之野蛮举动",将鸦片战争的问题归咎于清政府和林则徐;到了新民主主义革命时期,舆论又将鸦片战争的问题都归咎于帝国主义的入侵,服务于中国革命反帝反封建的需要;直至当代,诸多名家如袁伟时教授则更倾向于从文明史观的角度分析:"鸦片战争不仅仅是一场关于鸦片贸易的战争,更是两种不同文明的撞击。"

通过基于丰富史料的横向比较、逆向分析,势必会深化同学们对鸦片战争背景的理性认识,培养学生思辨能力而非对教材结论的机械识记,更让同学们明白:历史研究应综合史料,在比较研究中去伪存真,从立场、价值观、时代背景等角度全面、客观、辩证地品评历史。

二、对林则徐评价的比较研究

历史人物评价是历史选修教学的重要内容,而在必修教学阶段渗透选修知识是惯用的教学策略。就本课对林则徐人物评价而言,综合运用比较研究法将起到事半功倍的效果。

材料一 ……他至少拥有四名翻译,终日为他翻译英文书报,他本人亦将这些情报采撷成册,以供参考。

——茅海建《天朝的崩溃》

材料二 逆船倏南倏北,来去自如,我则枝枝节节而防之,濒海大小门口不啻累万,防之可胜防乎?果能亟筹船炮,速募水军,得敢死士而用之,彼北亦北,彼南亦南,其费虽若甚繁,实比陆战分屯、远途征调,所省为多。

——《林则徐书简》1841年9月

解读:材料可知,林则徐努力探求新知,避免被动挨打,是一大进步。

材料三 彼之大炮,远及十里内外,若我炮不能及彼,彼炮先已及我,是器不良也。彼之放炮,如内地之放排枪,连声不断,我放一炮后,须辗转移时,再放一炮,是技不熟也。

——《林则徐书简》1842年9月

解读:林则徐既有接纳新知的开明,又有御侮的民族勇气,提出御敌要诀,虽谈不上是完整的救国方案,但积极进取的精神值得肯定。

材料四 义律在商馆宣布,以英国政府的名义,要求本国鸦片商人将所有的鸦片交出,由他转交给中国政府……没有意识到,驻华商务总监督给钦差大臣的第一份禀帖,改变了林则徐使命的性质,即由针对境内外国人的反走私行动,变成中英两国官员间的交涉。

——茅海建《天朝的崩溃》

解读:由于林则徐缺乏近代外交观念,没有认识到事情的不利转向。一转手之间,英商的鸦片变成了大英帝国的鸦片。

材料五 1840年6月中旬,英军抵达广东沿海的战舰已达4艘,而林则徐在奏折上却说:"伏查英夷近日来船,所配兵械较多,实仍载运鸦片。"

——茅海建《天朝的崩溃》

材料六 夷兵除枪炮之外,击刺步伐俱非所娴,而腿足裹缠,结束严密,屈伸皆所不便,若至岸上更无能为,是其强非不可制也。

——《林则徐集·奏稿》

解读:材料五指出林则徐竟将一次即将到来的战争判断为一次大规模的鸦片武装走私。战争到来,前方主帅没有发出战争警报。材料六中,林则徐甚至认为英军毫无陆战能力。这两个例子反映出林则徐对英军的无知,说明林则徐的眼界有限,虚骄憒懂。

综合比较上述材料不难发现,林则徐作为近代开眼看世界第一人,对外交观念、战争判断等认识不足。因此,我们对历史人物评价切不可"贴标签"。不过,每一代人都是在主观、客观的双重限制下去观察、体验世界,一代人有一代人的认识,我们不能带着现在的感情去评价历史人物,而应该通过对丰富史料的比较研究,把他们的主观想法和客观时代相结合,这样对他们的评价才是理性、全面、客观的。通过这样的方法,我们才能掌握真实的历史并以史为鉴。

三、对教学设计的比较研究

对教学设计进行比较研究是教师快速成长的重要途径。搜索关键词"鸦片战争"合并"设计",约有二百万条资料,但经笔者常年积累和对比分析,真正优质的教学设计寥寥。以下,笔者就以边海长和李树全老师关于"鸦片战争"一课的优秀教学设计作粗略比较。

1. 边海长老师设计的教学思路

第一目:偶然与必然——换一种视野探原因

先从两种植物(茶叶和鸦片)的较量入手,再到两个世界(中国、英国)的相遇,分析工业文明与农耕文明的较量和必然结果,使学生认识到近代西方殖民侵略和由此带来的文明碰撞是工业资本主义浪潮席卷全球的必然结果。

第二目:侵略与碰撞——多几个角度看过程

先通过表格分析,粗观战争;再以外眼看中国,为何中国英雄受到外国人高度评价?然后两面看中国:如此大国为何挨打且战败?败因何在?有何启示?并引导学生思考"醒与睡的选择":对于鸦片战争的失败,清朝上下有何反应?付出怎样的惨痛代价?又留下怎样的教训?

第三目:毁灭与新生——站一个高点论影响

先是看图画,寻历史,列强通过不平等条约向中国掠夺了哪些特权?分别破坏了什么主权?从而分析两次鸦片战争对中国的危害。接着听故事,觅启示:"天要变了"有何寓意?面对"三千年未有之大变局"中国做出了怎样的反应和改变——"向西方学习"的新思想萌发并蔚成风气;洋务运动兴起,中国的工业化开始起步。

在整个教学设计上,边老师凸显了"伤疤、精神、号角、使命、动力"的课魂内核,整个设计环环紧扣,既有丰富的图文史料,又有冷静的思考拓展,高于教材又不脱离教材,中外对比分析中呈螺旋式递进趋势,大气磅礴。

2. 李树全老师设计的教学思路

第一目:两个世界

从两份国书、两份礼单、两个现象、两种认识讲起,通过中西对比分析,从细节处审视鸦片战争的背景,小中见大。

第二目:祸起鸦片

分别从鸦片走私、中国禁烟、战争烽烟三个方面,阐述战争的来龙去脉,由浅入深。

第三目:旷世战争

本部分并没有详细的战争经过介绍,而是从"瞠目结舌的数字"和"匪夷所思的攘夷"两方面,用宏大的手笔概述战争的悲剧和戏剧化色彩。

第四目:何以至此

先是追问战败的"代价"——《南京条约》的签订及其危害,中国半殖民地社会的开始;然后从"睁眼看世界"和"师夷长技以制夷"引出中国的"觉醒";再从李鸿章的认识思考:何时才觉醒?并抛出深刻的问题:挨打仅仅是因为落后吗?

与边老师的教学设计一样,李老师的设计鲜明地体现了比较研究在历史教学中的运用,特别是第一层次,从"两个世界"的立意入手,剖析鸦片战争中外背景的细节差异,小中见大;李老师还特别注重新史料的运用和对学生史料解读能力的培养,爬梳史料,旁征博引,论证充分,思路严谨,引人入胜。

边海长和李树全两位老师的教学构思,无疑是优秀教学设计的典型代表,其共同点是关注教学主题和课堂灵魂,以史实为基准,以宏观的视角和丰富的史料驾驭课堂,不武断、不唯一,通过比较分析给人思维的碰撞和无尽的思考。

通过比较研究,我们方可上下求索,反复求证,跨越时空的阻隔,发掘出历史现象之间的联系,进而探索出历史发展规律,并为社会提供富于启迪性的史学成果。当下,历史学科核心素养的培养更进一步提高了比较分析在教学实践中的功能需求与价值地位。但比较研究绝不等同于简单的对比分析,它是一门学问,有特定的比较条件与具体的研究程序,需要广大一线教师在教学实践中不断摸索、完善,并与教学实践融合,推动教育教学的发展。

72

如何训练学生的思维能力

思维能力的训练和培养是历史教学的目的之一。但是在传统历史教学中,由于认识上的偏差,一些教师认为历史就是一门死记硬背的学科,不能培养人的思维能力。在这种认识观指导下,一部分教师偏重于对教材知识的分解,忽视了学生思维训练活动的设计。即使有思维活动的设计,也只不过是师问生答的现成性问题情境,而非生成性思维训练情境。这种教学模式无形中扼杀了学生的思维与创新能力。

教学发展观的倡导者们认为,学生的发展从根本上说就是以思维为核心的个性品质的全面和谐发展。而学生的发展在很大程度上依赖于自己的内部诱因,有效的教学只是为学生高质量的知识学习和智力发展创造最佳的外部条件,同时也为学生个性的全面和谐发展创造机会,因此教师的教学任务应该由更多地向学生传授知识转变为更多地激发他们思考。而一定的思维情境就是学生获得新知、发展思维的桥梁与中介。因此,在历史课堂上教师要创设有利于激发学生思维的情境,有以下几种方式。

一、创设问题情境,启发思维

我国古代教育家孔子有一句教学格言:"不愤不启,不悱不发。""愤""悱"就是一种思维情境状态。只有"愤""悱"之际,教师的适时点拨方能化解学生心中的谜团,促进学生的思维发展。所以,在教学过程中教师要改变教学方式,变"陈述式教学"为"问题式教学",以问题为出发点,激发学生的求知欲,促使学生积极地参与解决问题,训练学生的思维能力。

在这里值得注意的是:第一,教师提供给学生的问题应当是有一定思考价值的,同时它又是有开放性的成果体现的,每一个学生都可以通过自己的努力品尝到探索学习的喜悦。第二,问题设计不要一味地"求异",其设计要着重培养学生用历史眼光审视问题和解决问题的能力。第三,问题设计还要注意与教材密切联系,避免问题过窄或过宽。提出的问题也不宜过多,要保证学生能够有充足的时间进行深入的思考、分析、探讨。第四,为了鼓励学生积极思维,教师要帮助学生从内心深处确立不唯书、不唯师的观念,帮助学生真正把自己看作学习的主人,知识的发现者。第五,根据课堂情况,教师应该不失时机地把学生的回答总结概括成完整的知识结构,并巧妙地转化为板书提纲,使学生对本节课的内容有一个整体的、系统的、有序的认识,完成知识点—知识线—知识面的认知过程。

例如,在"夏商周的政治制度"教学中,可以把"西周的分封制和西周的宗法制"两目合并为一个整体——"西周的政治制度"来讲,这样有利于学生整体把握西周的政治制度,同时也有助于理解分封制和宗法制的关系。教师可以创设如下问题情境:① 西周为什么要实行分封制? ② 西周分封制下诸侯的权利、义务是什么?分封制的隐患是什么? ③ 为什么实行宗法制?宗法制与分封制的关系是什么? ④ 为什么分封制会破坏?君主应该怎样加强对地方的控制?

二、鼓励学生质疑,以疑促思

爱因斯坦曾说:"提出一个问题,往往比解决一个问题更重要。"可见,"疑"是思维的开端。所以,在历史教学过程中,教师必须善于创设思维情境,对学生质疑问难能力进行积极的、有意识的培养,使他们养成勤思、善思,勇于探索的学习习惯。在历史课堂教学活动中,应该多鼓励学生思考:一是鼓励学生多问为什么,使其不仅知其然,还要知其所以然。二是鼓励学生敢于发表不同意见,使其养成独立思考的良好习惯。三是鼓励学生从历史现象和历史事件的相互联系和影响中寻找疑点,加深理解,培养和提高他们的思维能力。

例如,在讲"红军的长征"的内容时,书上讲了红军粉碎了国民党的三次"围剿",然后紧接着就讲国民党第五次"围剿",学生很自然地就会提出:"第四次'围剿'是怎么回事?"1936年10月,红军长征胜利会师的是红一、红二、红四方面军,学生很自然地又就会问:"红三方面军呢?"教师应该给学生一一解答,解除学生心中的疑惑,从而加深对知识点的理解。

三、展示思维过程,整理思维

教师在实际教学中,不仅要重视对学生的"启",更要重视学生的动手操作及心智活动,让学生用启发指导练习,在练习中感悟新的启发。因此,无论是历史教学活动中的小组合作学习,还是探究性学习,都应该提供思维展示的活动。例如,可以在课堂小结过程中,让学生自主整理本节课所学内容,绘出思维导图,并向全体同学展示。这种展示思维成果的过程,有助于学生整理思维,养成良好的思维习惯。

例如,"从汉至元政治制度的演变"这一课,头绪纷繁,知识点多。在课堂小结时,可以要求学生自己画出本课框架图,理出有条理的知识线索。这样的教学,启发了学生思维,使学生真正成为了学习的主人,达到了学、思、动手三结合。下图是同学们集思广益后得出的知识点梳理图。

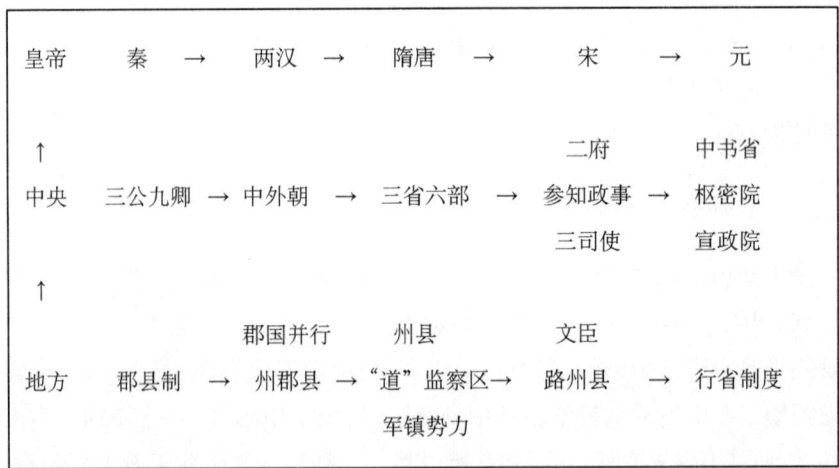

综上所述,学生的发展从根本上说就是以思维为核心的个性品质的全面和谐发展。历史课堂教学应该全面关注学生的思维训练。创设问题情境,启发思维;鼓励学生质疑,以疑促思;展示思维过程,整理思维。从而打开学生智慧的大门,为学生个性的全面和谐发展创造机会。

73

如何培养历史创新能力

创新教育是素质教育的主旋律,而课堂教学是创新教育的主阵地。历史课堂是历史教师的主阵地,历史课堂需要不断创新。《全日制普通高级中学历史教学大纲》指出:"在历史教学的过程中,要注意学生的创造性学习能力,使学生进一步掌握和运用学习历史和认识历史的基本方法,增强学生自主学习和探究的能力。"《普通高中历史课程标准》也指出:"要以学生的学习与发展为教学的本位、重点,以调动和发挥学生历史学习的积极性、主动性和创造性为核心。"因此,培养高中生的创新能力,使他们形成良好的思维和行为习惯,是高中历史教师义不容辞的责任。

一、运用多媒体电教手段,唤起学生的历史创新意识

21世纪是信息化社会,现代教学手段,尤其是多媒体教学在今天逐渐得到推广。互联网中关于历史的教育教学资源如网站、博客、微信公众号等也为数繁多,为学与教提供了丰富的素材,越来越受到广大教育工作者的关注,它在中学历史学科的课堂教学中,正发挥着越来越大的作用。

基于多媒体的教学平台,教师和学生都能够在多媒体上相互交流、相互合作、相互影响。教师不再是至高的绝对权威,学生的角色也不断发生变化,一会儿是发问者,一会儿是解释者,一会儿是协助者,一会儿是评估者,知识的交融整合容易获得解决问题的最佳方案。教师的教是为学生的学服务,教是变化的条件,学是变化的依据,教通过学生积极主动地学起作用。它的心

理学依据是迁移规律，即学生从大量的感性材料、数字化信息中提取高质量的信息，并不会受时空和传递呈现方式的限制。教师从中起到的是组织设计、引导协调作用，有利于学生自主学习和协同学习，从而更好地培养学生的创新精神和创造性思维能力。

历史学科教学方法和教学手段的选择必须符合教学规律和教学原则，还要符合学生的实际，课堂教学中运用多媒体教学手段，不仅增强了历史学习的趣味性，同时也起到了强化学生记忆和启发学生思维能力的作用。

二、运用新材料、新情境，启发学生的历史思维能力

在目前新课程改革的背景下，新课改强调的是课程观，教材是最重要的学习资源，但不是唯一的资源。尤其是新高考试题愈加注重运用各种资源上的新材料、创设新情境。这些"新材料""新情境"，其载体非常丰富，包括考古资料、研究著述、报纸、表格数据、历史地图、诗歌等。所谓"新"，是指这些材料多是各种版本教材没有出现过的素材，因此，历史教师要分析各地的高考或模拟考题，为己所用，教育学生注意读懂材料，从中获取全面有效的信息，克服思维定式，多角度思考问题。而这些能力的获得是一个长期累积和内化的过程，从现在起历史教师就应该有意识地强化它。当然这不是说每天都让学生做这方面的练习，这种急功近利的训练模式未必能快速提高学生的阅读理解能力。近年来全国各地的命题以材料型试题为主体题型，材料取材广泛、呈现方式多样、情境创设巧妙。新情境题以历史课本的内容为依托，立足于教材中的基础知识和学生的能力范围，但不局限于教材的直接表述，而且设问方式和能力要求比较突出，强调知识的内在联系，围绕新问题、新情境进行了重构。在平时教学中，教师可有意识地收集一些新材料供学生参阅，把握教材基础知识和热点问题的融合点，引导学生进行概括、分析、评价等，并适当进行延伸和拓展。

通过引用新的文字材料、图画材料等营造命题新情境，突出考查学生"获取和解读信息"的能力。例如有的高考试题引用了大学堂的课程表、征婚广告等创新材料，令人耳目一新。

三、运用课堂讨论和开放性设问,引导学生进行历史创造性学习

新教材的内容具有开放性,增强了课程与社会发展、现实生活以及与学生自我发展的联系,这就出现了有不少试题既源于教材又高于教材,不拘泥于教材的现成结论,注重以情境的创设为依托,且落点轻巧,显得平实,使主观题也从单一型走向综合型(以材料式试题为主),从封闭型走向开放型;在做答上,不论回答哪种观点,只要史论结合,自圆其说,理由充分即可,重在考查学生历史思维的灵活性、敏捷性和批判性,增强社会参与的意识与技能。教师在课堂教学中要注意引导,例如:"关于'新政'中的社会保障措施,有人认为主要是为克服危机而采取的临时性措施,有人认为主要是维护资产阶级民主制而进行的长期性制度建设。请选择你认同的一种观点并简要说明理由。"这就是一个培养开放性思维的题目,在答题时无论考生同意哪种观点,都必须充分考虑怎样否定另一种观点,言之有理即可。

在历史教学中,教师可依据考试说明的几种能力要求从比较、分析、综合、归纳、推理等不同角度提出问题,有目的、有计划、有针对地创设问题情境,让学生的大脑在历史课堂上始终处于积极思维状态,这样,学生自觉地成为学习的主人,教学效果亦会显著提高。

四、结合当今热点和前沿动态,培养学生的历史创新时代感和人文气息

现在的新教材将历史叙述的下限,延伸到20世纪末21世纪初,以充分体现当代中国和世界在政治、经济、思想文化和科学技术方面发展的新成就、新特点和新趋势。在平时的历史学习中,我们要及时关注当今重大的现实问题、热点问题,关注历史研究的前沿动态,并与历史教材密切结合。在历史专题复习中,要注重以科技发展为纽带,构建与政治、经济、思想文化的互动,学会对历史事件进行全方位分析。学习历史离不开史料,尤其是第一手史料,通过最新考古成就,我们不仅可了解当时的历史,甚至可以检验出各种文字资料对历史记录的可信度。历史主题有强烈的时代感,尤其是文科综合试卷中的试题更注重历史内容的时代感和现实感,体现了史鉴功能和人文意识。

美国未来学家奈斯比特在《大趋势》一书中指出:"处于伟大变革时代,

我们最需要创造力和创造精神。"历史课堂的创新从何入手？运用多媒体电教手段,新材料、新情境以及课堂讨论和开放性设问,结合当今热点和前沿动态等,都是可以借鉴的选择。这些手段保证了个体学生的学习质量和效率,使他们由知识的接收者变为主动学习者;不断给他们创造思维的机会,使他们破除对书本、教师的盲从,善于从已知中发现未知,从而得出独特的见解。

第四篇 课堂实战

74

精心潜埋伏笔

——以词叙史，藏头明义

在参评教学能手的课堂展示环节，笔者借班执教了"新民主主义革命的崛起"一课，该课放弃了技术媒体的应用，以两阕"减字木兰花"的板书及围绕其展开的师生对话呈现了一节传统课，教学效果获得了学生、评委和听课老师的好评。现将这节课的板书设计及教学思路诉诸文字，以期探讨教学"伏笔"的预设对于唤起学生认知热情的作用。

不是导入的导入

师生间彼此陌生，笔者放弃了各种"预热"的方式，单刀直入，以学生略感意外的板书作为开场：减字木兰花两首——新民主主义革命的崛起。意外有二，一是板书为竖体、从右至左的古文结构（便于最后藏头的呈现），二是学生大抵对"减字木兰花"这一词牌在此出现惑而未解。故极短的时间内，注意力已然达到理想的程度，基于此，抛出第一个问题：周恩来同志曾经形象地概括道，"新民主主义革命的历史，就是从天安门到天安门"，想必大家知道，这里两次出现的天安门分别是指什么。

这一不是导入的导入，在学生的回答中得到了良好的反馈，笔者进而以毛泽东所提"无产阶级领导之下的人民大众的反帝反封建的革命"帮助学生分析把握了"新民主主义革命"这一概念，并走入即将呈现的两阕词所描绘的历史篇章中去……

不是线索的线索

本课的板书设计没有历史事件的结构线索,没有原因、经过、结果、影响的知识框架,仅以自编的两首词共四个半阕予以展开,以词叙史,总体设计如下:

减字木兰花两首
——新民主主义革命的崛起

国辱民困,
学界激愤风潮起,
中流击楫,
沪上工友响应齐。

大义广传,
"南陈北李"同筹措,
伟绩丰功,
红船建党开天地。

折戟沉沙,
京汉线上血淋漓,
转望九州,
唯有孙文犹可期。

大军北指,
成事在望风云变,
重围之下,
南昌城头扬军旗。

在实际的教学流程中,以上板书逐句呈现,并进行知识点的串讲。

国辱民困,学界激愤风潮起,中流击楫,沪上工友响应齐。

"国辱民困"概括了五四运动爆发的两大主因。辛亥革命以后的中国,没有按照资产阶级革命派所设想的那样,走上民主富强的道路。北洋军阀把持政权期间,民生并未得到根本改善,政治民主化也如空中楼阁般遥不可及,而作为一战的战胜国,中国却在巴黎和会上受尽冷遇,几乎被西方列强作为战败国予以宰割,这就更激化了本已尖锐的社会矛盾,而引发了这一场改变中国革命前途的群众运动。

"学界激愤"可通过提供吴佩孚致徐世昌的电文与梁漱溟《论学生事件》两段不同角度的材料,引导学生作两个维度的探讨,一则认识爱国精神之伟力,二则通过理性批判运动中出现的过激行为而使学生认识到爱国行为不能与法治背道而驰,并可引申至宪政意识的培养。

北平的学生风潮得到了来自于上海工商学界的响应,并逐渐发展成一场波及全国的爱国运动。这里需要特别提醒学生关注"沪上工友"的罢工活动,这是中国无产阶级在近代历史上第一次登台亮相,在此后的斗争中,它也将成为中国革命的中流砥柱,回扣本课标题,点明将五四运动作为新民主主义革命开端的依据。

不仅如此,五四运动还促进一套科学的思想理论在中国广泛传播开来,这就是马克思主义。

大义广传,"南陈北李"同筹措,伟绩丰功,红船建党开天地。

初步具备革命意识的无产阶级需要科学理论的指导,而五四后马克思主义经由"南陈北李"等先进知识分子的大力宣传,与中国的产业工人有了更多交集,加之共产国际的帮助,一个代表无产阶级的先进政党呼之欲出。

经过先期艰苦的筹备,"红船建党"终成现实,而通过对中共一大意义的分析,也足以让学生感受"开天地"三字的分量。

折戟沉沙,京汉线上血淋漓,转望九州,唯有孙文犹可期。

党的一大确定了"组织工人阶级,领导工人运动"的中心工作,此处宜对教材进行适当补充,以京汉铁路工人大罢工"折戟沉沙"为例,说明中共成立初期所组织的一系列的斗争均归于失败,引导学生认识到中国无产阶级的力量还远未发展到独立领导革命并取得胜利的阶段,故在当时的客观条件下,寻求革命的同道显得至关重要。

二大上,共产党提出了更接地气的反帝反封建的最低纲领,而此时的中国,唯有国民党有着与共产党最为接近的共同目标,而它的领导人孙中山也积极表示出与共产党合作的意愿,加之共产国际极力促成,国共两党正式达成合作,一场近代以来群众基础最为广泛的国民大革命开始了。

大军北指,成事在望风云变,重围之下,南昌城头扬军旗。

两党达成合作后,迅速确定了两广革命根据地并成立了广州国民政府,1926年整编后的国民革命军"大军北指",北伐势如破竹,革命势力迅速发展到长江流域,国民政府也于1927年迁至武汉。但"成事在望风云变",此处需交代清楚,国共合作的破裂系哪些因素共同作用的结果,而大革命也因没有完成反帝反封建的革命任务,宣告失败。

从血泊中爬起来的中国共产党认识到,中国革命要取得胜利,必须由共产党来领导,而领导革命的前提则是掌握武装,在国民党军队向南昌开进,妄图合围之际,以周恩来为首的中共中央前敌委员会决定8月1日发动南昌起义,中共领导的人民军队诞生了。

至此,完成本课的板书结构,同时将各知识点分解完毕,在此基础上,学生已能非常顺利地依据板书把握这一段历史的逻辑关系并加以复述。

不是收尾的收尾

在学生自主梳理完线索后,笔者适时抛出本课最大的悬念——在板书上寻找这节课的两大主旨。在一段时间的沉默后,从教室各个位置越来越多地传出低声的"惊呼",显然这是所有学生始料未及的,那便是藏于每半阕的首字——伟大中国、重大转折!相较教师主动地陈述或者交由学生讨论,一节课最高的立意以这种方式呈现,对学生的情感唤醒要自然和震撼得多。

最重要的问题紧随其后:"爱国"与"转折"具体是指哪些内容?学生纷纷回答,五四运动体现学生的爱国热忱,同时也是民主革命的转折点。

这样的认识还不足以支撑起整节课情感态度价值观构建的需要,于是笔者提示学生,两阕词共四段,是否在每一段中都可以体现爱国与转折?

国辱民困,学界激愤风潮起,中流击楫,沪上工友响应齐——北平学生奔走呼号争取主权体现爱国,五四运动则是民主革命走向新阶段的转折。

大义广传,"南陈北李"同筹措,伟绩丰功,南湖建党开天地——"南陈北李"宣传马克思主义,筹备建党,为中国革命寻求新出路体现爱国,党的成立则是无产阶级斗争由自发走向自觉的转折。

折戟沉沙,京汉线上血淋漓,转望九州,唯有孙文犹可期——两党为了反帝反封建的共同目标走向合作体现爱国,国共合作的达成则体现了中国共产党从孤军奋战走向建立统一战线的转折。

大军北指,成事在望风云变,重围之下,南昌城头扬军旗——从血泊中爬起的共产党人继续投身革命体现爱国,南昌起义则是中国共产党从参与革命到掌握武装、独立领导革命的转折!

铃声打断了学生的回味,伴随着掌声的响起,笔者更坚信,用心构思,工于设计,一个良好的教学"伏笔"或能收到令人惊喜的效果。

75

贯通教材，理清脉络

——以"中国近代前期思想解放潮流"一课为例

也许不少历史教师在教学中发现，无论初中还是高中，现行的各版本教材都存在一个明显的问题，即限于篇幅或其他各种原因往往呈现具体的知识点，而对更具挖掘价值的逻辑关系关注不够，致使学生难以通过文本的阅读厘清历史发展的脉络并把握其特征。作为历史教师，应该敏锐地觉知这一缺陷，并积极构架知识点之间的桥梁，使历史"流动"起来，贯通起来，如此方能让学生从历史教学中吸收"活性成分"，进而提升思维的品质，把握历史的真谛。

以下笔者将以"中国近代前期思想解放潮流"一课为例，谈一谈如何通过教师的阐述建立起各知识点之间的联系并帮助学生理解与把握近代思想史的基本脉络。

福泽谕吉在《文明论概略》中就社会转型的问题谈道："汲取欧洲文明，必须先其难者而后其易者，首先变革人心，然后改变政令，最后达到有形的物质。按照这个顺序做，虽然有困难，但是没有真正的障碍，可以顺利达到目的。倘若次序颠倒，看似容易，实则不通。"这一言论不仅给明治时期的日本指明了方向，似也预言了中国近代化进程的坎坷与艰难。

何以中国的近代化走了一条"器物—制度—思想"的变革之路，这是教学过程中必须予以解决的问题，笔者试以"最小代价"特征作为一条线索将政治史与思想史串并，以期更好地解释近代的"西学东渐"之路。

尚可守旧则不轻言革新，尚可修补则不轻言推翻，这一"最小代价"特征在中国近代化进程中体现尤为明显。

鸦片战争中国虽然战败了，但对于工业文明毫无概念的清政府，或推责于地方的懈怠，或归因于对手的侥幸，总之"清廷对于《南京条约》的不平等性反应并不激烈，反而对中英两国文件采用平等体制感到不安"，故这次战败并未引起政府层面任何反思，遑论进行变革，而仅使林则徐等身在前沿、对"船坚炮利"有深切观感的极少数传统知识分子开始萌生师夷长技的念头。

第二次鸦片战争则大大不同。僧格林沁的惨败、帝都的沦陷、咸丰的出逃，都使清政府难以再次对自己的失败等闲视之，而对手的坚船利炮给予统治集团最直观的冲击，使其内部终于有了变革的声音。洋务派借"中体西用"拿捏住了变革的分寸而得到慈禧的首肯，长达三十余年的洋务运动拉开帷幕。虽说顽固势力依然对办洋务不以为然，但近代化的车轮已经开始缓缓向前，所谓"同治中兴"也很快来临，列强与中国的关系则步入了一个表面上较为和缓的阶段。另一方面，伴随着近代民族工业的产生和发展，以王韬、郑观应等为代表的早期维新派也提出了更为激进的主张，然当器物之变成效未显，绝少有人相信中国需要一改祖宗之法以图自救，改制显然已经超出了"最小代价"的范畴而不可能付诸实践。从"不变"到"变"的成绩如何，历史在等待这场"师夷长技以自强"的努力交出一份最终的答卷。

"不及格"——这是同为西方国家"学生"身份的日本给中国的洋务运动打的分，而"公车上书"则代表了民间对于这场运动及其结果的不认同。相较于两次鸦片战争，甲午战争的惨败对国民是一个更难以接受或理解的事实。民族的出路究竟在何方？阶级身份的差异让维新派能跳脱"中体西用"的束缚去深入审视制度的问题，对清政府的幻想又使他们不至于走向"造反"的极端。当资产阶级将目光投向日本去寻找造成两国差距的症结所在，他们也就有了明确的政治目标，康有为甚至提出"更新之法，不能舍日本而有异道……我朝变法，但采鉴于日本，一切已足"。

昙花一现的戊戌新政依然是以"最小代价"为前提的，不仅旨在保留清室，甚至未曾触及立宪这一根本问题，但即便如此，维新派和帝党的弱弱组合在当时的社会条件下依然不可能取得变法的成功。然而我们也必须认可，敢于将制度之变宣之于口并力图实施,已经是资产阶级长足的进步,而当改良的道路被顽固势力无情阻塞,历史也终究会选择革命者去清除社会进步的障碍。

时隔三年的《辛丑条约》将清廷的反动性暴露无遗,中国社会的阶级矛盾和民族矛盾趋于汇流,但凡稍有觉悟的国人均认识到朝廷已经成为洋人的走狗,反帝必须反清,救亡必须反清,对于清廷而言,虽仍幻想以"新政"这一"最小代价"图得自保,但显然已是无力回天了。

孙文曾感慨道:"当初次之失败也,举国舆论莫不目予辈为乱臣贼子大逆不道,咒诅谩骂之声不绝于耳……惟庚子失败之后,鲜闻一般人之恶声相加,而有识之士,且多为吾人扼腕叹息,恨其事之不成矣。前后相较,差若天渊。"这一段话实为"最小代价"的绝佳注脚,虽然以推翻清王朝为目标的兴中会成立甚早,但革命被民众认可并成为趋势,只能是庚子以后的事情。从1895年广州举事到1911年辛亥革命,革命派终于走到台前并最终宣告清廷的覆灭,改良所无法达成的制度之变,至少通过暴力斗争获得了部分的成功。

然破旧不等于立新,所谓三权分立、民主共和成为一纸空文,在民主精神、宪政意识、法治思想均告阙如的中国,想要通过移植西式民主的方式对上层建筑进行手术来实现政治民主化显然是行不通的,在当时的条件下,奉天命的皇帝被赶下了台,取而代之的只能是拳头硬的土皇帝,于是中国又陷入了军阀割据的混乱局面,而专制统治得以安身立命的社会基础、思想基础仍根系发达,广大"臣民"即便心里愿意,也决不至于清楚地知道如何去扮演好"公民"的角色。

所幸民国时期的民族工业仍在内外因的共同作用下取得了相当的发展,而不断成熟的资产阶级也具备了相当的力量去撼动深埋在国人思维中的传统价值标准。陈独秀指出,"所谓立宪政体,所谓国民政治,果能实现与否,纯然以多数国民能否对于政治,自觉其居于主人的主动地位为唯一根本之条件",当旧思想成为社会进步不得不克服的障碍,近代化进程中的"最小代价"特征再一次得以体现,一场思想解放运动以不可阻挡之势扑面而来……

综上,中国的近代化历尽艰难,外界的刺激、内在的嬗变、新旧的冲突、革新的阵痛,在一次又一次付出"最小代价"之后,终于也一步步将中国推到了社会巨变的前夜。而在教学中将这条线索完整地呈现于学生面前,学生对近代化的领悟必能更进一程。

  以上作为一个实例,力求贯通政治、经济、思想等方面的内容,对近代中国思想解放潮流进行了线索梳理,旨在使学生真正建立起各知识点之间的相互联系并把握西学东渐的基本线索及特征,如此处理,相信能更为有效地弥补现行教材在逻辑关系方面的短板,更有效地促进教学。

76

充满爱国主义情感的示范课

——以"抗日战争"一课为例

> 注重潜移默化的情感教育。不要道理还没有讲,先说你们要爱国。价值观的教育要在不知不觉中进行。教育完了,让人深受启发,情感教育要潜悟。
> ——笔者在一次聚焦课堂上的发言

在天一中学"聚焦课堂"活动中,陈立军老师上了一堂"抗日战争"的示范课。听完课,伤悲、振奋、收获、失落,五味杂成。笔者在想,德育教育的最高境界是什么?其实很简单,那就是"感动"。笔者要说的是"真的感动"。在感动中体味历史,感受人生。

一、感人的导入

上课前五分钟,开始播放视频《纪念中国人民抗日战争暨世界反法西斯战争胜利65周年》纪录片,慷慨激昂,一下就把学生教师都带入到了金戈铁马的时代。上课铃响,教师顺势导入新课,教师动情朗诵:"忘不了卢沟桥!77年前,卢沟晓月被烽烟笼罩,全民族抗战正式爆发。77年后的今天,我们迎来了抗战胜利69周年纪念。今天,让我们站在正义者的历史坐标上,重温、回望那段可歌可泣、气壮山河的沧桑历史。"

陈老师成功的地方在于两点:一是氛围的创设,感动是要氛围的,好的情境的创设会让人自觉产生一种适应的情绪。二是语言的感染,请体会"站在正义者的历史坐标上",一下就把自己置于了道义的高地,居高临下地审视这段历史,自然就令人信服。

二、精心设计的过程

1. 不忍回顾的战争之殇

暴行一:生命之殇(解说:无视生命的存在;南京大屠杀给国人留下了沉痛的记忆)

暴行二:文明之殇(解说:对中华文明的巨大摧残)

暴行三:人性之殇(解说:百姓收养日本遗孤,人性大爱至善;日军暴行,兽性之尽恶)

陈老师的精彩之处就在于对日本的暴行进行了高度概括和提炼。对日本人暴行的认识上升到了一个高度。不再停留在对暴行本身的控诉,不再纠缠于中日双方对暴行有无,规模等细节的争论,而直接上升到了生命、文明、人性的高度。陈老师抓住了日本暴行的本质问题,对历史课堂进行了升华。

2. 血泪交加的抗战悲歌

设计一:推荐中国台湾出版的抗战纪实图书《国殇》(请同学们带着感情齐声朗诵部分内容)

设计二:将军碧血凝青史,壮士英魂映丹心(出示杨靖宇同志牺牲PPT)

设计三:忘不了的抗战英雄——张自忠(声情并茂讲述历史故事)

(将军遗体被运往战时陪都重庆安葬,路经宜昌时,十万军民恭送灵柩至江岸,其间日机三次飞临宜昌上空,但祭奠的群众无一退却。最后,日本飞机一弹未投,盘旋而去)

设计四:左权同志牺牲(教师当场朗诵诗歌一首)

(男儿立志出临关,不灭倭奴誓不还。埋骨何须桑梓地,人生处处有青山!)

感人的手段齐出,而且层层推进,一山压过一山,一浪高过一浪。广大师生在爱国主义的情感中一次次,一波波被冲刷,被感染。在那种氛围中怎么会不感动呢?但陈老师并没有结束,他再一次把感情的波澜推向顶峰,"英雄是伟大的,让我们为'站在哪里、战在哪里,生在哪里、守在哪里'的英雄点赞!让我们为他们的大仁、大智、大义、大勇点赞!同学们,让我们把掌声献给伟大的民族英雄们!"教室里响起了雷鸣般的掌声。爱国主义的情感在教室里满满的流淌。

三、高度总结生成的结尾：感性到理性的升华

1. 课堂生成一

关于抗战胜利的原因，陈老师没有像普通教师那样，直接告诉学生根本原因是全民族的抗战或者说是抗日民族统一战线。而是首先展示PPT——"抗战爆发时中日力量对比"。

师：PPT中包含了什么信息？
生：中日力量对比悬殊太大。
师：问题出现了，力量弱小的中国凭什么取得抗战胜利？

设计意图：① 用事实说话，用数据说话，让我们的爱国主义有事实基础。② 说明中国人民取得抗战胜利是血染的结果，来之不易，应倍加珍惜。③ 抗战胜利除了物质基础外，还有强大的民族精神，请学生归纳"抗战精神"。

2. 课堂生成二

讲到中日现实中的斗争，陈老师提出了理性爱国。但他高明之处不仅在于提出口号，还在于对理性爱国有详细的具体的阐释。理性爱国——爱国需要有理性的维度，不能以爱国名义行祸国之事，爱国教育应立足于爱而不是恨，理性爱国是现代公民应有的视野和素质；强大自身实力（大国到强国的转变，大国制造到大国创造的质变）；绝不做"仇者快，亲者痛"的事……

3. 课堂生成三

展示PPT——"自由谈"（一些影视剧中手撕鬼子、手榴弹炸飞机的场景：让物理常识瞬间被秒杀，让力学大佬集体失声）。

最后陈老师总结：
——抗战神剧，我想对你说：嘘，别盖住历史的声音！
——历史作品庸俗导致民族记忆扭曲！
——自发的情绪被商业民族主义煽动、利用后，往往爆发式增长为一种充满戾气的极端民族主义，吞噬着这个民族在国家关系认知上的理性，扼杀着我们在艺术上的创造力。

——更为可怕的,这股狂潮甚至改变着我们下一代的文化基因。

总之,一堂爱国主义为主题的课,在方式上,不仅仅有感情的层层渲染,做到"润物细无声";在内容上,更多的应是对社会、对人生的理性思考,更多地是对国家、对民族一种责任,一种刻在骨头里的爱,一种流淌在血液里的爱,一种融化于心间的爱。

77

在课堂中培养学生的思维能力

——以"新文化运动"一课为例

究竟什么样的课是一堂好课？这是一个可以持续探究的问题。正如学无定律，教亦无常法。可以确定的是，好课首先应凸显学生的主体性；其次要能激发学生的思维，有生成性；再次要可复制、可建模、可推广。

在历史教学中，一堂好课离不开精心的设计。包括如何提问，如何引导学生探究。本文通过"新文化运动"一课的教学试做分析。

一、案例呈现

"新文化运动与马克思主义的传播"是人教版高中历史必修三中的第15课。其中新文化运动的内容是本课学习的一个重点，不仅要求学生识记，还要求能够理解它的内涵，从而全面解释及评价新文化运动在近代思想解放浪潮中的历史意义和影响，这也是本课的一个难点。

有关于新文化运动的第三个内容，书本阐述：新文化运动也是一场文学革命，它提倡新文学，反对旧文学。1917年，胡适在《新青年》上发表《文学改良刍议》，提出写文章"须言之有物"，"不做无病之呻吟"；主张用白话文代替文言文。他认为新文学的语言是白话的，文体是自由的，这样就可以注入新内容、新思想。随后，陈独秀发表《文学革命论》，主张推倒陈腐、雕琢、晦涩的旧文学，建立新鲜、平易、通俗的新文学。

需说明的是，教材选用胡适及陈独秀的观点主张，来叙述新文化运动"提倡新文学,反对旧文学"提出的史实及含义,点明新文化运动也是一场文学革命。而理解陈独秀等人掀起这场文学革命的必要性及我们看待这一历史事件的思辨性,书本并未阐述,这需要教师引导学生进行探究,从而培养学生对历史事件的解释能力。以下是两种设计方案。

方案一

材料一 他们认为"要拥护那德先生,便不得不反对孔教、礼法、贞节、旧伦理、旧政治;要拥护那赛先生,便不得不反对旧艺术、旧宗教;要拥护德先生又要拥护赛先生,便不得不反对'国粹'和旧文学"。

材料二 钱玄同提出,"欲废孔学,不可不先废汉文!"

问题1:从材料中分析,新文化运动者们将进一步提出怎样的要求?

学生:反对旧文学。

教师说明:新文化运动要求"提倡新文学,反对旧文学"。1917年胡适发表《文学改良刍议》,主张用白话文取代文言文,成为"文学革命首举义旗的急先锋"。不久,陈独秀发表《文学革命论》声援。

问题2:陈独秀等人为何主张用白话文代替文言文,用意又何在呢?

引入对比赏析:

田园乐七首·其六	湖上
桃红复含宿雨,	水上一个萤火,
柳绿更带朝烟。	水里一个萤火,
花落家童未扫,	平排着,
莺啼山客犹眠。	轻轻地,
——王维	打我们的船边飞过,
	他们俩儿越飞越近,
	渐渐地并作了一个。
	——胡适

课堂探讨:引导学生就两者在表达方式(繁简)、理解(难易)、审美(雅俗)上展开充分的对比与讨论。

进而得出结论:

古代文言文的特点是言简义丰,晦涩难懂→代表传统运思

白话文文字虽多,但是清楚明确,便于理解→代表近代思维

总结:文学革命不仅是书面语言的重建,也是思维方式的重建。

方案二

材料一 新文化运动对传统制度和意识形态的否定,不仅需要新的资产阶级的思想作为依本,而且必须诉诸形式生动活泼、平易流畅的宣传武器。

——冯天瑜《中华文化史》

问题1:反对旧道德宣传新思想需要武器,用什么作为武器?为什么?

学生:白话文。它生动活泼、平易流畅。

问题2:白话文就一定比文言文优秀吗?文白之争持续近一百年,事情远非那么简单。

材料二 "你的太太死了!赶快回来啊!"

"妻丧速归。"

——黄侃调侃白话文啰嗦

"才学疏浅,恐难胜任,恕不从命。"

"干不了,谢谢。"

—— 胡适反击文言文繁琐

课堂探讨:让学生就黄侃与胡适在"文白之争"中的博弈谈谈自己的看法。

教师引导学生关注两人的讲话都有片面性,应客观评价文言文与白话文实各有千秋,进而能够正确对待我国传统文化。同时,对主张白话文取代文言文做出解读:白话文既然能够使语言和文字统一起来,就使文字更能为广大的人民群众所接受,这对于群众性的启蒙运动是很有利的。新文化不再只是少数人的奢侈品。新文化运动从"小众"扩展到"大众",为新文化运动打开了新局面。并结合下述史料证实。

材料三 1918年起,《新青年》改用白话文体,《每周评论》《新潮》等刊物也仿效之。1919年一年之内,出现四百余种白话报刊。1920年,北洋政府教育部顺应时代潮流决定中小学开始使用白话教材。文学革命取得了决定性的胜利。

——冯天瑜《中华文化史》

教师说明:文学革命通过文学去启迪国民心智,进行思想启蒙,为民主与科学的传播普及提供了便捷的工具,原来在象牙塔中的德先生和赛先生就来到了普通大众当中。这两位先生在暗夜里为国人点亮了耀眼的灯塔,照亮了人们前行的方向。

二、教学感悟

教育家第多斯惠说:"一个坏的教师奉送真理,一个好的教师则教人发现真理。"那么,什么样的课堂是能够教人发现真理的好的历史课堂?笔者认为,应是拥有史趣、利用史证、充满史思的历史课堂。

1. 史趣——历史课堂不能失去趣味

历史是古朴稳重的,历史也不乏趣味性。有史趣的历史课堂不但提高了听课的效率、活跃了学生的思维,更为重要的是,它所激发起的历史学习兴趣将延续历史课堂的生命力。拥有史趣需通过巧妙的设计。如,比较文言文与白话文的环节,方案一设计了一段有趣的对比赏析,相同的意境不同的文学表达方式。通过读一读、比一比、译一译的体验式教学模式操作,让学生直观感受到了文言文与白话文的差异,切身体验白话文在传播新思想上的便利性与优越性,及两种文学形式思维方式的不同。方案一的史趣来自于精心的设计,设计还可以不断地优化。比如活动形式上的丰富,是采用集体朗读模式的赏析还是分组讨论模式的对比,抑或是挑选个体学生回答,层层引导,切入主题?这没有定法,可根据课堂实际优选。但每一种活动形式都需要更为精细化的、基于学情、符合学生心理特征的环节设计、引导设计、问题设计。要明白,一堂好课,除了统筹大局也要拾遗细节。

方案二善于挖掘历史故事呈现史趣。胡适与黄侃的对话内容本身是幽默风趣的,可以一下抓住学生的注意力,进而进入由人物的争辩而创设的情境之中,从而巧妙地将学生的思维引入文言文与白话文孰优孰劣的探讨中,展开思辨。通过思辨,激发的是学生探究的精神,拓展的是学生解释历史的全面性与客观性,塑造的是学生对待中华传统文化应有的立场与角度。所以,在整个方案二的设计体系中,这段史趣材料不仅起到"趣"的效果,更是有"抛砖引玉"之用。如果说方案一的史趣围绕"悟"的目标要求,那么方案二的史趣则是围绕"思"的目标铺垫开来。

课堂要从"趣"处入手,围绕目标问题,提升课堂有效性,推动知识生成。但单纯把史趣当成是课堂的"调剂品"未免思考过于简单。好的史趣是画龙点睛之笔,更好的史趣是抛砖引玉之用;有效的史趣是活跃了课堂思维,更有效的史趣则延续了课堂生命。

2. 史证——历史课堂不能惧怕"争议"

学生勇于质疑、自由争论的历史课堂一定是"活"的课堂。教师要通过创设学生"议"的情境,大胆地将有意义的历史事件以有争议的方式呈现出来。当然"议"不能是隔空建楼,而要创设情境、借用史料,用实证的方式来说明自己对问题的看法。案例中,用白话文取代文言文是新文化运动重要内容之一,方案一与方案二都通过史料创设了"议"的情境——比一比文言文与白话文。但是,两个方案对"议"的达成目标不同。方案一以两段诗句创设情境,立足于"为什么要用白话文代替文言文"的问题目标。在明确"表达方式不同"的结论下进一步深化,得出两者更是"思维方法的不同"。这样的设计暗含着一个预设:白话文优于文言文。所以,完成目标过程中难免学生是顺着这个预设去思考对比的,这就无形中固定了学生的思维。方案二以"文白之争"创设的情境,本身不存在优劣的预设。探究目标:新文学就一定比旧文学优秀吗?这一探讨源于书本,高于书本,增加了这一知识点的思辨性。在"争议"之后,再通过史料实证文学革命为"民主与科学的传播与普及提供了便捷的工具"。这样的设计,不仅激活了学生的辩证思维,同时引领学生在真实的历史情境下展开问题探究,剖析历史事件。此外,高中生视野相对开阔,更关注社会实际问题。当下,国学热、中华传统文化复兴是社会的一大热点,这一议点的增加避免了学生课本知识与现实体验的撕裂,通过"争议",完成了他们对文言文与白话文之争整体认知的构建,也锻炼了对历史问题的解释能力。

有"争议"的历史课堂形式在"议",灵魂在"思"。"思"并非天马行空。而是运用史料创设"问题情境",制造"思维冲突",再通过史实溯本求源,实证观点,最终完成知识的构建。整个过程,强调学生的主体性地位,突出参与、讨论、解决问题过程中思维能力的锻炼与提升,从而创建有思想的课堂。

3. 史思——历史课堂不能丢掉"情意"

历史教学止于书本、终于课堂,而历史思维应是永不停止,并且不断前进的。好的历史课堂将有意义的历史事件赋予"情意",使得它能够始终促进着个体的思维。方案一虽然探究了这场文学革命在新文化运动中存在的目的以及意义,但是并没有引导学生如何正确看待以文言文为缩影的中国传统文化。方案二引发的"文白之争"大讨论导出"黄侃与胡适的讲话都有片面性,应客观评价文言文与白话文实各有千秋"这样的思维概括。这样就形成了学生有关白话文取代文言文的评价体系,并且使思维达到更深层次:我们该如何对待中国传统文化。进而引发可迁移的更深层次的理解和思考。

历史课堂应当是"有情感的课堂"。丰富的历史素材富有情感教育意义,以此为依托引导学生思考,将有助于其情感世界的陶冶与美化。如何点燃"情意"？一需要教师善于发掘历史事件的情感价值,二需要教师精心设计情感深入的阶梯,三需要教师能够在课堂上激发情感共鸣。历史课堂赋予有"情意"的思考促进的不仅仅是学生的思维,更将延伸历史教育在个体成长过程中的意义,真正实现"有生命价值的历史课堂"。

总之,一堂教人"发现真理"的历史课必定是一堂能够激发思维的课。融入史趣可以吸引学生的目光,赋予课堂活力;讲求史证不仅是培养学生分析、运用史料的基本素养,更要求能够不惧"争议",掌握解释历史问题的能力;而乐于史思并赋予情感价值是历史教学的灵魂,更是历史学习之终极意义所在。

如何通过教学立意来提升课堂教学有效性

——以"新航路的开辟"一课为例

所谓"教学立意",主要指教学的主观意旨,包括教学原则、方法、目标设定、程式选择等。它是课堂教学的灵魂,体现教师对课程标准、教科书及新课程理念的理解与把握,决定着课堂教学的效能。在新课改理念下,笔者认为教学立意要"有利于提升课堂教学有效性",即把以记诵为特征的、以知识为中心的学习转变为"以学生发展为中心的学习"。具体来说,就是达到课标要求的"注重探究学习,做到论从史出,史论结合,善于从不同角度发现问题,养成独立思考的学习习惯"。唯其如此,才能培养学生良好的思维品质。下面就以"新航路的开辟"一课为例,来谈谈在教学中如何通过教学立意来提升历史课堂教学的有效性。

一、教材分析

"新航路的开辟"主要叙述了自15世纪,西欧各国以迪亚士、达伽马、哥伦布及麦哲伦为代表的一批航海家开始进行海上探险活动,开辟新航路的历史事件。新航路的开辟是西欧资本主义发展的必然产物,同时,它对于整个人类历史进程来说也是一个分水岭——人类文明从区域历史开始向全球历史演变,它不仅仅在地理上将世界连为一体,更是西方强势文明向全球殖民扩张的探险,对世界、欧洲以及亚非拉地区产生了深远的影响。在设计本课时,要让学生通过阅读、分析材料,学会透过现象看本质,学会从不同的角度去分析历史,培养学生"论从史出"的实事求是的观念和研究认识历史事件的基本方法,以此达到提升课堂教学有效性。所以,笔者对这一节课最后设定的教学立意为:15世纪末到16世纪初,那些富有探险精神的航海家为了寻找"黄金",前仆后继地驶向蔚蓝的大海,他们的地理发现大大推动了世界历史前进的步伐,人类文明开始从区域走向了整体,不同地区的人类文明开始了相互碰撞与冲突、交流与融合的历史过程。

二、学情分析

笔者任教的初三学生普遍的心理状态和学习状况是:对历史教师本身较为认同,对历史学科学习较有兴趣,但学习的主动性明显不够,比较习惯于在老师的明确指令和督促下完成学习任务,没有自主学习的习惯,历史知识储备量、认知水平以及历史思维能力较为有限。为培养学生的主体意识,使学生充分参与课堂教学,笔者的做法是,上课前预先把教学立意以及《初中历史课程标准》对该教学内容的基本要求告诉学生,让学生根据情况预习,做到心中有数。大部分学生主要靠课本获取历史知识,这就要求教师在教学中,注意利用现有资源,挖掘教学潜力。给学生更多的历史背景资料,通过图片、史料、录像制造意境,制造浓厚的历史氛围,使学生产生亲临其境之感,激发学生的学习兴趣,使学生印象更加深刻。

三、目标确定

经过思考,笔者确定本节课的教学目标及重难点如下。

教学目标:

(1)知道新航路开辟的大致时间、代表人物、主要航线等历史概况。

(2)初步理解新航路开辟的最大动因是商品经济的发展,学会从文字与图片中汲取重要历史信息;分析新航路开辟的影响,学习从不同角度,全面、辩证地分析历史事件的方法。理解新航路开辟的历史背景和历史意义。

(3)能够用辩证的、历史的思维,从文明发展的客观历程来感悟新航路开辟所带来的地理大发现对人类历史发展所带来的双重影响。

重点:新航路开辟的原因。

难点:如何理解不同立场、不同角度对全球化时代的不同看法。

四、执教过程与思考

教学片段一

材料一 15世纪欧洲人使用的世界地图(图略)

问题1:请观察这张地图与现在我们所了解的世界有何不同?推断当时人们眼中的世界是什么样子?

问题2:那时人们眼中的东方是什么样子?

材料二 马可波罗来华视频

问题3:马可波罗为欧洲人描绘的东方世界是怎样的?

材料三 14世纪马可波罗觐见大汗版画(图略)

问题4:观察版画,图中有哪些不合理的地方?为什么画家会犯这样的"错误"?

设计意图:本环节以地图入手,直观地为学生展现了当时欧洲人的世界观。地图是学生比较熟悉的事物,而中世纪的世界地图与学生现在熟悉的地图又截然不同,这种差异易于引起学生的学习和思考的兴趣,推动学生兴趣盎然参与比较辨析过程,得知当时人们对大地和世界的狭隘认知。另外,由于在初一阶段学生对马可波罗这个人物有了一定了解,因此以他们较为熟悉的人物切入学习,学生可以顺利投入进一步的思考。通过一张地图和一个人物,为学生展现欧洲人对世界、对东方的蒙昧与困惑。

教学片段二

材料四 我们有3个月又20天没有吃到新鲜食物。我们吃的饼干已不是饼干,而是爬满蛆的碎末。我们喝的是黄水,储存多天,臭的令人作呕。我们还常常吃木屑。老鼠的价格是每只半个金杜卡,但是连老鼠也买不到。我们有些船员的上下牙龈都肿了起来,根本无法吃东西,活活被饿死。死于这种病的有19人。

——麦哲伦船队的皮加费塔航海日记片段

材料五 达伽马、哥伦布船队丧生人员数:

达伽马船队,出发170人,生还54人

麦哲伦船队,出发260人,生还18人

麦哲伦自己也丧命途中

问题5：当时海上航行是怎样的？为什么九死一生的航行还是会吸引人们前赴后继踏上航程？

材料六 有300％的利润,资本就敢冒绞首的危险。

——马克思

材料七 黄金是一个令人惊叹的东西！谁有了它,谁就可以为所欲为,做到一切。有了黄金,可以把炼狱中的灵魂送上天堂。

——哥伦布《致西班牙国王和王后书》

问题6：那么黄金在哪里？

问题7：怎样能摆脱危机,到达东方？

设计意图：引导学生理解欧洲人之所以要进行新航路开辟的主要原因是对黄金的需求,同时明白对黄金的需求是由于欧洲资本主义的发展。欧洲人在十五世纪开辟新航路是有复杂的原因的,回顾马可波罗到达东方的路线,这就是东西方交往的传统商路。但是当时人们想要去东方却比以往更加艰难,展示地图,略述奥斯曼土耳其控制商路。并推动学生对当时东西方交往的传统商路路线进行回顾和探究,了解去东方的路途艰难和四伏危机,因为如何帮助学生们理解这些原因也是本课的难点之一。本环节设计中教师尽量避免将问题复杂化,从利益动因出发,通过典型材料,帮助学生理解航海背后是人们对财富和利润的渴望。

教学片段三

师：可以说15世纪的欧洲充满着对世界的困惑,同时也面临着巨大的危机。那么欧洲人是否具备转危为机的条件？让我们走进当时人们的日常生活区看一看。

材料八 教科书《葡萄牙人用来探险的大帆船》图片及其内容。

问题8：图片中你看到了当时人们已经取得了哪些比较进步的航海必需的知识或技术？

这些都是远洋航行必不可少的装备。那么现在万事俱备,只欠——勇敢的水手。

问题9：这些水手有没有出现？请同学们阅读课文,总结四位代表人物的主要航线,上台配合老师演示。

小结:教师在多媒体上设计一张航海过程的表格,由学生根据要求填写。

设计意图:本环节难度不大,笔者选择了从教科书图片入手,主要培养学生从图片中获取历史信息的能力。笔者给了学生较大的自主权,进行自主学习和探索,并设计了一定的环节进行反馈来检查教学效果。在教学过程中,笔者发现学生世界地理概念较为缺乏,所以这也算对学生的一种挑战和提高。作为教师,在有限的课堂时间内要选择典型的材料帮助学生提高思维的效率和品质。

教学片段四

材料九 500多年前的世界地图与现在的世界地图。

问题10:观察两幅图,说说其中有何变化?这又展现了地理大发现还发现了一些什么?它又会有哪些影响?

材料十 菲律宾的一块碑文,正面写着:"菲律宾土著人抵抗欧洲人入侵,在此击毙其统帅麦哲伦。"背面写着:"麦哲伦与菲律宾土著人激战,受伤后身亡于此。后来,其部下继续西航,完成了第一次环球航行。"

问题11:正反两面的文字分别是站在谁的立场上写的?

设计意图:本环节是本课的一个难点。不仅是地理上的"发现",更是不同文明的相遇,世界开始连为一个整体。还要帮助学生理解双面碑既客观地反映了麦哲伦环球航行的历史意义,同时也反映欧洲殖民掠夺开始的事实,目的是要解决一个历史教学中较常出现的问题:关于某一历史事件的不同角度,观察问题、记录史实的立场。也为下一环节对新航路开辟的评价进行铺垫。学生对新航路的开辟及地理大发现的评价要做到客观全面,必须依据较为全面的材料,从而从多角度去思考这个问题。

五、启示和反思

聂幼犁教授认为:"教学立意是指预设的通过这堂课的学习,学生获得的核心概念。有一堂课'一个中心'或'一条主线'之说。也有'一个灵魂'或'一条脉络'之说。"历史课堂离不开教学立意,有创意的教学设计总是在符合历史课程标准的立意和评价中达到臻化之境的。通过本堂课的教学,对如何把握教学立意,提升课堂教学有效性笔者有了一些初步的思考与探索:

第一,创设情境,问题设置。

通过一系列的问题链,使学生在课堂教学中产生的疑惑迎刃而解。以新航路开辟的原因、条件、过程、影响为脉络,辅之以图片和文字等材料,使学生对于新航路的开辟这一重大历史事件有了更加系统的认识。以问题为导向,一步步把问题拨开,渐渐靠近问题的实质,让学生在不知不觉中豁然开朗,学生学习的积极性被充分调动起来了,学生对此非常感兴趣,效果也较佳。

第二,交流讨论,探知结果。

学生的不同声音,常常是一种思维火花的迸发。因此,"有效课堂"要求教师对学生的不同声音,采取赏识的态度,鼓励他们敢于发表己见。当然,不要急于肯定或否定,仓促应付。即使学生回答中有错误或不当之处,也要委婉地提醒学生,如可不可以换个角度思考,或可不可以这样理解。如此,既尊重学生的学习主体地位,又能引发学生对历史学习的兴趣,促使学生通过自主探索、合作学习,积极参与课堂教学,逐步提高学习的有效性。

第三,读书看图,探索合作。

中学的历史教学,绝不是内容越多越好、越深越好,教学方法手段越"花"越好,而是内容越典型越好,逻辑越强越好,体现基本的史学思想方法越到位越好,教学方法手段越适当越好。所有教学内容的选择、教学方式的实施都应以教学立意而架构起来。因立意而展开的教学,事物与事物之间的因果关系脉络清晰,前后贯通,流畅自然。在教学中围绕教学立意不断做出调整,让学生在识图、阅读、分析、归纳的过程中对课程内容有更加宏观、全面的认识,最大限度地将这节课的教学立意在课堂教学的过程中展现出来。教学立意是一堂课的"灵魂",紧紧抓住这个"灵魂",才能让历史教学更加的有效。

79

复原历史语境视域下的思想史教学

——以"明清之际活跃的儒家思想"一课为例

在以往的思想史教学中,教师囿于思想本身的艰涩、教材内容结构的跳跃以及应试的惯性,通常会笼统灌输某个阶段的时代特征,简单罗列思想家的主张或特点,然后化约为固定的结论强加给学生。这样的教学留给学生的是机械、模糊的历史记忆,无法激发学生对历史的兴趣和情感,更与当下倡导的核心素养培育背道而驰。以人教版"明清之际活跃的儒家思想"这一课为例,笔者在备课时就遇到了不小的困惑。李贽和三大家并非生活在同一时代,把他们放在一起泛泛而谈明清阶段特征并不合适,那么他们的时代各自有何特点能孕育出他们的思想?他们的思想主张之间有何联系?又有何区别?他们和宋明理学有何内在逻辑?带着这些疑问笔者进行了较广泛的阅读,获得了不少启示。基于这些阅读,笔者认为可以运用历史语境论作为一种解释模式指导教学。

历史语境论认为,语境确定了历史事件所发生的"现场"和在历史整体中占据的具体位置,进而可以揭示事件发生的根源、过程及相互之间的特殊勾连,因此将事件放在所发生的语境中就可获得相应的解释。语境既是理解过去的一种重要观念,也是解释历史的一种有效方法。因此,笔者尝试从历史语境理论出发,结合相关研究成果,深度加工教学内容。通过复原包括国家、社会、政治、经济、文化、公共与私人领域、思想家个人言行及思想流变等相关语境,管窥中国传统思想在明清之际因缘际会的诸多因素,以期建构师生合理的历史解释,形成理性分析。

一、复原学派流变,把握儒学发展的内在理路,培育学生历史思维的完整性、连续性

任何一种有影响力的思想都会产生其自身语境,进而表现出强大的辐射力和延续性,但也有可能带来自身思想之反动,明清之际儒学的发展轨迹就符合这样的特点。为此,笔者设计了一系列问题,旨在梳理明清儒学发展的脉络,深掘其在流变中蕴藏的内在理路,以理解儒学自我调整的内在动力。

问题设计1:结合程朱理学的内容,分析程朱理学走向极端的原因;结合阳明心学的内容,说明阳明心学的积极影响;如何理解李贽的思想是对阳明心学的发展?问题设计2:阳明心学发展到后期存在哪些问题?对三大家思想的产生有何影响?分析三大家的思想特色,说明为何他们的思想仍未跳出儒学范畴。这些问题环环相扣,层层推进,引发学生积极思考,在此基础上教师再做出深度解读。

解读一　从阳明心学对程朱理学的修正到李贽对阳明心学的发展

程朱理学被确立为官方意识形态后,"存天理,灭人欲"的道德戒律日益压制士大夫们的精神世界;"读书穷理"的圣人之举让人望而却步。朱子学近乎非现实性的律己主义、过于封闭的结构和它的形式主义导致到明中叶理学渐趋僵化和教条。王阳明心学便是在程朱理学的语境笼罩下作为对它的修正而出现。王学主张"心即理",认为天理不在事事物物上,而在于人的心中,源自天性本原的道德便是"良知"。而"致良知"不是在外部世界的知识中寻找道德提升和心灵澄明,而是发掘内在心灵自有之灵明。阳明心学正是用"不假外求"的方式否定了那个高不可攀的"穷理"途径,方法简易、明直,世俗化、大众化的倾向明显,因而给中国思想界带来自由之风和多元发展的宽松学术氛围。

这种自由、多元的心学语境为晚明李贽思想的出现提供了丰沃的土壤。他极力反对以圣贤言论为是非标准的偶像崇拜,以真理的相对性动摇了绝对化的道学基础,大胆提出"圣人不能无势利之心"的思辨观点,把儒学的精神从超功利的神圣殿堂拉回到世俗凡见的现实土地上。他倡导的"穿衣吃饭即人伦物理",折射出带有欲望性质之理。三大家都认同"工商皆本",体现了对民众合情合理的需求和欲望的尊重。李贽对于人的"欲望自然"的现实性认识,打破以往人的本质被仅仅规范在仁义礼智信等道德本性上的限定,从而排斥为政者自上而下地将"天理"强加于民的做法,追求的是保全民众生存的政治。到了三大家,猛烈批判君主专制、提倡君民共治、推崇公共舆论、保障国计民生,成为思想承前发展体现在政治上的共同诉求。

解读二 从心学的分化和异变到儒学的重建和转向

阳明心学与程朱理学在本质上并无二致。他的"致良知"虽强调心之本体"无善无恶",但并不是不顾善恶的无束缚的自由;人们做出判断的标准不是来自于既定的道德规范,而是主体性确立的道德标准。也就是说"致良知"仍坚守儒家的伦理道德底线,良知的发动仍需要"事上磨练"。但是阳明之后分化异变出了另一种取向,从王畿到王艮再到李贽发展成王学"左派"。他们把良知本体极端扩大,认为人的感情、知觉和欲望都是人的本质的具体表现,追求一种完全绝对的自由和自然本性,这就为自我放纵找到了理由,王学坚持的道德修行很快被突破,空谈心性以迅猛势头发展,导致明朝末年学派芜杂。学派与学派之间拉帮结派,相互攻奸,甚至成为政治上争权夺利、排斥异己的工具。明末党争祸国的源头与王学末流造成的混乱局面不无关系。

随着明末纲纪败坏,生灵涂炭,政权更迭,汉族知识分子痛定思痛,不约而同地将历史的教训定格在王学末流的弊端上,儒学内部再次出现修正并转向,大有重建之势,三大家便是其中杰出代表。黄宗羲接受了调和程朱陆王之间,兼重自觉与监督两端,在修养与知识之间寻求平衡的思路,希望在重视知识获得与强化道德监督这两方面,弥合王学过于凸显内在心灵所造成的自然主义缺失。顾炎武认为做学问要通博经典、方严精勤,同时又十分看重实地调查。他从区别"亡国"和"亡天下"中唤醒知识分子的"匹夫之责",将人们的至高精神境界上升到民族大义的层面。王夫之提倡唯物主义,这对于冲破先天决定论的束缚和虚无主义的荒谬有着超越时代的意义。由此可见,儒学由"踏虚"到"征实"转向初露端倪;重视知识、研究经典的儒学重建需求某种程度上决定了明清思想的活跃跳不出儒学的范畴。

通过以上问题引导和教师解读,让学生厘清了从程朱理学到阳明心学再到明清儒学的思想流变,增强了学生的历史主义意识——前一个阶段为后一阶段思想的产生提供了思想语境和问题意识,形成了一个连续不断的发展脉络。这个发展既是对前人思想的继承,又是对其自身缺陷不断修正的结果,表现出思想的强大生命力和创造力。

二、复原时代境遇,认识思想滋生的社会环境,培育学生历史思维的深刻性、全面性

过去的一切都蕴含在与其相关的历史语境中,明清儒学同样受到历史环境的影响。笔者选取特殊的视角,运用史料解读,在政治、经济、文化等要素间建立起密切的关联,引导学生发现这些要素间勾连、互动的关系,激发他们的深层思考。

视角一 由"私"到"公":商品经济的深刻影响

材料一 (明清)江南地区"大抵以十分百姓言之,已六七分去农","大量专业技术人员和游手浮食之徒从体制内离析出来"。

材料二 "自缙绅以至诸生,皆习计子钱,惜费用。"而商人子弟入学成为生员进而走科考入仕道路也成为普遍现象……那些从事商业活动的"豪绅"力量增强。

材料三 种种迹象表明,在嘉靖以后,民间社会渐渐拥有了较大空间,市民生活风气也趋向多样化,伦理的同一性约束越来越小……官方意识形态的边界也越来越易于超越。

材料四 通过对人之私欲的肯定,明朝人发现了一种新的"公",一种更现实、更合乎人道理想的"公",这就是作为所有人之私利的有效整合的"天下大公"。

"明清君主专制加强"是必修一的重点。在此种高压态势下思想是怎样倔强求变的?这与明清商品经济的发展密切相关。据材料分析,明清商品经济的发达带来了两方面的影响。其一,"弃农从贾"使市民阶层力量壮大。富有世俗生活情趣的市民文化以多样化的形态蓬勃兴起,明中叶以后,肯定欲望,凸显自我,追求自适自由成了思想界对社会变动的积极回应。其二,"弃儒从贾"改变士商关系。商而儒、儒而商的士商相混改变了士大夫阶层结构,那些从事商业活动的"豪绅"力量增强。他们拥有财富资源,又因读书入仕而在知识解释上具有优势,于是他们在官方政治权威与民间社会生活之间开辟了一个表达意见的"公共空间",在这个空间里他们发展出整合天下所有人"私"的"天下之公",用"天下之公"反思君臣关系,直至对抗皇权。

视角二　由民族主义到西学东渐:"天崩地解"的复杂意蕴

明末清初对皇权的批判更为猛烈,还有着时代更迭的特殊性,这种特殊性被称为"天崩地解"。

材料一　王夫之说:"天下之大防二,中国,夷狄也,君子,小人也。"张履祥说:"方昔陆沉之初,人怀感愤,不必稍知义理者,亟亟避之(指参加科举)……靡不有不屑就之志。"

材料二　雍正年间的曾静承认,"盖我朝龙兴……德化之盛,及于中土,薄海内外,无不倾心爱戴。由是天与人归,使大统一朝而成……而后民心乐从"。

据材料分析,"天崩地解"的第一层内涵在于民族主义式微带来的变化。中国自古就有"华夷之辩"。当明朝被落后的满族征服时,士大夫们把它与中华民族文化的灭绝连在了一起,产生了强烈的文化震撼和激烈的反抗态度。三大家批判皇权、专讲经世致用以及拒绝与权力合作都可看作明亡带来的激愤和沉痛。但随着清政权合法性地位的巩固,亡国之痛慢慢淡化,民族主义逐渐瓦解。士大夫们只能从维护种族文化尊严转向重建儒家的道德和知识秩序。同时,清王朝采用两手来维护他们的统治。一方面,在笼络汉族知识分子的同时,提高自身汉化程度。另一方面,用文字狱、八股取士等压缩士大夫们的公共言论空间,明末曾经一度活跃的思想界为之失语。士人不得不寻找另一种知识话语的表达,那就是通过研究经典、训诂考据来证明自身的学养和理性。三大家带有某种近代色彩的言论在他们之后并未继续发展的原因之一也在于此。

材料三　顾(炎武)氏采取由徐光启、李之藻所介绍过来的西洋科学方法,考证名物训诂,究古今治乱之迹,开清代考证学之先声,在清代学术史上辟一新园地。

材料四　(中国人的宇宙观)宇宙空间是一层层的同心圆,地则类似井或亚字形的方;天和地都有一个中心……那就是永恒的不动点……也是太一之神或"道"的象征。

据材料分析,"天崩地解"的第二层内涵在于西学东渐造成的双重影响。

晚明西方传教士东来,将西方自然科学知识和世界观念传入中国,打开了部分士人的眼界,使中国传统经学研究方法转向重视逻辑实证。但是西洋人又告诉中国人天不是圆的,地球才是圆的;他们绘制的地图清晰地展示出中国之外还有很多彼此相连的国家,中国并非世界中心。这种颠覆性的宇宙观极大冲击了"中国是世界的中心""华夷有别""天不变、道亦不变"等观念,进而动摇了中国的思想意识、道统体系乃至政治权威——这才是真正的"天崩地解"。随着雍正年间耶稣会士被驱逐,中国封建时代最近距离触摸西方近代科技的一次浪潮戛然而止,一定程度上成为明清思想活跃却难以推动社会转型的一个注脚。

以上两种视角虽不能复原思想家们所处的社会环境的全貌,但揭示了表象背后的深层因果关系。其本质意图在于用政治、经济、文化观念之间的微妙关系,构建历史"现场",让学生体会历史情势的复杂性、深刻性和影响历史走向的多面性,拓展学生思维的深度和广度。

三、复原人物特性,获得认知历史的情感基础,培育学生自我优化和价值认同的能力

昆廷·斯金纳将历史语境理论引入思想史研究,他认为要理解思想家的著作,仅仅对文本内容进行分析是不够的,还需要复原文本作者行动所体现的意图。笔者选取了李贽和三大家的一些特殊经历,以此来感受他们在时代变迁中的那颗敏感心灵,奠定情感的基石。

片段一 李贽的矛盾冲突

李贽一生穷困潦倒,曾祖父的灵柩因缺钱无法安葬,一停就是五十年;两个女儿被活活饿死在老家,他自己的生活几乎全靠友人接济。尽管如此,他从未因经济状况向现实妥协过。做官时经常与上司对抗;长期定居在友人耿氏兄弟家中,却因关于人性的看法不一而决裂。他借住在支持他的朋友麻城梅氏家中,却与梅家的女眷接触,尤其与一个孀居女儿有着密切的书信往来,言辞暧昧。他的这些行为完全颠覆了传统价值观,最终因言获罪,死于狱中。这是李贽特立独行、乖张猖狂的一面——反映了他敢于冲破世俗传统、抛却拘束压抑的生活、追求个性解放的内心渴求。他把渴求转化成思想文字痛击

现实社会。可是有些地方他又表现出了相当大的矛盾与纠结。他生前因为妻子离世深感愧疚，多次劝人不要轻易落发，也曾怀疑自己"欺世盗名"。思想上，他赞许卓文君私奔，但又不反对寡妇守节殉夫；他斥责王莽、张角，但又原谅了冯道。他时而用伦理道德作为评价标准，时而又从国家人民利益出发作出辩解。

片段二 三大家的家国情怀

黄宗羲参加抗清斗争失败后隐居山林，誓不与清廷合作。晚年在他父亲墓旁，自营生圹，中置石床，不用棺椁，后人推断他此举为"身遭国变，期于速朽"。王夫之誓死抵抗清朝的剃发令，转徙苗瑶山洞中，艰苦备尝，到最后只能捡些破纸或烂账簿充当稿纸。顾炎武起义抗清，侥幸逃脱。但他母亲自从昆山城破之日起绝食二十七天而死，遗命不许他事满洲。这一段隐痛永久藏于他心中，永世不能忘却。他四处漂泊，每到一处觉得有价值的便在那里垦田；垦好后交给朋友或门生经营，他又去别处。他的后半世就在弃家远游中度过，到老不肯过一天安逸日子，父母坟墓忍着几十年不祭扫，妻子死了也只临风一哭。这些事例能让学生理解三大家对空谈误国的痛恨、对民族主义的坚守、对君主专制的否定，经世致用的倡导等言论的背后寄托着他们深切的家国情怀，学生在感佩于他们的铮铮铁骨的同时会产生强烈共鸣。

所以，复原历史人物的生活经历、个性特征能让原本冰冷的历史变得生动鲜活起来，让原本陌生的思想家变得丰富真实起来。学生生出对思想家的同情、理解和温情的敬意，在精神层面上跨越了过去与现实之间的鸿沟，进而作出合理的历史解释，形成积极的价值观。

综上，笔者通过复原明清之际儒家学说的流变，思想家身处的条件和环境以及他们的经历、个性，力图重构过去某种有意义的历史真实，探寻儒学变化的逻辑规律，在同情、理解、感悟的基础上，以客观理性的视角认识历史、解释历史、关照现实。诚然，运用历史语境理论指导思想史教学在实践上还有很多不足，但首先从教师层面培养运用理论的意识，提高专业素养也不失为一种有益的探索。

80

倾听"历史审美"的另一种声音

——以"美术的辉煌"一课为例

"美术的辉煌"是历史与美术相交融的一课,是历史课中的艺术史教学。如何在艺术史教学中体现历史学科的特色,寻找历史与艺术的契合点?如何在美学欣赏的同时,在历史认识中深化对其的理解?针对国务院文件指出"要挖掘不同学科所蕴含的丰富的美育资源,充分发挥语文、历史等人文学科的美育功能"的要求,笔者尝试以画带史,以历史眼光来鉴赏经典绘画作品,以史入画,以历史思维来理解经典绘画作品,将"艺术的历史"与"历史的艺术"有效契合,倾听"历史审美"的另一种声音。

一、走近画,在具象中透视"环境世界"

法国艺术评论家丹纳论述说:"要了解一件艺术品,一个艺术家,一群艺术家,必须正确地设想他们所属时代的精神和风俗概况。"每一件作品都是在一定历史条件下孕育而生的,打上了时代的烙印。因此进行赏析时必须结合作者植根的生活时代和具体环境,联系作品创作的具体时间、空间,"将'美'拉回到历史、拉回到社会、拉回到人类文明发展的过程来看'美'的演变"。

如中世纪的绘画,其主题是表现神、歌颂神,内容上突出神学禁欲主义,形式上抽象古怪,因为这时基督教会把文化都置于神学的控制之下。如瑞士史学家布克哈特所言:"人类意识的两方面——内心自省和外界观察都一样——一直处在一层共同的纱幕之下。"当时的艺术家们"试图用新的手法来表现抽象的灵魂和对宗教的虔诚,而不在乎所画的形象是否真实生动"。到了14世纪的意大利,这层纱幕最先烟消云散。达·芬奇等艺术家们的作品,虽有很大部分以宗教为主,但表现的主题却是现实与人文,内容上包括人的世俗生活、人的感观、人的信仰,技法上基于实际考察,形式上注重色彩协调。这一变化根源于他们正处于文艺复兴时期,倡导人文主义,以人为中心,肯定人的价值和尊严,要求打破教会的禁欲主义,提倡物质享受、自由幸福,崇尚知识、科学与理性,这是一次精神的新生,这种对人性的觉醒结束了中世纪的禁欲美学。

又如新古典主义和浪漫主义绘画,都注重画面的严整,都描绘重大历史事件和人物,但两个流派的艺术特征却如此迥异:新古典主义突出理性,塑造英雄形象,重视素描和轮廓,谨守规则;浪漫主义对"理性王国"的失望,使其追求激情、自由奔放,强调色彩。察其缘由,新古典主义思潮时期是18世纪下半期法国封建君主制日趋腐败堕落和资产阶级逐渐强大的时期,是两个阶级面临决战的变革时代。这场艺术革命,正是适应资产阶级革命形势的需要,资产阶级利用古希腊罗马文化中的英雄,号召人民大众为真理而献身,为共和国而战斗,在美术上掀起一场借古开今的潮流。正如马克思所言:"他们战战兢兢地请出亡灵来给他们以帮助,借用他们的名字、战斗口号和衣服,以便穿着这种久受崇敬的服装,用这种借来的语言,演出世界历史的新场面。"而18世纪末19世纪初欧洲兴起浪漫主义思潮,当时的社会现实是:"和启蒙学者的华美语言比起来,由'理性的胜利'建立起来的社会制度和政治制度竟是一幅令人极度失望的讽刺画。"(恩格斯)人们对启蒙运动"理性王国"的失望,对资产阶级革命中的"自由、平等、博爱"口号的幻灭,对资本主义社会秩序的不满,表现在绘画中即为强调绝对自由,反对古典主义的羁绊;抒发强烈的感情,表现主观理想,这其实是对当时法国大革命和启蒙运动的另一种反思。

英国历史学家爱德华·卡尔在《历史是什么?》中说:"研究历史之前,先要研究历史学家;研究历史学家之前,先要研究历史学家的时代与社会。历史作品既是历史学家的创造,也是时代和社会的产物。"运用历史知识去解读美术作品的背景,挖掘其背后所承载的历史信息,进而把握时代的变化、历史的变迁,才能在欣赏感受"美"的同时理解它的意蕴。

二、走进画,在关联中把握历史特征

艺术作品是时代精神的展现,艺术风格的变化也是时代变化的产物。透过同一时期不同类型作品或是同一主题不同表现形式的内容关联,有助于从不同视角把握时代特征。如19世纪的现实主义美术和印象派出现在同一时代但是风格不一,如何理解工业革命与艺术创作的关联?

面对工业革命下蒸汽的力量,无尽的荣光,资本主义经济的迅速发展,掩盖了资本主义国家社会矛盾的尖锐,贫富差距的拉大,于是兴起了注重表现社会现实的现实主义美术。如米勒的《播种者》,画面上的农民穿着大木靴,腰间挂种子袋,一边右手撒种子,一边向前走,在他后面,飞来几十只鸟儿,想吃净他撒的种子,预示着生活即将面临的剥削。《拾穗者》中三个农妇在烈日下辛勤劳作,靠拾捡麦穗补充口粮。富饶的农村丰收景象与农民的辛酸劳动形成鲜明对比,真实地表现了人民生活的艰辛,深刻揭示了背后的阶级矛盾。

工业革命也带来了科学技术的进步,照相机的发明可以准确无误地表现物体,画家们需要用新的艺术形式来表达情感。"画家乘坐蒸汽机发动的火车,到户外写生,感受到自然阳光的瞬息万变……他们要在大自然的光线里解放色彩。"他们走出画室,深入原野、乡村、街头,借助光和色捕捉世界万物的"瞬间印象",表现微妙的色彩变化,把变幻不居的光色效果记录在画布上,留下瞬间的永恒图像。这种取自于直接外光写生的方式,捕捉种种生动印象及其呈现的迥异风格,可以说是印象派绘画的创举和对绘画的革命。

还可以通过横向比较同一时代东西方绘画的关联,多个信息组合勾绘出更全面的历史画卷,理解不同的历史特征,认识历史的全貌。如欣赏清代郑板桥《墨兰图》和德拉克罗瓦的《自由引导人民》,除了形象、构图、色彩等方面的差异,还可以从作品背后隐藏的信息入手:东西方经济繁荣程度、政治体制变革力度、思想解放觉醒程度等,启发学生以更广的历史视野、更深的历史思维角度来进行思考。

三、走出画,在理解中感悟人文价值

凌继尧先生在《美学十五讲》中写道:"各种艺术,如文学、绘画……都有独特的艺术语言和形式。我们对他们的艺术语言的理解,就决定了我们欣赏他们所能达到的深度。""理解"包括内省和直观,在无法直观的地方,需要创造性的想象。绘画等美术作品,皆是以视觉方式再现历史。因此,通过感情的体验,"必须能够进入他整个人之中,以他的眼光来看,以他的感觉来感受,以他的准则来评判。只有从内部才能有好的理解……理解也是一种同情,一种感情"。生硬的讲解,僵化的概念很难挖掘人文价值、唤醒学生心灵,通过"走进前人的生活,进入过去的世界,全方位了解其所处的情势","设身处地"地了解,"理解之同情"地对待,感知、"神入"、体会作者的个人感情,从心灵上"同感""迁移""理解"其作品。通过知识的内化,逐渐形成自己的气质修养、人文精神,即苏霍姆林斯基强调的"那些培养人的灵魂、意识、情感和信念的知识"。

对于毕加索创作的《格尔尼卡》,黑白灰的画面里,没有飞机、没有炸弹,只有被践踏的鲜花、断裂的肢体、手捧死去孩子痛哭的母亲、断臂身残仍握断剑的战士、濒死长嘶的马匹、光芒冰冷的顶灯……聚集了残暴、恐怖、痛苦、死亡、呐喊。"我们都知道,艺术作品不是简单的形式,形式的背后是思想,精神,是历史的真相,是社会的客观现实,是对人类最深处的灵魂的反思。"毕加索对于他的作品经常保持沉默,希望给予观赏者自由的体验空间,但是对于《格尔尼卡》这幅作品他曾这样解释:"……牛代表残暴,马则代表人民。不错,我在那画里用了象征主义,但并不是在其他画里都这样做……","那幅画是存心向人民呼吁,是有意识的宣传……"。超时空的形象组合,压缩的空间界限,这是对法西斯暴行的无声控诉,蕴含着强烈愤懑的抗议,这是对人类苦难的强大悲悯,成就了史诗般的悲壮。面对血雨腥风、令人发指的法西斯暴行,他的这种悲愤,这种批评,这种抗议,是一种怎样的精神、一种怎样的勇气?他的这种心怀人民和自觉的人文觉醒,体现了知识分子的人文精神和历史使命感。作品显示了作者鲜明的个性,蕴含着作者深刻的思想,同时作品也承载着厚重的历史,被赋予不灭的灵魂。艺术的"美"的创造,历史的"真"的力量,两者结合所追求更高层次的"善"的发力,人文价值观塑造学科教育

的功能自然而然能够"润人"细无声。

对于政治历史的联系,萧功秦教授有"两把钥匙论"的说法:用政治学的钥匙来解读历史的秘密,用历史的钥匙来解读政治的复杂性及它的丰富性和两难性。其实我们也可以顺势理解历史课与艺术史教学的关系:以画带史,用历史的眼光鉴赏绘画作品,拓宽美术的深度,感悟"美的历程";以史入画,用历史的思维理解美术作品,延展历史的广度,凝思"史的魅力"。我们期待学生在"历史审美"的课堂中生长,倾听"花开"的声音!

81

"模拟法庭"的教学设计
——以"抗日战争"一课为例

历史教学中面对重大的历史事件,如何让学生"参与"其中,"亲身"经历历史事件,从而使他们有切身的感受,加深对历史的理解,这是摆在一线历史教师面前的问题。情境教学法提出以后,很多教师进行了有益的探索,其中广东夏辉辉老师率先提倡的虚拟历史人物教学法受到了追捧,并得到推广。尽管直到目前为止,这样的虚拟活动仍然饱受争议,但是我们不妨舍其形取其意,即不采用盲目虚拟历史人物这种方式,而是吸收其模拟历史情境,制造历史氛围,以期调动学生习史热情的这种理念,来深化教学设计。

"模拟法庭"就是这样一种制造历史氛围的好途径。通过模拟历史活动,让学生参与到当时的历史争论中,体会是与非、对与错的较量,了解真相是怎样被掩盖的,并模仿法庭的形式审判当事人或为其辩护。且看以"抗日战争"一课为例的"模拟法庭"。

本课一反常态,设计成抗战后对日本法西斯的国际审判,在审判过程中通过原告(中国)、被告(日本)、陪审团(全班同学)的控告、辩论、评判等努力还原日军蓄意制造的侵华战争对中国人民和国际社会造成的巨大灾难。

首先,出示原告的诉讼请求:

1937—1945年,日本全面发动侵华战争,给中华民族带来了深重的灾难,日军在中国犯下了滔天罪行,要求日本承担战争责任。

审判长:日本为何在30年代对中国动武?

问题:假如你是被告方,你会怎样为自己辩护呢?

学生阅读教材即可知道,日本方面有一个冠冕堂皇的侵华理由:战争目的在于自卫和将亚洲从欧美统治下解放出来,建设"大东亚共荣圈"。

问题:假如你是原告方,你会怎样回答审判长的问题?

通过这个问题挖掘这次战争的背景,可以从日本方面、中国方面和国际社会的状态进行多面分析。日本:遭遇经济危机冲击,本土资源少,资本主义发展陷入困境,同时法西斯专政建立,侵略野心膨胀,有蓄谋已久的"大陆政策"。中国:地大物博,但国力较弱,同时国民党极力剿共,内乱不已。国际:英美绥靖之风盛行。

审判长:日本为何制造七七事变?

被告:我军一名士兵失踪,欲进城寻找却遭中国军队无理拒绝。中方所说的卢沟桥事变,实则是中国军队先开第一枪。

原告:1937年7月7日,日军借口一名士兵失踪,无理要求进入中国宛平城内搜查,遭到拒绝后随即炮轰宛平城和卢沟桥,开始全面侵华。

审判长:请原告出示被告全面侵华的证据。

模拟原告证人之一"中国国民党"上庭,出示日军全面进攻,国民党在正面战场如淞沪会战、太原会战、徐州会战、武汉会战等重大战役中被迫抵抗的资料:

自1937年7月到1945年8月的8年中,中华民国政府军发动大型会战26次,重要战斗1 117次,小型战斗28 931次。陆军阵亡、负伤、失踪3 211 419人。空军阵亡4 321人,毁机2 468架。海军舰艇损失殆尽。国民党先后有74名将军战死在沙场,其中佟麟阁、赵登禹、张自忠等8名上将,吴克仁、冯安邦等32名中将,邹绍孟、王凤山等32名少将。

模拟原告证人之二"中国共产党"上庭,出示日军在战争中后期大举扫荡敌后战场,中共强烈反击,组织百团大战等重大战役的资料:

1940年下半年,彭德怀指挥八路军一百多个团,在华北2 000多千米的战线上,主动出击日军,拔掉日军据点近3 000个。敌后的抗日英雄有著名的狼牙山五壮士等。

模拟原告证人之三"英、法、缅"上庭,出示中国远征军保护滇缅公路,解救被困英军作出重大牺牲的资料。

审判长:原告指控被告在战争中违反国际法,在南京等地惨无人道地屠杀平民,被告承认吗?

被告:没有一个国家在战争中没有任何杀害和虐待非武装人员的事件,日本也不例外……进入南京时日本军队导致民众出现一些死伤者,这就是南京事件……(观点来源于日本右翼教科书)

原告:日军进入南京城后,进行疯狂的杀人比赛,日本当时自己的报纸《朝日新闻》把这作为歌颂的军功大肆宣传,白纸黑字都在。根据已出土的万人坑里的尸骸和《拉贝日记》等资料的记载,历史学家综合估算,遇难中国同胞在30万人以上。此外,日军还制造了潘家峪惨案,进行细菌战和活体实验。这些罪恶罄竹难书。

到这里,抗日战争爆发的背景、过程和日军的罪行都通过原告、被告的辩论逐渐呈现出来。教师在原有的基础上,再次设问:作为陪审团中的一员,听完整个原告方的控诉,你会怎样判定日军的侵华行径和中国人民的抗日壮举?再次进行爱国主义教育,升华民族情感,同时引导学生归纳抗战胜利的伟大意义。

在探讨抗战胜利的原因时,可以设计"法庭外记者采访"这一环节:

法庭外的记者现场随机采访民众:是哪些因素决定了抗战的最终胜利?民众的回答各种各样,有说是美苏的帮助,有说是国民党坚持抗日、共产党"游而不击",有说共产党才是中流砥柱。

美国的学习专家爱德加·戴尔1946年提出学习方式的金字塔模型。他认为,学生的学习方式由表层至深层,可以分为七种。在用相同的时间对相同的内容进行学习时,处在塔尖的第一层的学习方式就是听讲,两周以后,学习的内容只能留下5%;第二层的学习方式是通过阅读学习,两周以后,可以保留10%;第三层是用声音、图片的方式学习,可以达到20%;第四层是采用示范的方式学习,可以记住30%;第五层是小组讨论辩论的方式,可以记住50%的内容。

显然讨论辩论要远远优于传统的学习方式。学习方式不同,学习效果大不一样。在开放式的学习中,学生的主动性大大提高,这种探究的效果要比教师简单的说教好得多。讨论辩论可激发学生搜寻新信息、重新调整自己的思维方式,它要求学生反驳对方的逻辑、观点,讨论过程中学生自己要对事实做清晰、准确的表述,倾听并评价别人对同一内容的不同表达,讨论辩论众多问题后可增进学生对历史的理解。

"模拟法庭"其实已经不是新生事物,这种教学方式在欧美国家已经广泛流行。历史事件是已经发生过的事件,不易引起学生的兴趣,要使历史课具有精彩的效果,就要抓住学生的心理,按照他们乐意接受的方式进行授课,并且可以渗透历史观和品德教育的内容,"模拟法庭"这种教学设计值得一试。

82

历史核心概念的教学策略

——以"两极世界的形成"一课为例

《普通高中历史课程标准(实验)》指出,高中历史专题学习中的知识内容包括三方面的主要内容:具体的历史史实、基本的历史概念、基本的历史线索和规律。换言之,历史教学就是在分析概括历史史实的基础上,形成历史概念,再对历史概念进行深刻分析,揭示历史发展的本质和规律。显然,历史概念的教学是历史教学的中心环节。

历史概念是人类把历史上事物的共同特点加以抽象概括而形成的,反映事物一般的、本质的特征,是历史思维的基本形式之一。如何对这些历史概念进行有效教学?笔者认为:对于一般概念,只需"轻轻叩击";对于核心概念,则要"重锤敲打",讲深讲透。下面仅以"两极世界的形成"一课为例,对核心概念——"冷战"的教学,谈一些笔者自己的教学策略。

一、画龙点"睛",紧扣核心概念

"睛"是龙的精髓。"两极世界的形成"一课,"龙"就是二战后的国际政治格局,"睛"是什么呢?从教材中的三目标题"从战时盟友到'冷战'对手""美苏'冷战'""'冷战'阴影下的国际关系"来看,不难看出"冷战"就是"睛",就是重点和关键点。两者内在的联系是:两极格局对抗的主要形式是冷战,冷战的加剧又促进了两极格局的形成。

什么是"冷战"?教材给出了明确的解释:冷战是指"以美国为首的西方

资本主义国家对苏联等社会主义国家采取了除武装进攻之外的一切敌对行动"。

然而,简单地告诉学生某一历史结论,不仅妨碍学生更深入地探究历史,而且不利于学生能力和价值观的形成。所以,在教学中更应关注这一历史结论是如何生成的,应坚持"论从史出"原则,展现论证、思辨、推理的过程,从而提高学生的历史分析能力,形成严谨的思维品质和科学态度。课堂上,紧紧围绕"冷"和"战"展开问题探究——为什么要"战"?为什么采取"冷"的方式?"战"的表现和影响是什么?这样抽丝剥茧的剖析之后,学生对"冷战"的内涵会有更深刻的理解。

二、点"石"成金,突破核心概念

"石"是核心概念教学的难点。怎样点"石"才能成金?笔者认为,概念教学除了要把握概念的内涵,还要找寻事物的关联:具体史实关联、时间和地域关联、因果关联、对应关联,即找到概念的对立面,并将它们纳入到概念的外延中来。

"冷战"的史实关联:① 揭开"冷战"序幕的是丘吉尔"铁幕演说";② 冷战开始的标志是杜鲁门主义的提出;③ 冷战结束的标志是苏联解体;④ 冷战的表现有杜鲁门主义的提出、马歇尔计划的实施、北约、经互会、华约的建立等;⑤ 冷战的影响有德国分裂、朝鲜分裂、古巴导弹危机等。

"冷战"的时间和地域关联:冷战开始于1947年,结束于1991年。冷战的影响遍及欧洲、亚洲、非洲等世界范围,冷战的主战场在欧洲。

"冷战"的因果关联:从"冷战"的定义中我们不难发现社会制度、意识形态的对立是一个很重要的原因。但冷战的根源还需进一步挖掘。我们可以从英国外相巴麦尊的一句名言"没有永恒的朋友,只有永恒的利益"中获得灵感。它深刻地揭示出错综复杂的国际关系的本质特征是在任何可能的条件下,实现国家利益的最大化。二战后美国凭借着强大的综合国力要独霸世界,而苏联决不准许美国任意主宰世界。美国要使东欧变成所谓的"自由世界",而苏联决不容许美国插足苏联的势力范围。美国要关心和扩展它的经济利益,而苏联要担心和保障它的安全利益。美国要在全世界推行资本主义,包括美国的价值观和生活方式;而苏联要在全世界推行社会主义,包括推行无产阶级革命和民族解放运动。美苏都认为在刚刚经历二战后必须避免双方直接交战，但是，它们之间的战略目标、战略利益的冲突和社会主义、资本主义两种制度的对立，必然导致昔日盟友反目成仇。

"冷战"的对应关联："热战"，如朝鲜战争、越南战争等地区性冲突，但是美苏双方并没有发生直接的军事对抗，"冷战"是大背景。局部地区爆发的"热战"同样是冷战局面下的体现。

值得强调的是在关联过程中必须注意两点：一实事求是，找寻的关联必须以具体的历史事物为依据；二掌握基本的要素和方法，注意从政治、经济、军事、外交、思想等角度寻找切入口。

通过这一系列的关联，"冷战"的最主要特征完全凸显出来："冷战"是二战后美苏双方以及东西方之间在政治、军事、经济、外交、文化、意识形态诸方面除战争之外的对峙和对抗。主要是在美国为首的西方资本主义国家和苏联为首的社会主义国家之间发生。冷战是全方位的对抗，而且是不诉诸武力的。

三、投生所"好"，感知核心概念

"好"是学生学习的兴趣点、核心概念教学的拓展点。解读历史概念，除了方法还需要体验和感悟，特别是任何一个历史概念都有其存在的特定历史场景，这种场景与学生现实所处的环境有较大的差异，如用当代人的眼光去看待历史事物，学生在解读概念时就容易出现偏差。因此，应抓住学生学习的兴趣点，创设历史情境，让学生"身临其境"，在特定情境中感悟历史。

漫画是一种很好的素材。在讲"冷战"阴影下的国际关系时，引用了反映古巴导弹危机的漫画（如下图），从图中每一个细节提取有效的历史信息。学生兴趣浓厚，教学效果不错。

在讲"冷战"结束时,充分渲染场景细节:"1991年12月25日19时38分,印有锤子和镰刀的苏联国旗悄然地在克里姆林宫上空徐徐降落,它似乎带着无奈与遗憾、不甘与挣扎向人们诉说着什么。此时,离苏联成立69周年还差5天。寒风中,只有几个匆匆过客看到了这个历史性的场面。一个曾经令人类震撼的帝国大厦就这样在历史烟尘中无声地消失了……"学生不禁唏嘘不已。

在核心概念教学中应有严谨细致的推理过程,有独特的见解,有波澜壮阔的历史发展过程。如讲杜鲁门主义的实质是"公开干涉他国内政,遏制共产主义"时,为帮助学生理解,可结合杜鲁门主义出台的背景来分析。1947年美国总统杜鲁门宣布对土耳其和希腊提供援助。既费钱又费力的援助目的是什么?土耳其因为博斯普鲁斯海峡问题与苏联关系紧张,希腊的资产阶级政府则在共产党游击队打击下摇摇欲坠。简言之,美国认为这两个国家受到了共产主义的威胁。此后,杜鲁门在国会就正式提出"对苏联发动冷战以遏制共产主义"。

运用核心概念进行有效教学,就是把"核心概念"作为基点和圆心,围绕这一圆心,不断向外延伸,画出更大、更完美的圆。在深入解读核心概念的基础上,可作适度拓展,为学生打开一扇观察历史的窗户。如,"冷战"虽已结束,但是"冷战思维"(敌视不同社会制度和意识形态的国家),依旧存在。

如何"重锤敲打"核心概念,把核心概念讲实、讲透、讲活,是我们每一位历史教师要反复斟酌和思考的问题,也需要我们在实践中不断探索。

83

历史课堂教学设计的构思与实践

——以"抗日战争"一课为例

通俗地说,教学设计是指教师对即将讲授的课题所进行的有针对性的总体构思,是教师授课前对教学过程中的各种因素(学生特点、教学目标、学习内容、教学资源等)、各个环节(导入、过渡、设问、反馈等)的预先计划,即以促进学习者的学习为根本目的,根据教学对象和教学目标,确定合适的教学起点与终点,将教学诸要素有序、优化地安排,形成教学方案的过程。教学设计比传统备课更注意将先进的教育教学理论和具体教学实践结合,更具有灵活性和创造性,强调教学情境的策划和教学手段的运用。教学设计体现了教师的教学理念以及将理念转化为具体教学实践的能力,因此,一份匠心独运、设计精妙的教学设计是提高课堂效率的重要前提。下面就以人教版《历史》必修一"抗日战争"一课为例,从教学设计的构思与操作层面谈一些认识。

关于抗日战争这一内容,课程标准的要求是:"列举侵华日军的罪行,简述中国军民抗日斗争的主要史实,理解全民族团结抗战的重要性,探讨抗日战争胜利在中国反抗外来侵略斗争中的历史地位。"据此并结合学生学习实际以及教学资源情况,笔者将"抗日战争"的课题具体化为"不容忘却的历史——记中国人民的抗日战争",通过教学情境创设,促进学生的历史学习。

一、创设历史情境,提升教学设计有效性

为了引发师生的情感共鸣,激发学生的求知欲,笔者在"不容忘却的历史——记中国人民的抗日战争"的导入环节,借助PPT展示了几段文字材料,

让学生在阅读与思考中进入历史情境。

材料一 历史的用处就是要对当前有所帮助。

——[美] 拉尔夫·沃尔多·爱默生

材料二 如果在考察了历史的进程以后,没有追问,历史是什么,为什么要写历史,那么我的这项历史研究就是不完全的……历史学家与其他的人类世界观察家一样,必须做到让人能够理解事实。这就要求他们不断地对什么是真的、什么是有意义的,做出判断。

——[英] 阿诺德·汤因比《历史研究》

材料三 忘记过去,就意味着背叛。

——[苏联] 列宁

选择这些有关历史作用、意义的名言,并在课前3分钟结合配乐呈现给学生,从教学设计意图看,主要意思有三:一是营造课堂教学气氛,二是突出课题主旨"历史不容忘却",三是强调历史学习的意义。从课堂实施情况看,大多学生能在阅读的过程中自觉发问:这是怎样的一段历史?这段历史为什么不容忘却?记住这段历史对当前来说,具有怎样的现实意义呢?这说明学生的思维及情绪在潜移默化中进入了历史学习状态,而且,整堂课的情感基调、问题探索也在这样的情境下逐步提高。也就是说,通过这样的文字材料创设情境导入教学是成功的。

在讲解"南京大屠杀"这一内容时,为了体现课程标准"列举侵华日军的罪行"的内容要求,笔者根据自己的阅读以及素材积累,借助多媒体呈现图文材料,让学生在历史情境中感知历史,在与历史对话中思考历史问题。

图片定格在触目惊心的"万人坑"(图略)。

据1946年2月中国南京军事法庭查证:日军集体屠杀有28案,屠杀人数19万余人;零散屠杀有858案,死亡人数15万余人。长达6个星期的大屠杀,中国军民被枪杀和活埋者达30多万人。屠杀的手段极其残忍,有的枪杀,有的刀刺,有的活埋,有的活活烧死……

选择有代表意义的图片与文字,在课堂教学的恰当环节中呈现给学生,从教学设计意图看,主要意思有二:一是让学生了解侵华日军的罪行,认识战争的残酷性、危害性;二是承上启下,为课堂教学过渡到下一环节——"当篡改和掩盖遭遇真相"做好铺垫。从课堂实施情况看,面对这样的场景,大多数学生神情严肃,课堂气氛凝滞而沉默,由此可以看出,学生感受到了1937年南京人的血泪与痛苦,理解了全民族抗战的重要性、必要性。借助这种气氛,笔者通过讲述顺利完成了教学前后两段的衔接:"我们无法忘怀我们的同胞曾被这样屠杀和羞辱过,我们的民族尊严曾被人践踏,无辜的南京民众被屠杀;民族曾经面临亡国灭种的危机。那样一段沉痛的历史,中华民族不会忘记。"通过这样的讲解,旨在让学生理解历史,进而过渡到下一个教学环节,引导学生从现实角度思考历史问题,从历史角度分析现实问题,为此,笔者说:"历史就是这样,真相是客观存在的,夸大和缩小,都是不理性的,都是在某种意义上粉饰和利用了历史。我们学习历史,追究历史本质的目的,更多是为了避免同样的错误再次发生造成悲剧。而且,一个真诚的国家必然需要一个真实的历史作为基石,否则对于她的国民来说既是不和谐的,也是十分脆弱的。"

二、预测学生反馈,提升教学设计有效性

教学过程是教与学之间的信息传递与反馈的控制过程。"不愤不启,不悱不发,举一隅不以三隅反,则不复也"是孔子论述启发式教学的重要名言,其中的"愤""悱""不以三隅反"说的就是来自学生的反馈信息。实践证明,如果教师不注意观察学生是否处于"愤""悱"状态,那么教师的启发就不可能恰到好处;如果教师"举一隅"却没觉察到学生是否能"以三隅反",那么教师的教学预设就需要调整。因此,预测学生的反馈是教学设计必须重视的内容。笔者在进行历史教学设计时,每设置一个问题,都会预想学生的反馈情况,以便随时评价教学效果,调整教学策略。根据以往教学经验,学生在课堂上的即时反馈可分为几种情况:一是对教师所提问题的直接回答,二是与教师情感产生共鸣思考后表达,三是学生对课文难点提出质疑。教师要随着学生的反馈改变教学方式,创造性地处理好预设与生成的问题。例如,在讲解抗日战争胜利的原因时,笔者先设置了这样一个问题情境:

1945年,重庆。在庆祝抗日战争胜利大会上,有人以"抗战为什么能取得胜利"为谜面出了一则谜语,谜底是打一历史人物。结果,在场的中外记者纷纷给出谜底:美国记者说是"屈原";苏联记者说是"苏武";《中央日报》记者说

是"蒋干";《新华日报》记者说是"共工"。请问:他们的谜底正确吗?为什么?你认为最符合谜面的谜底应是什么?

学生在根据问题交流认识时出现了意外情况:大多数学生认为,美国记者、苏联记者的回答符合谜面。换句话说,大多数学生没能够跳出谜面这个圈套。学生对这一问题的理解偏离了笔者的教学预设。面对这种情况,笔者根据课前的预设及时调整教学思路,对抗日战争胜利的原因进行多角度分析,通过基于事实的分析,让学生明白美国投放原子弹和苏联红军出兵并不是促成抗日战争胜利的根本原因。抗日战争是以国共合作为基础的全民族抗战,体现了中华民族的觉醒和民族的凝聚力。从敌后战场到正面战场,从国统区到沦陷区,从国内社会各阶层到国外华侨,从汉族到少数民族,充分体现了全民抗战的特点,全民族抗战是抗战胜利的根本原因,反法西斯联盟的有力配合和世界各国人民的支援是抗战胜利的重要因素。

三、重视引导过渡,提升教学设计有效性

如果说过渡在教学过程中起着承前启后的作用,那么教学设计就要重视这一教学细节,以发挥教师的引导功能。从教学设计的构思与实践看,引导过渡主要体现在两个方面:第一,提出问题后,引导学生分析,用事例说明,以化解难点,进而自然过渡到下一个教学环节;第二,及时总结学生反馈,根据学生的理解、表述提出新问题,进而自然过渡到下一个教学环节。引导过渡能考验教师对教材内容、课堂教学的驾驭能力,更能体现教师的教学智慧。

在"不容忘却的历史——记中国人民的抗日战争"一课教学中,讲到应该如何进行历史反思时,笔者引用了新加坡前总理李光耀的一段话:"当我们唱《前进吧!新加坡》时,你知道我心里想到的是什么吗?在我短短的一生,我先后唱了四首国歌,《天佑国王》、《君之代》、《天佑女王》、马来西亚国歌,然后才唱《前进吧!新加坡》。你能肯定你一辈子只唱这首国歌吗?请想一想。"(《李光耀八十名言》)接着提出这样一个问题:历史不容忘却,生活在和平年代的我们肩负的重任是什么呢?我们应该以怎样的心态反思历史?

课堂上,学生以小组为单位进行讨论,在交流认识的基础上,小组代表向全班做总结性汇报。从课堂观察角度看,学生的表达可概括为十个字:国耻

永不忘,民族当自强。从教学设计意图看,这一环节旨在对学生进行爱国主义教育,所以,笔者在课堂上做了这样的总结:"牢记历史、不忘过去、珍爱和平、开创未来,树立忧患意识与和平意识,珍惜和用好难得的历史机遇期,从总结历史经验中提高保卫世界和平的自觉性,维护安定团结的局面,为实现中华民族的伟大复兴而刻苦学习。是的,历史值得反思,但是日本有没有为战争罪责做出过忏悔呢?有没有对受害国表示过诚恳的道歉呢?我们知道,日本因为美国投放了原子弹,不停地向世界诉说曾经受到的伤害。由于日本用这种态度看待历史,又怎会正视自己对中国和亚洲其他被侵略国家的所作所为?我们强调牢记历史并不是要延续仇恨,而是要以史为鉴、面向未来。只有不忘过去、吸取教训,才能避免历史悲剧重演;只有正视那段历史,才能在吸取历史教训的基础上开辟未来。"

笔者一直基于学科特色探索"教学最优化"策略,实践证明,要实现"教学最优化",首先要保证教学过程中每一个环节的有效性,而一份完整、严谨的教学设计可以在很大程度上帮助我们实现这个目标。与此同时,笔者也真切地感觉到,由于种种原因,自己对教学的理解基本上还停留在靠主观经验的总结上,缺乏先进、科学的教育教学理论来作为指导,而这也是摆在我们教育教学工作者面前的一个重要课题。

第五篇 教学评价与反思

84

如何进行历史写作训练(1)

《普通高中历史课程标准》要求教师采用多样的学习评价形式与方法,形成以"历史核心素养为目标的评价机制"。在课程标准列举的诸多学习性评价手段中,历史习作、历史小论文的地位尤为特殊,课程标准把小论文列入了"历史学科综合实践活动",还通过"示例"给出了"评价量规",从论文选题、资料搜集、论文内容、文字表述和交流反思等方面明确了评价标准。此外,历史小论文不仅是历史教师培养学生学科素养的一个有效手段,也是目前高考命题中不可或缺的一部分。例如,2018年全国文综Ⅰ卷第42题"结合世界近代史的所学知识,从上述梗概中提取一个情节,指出它所反映的近代早期重大历史现象,并概述和评价该历史现象。(要求:简要写出所提取的小说情节及历史现象,对历史现象的概述和评价准确全面。)";2018年江苏卷第21题"据材料一、二并结合所学知识,以宋明理学为例,就中国文化的'包容力'和'生命力'写一篇小论文"。因此,就素质教育与应试准备而言,历史教师在日常课堂教学中必须重视学生的历史小论文写作训练。

历史教师指导学生进行历史小论文写作训练,主要围绕选择课题、设计情境、拟定题目、确定论点、选取材料、谋篇构思、论文写作、评价反馈等多个环节展开。应试型的小论文写作,其实是有一定套路和模式的。但是,从培养学生学科素养角度出发,历史教师还是应该在日常课堂教学过程中,及时抓住某课的"兴趣点",先设计出一个能让学生产生疑惑和兴趣且需要分析解决的问题情境,然后让学生在教师适当的指导下,自拟题目,自行搜集和取舍材料,自己谋篇构思和撰写。

以"统一多民族国家的捍卫者康熙帝"一课的教学为例,笔者是这样指导学生进行小论文写作训练的。

笔者经常采用金庸先生的《鹿鼎记》中的一些情节,配合课堂教学。其中,在讲述康乾盛世"落日余晖"时,常常感慨小说中的小沙皇彼得在现实世界中所进行的推动沙俄崛起的彼得一世改革。两相比较,康熙帝时期,表面辉煌,实则处于全面走向衰落的封建末世;彼得一世改革,向西欧学习,沙俄欣欣向荣,日益强大,在近代化道路中迈出了重要一步。这一强烈的对比,使笔者突发奇想,结合曾流行一时的"穿越剧"、"穿越文",设计了一个情境:以"穿越者"的身份回到清朝康熙年间,实施一场旨在引导中国走向近代化的改革。穿越时间、穿越者身份、穿越方式不限,字数不限,标题自拟,但有两点要求:一,重点阐述最先采取的改革措施,并分析原因及可能产生的效果;二,末尾必须结合康熙帝时期的时代特征、国内政局、世界形势、人物身份、人物性格等,分析这场改革可能出现的结果。

此类历史小论文写作训练与应试型的历史小论文不同。应试型历史小论文一般限时、限字数,有很明确的题目要求与写作指向性。而平时配合课堂教学的小论文写作训练,完全可以跳出应试的窠臼。通常,笔者会给学生3周左右的时间完成,然后在之后的1—2周时间内,完成小论文批改,在课堂上集中讲评的同时,也会与学生进行面对面的交流,及时反馈笔者的批改意见,主要是肯定学生的进步与精彩之处,指出可修改之处、探讨可商榷之处,更多的是对学生的鼓励,维持学生的积极性与学习热情。

也许有人会质疑此类写作训练,是否超出了学生的现有水平,有"拔苗助长"之嫌。其实,历史小论文写作训练,应该是按部就班、循序渐进的。但上例中"统一多民族国家的捍卫者康熙帝"一课的小论文写作训练,已不是起始阶段的写作训练,而是学生在完成一定时段学习之后的"进阶"训练。在起始阶段,历史教师在指导学生进行写作训练时,设计情境环节要尽量简洁些,不要过于复杂与烦琐。其主要目的是让学生逐渐熟悉写作的流程与规范。在起始阶段,训练可以先从应试型的小论文写作开始,因为这些题目要求比较明确,而且限时限字数,并有较为明确的评分要求。简而言之,比较容易上手。但是,随着学生历史学习的深入和小论文写作的进展,训练就不能仅满足于起始阶段的要求,而应该"进阶"训练,即历史教师根据课堂教学的需要,适时地选择一些非应试型的论题,指导学生拓展思路和阅读面,指导学生自己搜集和取舍相关材料,可以模仿一些历史专业论文或著作的构思,撰写一些发散思维、大胆创作的历史"小论文",将写作的主动权充分交给学生,给予学生更大的发挥空间、创作空间。

  笔者在指导学生进行关于"康熙改革"的写作训练时,也就只设定一个情境和一些基本要求,具体谋篇构思、取舍材料和小论文写作,都交给学生自己完成。有意思的是,有的学生会将开篇重点放在"穿越者身份"上,认为"附体康熙"可能效果最佳;有的学生会重点选择"穿越时间",认为"康熙十年"较为恰当。而在如何选择第一项改革措施方面,学生也是众说纷纭:有的学生认为"农业为民生之本","应该从农业着手,鼓励垦荒,财政资助高产作物研究";有的学生则认为应从"废辅臣"入手,不留后患;有的学生认为应"对工商业有一定的放松"……真可谓有"百家之言"。对于这一部分的评价,笔者认为学生只要言之有理即可,不必像应试型小论文那样,有一点得一分。应该是鼓励学生大胆假设,小心求证;大胆发挥,严谨求实。此外,改革结果的分析更能体现学生对历史真相的把握。因为,大部分学生认为应该是个"圆满结局",康熙改革获得成功,中国实现了社会转型,他们认识到改革的迫切性;当然也有些学生没有预测改革结果,写作戛然而止;也有不少的学生基于时局和康熙性格,认为改革必将失败。在这三种结论中,笔者认为,得出第三种结论的学生,是真正置于当时的历史条件之下进行了分析,他们在探究和创新方面可能更胜人一筹。

  当然,学生完成了小论文写作,交给教师,这并不是结束,更重要的是教师的批改与反馈。批改,不能简单地打个优、良、中、差或A、B、C、D,而应该给出一些评语,既肯定学生的精彩、闪光、创新之处,又能指出学生的一些不足,哪些观点有待商榷,哪些观点尚有继续探究的价值,哪些论据使用不当,哪些论述有逻辑错误……对于一些共性的问题,教师应该上一堂总结课,在课堂上做集体讲评,或表扬鞭策,或指出问题,以提高学生的认知水平;对于一些具体的问题,教师则可以采用面对面的方式与学生交流,多讲一些鼓励的话,多指出一些可以改进的地方。当然,有条件的时候,教师还可以鼓励学生参加相关的小论文评比,或者向杂志社投稿,以另一种方式来肯定学生的努力。

总而言之，笔者认为，历史小论文写作训练，不能仅限于应试，更应配合日常课堂教学需要，适时、适量地指导学生进行写作训练。其目的是为学生创造更大的发挥空间，让学生能够通过"自圆其说"尽量地展现自己的历史意识、文化素质和人文素养，从而真正将学科核心素养的培养融入日常教学之中。

85

如何进行历史写作训练(2)

随着公民写史的风尚传播,伴着新课程改革的春风,初中历史教学的基本环节不应仅仅局限于上课、考试,更应该随之开发出多样的历史作业样式,同时生成多样化的历史课程评价方式,以便让学生更多地参与到历史教学过程中来,从而进一步发挥历史教学的效用。

由《东方历史评论》杂志社主办,东方历史学会、中学历史教学园地等多家单位合办的全国中学生历史记录大赛至今已办有四届。大赛的公告中明确指出,"对每个普通人而言,最需要了解的不是遥不可及的宏大历史,而是汇入自己生命的涓涓细流;最需要铭记的也不是往圣先贤,而是那一个个赋予其生命、塑造其人格的普通人。他们往往寂寂无闻,无人喝彩,他们常常是大历史的失踪者,无差别的统计数字"。看到此文,心中无限感慨,对于初中历史教学而言,教师往往关注于精简得不能再精简的史实讲述,或是一两个耳熟能详的历史人物偶尔的浮光掠影,而真正在历史的长河中沉浮的普通人,他们所亲身经历的历史不能为初中生所了解,这不得不说是个遗憾。仔细想来,其实初中生的父辈是经历过新中国成立以前那段波澜壮阔、风云巨变的历史阶段的,他们才是历史书最好的注脚。因此,借中学生历史记录大赛的平台,结合初中历史教学的实际,在初一、初二阶段的历史教学中,渗透"公民写史"的理念,组织初中生就特定的主题进行历史写作,不仅为学生和家长的沟通搭建了平台,更是为初中历史教学增添了一抹亮色。

此外,在历届高考的历史科目中,小论文写作屡见不鲜,但学生的得分率普遍不高，失分往往不都在于知识点本身的掌握欠佳，更多在于不懂如何言简意赅地表达自己的观点。初中阶段的中考及会考等地方性考试中也逐渐出现小论文的形式。不仅如此，在初高中考试中，另一类题型也出现得更为普遍，即材料题，考查的同样不仅是学生的历史知识记忆能力、历史思维能力，更有历史语言表达、历史论证能力等。而这类能力的培养光靠题海战术或是死记硬背收效甚微，需要教师从初中阶段开始，借着历史写作的机会，培养学生历史学习的兴趣，锻炼学生的思维及写作能力。

初中阶段的三年教学实践中，就属初二的中国近现代史的内容与当前现实联系得最为紧密，鉴于此，选题也比较适合从中挑选拟定，如2014届中学生历史记录大赛的主题为"爷爷奶奶的故事"。但只给一个题目似乎更类似于语文学科的命题作文，如何区别于语文作文，让刚刚接触历史课的初中生站在历史的角度书写曾经的故事，这才是历史教师首先要解决的问题。因此，在一开始的时候教师就提醒初中生："历史本不是史学家的历史，历史本身就是人民群众创造的历史。你相信吗？作为中学生的你也能够书写历史！"进一步让学生思考，"你了解你爷爷奶奶的人生经历吗？他们的人生经历处于中国历史发展的哪个阶段？从他们的人生经历中你又能得出哪些历史感悟呢？对你自身有哪些启示呢？"让学生抛却担心，带着思考接受如下挑战——"你的任务是为你们的爷爷奶奶等其中一位长辈完成个人传记，这一历史写作不必是流水账似的从出生到现在，但必须包括几个重要的人生转折并巧妙地穿插当时的历史背景及历史影响的叙述。"为让学生应对这一挑战，首先让学生厘清几个问题：① 什么是人生转折？一个人的经历不可能是一帆风顺的，但哪些事件才能被称为人生转折呢？② 造成人生转折的原因有哪些？原因的分析可以从多角度进行，如家庭背景、个人性格、人生际遇等，千万别忘记从历史的角度进行解读。③ 这样的人生转折会带来哪些影响呢？影响同样可以是多样化的，请抓住最重要的几个点进行阐述，注意逻辑的严谨及文字的流畅优美。

在教师的指导下，学生能够就"爷爷奶奶的故事"这一主题，找到与之相契合的切入点，为之后的写作定好属于自己的独特的切入口，有效地避免千篇一律。比如有的学生定题为《爷爷与他的鼻子》，讲述的是爷爷的鼻子受伤的故事，反映的却是"文革"时期的事；再如《祖父爱画画》，讲述的是祖父一辈子钟情于绘画,在风波不断的时代依旧坚持梦想不动摇的感人事迹,令人在唏嘘感慨之际,也能借古鉴今。

有了这样的指导依旧是远远不够的,对于初中生而言,找到一个好的题目仅仅是一个开始。鉴于此,教师对学生的写作过程可提出如下建议。

(1) 在开始做任务前,请与爷爷奶奶进行有效的沟通,沟通时用文字或者录音笔等辅助工具进行记录,整理成文以便写作时有所参考。此外,爷爷奶奶的老照片也是十分有用的资料。有条件的同学可以利用相机、扫描仪等工具进行新照片的拍摄及老照片的搜集等。

(2) 在交流的基础上,就几个重大事件进行资料的搜集和整理,从网络、书籍等资料中寻找答案,同时做好记录,如资料的出处或网址等。

(3) 写作时,请务必记得"论从史出"的基本原则,避免因追求文字的华丽而失去了对具体历史的精确合理的描述;同时也须避免仅仅是文字的叙述而失却对历史问题的思考,请写出你真实的历史感悟和历史发现。

(4) 写作完成时,务必请爷爷奶奶过目,进行下一轮的交流和及时的修订,力求得到爷爷奶奶的认可,使历史写作更为完善。

(5) 请查看评价标准。文章将被判定等级,请尽可能达到"良好"级别,达到"优秀"级别的历史作文将与同学们分享,并打印成册。

评价标准

项目	优秀	良好	合格	不合格
探究过程	A. 交流记录清晰成文; B. 有现场访问的精彩照片; C. 查阅的资料出处清晰(标注好网站和书籍名称); D. 再次交流后有进一步的修改痕迹(满足三点即可)	A. 有交流记录; B. 有现场访问的照片; C. 查阅的资料有出处; D. 再次交流后有进一步的修改痕迹(满足三点即可)	A. 有交流记录或有现场访问的照片; B. 查阅的资料有出处; C. 再次交流后有进一步的修改痕迹(满足两点即可)	A. 没有交流记录或照片; B. 无查阅资料的痕迹; C. 无再次交流后进一步修改的痕迹(满足两点即不合格)

续表

项目	优秀	良好	合格	不合格
历史写作	A. 题目新颖大气，能总领全文； B. 结构清楚、段落清晰、文字优美、书写流畅； C. 能展现出一个人的人生起伏（三次以上）	A. 题目能总领全文； B. 结构清楚、书写流畅； C. 能展现出一个人的人生起伏（两次以上）	A. 题目能总领全文； B. 书写流畅； C. 能展现出一个人的人生起伏（重点描述了一次）	A. 无正式题目； B. 书写糟糕，无逻辑性； C. 不能确切展现个人的人生经历和人生转折（满足两点即不合格）
交流感悟	A. 从自身实际出发，真切合理，不虚情假意或假大空； B. 具有一定的思考深度，让人产生共鸣； C. 交流时声音响亮，声情并茂，具有感染力	A. 从自身实际出发，真切合理； B. 具有一定的思考深度； C. 交流时声音响亮	A. 从自身实际出发； B. 具有一定的思考深度； C. 交流时声音响亮（满足两点即可）	A. 无感悟或感悟假大空； B. 无思考； C. 不愿意交流（满足两点即不合格）

如果学生能按照以上流程操作，基本上可以形成一篇属于自己和爷爷奶奶的传记式文章，但毕竟每个孩子都是不一样的，每个人的切入点不同，努力程度和方向不同，最终成果的质量也是参差不齐。如何评价学生辛辛苦苦的历史写作成果成为教师的一个难题，并不是努力了结果就一定好，他们毕竟是初中生，他们的作品也有成为流水账之流，或是文章虚华过度，反而失却了历史写作的本意。因此把评价的细则早早展现给学生，才能防患于未然。

在学生明确历史写作的评价标准的基础上，教师在历史活动课或班会课上组织学生就自己的历史写作成果进行声情并茂的朗读展示，请班内同学进行点评，同时就文章中反映出来的问题进行有针对性的提问和讨论。如历史写作的真实性辨析，因为家中老人对于具体历史事件的记忆可能并不准确。

通过后期的分享与讨论，每个人的感悟得以交流，对历史的认识也有了提升；同时，它使得历史写作的评价不仅仅局限于纸面上的条条框框，更带有相互的情感体验，也保证了评价主体的多元化，让更多的学生感受到历史写作带来的愉悦，从而进一步对书本上的历史感兴趣，想进一步了解历史，思考历史。

其实举办历史写作的活动工作量巨大,即便在班内选出优秀作品参加中学生历史记录大赛也并不一定有所收获,但这不是重点。历史写作这一形式很好地调动了学生的积极性,更是一个很好的机会让教师感受到学生的无限潜力。新一代的中学生绝不是牵线木偶,他们有想法、有热情、有能力,并且敢想敢做,可塑性极强。同时这也让学生家长们感受到了新课改的魅力,他们会发觉下一代不再唯课本适从,只知啃书本。作为历史的亲历者,他们也更希望孩子们能够传承历史的经验教训,不仅为历史学习,更是为全面发展、个性成长打下良好的基础。此外,与平常的历史考试不同,历史写作中学生不仅是参与者,同时也是历史写作的评价者,因此,历史写作对于初中历史教学而言意义重大,值得进一步研究与探讨。

86

学会使用课堂观察量表

一、课堂观察量表的独特价值

传统的听评课往往存在"三无"现象：无理论基础、无系统设计、无效果评估。传统的听评课中，评课发言更多地体现了感性的色彩，本着"大约如何"的感觉、维护教师的"高大形象"，从导入、提问、板书、设计等单一视角出发观察教师的技能，而忽略了课程教学中最为重要的因素——学生。一节课下来，特别是公开课、示范课、展示课之类的优秀课堂，完全变成了教师基本功表演的舞台，听课变成了学习表演技能或走马观花式的应付，评课变成了一味恭维、赞扬、夸奖，完全忘却了"教学相长"的真谛。听课教师习惯性地坐在教室的最后，远离学生的课桌，自然就无法近距离地走进学生，无法真正地关注学生的学习活动，无法有效地记录或感受学生的言行、思考、感受及成长。

课堂观察的起点和归宿都是指向学生课堂中学习的改善，课堂观察的优势在于首先通过前期的研究对学生的学习形式形成一定的理论框架或判断标准，然后创建合适的工具捕捉学习，并用一种可报告、可分析的方式记录下来。在课堂中采取的课堂观察不论是量化观察取径、质性观察取径还是专业成长取径，都可以在科学的理论下、在有效的数据采集下理性地观察学生，以发展的眼光分析学生，评判学习者在课堂中是否拥有主动建构意义、注意力调整、与人合作等的机会，是否能自主地学习，以及获得个性化长远发展。

当然,课堂观察也可以通过制定不同视角的量表有效地促进教师的专业化发展,促进教师教学设计的逻辑性、严谨性、科学性等方面的提高,还可以有针对性地对导入设计、情境模拟设计、问题链设计、师生互动、关注个体差异的洞察力等方面展开观察与评析。质量较高的课堂观察本身就是一种教研活动,它在教育教学理论与一线教学实践之间构建了一座桥梁,为教师教学理论的提升、行为的改进、能力的完善提供了一条发展路径。

　　例如,根据制作的课堂观察量表,笔者对学校教研组内的研讨课——胡臻老师的"新文化运动"做出了如下评价。

　　从学习目标的达成度来讲,笔者观察到刘老师针对3个学习目标设计了7组问题链,总计28个小问,提问量适宜。学习目标一"新文化运动的主要内容"设计了4组问题链,其间还穿插了两次讨论:"为什么《青年》杂志封面上用到法语'青年'和美国卡耐基头像?""为什么新文化运动斗争矛头指向儒家传统道德?"学习目标二"新文化运动的背景"设计了一组问题链。学习目标三"新文化运动的评价"设计了两组问题链——"新文化运动的影响"和"对待东西方文化的态度",后一组还有学生集体讨论活动。从上述情况看,刘老师就本课的重难点巧妙设疑,并选取适当的史料铺陈情境进行激疑,从而启发学生顺利完成探疑、释疑的过程。

　　基于对学生回答反馈的观察,笔者的结论是:本课目标达成度很高,有效地落实了学习目标。笔者主要基于两个证据做出这样的判断:其一,七组问题里有六组问题是学生以个体回答或集体回答的形式独立完成的;其二,教育学中有一个测量提问难易度的公式 $PH=1-p/W$,W 代表上课的学生总数,p 代表回答提问通过的学生数。笔者统计到本节课共有42位学生参与,如果集体回答算一次的话,就一共有21次回答通过,根据公式可算出有50%的学生参与了回答。这个结果正好在公式要求的0.3~0.8之间,这就表明这些问题总体上是在学生思维的最近发展区的,既"够得着"又可以"跳一跳"。

　　只是略有遗憾的是,在"新文化运动的背景"这一目标的学习中,最终是学生和老师以4∶4的方式各自承担了一半问题的回答,建议此处提问可再完善一下。

　　从发言中可以清晰地判断出:第一,本课预设学习目标三个,以若干问题链的形式牵引课堂流程的推进,问题设计有水平、有高度;第二,师生互动活跃,体现了教师课堂主导性的同时更充分地展现了学生的主体性地位,学生回答问题的情况既有个体作答又有集体回答,再次证明教师设问的有效性;第三,本课设疑、激疑、探疑、释疑的过程流畅,不拖泥带水,也无乱贴标签的做作行为,学习目标达成度较高。

二、课堂观察量表的类型与制作

对于课堂观察量表的分类标准,沈毅、崔允漷主编的《课堂观察:走向专业的听评课》一书中指出:根据资料收集的方式以及资料本身的属性来划分,课堂观察可分为定量观察和定性观察;根据观察者与被观察课堂的关系,可以分为自我的课堂观察和对他人的课堂观察;根据观察者之间的合作关系,可分为合作的课堂观察与独立的课堂观察;根据对观察对象或内容的选择,可分为集中观察和分散观察;根据观察目的与作用的不同,可分为诊断性观察、提炼性观察、专题性观察。

在实践操作中,很多类型的观察具有交叉性,同一观察活动也可能具有多重属性。所以,课堂观察只是一种新型听评课的范式,并非一成不变的唯一公式或方法,在具体的听评课活动前每一位观察者都可以根据具体的观察目的或方向来选择观察主题、制定观察量表。

如上文中一系列基于观察数据的对胡臻老师课的点评,其关键在于以"历史课堂提问有效性"为主题进行了认真的课堂观察及量表填写。

具体表格设计如下:

表1 "历史课堂提问有效性"观察量表

	学习目标		问题设计(教师)			探究过程(学生)			
	目标设定	与课标相关度	问题表述	提出方式	与目标相关度	应答方式	应答情况	创新答案(生成性)	目标达成度
1	新文化运动的主要内容								

续表

学习目标		问题设计（教师）			探究过程（学生）			
目标设定	与课标相关度	问题表述	提出方式	与目标相关度	应答方式	应答情况	创新答案（生成性）	目标达成度
2 新文化运动的背景								
3 新文化运动的评价								

注：提出方式：a. 预设，b. 生成；与目标相关度：a. 紧密，b. 比较紧密，c. 不紧密；应答方式：a. 个体回答，b. 集体回答；应答情况：a. 即答，b. 思考后回答，c. 讨论后回答；创新答案（生成性）：a. 无，b. 有（记录学生生成性问题或答案）；目标达成度：a. 很高，b. 比较高，c. 不高，d. 没有达成。

该量表的填写大致需要三个步骤：第一步，在课前讨论会议时，听评课教师根据授课教师的会议发言或授课内容，预先完成"目标设定"具体内容的填写，并参照课程标准完成"与课标相关度"的预判。第二步，在听课过程中，根据教师的授课内容与进程认真按照课堂观察量表的各项目逐一填写。为了保证量表记录的真实性、有效性，可以将量表拆分给多个听课教师，也可以多个听课教师同时填写某个观察主题的量表，结束后再进行汇总、分析。第三步，完成课堂观察量表的填写、统计后即进入集体评课阶段，授课教师先进行自我发言，然后评课组织者根据不同观察主题安排相应教师进行数据展示及评课发言。

三、课堂观察量表的实践与反思

教学是一门艺术，课堂观察则是运用科学的方法解决教学艺术中的一部分问题，它有其无法言说的优势，但也有一定的局限性。它需要观察者接受一定的专业培训，具备相应的观察技能；它要求被观察者抱着"常态课"的心态正常授课；它要求观察者能根据本学校、本学科甚至本人的实际情况，拟定出相对合理、务实的观察视角，制作出相对科学、理性的观察量表;它要求观察者能集中心智观察,及时、准确地收集相关信息,尤其是课堂生成性或突发事件的处理情况;它还要评课者能采用定量与定性相结合的方法,要注意数据的信度和效度,推论要基于证据,推论程度要适当。

课堂观察是一个集体合作的范式,课前会议、制定量表、课堂观察、数据汇总等过程都需要发挥集体的力量、合作的力量;同时,课堂观察也是一个连续追踪的过程,其观察结果或评课数据仅仅是供教师们研讨或反思之用,而非是一个终结性的评价,教师们更应该深入地理解数据背后的意义。

在崔允漷博士的指导下,江苏省锡山高级中学历史学科听评课实践已进行了多年,也摸索出一定的主题观察量表的制作经验并投入到了教学实践中。在此另举一例:

表2 江苏省锡山高级中学"历史课堂师生问题互动"观察量表

观察内容		次数							效果评价				
		导入	自主学习(了解)	小组讨论(理解)				总结(见解)	有效	低效			无效
				探究一	探究二	探究三	探究四			过易	过难	含糊	
教师提问类型	1. 思考型问题												
	2. 铺垫型问题												
	3. 提醒型问题												
	4. 追问型问题												
教师对学生提问的态度	5. 热情												
	6. 冷漠												
	7. 忽视												
互动类型	8. 师生互动												
	9. 生生互动												
	10. 师班互动												

续表

观察内容		次数						效果评价				
		导入	自主学习（了解）	小组讨论（理解）				总结（见解）	有效	低效			无效
				探究一	探究二	探究三	探究四			过易	过难	含糊	
教师对互动过程的推进	11. 以问题推进互动												
	12. 以评价推进互动												
	13. 以非语言推进互动												
言语互动过程计时	14. 30秒以下												
	15. 30秒以上												

教学是个复杂的活动，没有放诸四海而皆准的公式或模式。同样，课堂观察也如此。每一个观察主题的确定、每一份观察量表的制作都需要根据学校、教师、学生的实际，相信教师们通过集体智慧，肯定能将课堂观察量表不断完善并推动师生的共同进步。

87

学会对学生课堂回答精准点评

"为了每一个学生的发展"已经成为一个普遍的教育理念，也落实到了每一个教师的实际教学中。新课改推行已有数年，作为一名一线教师，笔者正在努力向新课改的要求靠近。新课改形式下的历史教学课堂逐渐使用新式的教学方式，一般课堂教学不再是"满堂灌"，教师会在上课环节穿插很多提问，以达到师生互动合作完成教学内容的模式。这种模式深受教师和学生的认同，教师普遍认可良好的课堂提问有助于提高教学效果，因为在这种教学环境中，学生不再被动地接受知识，而是主动地全身心投入到课程的学习当中去，由此带来的活跃的课堂气氛能够在更大的程度上活跃学生的思维，激发学生的学习热情，为学生的长足发展提供支持。但是，在此过程中也有一些突出的问题亟待解决，比如教师如何有效地对学生的回答进行点评？笔者想，一句发自内心的评价，哪怕是一次真诚婉转的批评，抑或是一句发自内心的表扬，都值得老师用心去做，以达到良好的课堂效果。再加上几乎所有学生都认为，当自己回答不正确时，如果能得到教师的鼓励与启发，他们多数情况下是能再一次正确回答出问题的。学生回答正确时，教师的表扬可以使学生整堂课都信心满满，而且对当堂课的知识也印象深刻。可见，教师的几句评价对学生的影响很大，教师及时地适当地对学生进行评价，才能让学生对历史学习保持持续的热情。苏霍姆林斯基说过："在每一个年轻的心灵里，存放着求知好学、渴望知识的火药。就看你能不能点燃这火药。"

既然对学生课堂回答的评价是课堂教学的重要组成部分,那么就值得教师在备课时也把这一部分内容提前预想一下。

目前江苏无锡的现实状况是,虽然2021年历史将成为中考科目,但初中历史在学生心目中依然是一门副课,重视程度很不够,所以如何在课堂上吸引学生是一线教师备课的一个重点。只有学生真正喜欢历史课,教师才能在平时的教学中潜移默化,帮他们打好高中历史学习的扎实基础。既然现实如此,就需要在评价学生上课表现时尽量使用赏识教育,适度的鼓励可以提高学生的学习积极性,建立起学生在历史学习中的自信心。

另外,在平时的随堂课上也不可能像公开课一样,动不动就用历史短剧表演、社会调查等耗时耗力的形式,更多的是要在常规的教学手段中求新求变,吸引学生上课的注意力。这其中教师的上课提问只要用心设计,难易得当,之后给出学生心悦诚服的评价,就能起到很好的作用。

在上课的时候,笔者的提问一般有三种类型。第一种类型是在书上马上能找得到明确答案的,这样的难度笔者通常会选择一些平时不怎么发言的学生。答案就在书上,只要是认真听的学生,站起来也不会觉得尴尬,稍一动脑答案就出来了。在他们发言结束后,笔者会简单地说一句:"你找到了,在书上,回答得很好,声音很响亮,请坐!"虽然是一句简单的点评,但学生心里也会觉得比较开心,觉得站起来没有丢人。如果当时他(她)恰巧听得不是很专心但又侥幸答对了,那坐下去之后估计会深呼一口气,暗自庆幸,并提醒自己不要开小差。

如果学生站起来没有回答出来甚至有的学生都不知道笔者问的是什么,笔者也会比较严肃地提醒他(她):"上课要认真听讲,老师在关注你们每一个人,看你们是不是在跟着老师的上课思路走,希望你坐下去后认真听讲,我还是会提问你。"

第二种类型是提问的答案必须要与以前所学内容结合起来,通常是针对班级里面学习比较认真的学生,他们对以前的历史知识掌握得比较牢靠。比如笔者之前上人教版九年级下第4课"亚洲封建国家的建立",在讲到日本的历史时,笔者就会提问,中日交往最早开始于什么时候?在唐朝时交往为什么会密切起来?这种难度学生如果举手回答并且回答准确的话,笔者会由衷地说:"你的中国古代史部分掌握得很好,初三最后的历史综合性考试相对会轻松些哦!"

第三种是考验学生有没有一定量的历史课外知识的积累,有没有一定的分析能力。还是用这一课来举例,讲到日本大化改新后从奴隶制国家转变为封建国家,笔者出了一道材料题:

古代历史上,日本在亚洲拜认了第一位老师,向老师学习。但明治维新(拜认了第二位老师)后不久,日本就对他的第一位老师发动战争,逼老师签订不平等条约,收钱占地。20世纪30年代,他再一次向他的第一位老师发动战争。

——摘自陈冰《作坊里的日本》

提问:① 古代日本在亚洲拜认的第一位老师是谁?那时两国交往密切的原因是什么?② 在近代(拜认了第二位老师),日本就对他的第一位老师发动了哪些侵略战争?③ 从上述材料中我们能获得哪些启示?

这道题目的第2问就有一定的难度,能正确回答出来的同学,就是之前内容掌握扎实的学生。最难的是第3问,这个问题没有统一的答案,但是大致方向是有的,回答出来的学生不光是书本知识掌握牢靠,而且有一定的分析能力,笔者会这么点评学生:"你的分析很有道理,说明你不光了解了那段历史,也关注现在的世界政治格局,以后是做领导人的料哦!老师要为你点赞!"

当然,很关键的一点是教师的评价不能模糊。在公开课堂上常常听到一些教师的评价是"你真棒!你说得很好!"等等简单的赞扬的语言,这样的评价虽然也有激励作用,但指向性不强,可能学生本人和其他学生并不知"棒"在何处,"好"在哪里。所以,教师的赞扬要具体明确,如:"你的历史课外知识真丰富""你看的课外书很好""你的语言很流畅""你的分析能力很强,让大家一听就懂,如果能把语速再放慢一些就更好了""你提的问题很有价值,让我们共同研究一下"……这样的评价语言会让学生感到亲切自然,如沐春风,对其他学生也是一种引导和激励。

另外,教师机智巧妙的评价语言,可以启迪学生的思维;风趣幽默的话语,能使学生在笑声中得到启发,在快乐的情绪中参与学习。

更高的一个层次是教师可以将有声语言和体态语言有机结合,将预设语言和随机语言有机结合,根据学生的反馈信息或突发情况,临时调整原先预设的口语流程,巧妙应付,独特创新地进行评价,课堂自然就会充满活力。教师评价语言也要因人而异,因课而异。课上,你不妨翘翘大拇指、鼓鼓掌或与学生握握手,祝贺学生的精彩回答。

总之,好的评价体现了教师的专业素质和文化底蕴,要使自己评价的语言更有实效,更受学生欢迎,教师就需要不断地学习和思考。如果课堂评价时能做到准确得体,机智巧妙,独特创新,教师就会在课堂教学中挥洒自如,就会更有魅力,课堂也会更高效!

88

中学历史教学反思撰写的方法和技巧

教师的成长不仅仅体现在教师本身对专业知识的掌握程度上，还表现在如何更好地把书本课标中的知识传授给学生，并让学生更好地接受。在这个过程中，善于总结，及时总结，对自己每次教学的得与失及时进行思考、归纳并记录下来，一般来说，这种过程被称为教学反思的撰写。教育学家波斯纳也提出了"经验＋反思＝成长"的公式，明确强调了反思的作用。

教师教完一堂课，定有自己的感受感悟、感想感叹，若能对此进行简要的归纳整理，撰写教学反思，则能帮自己接受课堂所反馈的信息，克服教学中的干扰因素，有助于自己找出教学过程中的成功和不足之处，为下次教学提供可靠依据，也有助于加深对教材的理解，促进教师教学能力、教学水平的提高。

诚然，教学反思的作用人人皆知，但更主要的是教学反思的内容有哪些呢？怎样撰写教学反思，提高教学能力呢？本人认为主要在教师的"教"和学生的"学"两个方面，以教促学，以学促教，两者相互促进。

一、记教学过程中对教学内容的新领悟

很多教师都有这样的经验，备课即使再充分，在具体的教学过程中依然不断会有新的内容灵光一现，可能是一个自己在备课过程中忽视掉的内容，也可能是一个更好、更科学的推动教学进程的问题，也可能是学生的一个更完美、更全面的回答，这些都可以作为课后反思记录下来，以方便自己后面的教学以及最后的复习，也能从侧面帮助自己不断改进备课的技巧。

二、记教学过程中的"亮点"

即使教师的备课再充分,也总有一些不可控因素出现在教学的过程中,可能是某一个看似无厘头的回答而引起的学生热议或者任课教师的"突发奇想",也可能是教学过程中教师的某个小失误、小语病等引起的教学新内容。当然,教师的备课并不是万能的,有一些并不是特别有把握的点需要在教学过程中进行可行性尝试,以确定切实可行的教学方案,对这一类问题需要提前做好更充分的预设,做好更全面的前期性工作,保证教学过程的可控性。无论最后成功与否,都需要在教学反思中进行记录并分析,以帮助后续教学内容的安排。

三、记教学过程中的"败笔"

白玉微瑕,无论看起来多么成功的课堂教学都会难免留下几处败笔和遗憾。有时教学方法可能使用不恰当,有时学生学得不够深入,有时教师指点不到位,有时也可能教学的某个环节安排不合理,等等,教师对这些问题进行认真梳理,并分析其产生的根源,可以记取教训。"智者千虑,必有一失",如果每节课后,教师都能对自己或别人的课认真进行反思、探究和剖析,并研究解决问题的方法,采用多种形式进行补救,取长补短,避免在以后的教学中重蹈覆辙,那么教师会获得长足的进步。

四、记教学过程中各个班级的学生甚至个别学生在堂课上的表现

在课堂上,教师应尊重、信赖每一个学生,鼓励学生积极思考、质疑问难、大胆发言。在这个过程中,教师提出的问题,学生做出的回答,在教学过后教师都可以进行细心的分析。对所教过的学生进行精心备课,甚至简单分类,可为后面的教学工作提供足够的参考。一节好的课,一定是一节对教学内容、教学对象非常熟悉且准备充分的一节课。很多教师在备课的过程中往往忽视对学生的分析,从而导致在课堂上无的放矢,自己认为是很精心备的课,但上起来如此的不顺手,最主要的原因应该就是对所教的学生不够了解。

总之,不进行教学反思,以后再教授这部分知识就只能是老方法的简单重复,教师教学水平就会永远停留在原来的基础之上。实践证明:反思教学

中的得、失、疑能使教师以后的教学扬长避短,常教常新,不断进步。

历史教学反思案例

"英国君主立宪制的建立"一课教学反思

在分析了教材之后,我觉得课本在没有介绍英国政治制度的前提下就讲君主立宪制是如何确立的,不符合人的认知心理。于是,我把本课的授课思路确定为:是什么(人物、地点、时间)——为什么(原因、形成过程)——怎么样(意义、作用及做法)。首先给学生介绍英国政治制度及机构的运作,如首相是如何选举产生的,一个重大的议题需要经过哪些环节的批准,这中间就涉及了"代议制""责任内阁制""两党制"等名词了。弄清楚"是什么"后,从练习中"英国女王没有实权"引出新问题"英国女王是不是一开始就没有实权?",进而引入课本,讲述君主立宪政体的形成过程。

反思:

一、成功之处

1. 重新处理课本后,学生对英国政体有了清晰的认识。

2. 与时政相结合,引用了大量的时事材料,引起了学生学习的兴趣,做到教学为现实服务。

3. 授课过程中比较恰当地插入了情感教育的成分,讲到英国民主政治发展将近八百年历史时,引导学生不要妄自菲薄,新中国成立才七十周年,我们要正确看待自己国家与他国的差异,并努力去改善;在分析君主立宪制政体的进步性时,与君主专制进行比较,指出这是人类历史的一大进步。

二、不足之处

对于西方政体中的君主立宪制与民主共和制、内阁制与总统制、单一制与复合制、两党制与多党制介绍得不够清楚,其实这几种分法是交叉的,只是划分标准不同。

总结:

作为一名教师,只有认真学习新课改理念,把握历史教育的特点,创造性地使用教材,关注师生的共同发展,并结合自己的教学实际,才能设计好教学,才能落实新课改的要求。

89

学会善待逆耳忠言

俗话说,良药苦口利于病,忠言逆耳利于行。历史上,唐太宗以善于纳谏而被传为佳话,但现实生活中,忠言面临的,更多的是不屑一顾,甚至是白眼。究其因,大概在于忠言往往是不留情面的坦诚之见,是直言不讳的中肯建议或批评。忠言不被重视,既发挥不了其价值,又伤害了忠言者的感情,同时也让听言人失去了提升自我的契机。从这种意义上说,学会善待逆耳忠言,可谓十分重要。

一、转变逆耳思维,听进去

生活中,逆耳忠言并不总是利于行的,因为听者觉得逆耳,往往会产生抵触情绪。在这种情绪的作用下,忠言根本没有入耳,更别谈深入人心了,因而不可能起到提升认识、改变行动的效果。现代心理学理论指出:在沟通中70%是情绪,30%是内容,情绪不对,内容就会被扭曲。因此要处理事情,必须首先处理情绪。学会善待忠言,首先要调整情绪,转变逆耳思维。想想看,如果不是认为自己"孺子可教",不是愿意帮自己进步,别人怎么会冒着被误会的风险率直而言呢?认识到这一点,调整情绪,对"苦口婆心"抱着一颗敬畏之心,将忠言作为弥足珍贵的财富,虚心静听,才能领悟其中的精髓。

作为教师,最多的逆耳忠言来自同行,评课又是最真切的忠言出现的环节。著名教育家佐藤学指出,"教学是多种思考相互呼应的过程……要让所有的教师教学公开,互评,相互砥砺"。要实现这种"共同成长",教师首先要认识到，评课较个人反思更具有交互性、指导性和效率性，教师要克服逆耳的反感情绪，养成接纳同行意见和建议的气度和胸怀。这样，才能跳出当局者迷的困境，发现课堂问题，促进教学思想之间的碰撞和相互启发。

二、以忠言为契机，形成研究问题

忠言，并不总是解决问题的具体措施，更多的时候，它是指出现存的问题。言语或许尖锐，但恰恰这些忠言更需要留意和深思，因为它往往隐含着教育探索的难题，是重要的提升契机。

高三的课堂中涉及不少论证题的讲评。讲评要突出方法和技巧，这是共识。实践中，笔者的一节习题讲评课在受到好评的同时，一同行也表达了疑惑：你们有没有发现，虽然学生讲起方法和技巧来头头是道，但操作起来水平却是"昨日重现"？一句话引起了笔者的深思。是啊，这问题自己平时不是也有困惑吗？爱因斯坦把极端的愚蠢解释为"一而再，再而三地做着相同的事，但却期盼着不同的结果"。看来要改变这种现状，习题讲评方式也需要发生变化。那么该如何改变呢？笔者以此问题作为契机，阅读了不少大师的书籍，借鉴并与同行讨论，终于找到了更好的操作方法（具体操作见第四部分）。

教学中，有一种"忠言"，往往被忽视，甚至视为另类，这就是学生的不同声音。实际上，学生有其独特的视角，他们率真的见解如果被好好地发掘、利用，往往会为教学打开另一扇窗户。

某教师在"'百家争鸣'和儒家思想的形成"的课后布置书面作业，让学生解读教材插图《孔子讲学图》。某学生写道："孔子所独坐的床榻比地面高起很多，而弟子们则围坐在他周围。孔子与学生还没有完全平等……整个看来，学习气氛压抑，没有争论，说教色彩浓重。"面对如此迥异于教材的看法，该教师没有嗤之以鼻，而是仔细研究了图片，将之作为研究性学习的一个主题开展下来。教师和学生一起查阅资料，终于弄清楚图片的作者生于明代，他将明代的社会现实赋予了图片中的孔子，一定时期的思想是该时期政治经济的反映这一道理相信参与的学生永生难忘。而之后，他们又拓展到对欧洲的学院讲学图片的研究中，相信经过长期的坚持，一个与东西方讲学相关的专题研究将让人耳目一新。

三、厘清忠言要核,对比、提升

善待忠言,并不是要照搬照抄所有的建议,否则,就会变得人云亦云,毫无特色,不会获得真正的收获与成长。善待忠言,需要在虚心倾听之后理性思考,厘清忠言精髓,对比自己的实践,找出联系与区别,运用已有知识或与更多忠言碰撞之后去开拓更好的问题解决之道。

"现代世界经济发展模式的探索"一课中,笔者在整体设计上将其分为资本主义国家篇、社会主义国家篇、异曲同工篇三部分。顾名思义,异曲同工篇是对认识的升华。在最初的设计中,笔者试图用"现代农业土地的适度规模化经营"作为切入点,根据材料分析英国圈地运动、苏联农业集体化和中国分田到户,谈对土地开发利用的认识,希望以此窥见各国现代化中的共同现象和特点。在此基础上运用学者评价材料比较罗斯福新政和中国改革的相似性,谈对近代以来世界经济发展模式的认识。

评课时,一位前辈肯定了整体构架,同时尖锐地指出,异曲同工篇"同"的主题不够突出,选择的题目冲淡了"同"的意味,最后一段史料和问题实际上是试图将偏离的主题拉回正常的轨道,这样给学生的感觉是比较"散"。

这样的评价,令笔者感觉十分意外,笔者向大家陈述了自己管中窥豹、以小见大的设想。针对这个设计,大家展开了讨论,讨论的重点发展为结尾是演绎模式还是归纳模式更适合这节课。最后,大家基本形成了共识:前两部分已是个例呈现(两类国家的调整),最后一部分重在归纳调整过程中的"同",即共性,提升学生对这一主题下经济发展手段的多样性、经济发展模式的国情特色、经济文明的交流和借鉴的认识。这样,高屋建瓴中主题得到升华。至于笔者本来设想的以小见大,则是这一共性的表现和应用,依然属于演绎。

汲取忠言,思想碰撞之后,笔者对结尾进行了调整:据两段材料说明中美改革各自的新颖之处,比较二者的相似性,谈谈对经济发展模式的认识。而原来的题目则放到课后的练习中来处理。这种调整,不是简单的拿来主义,而是思维的碰撞,认识的升华,最终得来行动的改变。

四、融汇理论与实操忠言

以上提到了来自同行的、学生的忠言，这些基本上是属于现实操作中具体的指点和问题的指出，有的问题容易迎刃而解，但也有一些问题，往往是教育过程中的共性问题，鉴于这样那样的原因，需要借助更多的、更高层面的智慧——融合大师思想的教育理论与实践的书籍才能解决。

例如上述第二部分论证题讲评中，方法反复讲学生没有提高的困境。笔者后来在阅读一些教育书籍的过程中逐渐明晰了认识。在读《第56号教室的玄机》一书时，王晓春老师的话启发了笔者："强烈的外部控制事实上减少了孩子反思的可能性"，"教育，必须能引起孩子的自我教育"。也许，试题讲评效果不明显的原因在于我们表面上让学生分析题目，实际上并没有落实到他们对答案的具体剖析；教师讲授的方法与学生自己的误区没有发生碰撞，没有从根本上触动学生的思维，使他们对自己的错误及错误的原因形成深刻认识，因而教师的方法指导就成了空洞的说辞，没有了针对性和可操作性。

那么，怎样在试题讲评中落实学生是反思的主体这一理念呢？听20%，说60%，写70%，表演75%，这是美国学生在课堂上的活动方式。研究者的研究数据引起了笔者对自己课堂操作的反思。适时，另一位老师的话给笔者的操作提供了具体的指引："历史课堂……要留有足够的空间，让学生有充分的想象和洞察的空间、思考和追问的空间、谈论和互动的空间、自我反思的动笔书写的空间。"经过慎重考虑，笔者对这道论证题的讲评做了如下调整：

（1）讨论：根据你所认识的论证题的做题方法，指出以下案例的亮点与不足。（呈现典型案例，合作探究，表达认识）

（2）这些亮点与不足你有吗？除此之外，你还有哪些？（自主纠错与反思）

（3）教师总结，指出亮点不足，并指导解决之道。（针对性解决，可操作性强）

（4）学生总结找出最易忽视的技巧并结合题目体会、运用。（再反思、内化、运用）

这样，笔者将阅读中的理论提升与同事忠言中的实操问题相结合，让不同的"忠言"相遇，融会贯通，相互辉映，促进了对于教学的理解与操作能力的进一步提高，切实提高了育人水平。

傅雷先生曾言,"真正的智慧在于听取忠言,立即实行,因为一个人生来就聪明是不可能的。"忠言,无论是来自学生的还是同行的,抑或是书籍中大师的,都能为教师铺就进步的阶梯,教师应怀着一颗感恩的心,善待忠言——虚心静听,听出问题,理性思索,对比分析,融会贯通,不断提升!感谢忠言,促进成长!

90

弹性预设，才能有效生成

——一堂"失败"公开课的反思

2011年学校组织了青年教师上课比赛，课题是人教版高中历史选修四第四单元"亚洲觉醒的先驱"第1课"中国民主革命的先行者孙中山"。笔者认真备课，查阅了大量相关资料，对新课程新理念有了新的理解和认识，并大胆地做了实践。

为了能突破传统课堂，使之体现"新课程理念"，又恰逢2011年是辛亥革命100周年，笔者索性将课题改为"百年辛亥话中山"（下简称"孙中山"）。并从教学设计情境化、历史知识基础化、能力培养重点化、知识情感一体化、教学紧跟时代化这五个方面进行了预设和实践。

为了能让学生全面参与课堂教学，笔者运用了分组讨论、自主学习、合作探究等多种形式。在课堂教学第一目中，学生能较积极地参与讨论、准备发言，这样的开头不错，但在第二目"对话孙中山"中评价孙中山的政治理念和第三目涉及高一必修一和联系现实的问题时，学生的思维明显跟不上，启而不发，导致课堂气氛沉闷。最后，由预设的"发挥学生的主动性"演变为教师的"一言堂"。

尽管在预设中设想了多种可能出现的情况，但在课堂中还是遇到了一些棘手的情况，精心预设，为何未能精彩演绎？笔者陷入了反思。

一、弹性预设是弹性教学的前提

精心设计不等于全盘演绎。长期以来,传统教学过分强调教学内容面面俱到,教学过程紧凑完整;过分追求精细的提问、预定的标准答案;精心设计每一句话,准确计算每一环节的时间分配……而上课就是执行教案的过程,教师期望的是学生能按教案的设想做出相一致的答案,于是便努力加以引导、提示,使本该丰富多彩、妙趣横生的历史课堂变得死气沉沉、索然无味。苏霍姆林斯基曾经说过:"上课并不像把预先量好、裁好的衣服纸样摆到布上去,问题的全部实质在于,我们的工作对象不是布,而是有血有肉,有着敏感而娇弱心灵和精神的儿童。"所以精心预设在一定程度上已经违背了新课程"以学生为中心"的理念。

所以,教师需要弹性预设。如果说精心预设是封闭式的,那么弹性预设则是开放式的。它更注重教学弹性,充分考虑在课堂中可能出现的多种情况。因此,教师在备课时,应结合教材和学生等多种因素,进行弹性预设。

弹性预设是指为实现历史教学的动态生成,教师以开放的心态设计教案,为动态生成保留足够的余地。教师课前要钻研教材,多角度地理解教材,准确把握教材的重难点,还要花大量的精力去研究学生,了解学生的经验、背景知识、学习方法等。充分设想有可能出现的种种情况,并思考相应的对策。这样,一旦这种情况出现时,教师才能够适当地点拨引导,促进教学的动态生成更灵活、更有效。

其实,笔者在"孙中山"一课的设计中,是有开放式预设的。如在第二目"对话孙中山"中探究孙中山先生的政治理念能否最终实现。这个探究问题属于开放性问题,既有利于学生发散思维,又能让学生通过探究掌握孙中山政治理念的局限性,同时也了解孙中山与时俱进发展其思想的进步性。可是笔者却没有去预设学生可能有的思维和答案,所以在课堂实施中,遇到"异常"情况,就无法"随机应变"了。

如在第三目的设计中,笔者对如何将历史与现实交融进行了重点设计,把孙中山先生注重民主、民生、法治等建设的史实和此后成为执政党的中共如何丰富发展孙中山这一理念相结合。本来这是个很好的预设,但笔者注重的是封闭式问题和预定的标准答案,使学生在解决问题时缺乏挑战与思考的空间，他们想不出"我想要的答案"，最后用"沉默"来表示"投降"。从这个层面上来讲，笔者所谓的精心预设，其实是极不充分的，是对教学资源预设的理想化，而缺乏科学化、人性化。

二、适时调节是有效生成的关键

苏霍姆林斯基说过："教育的技巧并不在于能预见到课堂的所有细节，而是在于根据当时的具体情况，巧妙地在学生不知不觉中做出相应的举动。"真实的课堂教学并不是预设的精确表演，即便是再充分的课前预设，在教学中也随时可能会出现预设之外的新问题、新情况。这就要求教师在教学过程中，传递知识、指导学习的同时，更要成为信息的重组者，动态生成的推进者，寓有形的预设于无形、动态的教学中，随时捕捉课堂教学中的"闪光点"，把握促使课堂教学动态生成的切入点，适时调整，灵活驾驭教学课堂。

在"孙中山"一课中，笔者安排了一个学生探究的辩论环节：探究孙中山的政治理念是否能实现。其实学生的回答是比较片面而笼统的，说明学生对孙中山的政治理念认识还不清楚或者对于历史评价的方法还没有掌握。在教学实施中，应该抓住这一切入点，进行充分辩论，从理论入手，用国情来分析，用史实来印证，让学生在大胆讨论、辨析中加深对这一知识点的认识。可是笔者并未意识到这一"生成性资源"，而是担心影响自己的教学任务和进程，未能给予学生充分发表观点的时间，所以辩论的环节就变成两位同学分别说明了一下观点。相反，教师却"喧宾夺主"，"代表"学生进行分析，从而错失这一极好的教学资源。这样这节课的一个亮点其实并没能体现，而且可能也限制了学生表现的欲望。

因此在教学实施过程中，教师需提高课堂组织管理能力和及时反馈的能力，及时发现、分析和利用那些"意想不到的有效的课程资源"，适时调整，达到课堂的动态生成。弹性灵动的课堂预设，要求教师在教学过程中沉着、冷静地倾听、思考，大胆、勇敢地生成新的教学内容和步骤，关注课堂的开放性与学生的创新思维，充分张扬学生的个性，使课堂的学习、探究过程，真正成为学生成长的"生命过程"。

三、激励评价是有效生成的催化剂

课堂教学无论采取哪种方法、方式,最终目的只有一个,那就是提高课堂的有效性。课堂能否有效生成,关键之一在于学生能否将自己所想的大胆说出来。学生所想的,有可能是富有创造性、独特的见解,也有可能是一种片面的甚至是错误的见解。其实学生错误或模糊的思路,正反映出学生当前认知上的冲突、知识迁移上的障碍。教师应该以此为契机,给予正确的引导或点拨,从而使其形成正确的认知。如果对于学生错误的想法,教师给予了批评甚至嘲笑,那么就扼杀了学生学习的主观能动性和创造性,压抑了思维的积极性。教学真正的艺术不在于传授本领,而在于激励、唤醒、鼓舞学生能发现并提出问题。这就需要发挥课堂激励性评价的作用。

在教学活动中,笔者尽管创设各种条件,希望能让每个学生都有表现自己的机会,让他们参与课堂、自主学习。但由于安排的内容较多,问题提升度较大,对学生水平"过于乐观"估计,未能使学生真正踊跃参与课堂,融入课堂。而课堂激励性评价机制也在此时缺席,对回答得比较好的学生,只有一句简单的"很好";对回答得不满意的学生,没有激励性的语言和措施,只是让其寻找能帮助自己回答的同学,来完成笔者的教学任务,这也是导致课堂气氛沉闷的一个重要原因。

苏霍姆林斯基说过:"培养全面发展的人的技巧和艺术就在于,教师要善于在每一个学生面前,甚至是最平庸的、在智力发展上最有困难的学生面前,都向他打开他的精神发展的领域,使他在这个领域里达到顶点……从人的自尊感的泉源中汲取力量。"所以,唤醒潜能、激发力量,促进学生走向成功,这是课堂评价激励机制的重要原则。激励性评价语的适当运用对于创设良好氛围,激活学生思维,强化教学效果,起着非常重要的作用。因此,教师要以促进学生的自主发展为中心,多形式、多角度地运用各种课堂评价语,优化教学效果。

总之,课前充分预设、弹性准备,课中适时调整,启动激励性评价机制,课后积极反思,总结经验教训,才能不断提升"有效生成"的水平。当然,要处理好预设和生成的关系,不是一蹴而就的,它需要历史教师不断尝试努力,在实践中趋于成熟。

91

系统训练,技巧取胜

——谈高中历史一轮复习中的试卷讲评

高三的历史教学处于一种不上不下的尴尬地位:一方面从会考到高考,试卷越出越难,如果教师和学生不投入大量的精力,肯定取得不了好成绩;另一方面江苏的高考模式决定了语、数、外三门学科的重要性,选修科目要为语、数、外"保驾护航"。在这种课时和课余能留给历史学科的时间都有限的情况下,历史教师如何争取在有限的时间里提高历史一轮复习的有效性呢?笔者认为应该认真对待每一堂试卷讲评课,通过系统训练,让学生在技巧上取胜。

一、教师要有的放矢,明确试卷讲评的目的

高三一轮复习的课型无非就是两类:一是基础知识复习课,二是试卷讲课。讲评试卷的课,教师要做到心中有数,明白通过讲评试卷要达到什么目的,也就是做这件事情的动机是什么。其目的要同基础知识复习课有明确的区分,不要稀里糊涂地去上这类课。只有带着明确的目的,才能尽可能地促使自己采用各种方法去达到目的。笔者认为对于教师而言试卷讲评课的目的有以下几点。

1. 分析基本情况

分析各个试题考查的目的、所覆盖的知识点及答题的基本情况。通过分析基本情况,教师可以掌握在某些知识点上学生的掌握情况,以此为依据,及

时改进和调整自己的教学。

2. 分析错因及对策

指出答题中普遍存在的问题及典型的错误,分析出答题错误的主要原因及防止答题错误的措施,使学生今后不再犯类似的错误。

3. 总结答题方法

总结好答题的思路与方法,帮助学生学会对一些较重要的、典型的题目从不同角度进行解答,并从中总结出答题的规律与方法,从而拓宽答题思路,使学生能够触类旁通,举一反三,提高分析、解决问题的能力。

4. 改进方法,促进提高

通过讲评加强师生之间的交流,有利于教师以后改进教学方法,促进教学成绩的提高。

二、教师讲评需遵循的五个原则

1. 及时性

认真及时批阅试卷是试卷讲评所要遵循的原则之一。如果试卷讲评和结果反馈相对滞后,那么学生解题时产生的思维火花早已消失殆尽。因此,及时将考试的结果和答案反馈给学生是取得讲评效果的一个重要因素。一般而言,高三的考试试卷必须在考后的一天或两天内就要讲评,拖得越久学生对考试时思考情况的印象就越模糊,讲评的效果就越差。

2. 针对性

每一份试卷中总有学生较易出错的题目和学生较少出错的题目。鉴于一节课时间是非常有限的,在讲评试卷中要做到有针对性,针对出错率比较高的题目进行重点讲评,而出错率较低的题目可以找相关学生进行课后单独辅导。

3. 延展性

由于考题答案的多样性和不确定性,教师应充分利用讲评机会,引导学生从不同的角度、不同层次来思考问题,培养学生的发散思维能力,鼓励他们进行创新活动。但是,作为讲评课对知识的延伸也不能漫无边际,应有一个度,必须注意下面三个问题:① 延伸的问题要有新颖性,尽可能跳出以前历史习题的定势框架,根据高考的需要进行重新设计,这样的延伸对学生才有吸引力。② 延伸的知识和原有的知识必须有衔接,两者之间必须有可比点。③ 延伸的知识的量要适度,不能处处出击,不能冲淡讲评课的主题。通过这样的延伸,尽量做到讲一题,学生会一串,懂一片,能举一反三,触类旁通。

4. 激励性

对于考试成绩相对较好的同学要及时表扬,特别是注意平时大多数时候成绩不太好但在某一次考试中取得较大进步的学生,只要他们在某一道题上取得一些进步就应及时表扬,力争发挥非智力因素的作用,从整体上提高成绩。另外对于一些考试成绩较差的学生,不宜过多指责、批评,在讲评时要注意帮他们恢复信心。

5. 互动性

以往的讲评往往容易造成教师"一言堂"的局面,学生只是机械地对照答案,这种讲评实在是没有什么意义。所以教师必须改变观念,充分发挥学生的积极性和主动性。比如,在讲评单项选择题时,教师可以先提问几个学生,他们选择答案的理由是什么以及在考试时是怎么想的,教师在总结这几位学生的答案后指出一般出错的原因:可能是记忆不牢,基础知识混乱;可能对历史概念的理解不正确;可能是对历史唯物主义原理掌握不好;等等。

在讲评材料题时,先让学生找出能回答问题的关键词语在哪里,说说当时怎样审题,怎样在脑海里寻找相关的历史事实作依据,怎样迁移课本上的知识,怎样组织答案。然后再公布答案,让学生找出自己的答案和标准答案有什么差距,以后应怎么改进。这样做学生就能看到自己的缺点在哪里,知道自己以后的努力方向,也能够给学生以信心,让他感受到自己前进的步伐,从而对历史考试不再畏惧。

三、课前的准备工作

俗话说:"台上一分钟,台下十年功。"其实这句话也非常适合用来形容教师。要使试卷讲评课高效、出彩,在课前要花的时间远远多于一节课的时间。那么在讲评试卷之前教师应该先做好哪些准备呢?

1. 数据统计

准确的统计是为了做到对成绩、对试卷、对学生心中有数。其目的是利用好试卷的检测功能,对得分率较低的试题认真分析失分的原因,及时发现教学中的漏洞或是薄弱环节。

尽管这一过程比较麻烦,但却是讲评中最关键一步,必须坚持做好。不然,没有数据分析,就会拿着试卷泛泛而讲,讲不到要害,讲不到重点。在每一次正规考试后可以制作一张表格来统计最高分、最低分、平均分甚至每一小题的正答率。在对平时的作业特别是选择题作业进行批改时,可以边批边在自己做的样卷上的每个小题的每个选项上做好标记。这样通过统计后,教师就能够对学生的考试得分情况做到了如指掌,在讲评时就能做到有的放矢,既有重点地讲,又能节约时间,提高讲评效率。

通过数据统计还可以进行分析比较。分析是根据每题出现的典型错误,揣摩学生的答题思路,归纳造成学生考试错误的主要原因:心理、审题、书写、语言表达、知识积累等多种因素。比较是为了发现问题,为了利用试卷更好地指导今后的教学。可以进行同类班级比较,也可以将本次考试和上次考试的情况进行比较,看教学的进步之处和仍存在的问题;可以将同一次试卷中不同题的得分情况进行比较,看教学的薄弱环节;还可以将优等生和后进生的试卷进行比较,找出优等生所以优、后进生所以差的原因,以促进后进生的提高。

通过数据统计还可以确定重点。数据统计及分析比较的目的就在于有针对性地确定讲评重点,制定行之有效的教案。讲评教案不仅要确定哪些题略讲,哪些题重点讲评;还要确定用什么方法讲,讲到什么程度,达到什么目的。

2. 写出讲评教案

一般而言,很多教师是不太喜欢写讲评教案的,因为无资料可查,并且要花一些时间,所以干脆直接对学生进行讲评,这样就导致讲课的随意性很强,想到哪就讲到哪,一节课零零碎碎,完全没有系统性。

那么在写讲评教案时要注意哪些问题呢?第一,要有讲评目的,包括学生在考试中存在的问题及原因,教师采取的对策,考试结果的数据分析。第二,要有讲评方法。每一道大题都有特定的讲评方法。比如第一道单项选择题,一般采用讨论法,由学生讨论确立正确答案。而第二道材料题应采用启发式,让学生分析材料,找出关键的信息,从而培养学生的分析与综合能力。第三道问答题要注意启发学生总结出做题的思路,学会怎样对应课本找出相关史实来组织答案。第三,要有讲评的重难点。通过前面的数据统计,明确了考试存在的主要问题后,必须对其中的原因进行尽可能的挖掘,全面分析学生失分的情况。第四,对重点讲解的题目的正确答案要有详细分析,让学生明白他的选择与标准答案的差距。第五,要有讲评小结,总结出这一次考试与前几次相比是进步了还是退步了,原因在哪里,以后努力的方向是什么,都要向学生交代清楚。

总之,试卷讲评课和上新课一样,需要许多方法和技巧,教师必须充分发挥自己的才智,从多方面多角度备课,用高屋建瓴的手段指导学生把握规律,进而形成能力。"授之以鱼莫如授人以渔",只有授予学生真正的取鱼之法,试卷讲评课才能上出味道,上出成就,真正发挥最大效用。

92

备考科学　教学对路　训练有效

——谈二模后的高考历史复习

一、备考科学

"备考"的具体内容指的是备"现今高考模式""学生学习现状和特点"及"课程标准和考试说明"这三面。

现今高考模式呈现的主要特点是：不抓达线达级匹配就不是抓高考；3门是小合唱，2B学科是独唱，就高考而言，"学生发展利益最大化"就是要实现达线达级匹配的最佳效果。而对有能力冲击更有实力的高校的学生，在强调匹配率的基础上，强调必须获得A。总之，根据每次阶段性考试的具体情况，切实抓好提优补差工作，以确保有效达B率。

学生学习现状和特点是：从生源特点看，无论是什么类型的学校，选修文科的一般都是一些中等生，不是本校的最优生源；就学习现状看，点不清、线不透、面不明、体不构，虽然经过了一轮复习，但学生的思路依然是混乱的，具体的知识不能形成有机的内在联系。所以后阶段的复习中仍需强调夯实基础，同时注重解题技巧等能力方面的培养与提高。

备课程标准和考试说明，指仔细研读考试大纲、考试说明，对高考具体考查哪些内容做到心中有数，尤其是今年考试说明与前两年考试说明相比有哪些删除与增加的考查内容，一定要了然于胸。再次依据考试说明的考查内容整合人教版和人民版教材,以确保两种不同版本的教材之间知识的互补。

二、教学对路

"教学对路"指"对考纲教材之路""对学生之路""对高考之路"。

对考纲教材之路,具体做到:对于普通班,再好的内容考纲没有都不要教;在一轮复习过程中,认真阅读教材,扎扎实实地将基本概念、规律、方法、技巧落到实处;二轮复习则在一轮复习的基础上,注重知识之间的内在联系,构建知识网络结构。

对学生之路,实施三大策略:一是夯实基础抓过关。目标是:烂熟于心,拿来就用。具体做法是:主干内容多次循环,能力训练分步到位,双基知识反复地复习、过关。二是主攻选择抓方法。目标是:做好选择题,拿足客观分。具体的做法是:加强对选择题的训练,包括对选择题中的易错题反复训练。三是培养习惯抓规范。目标是:解决主观题"会做但不得分"的情况。所以后阶段的复习中,要注重:一加强审题训练,做到眼看、嘴读、手画、脑思;二解题做到"四清",即看清每一字、审清每一句、写清每一步、答清每一问。总之切实做到懂—会—对三个层次。

对高考之路,要加强对近几年高考卷的分析。以江苏为例,不难发现,江苏近几年试题总体走向是趋于平稳,趋于平和,趋于理性,适度创新。具体来看,又有这几个方面的特点:① 试题以能力立意,将知识、能力、素质的考查融为一体,促进"知识与技能""过程与方法""情感态度与价值观"课程目标的实现;② 注重考查考生对历史学科课程基础知识、基本技能的掌握程度以及综合运用所学知识分析、解决问题的能力;③ 重视运用"新材料、新情境",强调与现实生活和社会发展联系;④ 注重时代性和实践性,引导考生培养正确的情感、态度、价值观。总之,近几年江苏高考充分体现了"知识立意"向"能力立意"转变这一命题指导思想。

针对近几年江苏高考卷呈现的以上特点,可以从以下几方面加强复习:一轮复习强调"一个中心(课本),两个基本点(难点、热点)";二轮复习做到"一化(知识系统化)三改(课堂、训练、反思)",贯穿古今,关联中外,特别是在一轮复习的基础上,用通史的方式重新构建知识的网络,突出每个阶段的时代特征;三轮则从调整(心态)、巩固(基础)、充实(薄漏)、提高(能力)八字方面着手。

在二轮复习可采取以下具体策略:① 史观引领——用新的史学观念引领复习内容,如全球史观、整体史观、文明史观、社会史观等,帮学生理清思路,然后加强运用,将其运用于二轮知识结构的重建或试题的训练。② "网"构知识——形成"面""体"意识。如中国的近代化,突出政治、经济、思想、社会习俗近代化四个方面。③ "通"读历史——梳理明确的知识线索。这是确保学生知识的中外联系、古今联系,使学生能够举一反三,触类旁通。④ "紧"抓热点,如周年事件、时政热点。⑤ "活"用能力——养成历史学习的基本素养。近几年江苏高考强调能力立意的命题导向,而历史学习有基本的学科素养能力要求:史料(材料)的解读能力、问题的形成能力、严谨的推理能力、审题解题的能力。所以在复习训练中,教师要关注学生这几方面历史能力的培养,使他们较好地适应高考的能力要求。

三、训练有效

首先,通过具体实践,加强对高考训练的"三认识":一是认识到学生的能力是练出来的,学生的方法是教师指导的。但学生最大的负担也是做习题,教师最大负担是改习题。所以二是认识到精选精编试题是十分必要的,选题是有效训练的前提,选题不当后患无穷。宁可教师多废时,不让学生做废题。三是精练客观题,精评主观题。

其次,在精选试题,有效训练方面:① 精选试题,少而精,形式采用新材料、新情境,设问重基础、重思维。② 有效训练,平时训练考试化,平时考试高考化,真正高考平时化。在训练过程中提高学生解读材料、获取信息的能力,对有效信息进行完整、准确解读的能力以及表达能力。

为了避免"会做但不得分"的问题,教师在平时的训练中还需具体做到:了解各种问法的答题要求,如依据材料回答,依据材料并结合所学知识回答,上述材料说明了什么,从这些材料中你得出了什么认识;提高学生语言表达能力,做到答案要点化、要点段落化、段落序号化、卷面整洁化;限时训练,提高学生解题速度。

另外,教师要加强集体备课,形成合力教学。培育和谐的师生关系,构建高效的历史课堂,特别是调动学生的非智力因素。教学中,不为难任何一个学生,不纵容任何一个学生,不抛弃任何一个学生。

93

如何进行试卷设计

一份好的试卷能够反映命题者的教研水平,也能反映出他对教学和学生学习状况的把握程度。出好一份试卷,是一个教师做好本职工作的一项必备的基本技能。

一、明确考试性质

高考命题的立意,在经历了知识立意时代、能力立意时代、素养立意时代之后,于2016年正式进入核心素养立意时代。统观2016年高考试题,各个学科,各套试题都不约而同地体现了对学科核心素养的考查。这是命题前首先要弄清的问题。

另外,一般来说,根据功能考试可以分为合格性考试、选拔性考试和检测性考试三类。一线教师需求最多的考试形式,诸如单元测试、月考、期中考试等,主要目的是对学生学习状况进行检查和诊断,注重生成性和导向性,要有效地检验出在本阶段教师的教学情况和学生的学习情况。

由于各种性质的考试目的不同,那么命题的难易程度、各类知识的比例、试题形式就会有所不同。因此,命题前必须明确考试目的,把握难度及区分度。

二、衡量试卷命题质量的指标

试卷的优劣,通常用试卷的信度、效度、难度和区分度等指标来衡量。

试卷的信度是表示试卷作为测试工具的可靠程度的指标,可用等值系数、稳定系数和内在一致性系数(分半系数)来表示。标准化考试的信度要求在 0.90 以上,最低不小于 0.80。

试卷的效度是衡量考试结果与预定要达到的考试目标相符合的程度,效度反映了试卷的有效程度。如果测试的结果与学生平时学习的情况基本一致,这样的试卷有较高的效度,说明试卷内容恰恰是需要考查的内容;如果试卷的效度低,则说明所要考查的内容没有完全考查到。

试题的难度即试题的难易程度,是试题或试卷考查学生知识和能力水平适合程度的指标,可用通过率来表示。各个试题的难度以适中为宜。试题太难或太易都不会有好的区分度,其信度也会降低。命题时必须对试卷做出比较准确的估计,一般难度适当的试卷学生分数的分布应呈近似正态分布。

区分度是指试题或试卷对学生实际水平的区分程度或鉴别能力,是反映学生知识水平的差异的指标。区分度高的试卷能对不同知识水平和能力的学生加以区分,使能力强的学生得高分,能力弱的学生得低分。如果水平高和水平低的学生得分相差不大或没有规律可循,那么这样的试卷的区分度就低。

三、掌握相关内容

学习课程标准,准确把握课程标准所规定的学习内容、各知识点应达到的认知水平以及课程标准所体现的学科思想、学科观念和新课程的理念与要求等。

充分了解学生实际的学习状况和学习水平,树立"考学为主,考教为辅"的命题思想,达到考试促进学与教的目的。

要关注社会热点、学科最新进展、科技新成果等"时事素材"和全国其他省市同类型考试的新趋势、新题型等,并对这些命题资源进行收集、整理、加工,以形成命题的有效素材。

结合统一的考试范围,准备好命题的基本参考书如学科课程标准、教材和相应的素材型资料等,确定试卷的结构包括试题题型、考试时间、分值分配、整卷阅读量、整卷难度系数、整卷知识覆盖率、试卷信度、试卷效度等宏观指标,以便更加清楚本次命题的基本要求及内容。

四、制定"双向细目表"

双向细目表是考查目标、考查内容、难度、题型和认知水平目标等要素间的关联表,是科学规范命制试题的基础和保证。这里的"双向"是指两个维度(纵向和横向)。一般地,表的纵向列出的各项是要考查的内容即知识点,横向列出的各项是要考查的能力,或是在认知行为上要达到的水平,在知识与能力共同确定的方格内是考题分数所占的比例。命题双向细目表具有三个要素——考查目标、考查内容以及考查目标与考查内容的比例,以确保试卷有较宽的覆盖面,确保试卷的质量,避免随意性和盲目性。

利用双向细目表命制试题,可以有效克服教师命题过程中的随意性和盲目性,避免出现知识点重复或遗漏、试卷难度太大或太小、题型设置不合理等现象。有了这张表,试卷的知识点分布就比较合理,能保证一定的覆盖率,突出重点,也容易满足预定的设计参数,只有将双向细目表编制得尽可能全面、周到、准确,才能为编制出一份好的试卷奠定基础。

五、科学规范命制试题

(一)选择题的命制

1. 确定范围

按照新课程标准的规定、历史学科核心素养的水平划分要求,根据双向细目表的具体要求,确定选择题所在的知识点板块。一般而言,知识点覆盖面越广、越平衡,试卷的效度和信度也越高。

2. 命制试题

(1)命制方式:原创和改造。

原创:根据双向细目表的知识点,寻找新材料创设情境,然后设置问题;也有根据核心知识点,先设好答案再提供相关的材料来设置问题;也有题目设计旨在分析和解释概念。

改造:对原有题目进行二次加工改造,比如将原题题干与选项调换,改变考查的角度;也可以继续使用原题题干,变换选项;有时把若干个题目改造成一题,有时可把主观题改成选择题,方法多种多样。

(2) 关注新情景、新材料、新问题。

情景材料的呈现必须要多元:不管是文字材料,还是图片、数据表格、地图、漫画等材料,不同类型的材料有不同的表达功能和考核功能。文字型材料,既有原始史料,还有第二手史料。

情景材料不仅要新颖,而且设置要准而活。在保持科学性和严谨性的基础上,突出生活化和趣味化,不能断章取义。还应多关注史学研究新动态和社会热点问题。

(3) 题目设置。

题干要严密,且简明扼要。题干的意思要准确、清楚、完整,使学生较容易了解题目的要求。题干的陈述应多用肯定结构,少用否定结构,选项的表述应简洁精短,尽可能将各选项中共同的用词放在题干中,选项中要避免出现重复的材料,这样不仅可以使题意清楚,而且可以减少学生阅读选项的时间。各备选项应在形式长度上一致、表述结构上大致相同,且相互独立。

选项都应与题干有一定的逻辑联系,选项中的干扰答案(又称诱答项)应具有很高的迷惑性,不能错得太明显,要做到以假乱真。

正确答案的排序应是随机的。

3. 研磨试题

对所有试题按照双向细目表的要求进行排列,尽量不设置组合选择和反向选择。检查问题的指向性是否明确,有无人为设置的障碍,是否和选项实现了好的对接,题目的文字是否表述规范,简洁明了。文字表述,符号和字号的使用也必须规范,前后统一。卷面力求字迹清晰、排版整齐美观。

(二) 材料分析题的命制

材料分析题是一种要求学生从提供的文字、图表等材料中获取有效信息,对与史料有关的信息进行分析、归纳、阐释、评价的主观题型,在中学历史学科中有重要地位。

1. 确定命题思路

材料分析题由材料情境、设问和答案构成。赵士祥老师根据不同的命题策略将其分成以下三种风格类型:

主题式辐射型:以某类单个历史主题为核心,广泛运用材料,灵活设计问题,使知识与信息的关联转向理解性、结构性记忆,从而促进有意义的思维发散和立体化解读。

结构式发散型:以不同类型的多个主题构成有联系的结构框架,凭借不同类别的主题间的解读与展开,对有联系的内容进行深化、推理和概括,从而形成发散性的系列问题链,得出创新型的"主题"。

主题串联式型:以同一主题在不同时期的表现构成有联系的纵向线索,凭借同一主题在不同阶段的状况,按照一定的逻辑,运用归纳、概括、比较、分析、辨别等方法,对相关问题提出见解。

2. 选择材料

材料的收集通常有几个基本渠道:历史上的经典名作、专家学者的专著、大学教材、其他版本的中学教材、学科期刊、网络信息等。材料的选取要注意典型性和科学性。最常见的是文字材料,图片、数据统计图、表格等材料也经常使用。材料的形式应尽可能新颖精致,贴近生活。民歌童谣、诗词曲赋、回忆摘录、争鸣观点等等,都可以作为命题的素材。这样可以使卷面直观、生动,使学生不至于因阅读大量文字而感到疲劳、乏味。

3. 设计问题

如何设问,在一定程度上是由命题的思路和所选择的材料来决定的。

依据核心素养的层次而科学设问:如考查历史解释水平,围绕"能够辨别教科书和教学中的历史解释""能够发现这些历史解释与以往所知历史解释的异同""能够对所学内容中的历史结论加以分析"科学准确设问。设问的要义在于保持整个题目递进顺畅,应考虑设问和材料结合的科学性,同时对材料进行必要的调整。

完善材料和调整问题:针对问题可能缺少环节,题目不够流畅,材料不足以说明问题,进行调整和增加,若材料过于繁杂,则需要剪裁、组合或转换等等,进行调整和完善。

4. 研磨试题

与双向细目表对照,看问题的能力要求是否参差不齐。仔细核对试题是否能真正体现核心素养要求,将其与课程标准、教学要求、考试说明核对,防止超纲。答案与分值要同步设计,以利于对问题的限定语进行修改。斟酌设问的语言,看指向是否清楚,同时也能处理一下难度问题。

5. 设计评分标准

评分标准贵在简,包容性不可少,但应该突出关键词。评分标准应与参考答案相呼应,相一致,同时又有一定程度的变通性。总之,评分标准应能够应付对同一问题的各种理解的表述。

分值分布:基础性测试分数尽量向知识方向靠,否则向能力方向靠;也可以尝试开放式评价法和 SOLO 分类评价法,既能有效地控制评分误差,又能鼓励考生答题的创新性。

六、审核试卷

1. 审查、修改、筛选

试题拟好后要逐题进行审查、修改,并进行筛选,简单的内容防止出现考点重复现象,重点、难点及热点知识不怕重复检查,但最好从不同的角度以不同试题的类型去检查学生理解和掌握的程度,但答案要科学、准确、合理。

2. 试答试题

命题结束后,命题人或备课组成员必须对试题进行试答,并记录答题时间。一般情况下,用于学生实际考试的时间,为命题教师试答试卷时间的 2 倍左右。

3. 调整试题内容

根据试答试题的情况,可根据答题实际时间的需要,对试题内容的难易程度做出必要的调整。

试卷命制是一项讲究科学和规范的工作,是一项实践性和技术性都较强的工作。深入研究命题理论与方法是每位教师和教育研究工作者的专业要求。只有在平时的教学中不断积累实践新课程的经验,在研究中不断深化对新课程的感悟,试卷命制的水平才会有质的飞跃。

第六篇 现代技术

94

如何应对断电事故

在教学中广泛运用多媒体技术的今天，一次意外的断电，将给课堂带来什么？一旦遇到这种短时间不可修复的技术障碍怎么办？不知道教师们是否思考过这个问题。在五年前的一次外出听课活动中，我就遇到了这样突如其来的尴尬。

那是与某中学的一次交流活动，历史学科交流的课题是"新航路的开辟"，由该校的一位年轻教师执教，意料之内地选择了多媒体课件的形式予以呈现。《大国崛起》的视频片段导入，贴近课题，中规中矩，无可指摘。随后教师的基本功也一步步得以展示：口齿清晰，教态自然，教学语言也颇具亲和力，课件制作得非常精美却几无繁复之感，在新航路开辟背景的讲解阶段，其材料的选取也很得当，师生互动总体良好……一切均向着该老师预设的方向前进，直到教室里很多人同时发出"咦"的一声——突然断电了！教室后排的灯依然亮着，投影屏幕却一片灰，该教师的笔记本上还发出微光，显然是电教设备出了问题。随后的大概五分多钟，执教老师和随后赶来电教老师检查设备、插拔电缆，各种努力均告无效，甚至电教老师建议换教室上课……教室里开始慢慢骚动，学生窃窃私语，也有大胆的学生建议"直接讲"，也有说"把笔记本转过来，我们看得清"的。猝不及防的意外打乱了一切既定部署，在忙了很久以后电教老师宣布可能是投影仪接触不良或者灯泡坏了，短时间解决不了，该教师遂决定把笔记本面向学生继续授课。由于展示效果实在欠佳，文字无法看清，甚至连地图也难以辨认，随后的课堂充满了老师焦躁的情绪和学生不再专注的眼神,连听课老师都被这种尴尬的局面弄得坐立不安起来……课后,大家为替突发状况对该课的影响表示惋惜,然而评课环节的讨论与评价却显得有些草草了事。

"换了是我,怎么处理?"回程的路上我一直在思考这个问题,评价这节课已不再是重点,由此引发的思考似乎更加重要。今天的历史课堂已无法回避多媒体交互技术的运用,它所带来的好处也是显而易见的。然而也必须意识到,所有的技术,特别是与电子设备有关的技术,都隐含着故障率这一属性。小概率事件一旦发生,是否能够找到更为有效的方法去规避或减轻对课堂教学的影响?在日常备课与教学中,又该如何防范这一可能出现的危机?随后的几天,我都在思考这个问题,论其本质它属于多媒体课型的可转化性,在此将应对要点整理如下:

其一,加强教学设计的系统性和逻辑性。教学设计的系统性和逻辑性是任何课型都不可或缺的要件,然而在实际操作中,若使用多媒体课件,其线性前进的特征往往容易冲淡教学的主线,出现前后内容脱节的现象。因此在上课过程中,教师有必要通过各种手段突出主线,强化前后内容的逻辑关系,譬如辅以传统板书呈现结构框架、将每一张课件分割成框架和内容两部分等等。良好的逻辑关系是课型转化的基础,不管采用什么方式,教师自身必须对知识系统了然于胸,做到任何位置出现卡断,都能顺畅地以传统授课方式进行承接。

其二,精简材料并进行必要的备份。无论是视频、图表、动画还是大段的文字材料,在多媒体课件中都并非多多益善,过多的材料将加大课堂的容量并导致学生难以消化,且容易对逻辑结构造成干扰。因此我主张扣紧主题,精选材料,一方面充实教学的内容以帮助学生理解和掌握,另一方面也不至于纷繁芜杂使人眼花缭乱,破坏一节课的整体感。对于必须呈现的材料,有必要做好纸质备份,在发生突发情况时,可以摆脱对电子技术的依赖,及时转化为实物投影或口述继续予以呈现,以免陷入被动。

其三,善用导学案。导学案与多媒体课件总体是一种相互补益的关系,不论课堂上以哪个为主导,另一个手段的存在都可以起到良好的辅助作用。另一方面,导学案可以视为传统课与多媒体课之间跨接的最佳桥梁,它可以呈现结构、展示材料、设置问题和补充阅读,对其合理地编排及运用可以使教师在两种课型间游刃有余地转化且无突兀之感,不失为规避技术故障所造成的不利影响的最佳选择。

第四,将"假想"作为备课的一环,对突发情况进行预设。曾经有老师提出过"想课"的概念,我觉得用在绕开技术故障这一问题上同样适用。这里的"假想",即在备课过程中或备课以后,对教学思路进行有机串联,熟悉各材料展示的节点,并对任何一个环节做出课型转化的预设。除教学内容外,还可以预想如何处理课型转化的过渡与应对学生的反应等等。

所谓"兵马未动,粮草先行",教学过程也是如此,技术故障具有一定的客观性,不以教学者的意志为转移,然而一旦发生,也不是不能通过种种先行或者即时的手段将影响缩减到最低限度。在思考清楚这一问题后,我对自己的备课与教学提出了新的要求,即对每一节多媒体课做出课型转化的预设,而当这种"假想"处理成为习惯后,就会发现其他更多的收获,在此便不一一列举了。

值得一提的是,我曾经受邀赴外市某区进行一次教学观摩活动,开设"古代中国经济政策"一课,课上恰恰发生了投影间歇性黑屏的故障,随后的处理不得不说得益于自身对课型转化的预设,并未出现措手不及的情况。故障发生时正好讲到土地制度演变的内容,而在学生短暂的自然反应之后,我向学生露出胸有成竹的微笑,随后将本知识点的结构性要素很快呈现在黑板上,并几乎无缝地与故障前的讲解相承接。而更为有趣的是很快投影黑屏自己解除了,让我和学生都始料未及,恢复时的投屏与黑板上的板书也能有机地扣合,我便很自然地过渡到用课件上课的状态。两次转化均处理得较为顺利,使该课的整体感几乎未被破坏,而学生与听课老师明显对这样的处理加了不少的印象分。

以上,便是关于一次断电事故给本人带来的启示及本人针对该问题提出的课型转化要点,一言以蔽之,要让课型成为为教学服务的工具,而教师不能被工具所左右,要尽力提高自身对课堂的掌控力,好比电动螺丝刀坏了,需要能很快找到起子并熟练地拧紧螺丝。

95

多媒体的运用原则

现代教育理论认为,教学过程由教师、学生、媒体三个基本要素构成,在教学过程中,教师是教学信息的传播者,学生是教学信息的接受者,媒体传递则是教学信息的载体,是沟通教与学的桥梁。当今的社会是学习化社会,也是信息化社会,信息技术与传统的读、写、算的学习方式已经融合在一起,从而构成了新式教学的平台,信息技术也从"技术上升为文化",在教学中发挥着重要的作用。一块黑板一支粉笔的模式之外,多媒体技术的运用丰富了教学手段,提高了课堂教学的效果。多媒体技术的信息量大,整合力强,可以通过展示图片、材料、视频、动画等方式将历史"再现",搬到我们的课堂教学中,学生通过观察图片、阅读材料、观看视频、发挥想象,进行思考,展开讨论,这些活动有助于培养学生的观察能力、想象能力、综合分析能力,促进学生的成长。可见,在历史教学中利用多媒体技术,通过调动学生的各种感官,使其多渠道获取信息,有效地提高了教学质量,有助于实现教学目的。

然而,在多媒体的使用过程中同样会出现如下几个问题,教师们须引起注意。

问题1:为了使用多媒体展示而使用多媒体展示,没有结合课程要求和学科特点。

在多媒体课堂上往往过分追求一种"全程"效果。有的教师整节课从头到尾都使用课件,从课程开始时的"欢迎光临"到课程结束时的"再见",均以课件形式予以呈现;有的教师为了追求课件界面的美观或结构的新颖,不惜花费大量的创作时间,添加很多不必要的修饰,课件画面背景复杂,花花绿绿,并且使用大量的动画和音响效果,内容之间的切换,也添加了很多的效果。这些课件的确很"漂亮",但恰恰是这一点画蛇添足、喧宾夺主,违背了学生在认识事物时,一定时间内只能接受其主要信息的认知规律,分散了学生的注意力,冲淡了学生对学习重点、难点的关注,最终影响到教学的实际效果,学生走马观花听完一节课,课程结束后甚至有学生书上没有任何笔记标注。

解决:历史教学每课内容都有应使学生达到的教学目的,不论是知识水平、思想认识,还是能力培养,因此我们在运用多媒体教学时,要紧扣教学目的。多媒体教学是"电教"的一种方式,它姓"教",而不姓"电"。然而在实际教学中经常出现一些重教学手段轻教学目的的本末倒置的现象。某些教师过分突出现代化教学手段的优势,花大力气将一课堂能用的图片资料、音像资料等全部用上,结果只能是教学目的不明确。所以,必须摆正多媒体教学的位置,即它只是教学手段,它必须服务于教学内容,服务于教学目的,该用多媒体时充分运用,无关痛痒时决不画蛇添足,将多媒体教学与传统教学很好地结合,取长补短,只有这样才能让看似热闹的课堂转向实在丰富的课堂。

问题2:信息量过大,没有给学生留足够思考时间,没有发挥学生的作用。

有的教师在运用多媒体课件教学时,总希望利用多媒体容量大的特点,将与知识点内容有关的材料事无巨细尽可能多地展示在学生面前,但是由于课堂时间有限,这样做使课堂教学密度大大增加增加,大部分学生一直处于大段材料阅读中,知识内化的时间不够,脱离教学目标,能力培养延伸不到位,并且始终处于高度紧张的识记状态中,往往弄得头昏目眩,反而收获甚少。

解决:历史课教学中,多媒体运用要符合学生的认知规律和习惯,应该注意有张有弛,必要时留适当的时间,让学生思考、总结,充分发挥学生的主体作用,避免从传统的填鸭式教学转向现代化的填鸭式教学。

"师者,所以传道授业解惑也。"任何教学手段都离不开教师的传授、讲解、指导,在多媒体教学中更要注意教师的主导地位。第一,课前历史教师要充分备课,要精心设计教案,多方面收集多媒体教学素材,选择多媒体教学内容,做好素材的取舍与内容的安排工作,同时对于多媒体运用中可能出现的问题也应该充分考虑,做好准备,这就需要教师付出比上传统课更多的精力,对教师的要求也更高、更多。第二,历史课多媒体教学并不是简单地将教学内容投放到屏幕上,而是教师充分运用语言来介绍、分析、点拨、总结。如果说课本上的历史知识点就像一粒粒珍珠的话,那教师的课堂语言就是串起这些珍珠的线,没有了"线"的课堂教学,学生看到的只是单粒的珍珠,而无法将这些零散的知识有机地串联起来。这就要发挥教师课堂上的主导作用。当屏幕上出现内容时,教师要向学生作必要的介绍,让学生了解这段内容所反映的历史事件;学生遇到困难时教师要适当点拨,以启发学生思路,帮助学生突破难点;对于重点、难点内容教师要认真总结,使学生形成正确的历史观。第三,历史课多媒体教学后,教师要做好总结工作。对于多媒体教学过程中出现的问题应做好记录,并想出解决方法。对于教学过程中效果不明显的内容也应做好调整,甚至询问学生对于该课的意见,了解学生的想法,力争再教该课内容时有所改进,只要这样,才能使历史课的多媒体教学越来越完善。

问题 3:没有关注师生交流互动。

无论课件多么精美,设计多么精巧,材料多么丰富,这毕竟是上课之前的预设安排,而我们教书育人面对的是一个个鲜活的生命,学生与老师在课堂上的互动,思维的碰撞恰恰是一节课中最精彩的部分。过多依赖多媒体技术,教师容易受到已定型课件的影响,缺少课堂中的"即兴发挥"。既影响老师随时调整教学内容来适应学生的需要,也容易造成学生思维的依赖和惰性。

解决:作为一名历史教师,在教学中要注意历史人文学科的特点,充分利用多媒体教学手段来营造气氛,唤起情感,引导想象,充分发挥学生的主观能动性,留给学生理解领会的空间。让学生在实践的操作过程中去发现知识。教师可借助于电教媒体,为学生创设平等、自由、融洽的学习氛围,让学生在多媒体的帮助下实现并确立个体的主体地位,实现由自主学习渐至主动学习再至创造性学习的过程。新的课程标准要求注重对学生认知方法的培养,倡导自主、合作、探究的学习方式,也就是说,教学媒体应该是学生进行发现、探究、认识社会、接受新信息并最终完成进行意义建构的手段,而不应该变成教师讲解演示的工具。实践告诉我们,激发学生的创新灵感,不能仅依靠多媒体工具,更有赖于教师牵引学生灵魂沉潜于字里行间,流连于墨韵书香,这样,学生才会获得真实阅读"知书达理"的效果,获得启迪智慧滋补精神的营养。在整个教学过程中,教师切忌机械、单纯地操纵机器,应随身携带麦克风、电子教鞭,适当走动,尽量多地关注学生感知、情感等方面的变化,用体态语言、面部表情及口头提示等方式与学生交流教学信息,活跃课堂气氛。

多媒体技术日新月异,对于处于新课改下的高中历史教学无疑是一把双刃剑,如何合理利用多媒体教学,为历史教学激发新的生机,是一个持久的值得每个历史教师深入思考的问题。

96

如何有效整合信息技术和高中历史新课程

信息技术与历史课程的整合,是在信息时代和信息技术环境下进行历史教育教学改革的一个新的切入点。历史学科的特征之一是历史的"过去性"。历史远离现实,它无法像物理、化学等自然科学学科,通过实验可以让人们再次去经历、去体验。人们只能凭借前人留下来的历史资料去想象历史、认识历史和理解历史,而这对中学生来说是一件困难的事情。但是信息技术改变了这一现状,现代信息技术在历史教学中的运用,可以快速便捷地使学生观看到大量的与历史内容相关的音像动画等材料,最大限度地利用现代化的信息处理技术复原历史的原貌,"再现"历史的过程,使学生"闻其声、见其形、临其境",可以调动学生获取信息的各个感官去感知历史、理解历史、探索历史。因此,为进一步推进高中课程改革,提高课堂教学的有效性,必须注意信息技术与历史新课程的有效整合。

一、信息技术与高中历史新课程有效整合的主要理论依据

1. 建构主义理论

学习是获取知识的过程,但知识不是通过教师传授得到,而是学习者在一定的情境即社会文化背景下,借助其他人(包括教师和学习伙伴)的帮助,利用必要的学习资料,通过意义建构的方式而获得。即要求教师由知识的传播者、灌输者转变为学生主动建构意义的帮助者、促进者。

2. 教学结构理论

是指在一定的教育思想、教学理论和学习理论指导下的、在某种环境中展开的教学活动进程的稳定结构形式。它将直接反映出教师按照什么样的教育思想、教学理论来组织自己的教学活动进程,是教育思想、教学理论、学习理论的集中反映,也是教学系统四个因素(教师、学生、教学媒体、教学内容)相互联系相互作用的具体体现。

3. 人本主义学习理论

教学的任务就是创设一种有利于学习潜能发挥的情境,使学生的学习潜能得以充分发挥。教师的任务就是帮助学生对自我的理解。学生则通过实际参加学习活动,进行自我发现、自我评价和自我创造,从而获得有价值、有意义的经验。

4. 研究性学习理论

即指学生在教师指导下,从社会和工作生活中选择和确定专题进行研究,并在研究中主动地获取知识,运用知识解决问题的学习活动。

二、信息技术与高中历史新课程有效整合的主要途径与方法

1. 运用先进的教育理论(特别是建构主义理论)为指导来进行整合

没有理论指导的实践是盲目的实践,将会事倍功半甚至徒劳无功。离开了理论的支持,整合就是一副空架子,没有灵魂。在信息技术与高中历史新课程整合的实践中,建构主义应成为指导整合实践的主要理论。建构主义的学习理论与教学理论以及建构主义学习环境下的教学设计方法可以为信息技术环境下的历史教学,提供最强有力的理论支持。

2. 围绕"主导—主体"新型教学结构的创建来进行整合

传统的历史课堂教学是以教师为中心的教学,学生处于被动的接受地位,而信息技术与高中历史新课程整合的实质就是要改变这种以教师为中心的教学结构,创建既能发挥教师主导作用又能体现学生主体地位的新型教学结构,"主导—主体"就是这样一种教学结构。要密切关注教学系统的四个要素(教师、学生、教学媒体、教学内容)的地位与作用,并采取相应的措施,才能实现有效的、深层次的整合。

3. 运用"学教并重"的教学设计理论来进行整合

"学教并重"的教学设计理论可以协调"以教为主"和"以学为主"的教学设计的不足,"学教并重"的教学设计主要围绕"自主学习策略"和"学习环境"两个方面进行。前者是整个教学设计的核心,即通过各种学习策略激发学生去主动建构知识的意义(诱发学习的内因);后者则是为学生主动建构创造必要的环境和条件(提供学习的外因)。

4. 建设丰富、优质的历史学科信息化教学资源,为整合营造信息化教学环境

这是信息技术与历史新课程有效整合的必要前提。没有信息化教学资源就没有真正意义上的"整合"。没有丰富的、高质量的信息化教学资源,就谈不上学生的自主学习,更不能让学生进行自主发现和自主探索,新型教学结构的创建就更无从谈起,创新人才的培养自然也就落空。信息化历史教学资源的建设,可以从以下方面来实施:购买现有的历史教学资源;搜集、整理和充分利用网络上已有的资源;组织师生自行开发教学媒体资源;通过校际合作交流,扩大资源来源。这些举措可以为营造信息化教学环境打下坚实的基础。

三、信息技术与高中历史新课程有效整合的主要原则

1. 可操作性原则

信息技术与高中历史新课程的整合必须考虑整合流程的可操作性。整合后的历史课程要充分利用信息技术功能强大的优势,在充分考虑教师在历史教学过程中操作控制的难易程度的基础上,还要顾及学生在历史教学过程中的参与程度以及在历史学习过程中的操作难易的程度。

2. 分层启发原则

学生的历史学习水平是参差不齐的,信息技术与高中历史新课程的整合必须考虑学生学习的这种水平差异。在历史新课程教学中,应根据学生学习可能性水平,将不同的学生分成若干层次,针对各层次的学生的不同特点和基础开展教学活动,利用信息技术创设不同的学习环境,提出基本、较高、发展特长等几个不同层次的学习目标,提供不同的学习资源和学习策略,使每个学生能在自己的"最近发展区"里得到充分发展,进行有效成功的学习。

3. 开放自主原则

所谓开放性主要是指学习内容的开放性。长期以来,在传统教育思想的指导下,历史课程的教与学的内容常常受限于历史教科书的范畴,不敢越雷池一步。而信息技术环境下的历史教学与传统的历史教学的显著区别之一,就是可以向学生提供多样的、多元的学习资源,网络上的丰富的信息源,使历史学习内容更具开放性。

所谓自主性主要是指学生学习方式的自主性。信息技术与高中历史新课程的整合必须实现学生学习方式的转变,即学生在历史学习中要充分体现在教师的指导下自主学习的过程。在信息技术条件下,让学生围绕历史学习的主题上网搜集资料,处理信息,使每个学生都可根据自己的情况确定本人的学习活动,进行自主性学习,减少学习过程中对教师和课本的依赖。

4. 合作分享原则

信息技术与高中历史新课程的整合中的合作分享原则,主要从教师和学生两方面来理解。从教师角度来说,作为个体的历史教师限于时间、精力、技术水平的制约,不可能在短时间内对所有的历史课程内容应用信息技术进行教学整合。那么,要使信息技术与历史课程的整合更高效,就需要教师间的共同合作,相互分享。从学生角度来看,信息技术与高中历史新课程的整合能大大提高学生历史学习的兴趣与效率,他们往往协同合作,利用所掌握的信息技术制作出历史学习的课件、完整的课题报告、历史学习网页等,而这些学习成果的合作分享,能大大提升学生的综合能力。

四、信息技术与高中历史新课程有效整合的主要教学模式

1. 演示教学模式

通过演示声音、图形、视频、动画、文字等多媒体教学信息,使教学内容更形象、生动和直观;学生可利用教师及信息技术创设的学习环境,利用形象材料进行思维,在教师的引导下观察、比较、逐步领悟,发现规律性的历史知识。这种模式适合以政治史、经济史、文化史为主的教学内容。

2. 交互式学习模式

学生在教师的指导下辅以计算机的帮助自主参与,具有高度的探索性。教师的责任在于为学生的学习提供一个合适的环境。学生个体或小组跟着

计算机屏幕出现的问题操作、思考、讨论，教师要观察其进程，了解遇到的问题并及时解答，对有共性的问题组织全班讨论或讲解。这种模式适合以军事史、历史事件和人物的评价为主的教学内容。

3. 信息收集整理模式

教师首先向学生提出问题，然后引导学生查询网络所提供的多样化的、丰富的信息资源，帮助学生对收集的信息进行筛选、分析和重新组织，结合学生自己的观点提出问题的方案。这种模式适合历史阅读课的教学内容。

4. 网络教学模式

网络教学是指利用计算机网络技术进行教学活动的一种教学模式。它把文字、图形、录像、声音、动画以及各种多媒体教学软件等先进手段引入教学实践当中。学生可以利用国际互联网，实现资源共享，协作学习，可在自己的计算机前接受教师讲授，与教师进行信息交流，提出问题，接受指导，也可以通过网络访问相关站点、搜集信息、处理信息。这样有利于培养学生的问题解决能力和创新能力，可以使学生学习交流形式多样化，范围更宽广。班级内学生可以互相协作学习交流，也可与老师、国内外学者进行学习交流。这种模式适合历史阅读课和活动课为主的教学内容以及历史基础性课程内容。

以上各种整合模式可以在教学中灵活运用，不是相互孤立的，而是相辅相成的。

97

微课设计需注意的原则

微课是以微视频教学资源为基础,由特定教学内容构成的具有相对独立性、完整性的小规模信息化课堂,具有精简化、碎片化、数字化、网络化、自由化等鲜明特点,是"翻转课堂"和构建开放式网络课程的基础。作为教学变革的主要媒介与学习内容本身,微课的设计与制作"大有讲究"。

1. 需坚持教育性原则

微课教学的第一原则是教育性原则。直接性教育主要通过问题说明体现出来。例如,制作一段关于日军侵华战争期间滔天罪行的微课资料,可结合当年留存下来的珍贵照片、历史影像资料、当事人回忆采访记录、历史遗迹和展馆展示、文献证据等,以边叙边议的形式,声情并茂,并辅之以忧伤的背景音乐,给学生身临其境之感,带来强烈的视觉冲击和心灵感受,达到传统课堂说教无法企及的效果;渗透性教育则主要通过微课教学语言渲染,教学目标、教学视频的精心设置,浸润并渗透出由内而外的精神力量,它往往通过单一或系统性的学习,展开情感道德价值观的培养。

坚持教育性原则,实际就是坚持历史微课设计的学术性原则,即微课内容的科学性、准确性和真实性,严格遵循科学体系和历史教学要求,进行正确知识的传授和正能量的积极引导。学生通过微课视频汲取丰富的知识和精神营养,从而激起进一步学习的动机,推动微课教学可持续性发展。

2. 应突出目的性原则

华南师范大学教育信息技术学院焦建利副院长指出:"永远不要为微课

而微课,那只是死路一条。不考虑应用的、盲目的微课设计开发注定是徒劳的",可见目的性原则之于微课的重要意义。

微课设计与制作的首要目的是实用,其生命在于让"教师教得更轻松,学生学得更快乐,更高效"。就"学"的角度而言,就是通过网络途径为学生提供更灵活自由、更便捷的学习资源,便于学生通过在线学习、移动学习等手段开展学习,打破时空界限和知识融合的屏障,并用最简洁的视频呈现形式帮助学生快速掌握、深入理解,甚至能引发学生对历史事件或问题的更深入思考;就"教"的角度而言,主要是提供针对性强的课前自主学习资源或课后教学疑难解释与拓展,辅助常规教学或实现教学方式的转变。微课设计时,要充分考虑到为什么要设计微课、怎么设计微课、微课怎么制作与应用、微课应用与历史教学实际效果等主要方面的关系。

2014学年下学期起,每年寒暑假,笔者所在学校历史学科组都会设计若干微课资源并发布到网络平台,供学生假期学习。其中,有些微课主要是围绕假期练习中的疑难困惑进行针对性的细节分析和深入讲解,帮助学生及时

解决作业问题;有些主要以兴趣激发和拓展性学习为主要目的,开阔学生视野;有些则以翻转学习为目的,特别是针对高二升高三的文科班学生。以"2015高二历史暑假辅导"系列为例(如左图),由于学校在高二学年不进行历史选修两本教材的教学,利用暑假微课资源,学生在自主的基础上,将学习结果在学案上呈现,并通过QQ、微信等手段以照片形式发送给老师,便于教师利用假期时间全面掌握学生学习状况,并及时跟踪、测评、反馈。这就有效节约了常规教学时间,降低了学生自主学习的困难,提高了教学效率,达到了良好的辅助教育目的和效果。

3. 要强调趣味性原则

由于历史学科的特殊性,凡是微视频能呈现给学生的,静态的 PPT 和 Word 或音频资料都能基本实现,要让学生静下心来主动地学习微课视频资源,就一定要注重微课设计的趣味性,能充分吸引学生的注意力;而微课学习通常又采用自主学习的方式,且主要利用节假日或其他非常规教学时间,对

学生的约束力差,学生稍不注意就容易走神,这就更需要微课视频结构紧凑,趣味性强。

增强历史微课趣味性的方法多样,但并不等于淡化其学术性,主要可通过教师幽默风趣的语言及丰富活泼的表情、鲜为人知的历史情节及教师个性化解读、FLASH动态效果和互动式学习技术等,最大程度地使教学过程形象生动、精彩有趣,从而提升学生学习的积极主动性。

设计富有趣味的微课资源是激发学生兴趣、提升学习热情、提高学习效率和推动高中历史教学方式转变的关键。在一份学生问卷调查中,同学们对微课设计与应用最大的肯定是"能有效激发学习兴趣"和"能明显提升学习效率";最大的遗憾是"微课学习的时间还得不到保证"和"微课使用的频次太少"。这种遗憾,恰恰从侧面印证了微课实践给学生带来的积极感受,特别是对激发兴趣和提高效率方面的作用,同时也对教师注重并进一步提升微课设计的趣味性提出了更高要求。

4. 得关注综合性环节

微课作为一种微型资源,把完整的知识体系划分为零散的知识点或教学环节,对重点、难点、疑点、考点等问题进行解释,承担着教学引入、概念阐述、过程演绎、讨论启发等不同角色。如何用宏观的眼光进行课程微化,并将内容与形式、本体与载体、建构和解构、过程与结果等要素全面、有机地串接起来,使教学组织与编排符合学生的认知逻辑,思路清晰,重点突出,这些都是微课设计与制作时需重点关注的综合性环节,稍有疏忽,微课的应用效果就大打折扣。

对微课综合性环节的关注,既需要宏观的眼光,又需要极其细微的观察。例如:为保证讲评类微课图文信息的完整性和清晰度,尽量防止学生注意力转移或分散,通常不需要教师在视频中出镜,可利用会声会影、Camtasia Studio等录屏软件,结合PPT演示,对讲评过程进行录制、保存和适当的后期制作。而PPT上呈现的应当是核心的、有启发性的或有悬念性的内容,图文信息量越大、文字越多,就越不利于学生集中精神,与微课"精简"的特征背道而驰。这就需要特别关注以下几点:① 图文占整个PPT页面70%为宜,要至少保留30%的空白;② PPT字号尽量不小于24号,粗体最佳,文字颜色不宜超过3种,黑色、红色、深蓝色最经典;③ PPT页面布局要统一、协调,避免"头重脚轻",防止"东倒西歪";④ 避免连续的、整篇的文字呈现;⑤ 材料解析中,对关键词要进行圈画或色彩标注……此外,教师在语言表述时也要特别注意:① 语言要通俗易懂、深入浅出、详略得当,声音要响亮、抑扬顿挫;② 尽量少使用"你们""大家""各位同学"等集体受众式用语,多使用"我们""和老师一起"等语言,使学生感觉"我的老师就在身边",拉近师生距离,增强教学亲和力;③ 控制语言速度,确保语言留白,给学生进一步思考的空间……总之,教师要把讲评型微课视作师生一对一的问答互动教学机制,把微课视频和网络工具视作交互的媒介,学生则是参与学习的主体,而非人机学习的被动受体,从而展开师生情感交流与教学内容的思维碰撞,实现教学效果最佳化。

一堂好的微课,不仅要把握好以上原则或环节,上海师范大学黎加厚教授还提出了知识性原则、碎片化原则、科学性原则、系统性原则、技术性原则、动态性原则、共建共享等基本原则;北京师范大学教育技术学院余胜泉教授则提出了最小粒度原则、微课自包含原则、学习交互的情境性原则、自然体感交互等重要原则。可见,一堂微课也是大有讲究的。只有全面兼顾这些原则,才能真正推进微课在历史学科教学过程中的应用实践,并对全面提升师生的能力素养、推动教学模式变革、推进课程改革步伐等产生深远影响。

98

如何利用微课实施无边界教学

无边界教学是开放式教学的特殊表现形式,拥有广阔的外延和多元的实施手段,如走班制教学、跨学科学习、混合式学习等,被认为"是不可遏制的社会化教学潮流,教育公平将不再是难以实现的梦想"。

随着"互联网+"教育时代的到来,"无边界课堂系统"凭借先进的现代化教育技术手段,突破传统"边界"束缚,为教学对象提供了更丰富、有效、便捷的学习资源与学习途径。它突出了无边界教学的网络化、智能化特色,师生可以突破时空、知识模块、学科限制,通过查看授课视频,不管是完整实录还是教学切片或微课,以交叉学习方式进行交流、学习和提高,并可实现优质资源共建共享和在线教学课程系统的生成,是一种新型的智慧型学习和教研模式。

微课是无边界教学的有机组成部分,它与课堂实录、教学切片、电子图文、互动检测与反馈等要素整合,共同构成了无边界教学的知识内核。不与无边界教学相结合,微课就如飘零的知识碎片,有"找不到家"的感觉;同样,无边界教学也需要微课的信息化资源和课程系统的支撑,缺失了微课,无边界教学将失去更多精彩。微课与无边界教学的结合,恰好适应了各自发展的需求。下文,笔者结合微课在"无边界课堂系统"中的应用实践,谈谈如何"实现教学时空无边界、促进知识融合无边界、助力教研成长无边界"。

1. 运用微课,实现教学时空无边界

实施背景:高三文科班历史复习冲刺阶段,很多重难点知识需要串联精讲,但由于教师讲解速度快、连贯度高、知识容量和思维跨度大,即使学生手头有学案,也不能保证每位学生能全面理解、消化,毕竟学生的基础水平和能力层次是有差异的。因此,总有学生课后愁眉苦脸地央求老师就某些环节单独再讲解一遍,有时一位同学刚讲完就又来一位,老师还得重新讲一遍;还有些学生则可能因为老师身边人满为患,无法刨根问底;也有一些学生则可能因病缺课或"不敢当面问老师"而错过了及时"弥补"的良机……如何避免教学环节的简单重复劳动,又能因材施教,从学生个体实际需求出发,切实解决学生的实际问题,提升教学效率是很多教师一直在思考的问题。

教学策略:将微课视频与无边界课堂系统相结合,促进教学转化,实现历史教学时空无边界。(如下图)

无边界课堂管理系统·局部

无边界课堂系统提供自动录制和预约录制两种录课功能,能在不干扰教学,不给教师增加任何负担,并且充分尊重教师个人意见和隐私的情况下,轻而易举地录制所有预期和未预期的课堂视频,且自动存放在教师的个人空间。授课教师不仅可以实时在线查看自己的所有课程视频,还能对课堂实录进行在线编辑,使得围绕重点问题进行细化切片变得简单易行,只要利用在线截取、视频合并及二次加工功能,完整的课堂教学就能编辑成由若干个"短小精悍"的微课视频组成的课程体系。教师将编辑的微课视频或围绕学生常见的主要问题重新录制的微课及相应课件、教学案、参考素材等一并保存并自动发布。学生则能根据自身实际需求,利用课后或节假日在家学习时间,在PC端或移动端,就某个或若干疑难困惑,对微课视频进行有选择性的学习和巩固。

微课视频既保持了教师课堂教学的"原汁原味",更具针对性的细分资源又能提高学生复习效率,而网络化传播手段则为学生无边界学习提供了方便,不再受时空的严重束缚,给学生"学习无所不在,老师就在身边"的感觉,充分满足学生的个体发展需求。

2. 运用微课,促进知识融合无边界

实施背景:现行人教版高中历史教材按照政治史、经济史、文化史三大模块以专题形式编写,淡化了历史常识的积累和梳理,但由于很多学生在初中阶段没有打下牢固的通史常识基础,造成高中阶段历史学习的严重困难。如学生在高一第一学期学习政治史"辛亥革命"一课的背景时,其经济条件即民族资本主义的初步发展要到第二学期经济史部分才学习,其指导思想即三民主义要到高二文化史部分才学习,类似的很多历史问题的分析都要调用两个或以上模块的知识,如何在学生预习阶段或综合复习阶段有效辅助学生进行模块知识的迁移整合是一大难题;而另一方面,历史知识包罗中外上下几千年,再博学的历史教师也不可能通贯古今,特别是一些涉及跨学科专业领域的知识,而学校却有大量在相应学科领域有研究专长的教师存在,如何充分利用学校丰富的学科资源实现跨学科知识的融合也是高中历史教学的现实需求。

教学策略:利用微课,打破模块知识和跨学科知识的局限,实现知识融合无边界。

微课具有精简化、碎片化特征,通过精心设计的简短视频,能将跨模块知识"化繁为简",针对性地解决知识迁移难题;也可通过对模块知识的精简整合,构建起宏观的知识结构,培养学生思维的综合与发散能力。不管是周末在家还是课前几分钟,有针对性的微课学习都能对学生课文预习或综合复习及能力培养起到立竿见影的效果。

对历史教师而言,即使有再迫切的教学需求,直接把跨学科的专业领域教师请进历史课堂也是不太现实的,而利用预先录制的微课视频,则能实现由专业教师向同学们传授相应领域知识的设想。如请物理老师介绍爱因斯坦相对论的核心主张和对物理学的贡献,请生物老师介绍达尔文生物进化论的核心主张,请美术老师介绍宋朝以来美术发展的阶段特征等,由此打破学科间的教学隔阂。

无论是学生学的角度,还是教师教的角度,"无边界课堂系统"环境下的微课运用都能将原本知识模块与学科间的隔阂一一打破,为推动知识融合无边界立下汗马功劳。

3. 运用微课,助力教研成长无边界

实施背景:这堂课上得好不好?同行教师是如何上这堂课的?怎样才能上得更好?这三个问题是很多历史教师教学成长之路上的主要困惑。特别是随着高中教师队伍的日益年轻化,对教育教学过程中遇到的问题进行及时反思、总结经验和教学研讨成了教师成长的重要途径。但长期以来,由于缺乏有效的技术支撑,如何更好地助力教师专业成长,特别是通过及时的教研互助促进教师成长一直没有取得实质性的成果。

教学策略:利用微课,打破教师自我学习和教研互助的局限,助力教师教研成长无边界。

以"如何进行'抗日战争'一课的优化教学"这一话题为例,如果设计者仅是闭门造车,"优化"便始终无法达到效果最佳化,而将这一话题抛给学科组成员集体出谋划策甚至抛给全国各地教学同行共同商讨则必将获得重大突破。但如何在节假日的教学准备中召集学科组成员?如何让教学同行看到你的教学设计并给予及时帮助?这些都是制约问题高效解决的无法回避的因素。对此,笔者就将教学设计思路与遇到的困惑及思考制作成微视频,通过"无边界课堂系统"定向发布,小组成员或受邀的全国各地教学同行及专家即可通过访问网络流媒体视频参与研讨,并以图文、音频或微视频形式进行即时的在线媒体交互与教研互助,不管是指正不足,还是优化建议,都能通过这种全方位、无障碍的交互形式为设计最优质的教学过程添砖加瓦。这样的帮助,不仅仅促成了一节课的成果优化,而且通过大教研的形式,让教师既能更全面地认清自身的不足,又全面习得先进教学理论和优化技巧及专业知识,从细节上助力教师的专业成长。

无边界教学实践中,微课是常见的教学资源和支撑力量,它撑起了教学转型的一片蓝天。微课的广泛、合理应用,也将推动无边界教学实践向纵深发展,不仅仅是时空无边界、知识融合无边界、教研成长无边界,更将逐步突破现有的和可能新出现的种种局限,为教育教学、为世界营造一个更美好的未来。

99

教师需掌握的新技术

时代在进步，科技正迅猛地改变教育：PC时代，传统的板书变成了投影，备课和学习效率大幅提升；互联网时代，知识获取变得更加便利，知识传播更加迅速；移动互联网时代，教育不再受时间和地点的约束；大数据时代，更突显了学习自主化、教学个性化、知识网络化、分析智能化等特点。

面对如此迅猛的变化，教育必须创新。创新，不仅需要理念、勇气和决心，还需要信息化技术支持。但现实中，很多教师埋头专业研究，却对技术创新与运用缺乏热情。事实上，当今社会发展的需要，并非要求教师长于技术创新，而在于如何去筛选创新的技术，以及对新技术的灵活运用。在此，笔者就信息化手段在历史教育教学中的典型性应用做简要介绍，助各位同行如虎添翼。

首先，笔者先按用途，各推荐几个历史教育教学中常见的工具、平台或技术。

视频处理类：格式工厂、Camtasia Studio、会声会影；图像处理类：Adobe Photoshop、CorelDRAW；音视频下载类：硕鼠、维棠下载；框架图制作类：MindManager、XMind；文献收集类：中国知网、百度文库；电子阅读类：Adobe Reader、CAJViewer阅读器；教学通讯类：群课堂、茄子快传、微信公众号；作业辅助类：考试酷、QQ作业、作业帮；问卷调查类：问卷网、问卷星；数据统计类：SPSS19.0、极课大数据；多媒体类：微课、电子白板、云平台一体机；在线课程类：网易云课堂、新浪、腾讯公开课、淘课；资源存储类：百度云、360云盘；备课资源类：学科网、中学历史教学园地、中学历史教研网；教研互助类：Tower、钉钉等。

随着电子信息技术的发展和教育需求的细化及不断增强，各类教育教学工具、技术层出不穷。以上仅推荐了部分当前比较有趣、实用的工具或技术，无法一一列举。接下来，笔者就其中若干工具或技术在教育教学中的运用做进一步介绍。

1. 巧用茄子快传技术

教学中，很多教师会遇到课堂生成环节突然想对某则史料强化分析而教学预设中没有充分准备的尴尬；习题讲评时，教师又经常会无意中发现学生书面解答中隐性的却又典型的错误。如何将教学生成环节急需的史料或个别学生的问题在多媒体投影上呈现并进行集体分析是很多教师的困惑。

巧用茄子快传技术就能很好解决困难。茄子快传是一款跨平台近场传输软件，可以实现手机与手机之间、电脑与电脑之间、手机与电脑之间的互传，传输过程无需流量和网络。教师只要用已经安装过该应用的智能手机（或平板电脑）将史料或学生问题拍照，选择"我要发送"，与安装过 PC 版茄子快传软件的电脑实现连接，无需数据线，就能随时随地地极速传输，不受任何束缚。电脑与多媒体投影仪建立连接后，便会在投影仪上自动呈现所拍图文，极大地方便师生整体分析。

不仅如此，利用茄子快传技术，教师还可通过手机轻松遥控 PPT，打破教师课堂教学活动范围的限制，使教学更灵动，加速教学生成；该技术还支持大量视频、音频、图片、文件夹等的手机到电脑、电脑到手机、电脑到电脑的多平台文件互导，极大地便利了资源传递与分享，有助于推进教研探究。

2. 善用云技术

云技术是基于云计算模式应用的网络技术、信息技术、整合技术、管理技术、应用技术等的总称，可实现对"大数据"的收集、挖掘、分析、运用和共享等应用需求。

以百度云为例，最高可免费提供 2T 云空间，为海量存储历史教学资源和展开移动学习提供了强大支撑。教师只要在云端分享一个学习地址，学生就能打破时间、地点、频次等限制，实现跨终端随时随地的学习与分享，并可实现 PC 端和移动端信息自动同步。通过"百度云管家"功能和云应用平台，还可与网站对接,将资源传送到流媒体平台管理中心,方便检索、点播、评估等各种教学应用。

再以极课系统为例,自2014年正式上线,并率先在江苏省无锡市梅村高中等校展开深入研究与实践,已不断推广到全国近一千五百所学校。该技术的应用不仅有助于采集大量原创试题,形成具有学校、学科特色的试题库,而且可实现学习数据采集和学情追踪反馈,对学生学习状况做到极致分析、极速响应,形成一个互联化、智能化、移动化的课程生态系统,从而真正实现个性化精巧教学和在线学习。

除此以外,还有诸如问卷星、Tower等云平台,不仅可以提供丰富的教学资源,还提供了个性化学习、协作学习、问题解决与反馈评价工具,可为教学提供强大的技术支撑。

3. 活用微信公众平台

微信是当前最流行的一款移动即时通信软件,有实时交流、消息发送、素材管理、开发者模式等功能,可实现和特定群体的文字、图片、语音、视频的全方位沟通、互动。鉴于移动终端便捷特性和学生利用移动终端学习的日益广泛性,巧妙利用微信公众平台功能,架设高中历史移动学习的高速通道,将是微信技术发展与高中历史移动教学融合的重大突破。

利用微信公众平台,特别是通过授权接口将功能权限分配给第三方开发平台,即可实现微信公众号的多功能开发和运行:通过"自定义菜单",可在底部创建最多三个一级菜单,每个一级菜单可创建最多五个二级菜单,满足移动学习乃至移动课程体系建设的功能导航需求,形成简明的结构框架;利用后台的"素材管理"功能,则可将教案或学案、音视频媒体、教学课件、练习测试等资源创建成独立的微信页,或按照特定的课程规划纳入菜单管理栏;"投票管理"则为移动学习检测,特别是选择性判断和互动活动提供了方便;"群发"和"自动回复"功能则利于管理信息的发布,实现消息的精准推送;"管理"和"统计"功能,更能自由调用学习素材与学习对象,进行大数据统计,包括学习时间及任务分配、调查统计与结果反馈等重要信息,跟踪分析教学有效性……

微信技术为移动学习构建了新的平台和应用方式,它以一定的结构关系和呈现方式形成半开放的、情景化的、动态生成的虚拟在线学习与交流环境。

利用公众平台,特别是结合第三方开发工具,架设移动学习的高速通道成为可能,也让我们看到了高中历史移动学习与实践的发展前景。

无论是茄子快传技术、云技术,还是微信公众平台,以及以上列举的种种工具或技术,都是现代互联网技术催生的热门应用,更多新技术、新应用将不断涌现。相信教师掌握并熟练运用这些新技术,教育教学将如虎添翼。

100

例谈基于数字化教学的高中历史个性化学习

"互联网+"背景下,数字化教学日益成为教学实践的新模式,更被认为是培养具有创新意识和能力的新世纪复合型人才的秘术良方。潮流之下,很多学校纷纷创建数字化校园,想方设法地运用数字化资源和模式开展教学活动。如今,怎样在更好地推进数字化教学的同时促进学生个性化学习已成为高中历史教学最迫切需解决的问题。

一、数字化教学助力个性化学习

数字化教学就是利用现代化信息技术手段,通过与学科有效整合来实现理想的学习环境和全新的、能充分体现学生主体的学习方式;个性化学习则是学生从自身需要和兴趣出发,选择适合自己的学习内容,设定学习目标,根据自己的能力倾向以合适的学习方法进行学习的进程。简单而言:不同学生有不同内容、同一内容有不同目标、同一目标有不同进度、同一目标有不同学习作业。

作为特殊的教学手段,数字化教学不仅仅等同于"学生每人一台平板电脑"或"用电脑上课",还包括数字模拟与还原,是以信息技术、学习工具、学习资源和学习活动为支撑,科学分析和挖掘全面感知的学习情境或数据,以识别学习者特性和情境,灵活生成最佳适配的学习任务和活动,引导和帮助学习者进行正确决策,有效促进学习者智慧能力发展和智慧行动出现,是基于大数据分析的智慧化教学。

以历史学科全面运用的极课大数据为例，学生的每份练习、测试都以数字符号或图像形式扫描进系统，通过系统后台云计算，自动对学业情况生成学情报告并推送到学生和家长移动端，包括各项分析数据和学生阶段发展轨迹。师生更可以在 PC 端或移动端瞬时掌握高错题和易错题分布、各题错误率和错误学生名单及同类知识点出错率等，不仅便于教师结合报表数据提升教学针对性，而且精准指引学生薄弱环节，便于学生及时巩固消化。此外，极课系统还能结合单次或长期的学业情况精准分析各知识点掌握程度，自动生成报表和错题集，并由学生自主定制个性化的知识训练，满足不同程度学生的需求。极课系统针对学习者不同的学习习惯、学习能力、检测数据等特征，进行个性化学情分析和数据反馈，制订个性化的学测方案或"靶标式"定向推送学习内容和测试题目，落实因材施教，有效提升学习效率，已在全国迅速推广。

此外，国外先进的 Lilwil 和 DCGS（动态课程生成系统，Dynamic Course Generation System 的简称）系统，还可根据学生的表现，适应学生的发展水平和个性化的学习过程，引导学生进行最适合他们的下一步学习内容和活动。教学者也可利用实时预测技术检测每个学生的知识空白，及时调整，为每个学生提供个性化教学。特别是 DCGS 系统，应用"自适应学习"的原理，在学习过程中实时跟踪并调整学习方案，实现动态匹配，这都为个性化学习提供了强大的技术支撑。

二、个性化学习呼唤不断优化数字化教学环境

数字化教学作为强大的技术支撑，助力个性化学习，但即便走在数字化教学最前沿的学校，也远未达到个性化学习的切实需求。如要构建数字化历史博物馆，需要大量数字化库藏信息，甚至需要具备数字化仿真复原技术；要在课堂上模拟红军长征行程，需要高端的数字化教学软件、辅助测评与反馈技术等支持。目前大多数学校现有的数字化教学环境既不完全基于移动、物联、无缝接入等技术，又不能真正做到提供随时、随地、按需获取学习的充分机会，更不能完整记录学习过程，通过数据挖掘和深入分析，提供具有说服力、个性化的全程性评价和总结性评价，并非真正意义上的数字化，更谈不上智慧化。这就需要进一步从技术层面，乃至财政与政策层面不断优化教学环境。

令人鼓舞的是,极课大数据已宣称将打造基于算法和海量数据训练的自适应学习引擎,以知识点体系标准化、全量题库标准化和基于关系和行为数据的知识图谱构建为核心,实现"大数据＋云计算＋人工智能"三位一体的"结构化数据＋场景逻辑"。此外,清华大学开发的雨课堂将复杂的信息技术手段融入到 PowerPoint 和微信,教师可以将带有 MOOC 视频、习题、语音的课前预习课件推送到学生手机,师生可以及时沟通及时反馈;课堂上实时答题、弹幕互动,并科学地覆盖了课前—课上—课后的每一个教学环节,为师生提供完整立体的技术支持。

三、个性化学习应是数字化教学的出发点

数字化教学助力个性化学习并将不断优化,但个性化学习始终是数字化教学的基本出发点。

建构主义认为,学习者是知识的主动建构者,是教学活动的中心。这就要求教师"以学生为中心",围绕不同学生塑造差异化教学,关注和发掘每一位学生独特的天资。毋庸置疑,数字化教学拓展了学生个性化学习渠道。但随着学习时间和地域限制的局部打破,就需要为学生提供更多的获取有效资源的机会,包括专用电子阅读工具的配置和使用保证,以及学习内容上的全面化、个性化,并能给学生便捷、有意义的良好感受,切实推进学生个性化学习。

但在当前教学实践中,日益呈现出片面强调技术手段的极端化倾向,弱化历史学科的知识内核,忽视教学生成和学生主体性,违背了发展学生个性化学习的初衷。殊不知数字化教学并非历史教学的归宿。真正的数字化教学,应以发展学生个性化学习为出发点,为更好达成教学目标提供强力支撑。

四、个性化学习不应局限于数字化的环境

个性化学习本质是一种基于教学资源的适应性、主动性学习。推进个性化学习,不仅仅关乎数字化,还与学习理念与追求、教学环境、教育制度等息息相关。作为教师,应在学习内容、目标、进度、作业等层面多管齐下。

在教学内容上,教师可提供较丰富的史料,扩充学生知识面;在目标进度上,使学生认清教学目标和评定标准,可自定学习进度,选择不同的课程和适

合自己的最佳学习途径进行学习;在学习效果上,可选择不同层次难度的作业检测,并结合测评反馈反复学习与巩固,如在高三历史复习阶段,可为学有余力的同学提供充分的史料素材进行阅读,强化理性思辨。总之,既要改变集体教学划一性造成的学力差异,满足学生对学业发展的个性化需求,又要破除对数字化教学环境的依赖,从更广阔的层面提升个性化学习水平。

　　数字化教学为个性化学习提供强大的技术依托和广阔的发展前景,个性化学习则对数字化教学提出更高的发展要求,两者是一个胡桃的两个瓣。只有教师站到了数字化教学的最前沿,不断推进、创新,个性化教学才能真正展现其无穷魅力。但怎样才能真正突破广大在校生学习时间和地点的限制,以及移动终端的使用制约,为学生提供更充分、更精良、更适合不同需求的学习资源、策略方案与辅导,并与考试机制挂钩,依然是数字化环境下个性化学习尚待解决的关键问题。正因如此,推进数字化教学前景可期,个性化学习任重道远。

101

如何基于微信平台进行历史翻转教学

翻转教学,又称"颠倒课堂",是通过逆向安排知识传授和内化,改变教师和学生在传统教学过程中的角色,重新编排教师和学生课堂教学内容、性质的新型教学模式。有人曾断言:翻转教学将引发教师角色、课程模式、管理模式等一系列变革。翻转教学具有多元样式,如基于微视频、网络学习平台、在线课程直播、电子教材、学习单和学案等环境……但无一例外地缺乏及时互动性,无法充分调动学生的学习积极性。微信公众平台——支持多种媒体技术和多种学习交流与互动方式,营造了健全的面向移动互联网时代的教学环境,成为翻转教学的有力支撑。本文以"现代中国的对外关系"教学实践为例,谈谈基于微信公众平台的高中历史翻转教学。

一、设计思路——源自教学理想的一片执念

人教版历史必修一第七单元"现代中国的对外关系",展示了新中国成立以来对外关系的发展历程,教材线索清晰,难度适中。对外公开课上,如何上出教学新意、上得有意义却很不易。

可以"构建主义学习理论"为指导,坚持"学生第一"原则,将新中国外交,特别是20世纪70年代以来的外交作为核心,创设"握手礼仪,折射现代中国外交的变迁"和"封面印象,透视中美关系的云卷云舒"两大主题,利用微信公众号、二维码活码技术、在线检测等信息技术手段,参照翻转教学的基本模式展开教学设计。主要分三步走:第一步,指导学生在课前结合教学案材料、微

课视频、在线交流等形式,完成基础知识的自主探究与检测;第二步,主要在课堂上,以互动为主,包括答疑解惑、知识运用等,便于学生获得对知识更深层次的理解,促进知识内化;第三步,主要为课后,检测巩固,并推进个性化拓展学习。

该教学设计,旨在达成教学目标的前提下,培养学生"自学—探究—拓展"的学习习惯,并提升学生借助微学习资源,深入开展自主式任务型学习和互助式合作探究的能力;同时,也为翻转教学开辟新思路,提供更丰富的实践经验积累,推动教学模式的创新运用。

二、课前准备——追求教学创新的一份积淀

翻转教学将传统的信息传递过程前置,是对教学环节、教师角色、教学资源和教学环境等的颠覆。因此,翻转教学的课前准备显得尤为重要。

作为教师,首先要制作微信公众平台页面(如右图:"我国现代外交关系研究"公众号)。可以设置"兴趣阅读""教学探究""课后拓展"三个板块。"兴趣阅读"板块包含丰富的历史素材,便于学生全面了解新中国外交领域的变动及辉煌成就,以及外交布局、战略原则的调整和中国不断融入世界、促进世界和平发展的具体表现等,也利于同学们更好地完成教学案的自主探究;"教学探究"板块包含"课程标准、自学要求、史料素材、探究主题、提交成果"五个分类;"课后拓展"板块包含外国政要与中国外交的进程、主要历史阶段的外交秘闻、外交家的风采和外交档案、WIFI视频、文献资料等。该部分的制作是微信公众平台制作的核心,需要对丰富的史料进行搜集和重点筛选,搭建起内容丰富、素材新颖、重点突出、微化教学、学测结合的课程平台。利用公众平台自带的投票功能设计在线讨论与检测,还可及时进行公众平台后台数据跟踪分析,全面掌握学生周末学习安排与动向、学习投入与成果产出、典型成果与存在问题等信息,为课堂二次学习和针对性深化探究提供精确"制导"。

技术准备层面,还能将探究性史料生成二维码,包括中国恢复在联合国合法席位的背景素材、美国方面采取的推进中美关系发展的"行动"、中日握手的因素、《时代》周刊封面变迁等重要素材信息,一方面个性化地提供了全方位的信息服务,并以充满吸引力的图文和动态效果呈现出来,是对传统文

字说教的死板形态的技术突破,大大提升学生学习兴趣;另一方面,也为学生移动学习并为教师跟踪学习和数据分析提供帮助,是翻转教学智能分析的重要组成部分。此外,教师还要布局好网络化教学实验室,便于学生在课堂上开展拓展探究和即时检测,满足微信后台数据分析和和点对点教学功能需要。

内容准备层面,可以"握手礼仪,折射现代中国外交的变迁"和"封面印象,透视中美关系的云卷云舒"为主题,精心编制学案;辅助课件则突出了自主探究参与度反馈、探究成果的数据和文字反馈、误区分析、学法指导等,便于教师在课堂上更好地引导学生对探究成果进行深度优化和总结反思。

作为学生,则被要求在充分预习的基础上,利用周末时间,结合教材知识和平台提供的丰富资源及二维码素材,完成学案知识表格并递交到公众平台,完成在线投票与检测,深化理解。

根据学生提交的成果,教师能在课前充分掌握学生的时间安排、成果水平、问题状况等,易于规避传统课堂部分学生思维懒散、滥竽充数的不足;而基于微信平台信息反馈及时、全面、细化的特点,一对一的个性化教学也成为可能,更便于教师针对性地进行问题引导与深化探究,使教学效率更高。

三、课堂实施——收获教学变革的一抹新绿

问题1:1972年,尼克松访华,中美实现跨洋握手,促使中美双方的手握在一起的原因有哪些?

针对该问题,笔者首先进行简要的学法指导,如要注意审题,要掌握历史学习的基本原则,坚持"论从史出""一分证据说一分话"。然后结合学习成果反馈,汇总学生普遍存在的问题:① 材料分析不全面、表述不完整,如表述为"美国主动同中国和好,借助中国从越南脱身和抗衡苏联";② 表述过于笼统,脱离素材,如表述为"认识到美国与中国发展关系的必要性";③ 照搬照抄材料,缺乏信息的概括性和完整性;④ 简单罗列素材信息,缺少归纳与提升……

对学生课前自主学习成果进行反馈分析是翻转教学课堂环节的关键。课堂上,笔者不急于揭示参考答案,而是请同学们对周末探究反映出的问题进行总结反思,以利于小中窥大并更好地掌握探究技巧,例如有同学认识到"历史探究要善于充分挖掘素材,抓有效信息、找准关键词""历史分析要全面、高度概括、落到实处"等史学方法。然后,再请同学们围绕素材,进行小组合作探究,完善成果。

由于学生对史料素材至少进行了二次挖掘,课堂探究环节更容易清晰认识到课前探究的不足,易于博采众长,并提升认知层次,从中、美双方全面认识握手的原因,并提升到"国家利益的需要"这一高度。

问题2:20世纪70年代,美国采取了哪些"行动"与中国接触,推动两国关系发展的?

按照传统教学,该部分本身不是重点,但不可或缺。不少教师采用表格式归纳法,简单罗列进程,忽视了学生对感性素材的强烈兴趣和历史积累的全面性;而有些高中生则因教师对教学环节的过于弱化而对"乒乓外交"、基辛格访华等史实未曾听闻。笔者将20世纪70年代中美关系的发展进程及各环节的重点图文史实制作成精美的微信宣传页面,发布到微信公众平台。学生利用周末时间,可对宣传页进行有选择的在线学习。以下是学生结合微信宣传页自主探究的成果反馈:

① "乒乓外交"——试探之旅,以民促官,开启中美两国人民友好交往的大门;

② 基辛格访华——旋风之旅,为尼克松访华做准备;

③ 尼克松访华——破冰之旅,改变世界历史的七天;

④ 1972年,签订《中美联合公报》——中美关系开始正常化;

⑤ 1978年底,发表《中美建交公报》——1979年中美正式建交,实现关系正常化。

从反馈成果看,学生较为灵活、直观、全面地掌握20世纪70年代中美关系发展的基本进程。较照本宣科或进行表格式归纳或直接在教学环节省略,其效果不言而喻。

为检验学生探究效果,笔者不仅设置了问题细节的在线检测,还在课堂上拓展延伸。例如:1972年签订《中美联合公报》两国关系开始正常化,到1979年才正式建交,拖延了近7年的时间,到底是什么问题成为中美两国之间的最大障碍?同学们通过二维码素材比较两个公报的异同,很容易得出台湾问题是中美关系正常化的最大障碍,并通过史料阅读充分认识到:原则问题、国家根本利益问题必须坚持。同时,中美关系正常化的历程也反映出外交是一门艺术,是原则性与灵活性的统一。这种翻转教学模式,在简化课堂学习过程的同时而不弱化教学效果,更具有教学灵活性、开放性,易于激发学生兴趣,提升能力水平,可谓一举多得。

四、实践反馈——寄望教学发展的一缕春风

课后,研讨教师主要给予了如下评价:① 采用微信平台的最新学习方式,将微课资源与翻转教学相结合,提高学生学习的积极性、主动性、参与性,有效提升了教学效果;② 教学手段新颖,利用微信平台和微课资源,图文史料丰富,有助于学生的自主学习和课前探究;③ 注重师生互动,进行自主探究反馈、误区分析、好中求优等,注重对学生史料解读、概括能力的培养;④ 探究问题注重知识的拓展,激发学生兴趣,提高教学有效性……

学生在教学反馈中也谈道:"有了课前的自主学习,我在课堂上不再是被动地接受知识,而能主动参与到新知识的探究过程中去,上课效率更高了。""这种方式让我在历史学习时真正有了学的动力,好玩,不会开小差"……

大家的肯定,是对翻转教学模式及将这种模式付诸实践的勇气和努力的赞赏。事实上,翻转教学正面临着严峻的挑战:缺乏强有力的技术支持、硬件的保障、家校的欢迎、理念的更新、制度的调整、经验的习得等。可是,谁也不会否认,翻转教学是社会进步和教育模式多样化的必然结果,具有广阔的发展空间。

但需特别注意的是,利用微信公众平台、二维码技术、在线检测系统等教学技术进行翻转教学,技术绝不是教学的核心,而是依托,是助手,不要为技术而翻转,为翻转而教学,更不应让其成为教学的桎梏,关键是要努力实现将学习的决定权由教师转移到学生,推进这种教学模式的有效实践。